ROLF STOLZ

Kommt der Islam?

Rolf Stolz

KOMMT DER ISLAM?

Die Fundamentalisten
vor den Toren Europas

Herbig

2. Auflage 2001

© 1997 by F. A. Herbig Verlagsbuchhandlung GmbH,
München
Alle Rechte vorbehalten
Umschlagentwurf: Wolfgang Heinzel
Umschlagbild: Internationales Bildarchiv Horst von Irmer
Herstellung und Satz: VerlagsService Dr. Helmut Neuberger
& Karl Schaumann GmbH, Heimstetten
Gesetzt aus der 10,8/12,4 Punkt Minion
Druck und Binden: GGP Media, Pößneck
Printed in Germany
ISBN 3-7766-1997-X

Du mußt steigen oder sinken,
Du mußt herrschen und gewinnen,
Oder dienen und verlieren,
Leiden oder triumphieren,
Amboß oder Hammer sein.

J. W. von Goethe, Kophtisches Lied

Und nicht wurden sie schwach
und nicht demütigten sie sich.
Und Allah liebt die Standhaften.

Der Koran, Dritte Sure, Vers 140

Inhalt

Zu diesem Buch

Kommt der Islam? Diese Frage könnte man dadurch als beantwortet betrachten, daß eine muslimische Gemeinschaft in praktisch allen europäischen Ländern existiert und insofern der Islam hier bei uns längst präsent ist – in den mit deutlicher Mehrheit katholischen, orthodoxen oder protestantischen Ländern in der Regel als zweitgrößte, anderswo als drittgrößte Religionsgemeinschaft. Aber das ist nur die halbe Frage. Es sieht nicht danach aus, daß es bei einer simplen Fortschreibung der gegebenen Konstellation bleibt. Daher wäre zu klären, unter welchen Voraussetzungen der Zuwachs in eine neue Qualität umschlagen könnte. Drei Aspekte sind wichtig:

– Kann der Islam durch weitere Zuwanderung von Muslimen, weitere Anwerbung von Konvertiten und ein fortschreitendes Schrumpfen der christlichen Kirchen aus einer einflußreichen Minderheitsreligion zur allmächtigen Mehrheitsreligion werden?

– Bedroht auf mittlere Sicht ein zur Staatsreligion aufgestiegener Islam unsere Freiheit – als Herrschaftsideologie einer Clique aus Despoten und Dunkelmännern, wobei die Mullahs entweder wie im Iran direkt Politik betreiben oder aber sich von anderen für politische Zwecke instrumentalisieren lassen?

– Welcher Zusammenhang besteht zwischen dem Islam als Religion und dem politischen Islamismus?

Diese drei Gesichtspunkte stehen in einem engen Zusammenhang – ihre wechselseitige Abhängigkeit macht die Situation so brisant. Allerdings ist die absolute Zahl der Muslime in Europa gegenwärtig nicht allzu beunruhigend. Die Bedrohung resultiert aus anderen Gegebenheiten:

– Keine andere große Religion ist so politisch ausgerichtet und so sehr von ihren Wurzeln her eingeschworen auf eine sehr weltliche Militanz.

– Keine andere Religion wächst durch Missionierung so schnell wie der Islam.

– Keine andere große Religion in Europa hat einen so schnellen Zuwachs durch die Fruchtbarkeit ihrer Anhänger.

– Keine andere große Religion hat einen so schnellen Zuwachs durch Zuwanderung.

– Keine andere große Religion wird so stark von außereuropäischen Staaten und von deren hiesigen politischen und ökonomischen Geschäftspartnern unterstützt.

– Keine andere große Religion ist verbunden mit einer Phalanx aufstrebender und permanent aufrüstender Länder, die nicht allein keine Demokratien sind, sondern im demokratischen Gesellschaftssystem und in der christlich-jüdisch geprägten europäischen Kultur ihren Todfeind sehen.

– Keine andere große Religion macht gegenwärtig den Versuch, zwei Kontinente – Afrika und Asien – vollständig oder nahezu vollständig unter ihren Einfluß zu bringen. In Nordafrika besitzt der Islam bereits ein totales Monopol oder zumindest – in Ägypten und im Sudan – ein drückendes Übergewicht. Von dort aus versucht er verschiedene Länder wie Burkina Faso, Nigeria oder Tschad vollständig zu islamisieren und immer weiter nach Süden vorzudringen. In Asien sollen von Vorderasien, Zentralasien, Pakistan, Bangladesh und Indonesien her Hinduismus, Buddhismus, Taoismus, Konfuzianismus und Christentum zurückgedrängt werden.

Ich habe in meiner Streitschrift *Die Mullahs am Rhein* (München 1994) ausführlich dargelegt, daß der Islam wie der Islamismus nur auf dem Hintergrund einer Analyse des Weltislams und der islamistischen Weltbewegung angemessen zu beurteilen sind und daß man aus dem deutschen Kampfschauplatz allein niemals ein klares Bild der widerstreitenden Kräfte und der gegebenen Entwicklungstendenzen gewinnen kann. Das vorliegende Buch erweitert und vertieft diese Untersuchung durch eine kritische Betrachtung des Islams als Religion, Weltanschauung und kulturprägender Faktor. Über all dies kann nur sinnvoll verhandelt werden, wenn man die Zusammenhänge zwischen politisch-kultureller Entwicklung und religiösen Fundamenten, zwischen Denkstrukturen, Bevölkerungs- und Einwanderungspolitik untersucht, wenn man sich den Kreuzungspunkten und Schnittmengen der verschiedenen Welten, die hier aufeinanderprallen, stellt. Hierin liegt auch eine wesentliche Differenz zu Forschern wie Bassam Tibi, der als Reform-Muslim darauf verzichtet, die eigene Religion mit grundsätzlicher Kritik zu hinterfragen. Aus verständlichen und dennoch falschen Gründen behauptet er, der Islam als Religion bleibe von der Frage, ob der islamische Fundamentalismus eine neue Spielart des Totalitarismus sei, unberührt. Im übrigen sei es nicht das Thema seiner politischen Ausführungen, über die Religion zu reden (vgl. »Fundamentalismus, eine neue Variante des Totalitarismus?«, in *Conturen* Nr. IV/94, S. 5–12).

Bezogen auf die 80 Millionen Menschen, die in Deutschland leben, sind drei Millionen Muslime wenig. Besser gesagt, es wäre keine allzu große Zahl, wenn diese Menschen überwiegend sich beschränken würden auf das Beten oder auf die bei den Christen üblich gewordene Festtagsfrömmigkeit. Es wäre keine allzu große Zahl, wenn die Muslime ihre Religion so als Privatsache behandelten und aus der Politik heraushielten wie nahezu alle anderen Bekenntnisse. So ist es aber nicht: Schätzungsweise zehn Prozent der Muslime sind aktivistisch (meist im Sinne radikaler Ultras), die große Mehrheit ist religiös aktiv und in kritischen Situationen mobilisierbar zu massenhaftem Handeln. Lediglich eine Minderheit von um die zehn Prozent ist entweder reformorientiert-demokratisch oder aber apathisch, desinteressiert bzw. desillusioniert. Damit ist einerseits der Anteil der muslimischen Aktivisten an der Gesamtzahl der Muslime deutlich größer als der Anteil der unter religiösen Vorzeichen aktiven Christen an den nominellen Kirchenmitgliedern – und andererseits bewegen und erreichen die straff organisierten Kader des Islams ungleich mehr als die starren kirchlichen Apparate. Es ist dabei relativ unerheblich, ob man, wie die Zeitschrift *Focus* (Nr. 14/1994), von 20 000 muslimischen Extremisten in Deutschland ausgeht, oder, wie ich es tue, von 100 000 bis 200 000: Entscheidend ist, was dieser harte Kern durchsetzt und wie er eingebettet ist in sein Umfeld. Immer wieder – man denke nur an 1789 oder 1917 – haben winzige organisierte Minderheiten unter geeigneten historischen Bedingungen die Macht erobern und den Gang der Welt gestalten können. Insofern muß man den organisierten Islam in der Bundesrepublik weniger als eine Art Kirche im säkularen Sinne sehen, also als bürokratisierte Großorganisation mit Dienstleistungs-Charakter, sondern als religiös-politische Kampfgemeinschaft. Diese ist mehr Kirche als die christliche Kirche, mehr Partei als die deutschen Parteien – sie ist Gesellschaft in der Gesellschaft und Staat im Staate. Sie ist ein permanenter Veränderungsfaktor, ein auf seine Stunde wartendes und sich vorbereitendes Umsturzpotential. Es wird daher darauf ankommen, daß es Europa gelingt, gegen die islamische Expansion ein breitgefächertes weltweites Bündnis zustande zu bringen – nicht zuletzt mit dem Reformislam und den diskriminierten Minderheiten in den islamischen Ländern, mit denen, die unserer Kultur nahestehen bzw. sich mit ihr verbunden fühlen, also mit den Völkern Lateinamerikas, mit den Christen in Afrika und Asien, überhaupt mit denen, die durch ein Vordringen eines aggressiven und repressiven Islams sich bedroht fühlen müssen. Es muß eine Sichtweise durchgesetzt werden, die der Politologe und Kulturphilosoph Iring Fetscher folgendermaßen beschreibt: *»Zivilisiertes Zusammenleben ist nur dann weltweit möglich, wenn unterschiedliche Kulturen einander gegenseitig anerkennen (nicht nur »tolerieren«) und alle auf einen humanen Minimalkonsens sich einigen«* (*Universitas*, 52. Jahrgang, Nr. 610, April 1997, S. 310).

Was uns droht, wenn der Islamismus sich politisch durchsetzt, wenn ein unreformierter Islam zur vorherrschenden Religion in Europa wird und die christlich-jüdische Kultur Europas in seinem Sinne umprägt, das zeigt das Schicksal des heutigen Orients, den Stephen Howe mit Fug und Recht beschreibt als *»eine Region, die einer kulturellen Wüste ähnelt, der die kreativen Geister entfliehen oder wo sie zum Kriechen oder Schweigen verurteilt werden, wenn ihnen die Flucht nicht gelingt«.* Gerade wir Deutschen haben angesichts der Vergangenheit dieses Landes eine besondere Verpflichtung, gegen die Ausbreitung eines religiös maskierten Faschismus zu kämpfen. Es ist der Islamismus, der Menschen so gnadenlos jagt, ermordet, vertreibt wie einst der Nazismus, und der das vollenden will, was Hitler und Himmler mißlang: die Liquidierung der Demokratie und des freien Geistes, die Ausrottung angeblich bösartiger und gefährlicher Völker, nicht zuletzt der Juden. Erinnert sei hier nur an einen im Juli 1996 in der halbamtlichen ägyptischen Wochenzeitung *Aaher Sa'ah* erschienenen Leitartikel, in dem es u. a. heißt: *»Die Juden wollen ein jüdisches Königreich errichten, Kontrolle über die Welt erlangen und alle Nationen der Welt versklaven.«* Der Artikel zitiert ausführlich die Fälschung *Protokolle der Weisen von Zion* und erklärt den faschistischen Judenmord zu einer »*Lüge der jüdischen Propaganda*«. Garniert ist diese Infamie mit einer Zeichnung eines Juden in Teufelsgestalt, begleitet vom Engel des Todes. Solche Haßpropaganda ist nicht einfach nur geschmacklos und irrsinnig – sie folgt einem leider immer wieder praktizierten und kurzzeitig durchaus erfolgreichen Rezept, das Hitler in *Mein Kampf* so beschrieb: »*Die Zukunft einer Bewegung wird bedingt durch den Fanatismus, ja die Unduldsamkeit, mit der ihre Anhänger sie als die allein richtige vertreten und anderen Gebilden ähnlicher Art gegenüber durchsetzen*« (Bd. I, S. 348).

Wenn Sophokles sagt: »*Die Wahrheit ist eine Tochter der Zeit*«, wenn Hegel ihm antwortet: »*Die Wahrheit ist das Ganze*«, dann bedeutet dies, auf das Thema dieses Buches angewandt, daß es nicht um ewiggültige Wahrheiten geht (diese sind stets wenige und bis zur Banalität einfach), sondern um das, was in dieser Weltstunde zu sagen not tut und was Geltung hat für uns, für unsere Leute, für unseren Kulturkreis. Aber, um dies zu finden und aufzuweisen, muß der Gesamtzusammenhang der Dinge reflektiert werden – all das, was in Verbindung steht mit der Frage nach Charakter, Entwicklungstendenzen und Zukunftsaussichten des Islams in Europa.

Möglich und notwendig ist eine kritische Analyse des Islams. Daß dies überhaupt möglich sei, wird bestritten von allen Richtungen des orthodoxen Islams und natürlich erst recht von allen Spielarten des Fundamentalismus. In dieser Sicht ist der Islam ein ungeschichtliches, gottgegebenes Mysterium, das der Mensch gläubig hinzunehmen, nicht zu hinterfragen und erst recht nicht in Frage zu stellen hat. Die Notwendigkeit einer Analyse des Islams hier und heute leugnen vor allem jene Multi-Kulti-Fanatiker, die in jeder Kritik am Islam die blanke Feindschaft gegen alle Muslime wittern. Nachdem ihnen die heile Gegen-Welt des realen Sozialismus verlorengegangen ist, das Paradies der Werktätigen sich weitgehend von selbst in Luft aufgelöst und dabei seine höllischen Kehrseiten offenbart hat, streben sie nach neuen Ufern der Glückseligkeit. Und dabei kommt ihnen ein Traumbild des Islams sehr gelegen, das sie sich flink zurechtgelegt haben: Eine weltoffen-tolerante Religion (vgl. die Alhambra-Phantasien des Claus Leggewie), eine egalitäre und schon ein bißchen sozialistische Gesellschaft mit dem Umma-

Kollektiv der Gläubigen und den Schriftgelehrten als unumstrittenen gelehrten Führern (also genau das, was die westlichen Intellektuellen so gerne wären und so wenig verwirklichen können!), mit dem Djihad die permanente Gelegenheit zu Kampagnen und Gewaltakten, ferner eine zumindest in Ansätzen und der Utopie schon gegenwärtige und an die Stelle des ausgebliebenen Weltkommunismus tretende islamische Internationale, aus der sich dereinst die totale Herrschaft des Islams über alle Länder der Welt entwickeln soll. Natürlich teilen dieses Paradigma in seiner kompletten Form nur die radikaleren Islam-Freunde, aber genau denen halten ihre halbherzigen Kumpane aus dem linksliberalen Lager den Rücken frei, wenn sie jede Islam-Kritik von vornherein mit dem Verdikt der Feindbilderzeugung und der Ausländerfeindlichkeit versehen.

Unbezweifelbar ist der Islam ein wesentlicher Teil der orientalischen Kultur und ist diese in vielem vom Koran als religiösem Kunstwerk, Gebots- und Mythensammlung geprägt worden. Die Geschichte hätte zwar einen anderen Gang nehmen können, wenn beispielsweise das frühe arabische Christentum oder das Manichäertum sich durchgesetzt hätten. Aber so wichtig es ist, sich bewußt zu bleiben, daß es an den Kreuzwegen der Historie mehr als eine Wahl gibt, so darf doch alle Spekulation über Alternativen nicht blind für die Realitäten machen, die sich aus bestimmten Weichenstellungen ergeben haben. Andererseits wäre es völlig falsch, arabische und islamische Kultur bzw. orientalische und islamische Kultur in eins zu setzen. Es ist dem Islam nicht gelungen, die kulturellen Bildungskräfte, die vor ihm im Orient existierten, völlig zum Verschwinden zu bringen oder das Eindringen neuer Elemente zu verhindern. Trotz aller Versuche des Fundamentalismus, das Horrorszenario einer rein islamischen Gesellschaft zu verwirklichen, werden der offene Widerstand der Unterdrückten und die List der Geschichte dafür sorgen, daß die Balance zwischen dem Islam einerseits und alten bzw. neuen Gegenkräften andererseits nicht ganz verlorengeht. Traditionen der polytheistischen frühen Kulturen leben unter der Oberfläche ebenso weiter wie – gerade im schiitischen Islam – die dualistische Weltsicht der Zoroastrier und der Manichäer. Drusen, Aleviten, Alawiten, Ismaeliten, Jeziden sind in unterschiedlichem Ausmaß und unterschiedlichen Formen ebenso Beispiel für das Überleben alter Glaubensinhalte und Kult-

formen wie die »Dönme«, die »Heimgekehrten«, in der Türkei –
Menschen, die vom Judentum zum Islam übertraten, aber sehr
oft insgeheim der Religion ihrer Vorfahren treu blieben oder,
oft Generationen später, wieder zu ihr zurückkehrten. Unter
Türken und Kurden hat mit dem Alevitentum in einer verhüll-
ten Form die ursprüngliche schamanistische Religion der Turk-
Nomaden überlebt, Elemente aus dem Christentum wie die
Heiligenverehrung aufgenommen und sich schon im frühen
Mittelalter in eine pragmatisch-humanistische Vernunftreligion
umgewandelt. Wenn auch die von den Aleviten selbst genannte
Zahl von 25 Millionen Gläubigen in der Türkei zu hoch gegriffen sein dürfte und allein die Wahlergebnisse in der Türkei eher
eine Größenordnung von 10 bis 20 Millionen nahelegen, so ist
dies in jedem Fall quantitativ und qualitativ ein sehr wichtiger
Faktor. Und während die Muslime als »Gastarbeiter« nach Norden vordringen, wandern – zum Teil illegal – Christen aus dem
zentralen und dem südlichen Afrika in verschiedene arabische
Länder, um dort für Hungerlöhne zu arbeiten. Mit ihnen kehrt
das Christentum in seiner afrikanischen Spielart zurück in Gebiete, die vor anderthalbtausend Jahren einmal zu den Zentren
der christlichen Welt gehörten.

Niemals und nirgends ist eine Kultur aus anderem entstanden als
aus einer sie bedingenden Religion. Sobald die ursprüngliche
Ununterschiedenheit von Alltäglichem und Heiligem, Mensch
und Welt, Kosmos und Göttern sich auflöst und ausdifferenziert,
sobald die Religion gesellschaftlich wird und die Gesellschaft
sich mit der Religion auseinandersetzt, entsteht in diesem Zer-
fallsprozeß die Kultur. Wenn so die Religion Fundament jeder
Kultur ist, stellt sich die Frage, ob ohne Religion eine Kultur
lebensfähig ist – zumal dann, wenn sie, wie gegenwärtig die
abendländische, aus dem Alterszustand der Zivilisationsbildung
abzugleiten droht in die scheinrevolutionäre und scheinjugend-
liche Schwindelblüte einer Regression auf die barbarischen An-
fänge, auf die der Kultur vorangehende Kulturlosigkeit. Natürlich kann diese zweite Pubertät niemals die unschuldige Naivität
und die Lebendigkeit der ursprünglichen Primitivität erreichen,
natürlich hat diese Rückkehr ad fontes etwas sehr Fiktives, Ima-
ginäres, Gekünsteltes. Gleichwohl kommen auch die Verherr-
licher der *art brut*, des Primitivismus und abstrakten Minimalis-

mus, der Formlosigkeit und des Stilchaos irgendwo an – nur
nicht dort, wo sie es erwarteten. Statt im heroischen Sturz in das
Nichts und im genialen Entfesseln der Urkräfte einem neuen geistigen Aufbruch den Weg zu bereiten, werden sie zu ungewollten
Türöffnern und Quartiermachern für einen reaktionären Irrationalismus. So mancher, der dem Christentum mit all seinen historischen Widersprüchen und dem europäischen Denken mit
all seinen Unzulänglichkeiten entgehen will, landet statt im sieb-
ten Himmel der Freiheit und des Schöpfertums nach kurzem
Rausch in Gedankenleere, Gefühlsabstumpfung, Glaubensun-
fähigkeit, innerer Unfruchtbarkeit und dekadenter Verkommenheit. Statt Neues zu schaffen als Prediger der Religion der Religi-
onslosigkeit oder als Adept exotischer Religionen, liefert er sich
blind und wehrlos dem Ausverkauf aller Werte, dem Durchbruch der Unvernunft, dem alles nivellierenden Beliebigkeits-
allerlei aus.

Der Fundamentalismus, der mit einem absoluten Wahrheitsanspruch auftritt, jede rationale bzw. historische Deutung der
heiligen Texte verwirft, die Wissenschaft ebenso ablehnt wie den
Pluralismus, verlangt und versucht eine totale Umschmelzung
der gegebenen Gesellschaftsordnungen. Allein in Nordrhein-
Westfalen gibt es über 150 geheime Koranschulen. In Deutschland wird in jeder Woche eine neue Moschee eröffnet. Die Zahl
der Muslime in der Welt wird zur Jahrtausendwende anderthalb
Milliarden Menschen umfassen und sich bis zum Jahr 2030 vor-
aussichtlich verdoppeln. Angesichts dieser Tatsachen ist es kein
billiger »Alarmismus«, keine Schwarzseherei und keine Panikmache, vor den Folgen zu warnen, die dieser Wechsel der Weg-
zeichen und diese Verschiebung der Gewichte haben werden.
Dort, wo Einzelpersonen und gesellschaftliche Gruppen feige
zurückweichen, müssen alle, die das christliche und aufgeklärte
Europa, seine Kultur, ihre Heimat, ihr Vaterland, ihre Muttersprache verteidigen wollen, Angst und Passivität überwinden. Es
darf nicht zugelassen werden, daß in deutschen Städten an jeder
Ecke der Ruf des Muezzins erschallt oder daß Pseudo-Christen
wie die evangelischen Kirchenoberen in Duisburg einen Amts-
bruder, der sich gegen den akustischen Terror der Dunkelmänner wehrt, verleumden und beschimpfen, weil er angeblich den
sozialen Frieden störe. Moscheen sollten den Muslimen in
Deutschland zugestanden werden, aber unter der Auflage, daß

von dort keine Störung der Umgebung ausgeht, daß dort keine Politik betrieben wird und keine Vorbereitungen auf Gewaltaktionen stattfinden. Dies müßte selbstverständlich sein, ist es aber nicht. Immer wieder wird ganz offen in Moscheen Kampfsport trainiert, wird mit Drogen, falschen Pässen und Waffen gehandelt. Wer Parolen wie »*Scharia oder Tod*« oder »*Tötet Salman Rushdie!*« propagiert, der muß sofort bestraft und als Ausländer nach Verbüßung seiner Strafe abgeschoben werden.

Gibt es einen Islam, mit dem die Deutschen und die Demokratie in Deutschland gut zusammenleben könnten, was ja doch immer noch etwas anderes ist, als notfalls zu koexistieren? Es könnte ihn geben, aber es gibt ihn bis heute noch nicht. Es wäre jener Euro-Islam, den Bassam Tibi als Utopie beschwört – ein reformierter und reformatorischer Islam, der nicht stehen- und steckenbleibt bei den Halbheiten und unlösbaren Widersprüchen der einflußlosen Randgruppe muslimischer Reformisten und Modernisten. Es wäre ein Islam,

– der sich definitiv als moderne, aufgeklärte Religion ohne jeden Anspruch auf Macht oder sogar Vorherrschaft begreift, als »*Euro-Islam der Individuen*« statt als »*Ghetto-Islam der Kollektive*« (Bassam Tibi),

– der sich in diesem Land primär als religiöses Bekenntnis von Deutschen unterschiedlicher Herkunft (auch solchen mit türkischen, kurdischen, marokkanischen usw. Vorfahren) versteht, das in deutscher Sprache seine Botschaft verkündet,

– der schonungslos ehrlich abrechnet mit allen Verbrechen, die im Namen des Islams begangen wurden und begangen werden und sich endgültig freimacht von allen menschenfeindlichen Elementen im Koran und in den anderen religiösen Überlieferungen, also von allem, was gegen Freiheit, Gleichheit und Brüderlichkeit und gegen den Frieden unter allen Menschen guten Willens gerichtet ist.

Ob dies geschehen wird, ob dies überhaupt möglich ist, weiß ich so wenig wie irgend jemand sonst. Wenn dieser Weg aber gangbar sein sollte und wenn mein Buch denen hilft, die ihn zu gehen wagen, hat es einen seiner Zwecke erfüllt. Bleibt alles beim alten, bleibt es bei einem Islam für geistige Sklaven und ungeistige Sklavenhalter, so hoffe ich, daß in unserem Volk ein kritisches Bewußtsein entsteht, was vom Islam zu verlangen ist und was man ihm um unseres Überlebens willen nicht durchgehen lassen darf. Dulden wir weiter still, daß die Islamisten die Demokratie als »Unwissenheit« (dschahiliyya) diffamieren und sie zugunsten einer »islamischen Lösung« (al-hall al-islami) beseitigen wollen, setzen wir der islamischen Missionierung (tawtin ad-dawa, »Einbürgerung des Rufs«) keinen Widerstand entgegen, dann ist uns nicht mehr zu helfen. Dann wird der Islam, der bereits heute sich in Ländern wie Großbritannien mit einem separaten »islamischen Parlament« als Staat im Staate und als »*eigenes politisches System*« (so der Fundamentalistenführer Kalim Siddiqui) konstituiert, nach und nach die politische Ordnung aushöhlen, sie sturmreif machen und schließlich die Macht ergreifen. Dann wird viel Blut fließen – getreu der Devise des Ajatollah Khalkali, jenes Mordkomplizen Chomeinis, für das Aufblühen des Islams könne man ohne weiteres eine Million Menschen töten.

Die ohne eigenes Verdienst der Herrschenden und gegen eine dumpfe Meute von Spaltungsprofiteuren, Selbsthassern und rheinbündlerischen Separatisten zustande gekommene Wiedervereinigung Restdeutschlands hat die Entkirchlichung und Säkularisierung der deutschen Gesellschaft noch einmal vorangetrieben. Diese relative Befreiung der Kirche von politischer Macht und gesellschaftlichem Einfluß hat ohne Zweifel ihr Gutes, da sie die wirklichen Christen zwingt, nüchtern ihre Situation als kleine radikale Minderheit zu überdenken, nicht länger das Heil vom Bündnis mit den Inhabern der Staatsgewalt zu erhoffen, sondern sich auf die Suche zu machen nach neuen Ufern und neuen Bundesgenossen. Gerade die momentane und kurzfristig nicht aufhebbare Ohnmacht der Christen, die Isolation und Dekadenz ihrer Großkirchen, die Welle einer irrationalen Antichristlichkeit (siehe die Kruzifixdebatte) machen eine neue Koalition für Demokratie, Glaubensfreiheit und die Verteidigung der europäischen Kultur überhaupt erst möglich und zugleich zu einer unbedingten Notwendigkeit – ein Zusammengehen von Christen, Agnostikern und Atheisten, die weder den Rückfall ins finstere Mittelalter noch den »Fortschritt« in eine amerikanisch-globalistische High-Tech-Barbarei wollen.

Es ist eine absurde, ebenso gefährliche wie lächerliche Idee, die eigene Kultur oder Religion als überlegen gegenüber einer anderen oder gegenüber allen anderen anzusehen. Nicht, weil die europäische Kultur oder das Christentum besser oder bedeutender wären als andere Kulturen bzw. Religionen, plädiere ich für eine Verteidigung beider mit allen geeigneten Mitteln. Das Eigene muß geschützt und bewahrt werden – auch wenn es gar nicht so unvergleichlich ist und wenn es diese und jene Schwäche hat. Gerade dort, wo die eigene Position fragil und bedroht ist, muß alles unternommen werden, um sie zu festigen – was nicht nur zeitweise taktische Rückzüge einschließt, sondern auch erfordert, sich zu verbünden mit anderen (auch mit Gegnern von gestern und morgen), von den verschiedenen Gegnern zu lernen und sie mit ihren eigenen Waffen zu schlagen. Allerdings verteidigen wir eine ganz andere europäische Kultur, als die in Sonntagsreden der Machthaber, Kirchenfürsten und sonstiger Spießbürger beschworene Chimäre – jener Plunder aus Dünkel, Borniertheit und Selbstverliebtheit, den von Wilhelm II. bis zu Adenauer und Kohl, von Napoleon III. bis de Gaulle und Mitterrand die kleinen Erben einer großen Vergangenheit zu ihren kleinen schäbigen Geschäftszwecken heranzogen. Dieser ideologische Sperrmüll muß ebenso der Entsorgung zugeführt werden wie Zillertaler, Oberkrainer oder Wildecker Kommerz-»Volksmusik«, um so den Weg frei zu machen für eine kulturelle Renaissance, die nur als Erneuerung Wiedergeburt und nur als Wiedergeburt Erneuerung sein kann. Der Widerstand gegen die drohenden kulturellen Katastrophen und Genozide ist dabei nicht die Sache einer speziellen Denkschule oder Partei. Es wäre fatal, wenn er nur getragen würde von einem einzigen politischen Lager oder sogar weiterhin das Steckenpferd einiger Außenseiter und Randgruppen bliebe. Es ist hohe Zeit, daß gerade die Linke ihre Defizite in dieser Lebensfrage erkennt und aufarbeitet. Es ist hohe Zeit, daß Agnostiker und Atheisten ihre desinteressierte Passivität überwinden, denn hier geht es nicht um weltferne Streitereien unter Religionsanhängern.

Thomas Blank hat in einem Aufsatz »Wer sind die Deutschen?« (in: *Aus Politik und Zeitgeschichte*, B 13/97, S. 38-46; hier S. 42) zutreffend gekennzeichnet, was den Patriotismus vom auf aggressive Ausgrenzung des Fremden und verlogene Überhöhung des Eigenen bedachten Nationalismus unterscheidet: »*Im Gegensatz zum Nationalismus strebt der Patriotismus innergesellschaftliche Vielfalt an. Kulturelle und religiöse Verschiedenheiten erfahren keine Abwertung, innergesellschaftliche Minderheiten*

erfahren Solidarität. Damit verbunden ist auch eine andere Vor-
stellung über das Verhältnis zwischen Individuum und Staat.
Demokratische Prinzipien und politische Mitbestimmung sollen
den Staat zum Instrument für seine Bürger machen. Weiterhin
zeichnet sich der Patriotismus durch eine eher kritisch-ambivalente
Bewertung der Nation aus, die sogar zur Verweigerung der Loya-
lität führen kann, wenn die nationalen Ziele als destruktiv angese-
hen werden. Der Patriotismus verwendet also keine idealisierende
Überbewertungen der eigenen Nation, sondern hat ein positiv-kri-
tisches Verhältnis ihr gegenüber.« Als jemand, der seit 1967 zur
unabhängigen Linken in Deutschland gehört, als jemand, der
1967 die evangelische Kirche verlassen hat und bislang wenig
Anlaß zum Wiedereintritt sieht, werden mir nur Narren unterstellen, ich wolle den Islam kritisieren, um Schäflein für die
christlichen Kirchen zu rekrutieren oder denen Schützenhilfe zu
leisten, die als Pseudokonservative nach anderthalb Jahrzehnten
Kohl-Regierung und anderthalb Jahrzehnten ausgebliebener
geistig-moralischer Wende die Hauptschuld an der gegebenen
Misere tragen. Noch weniger kann man mir ernsthaft unterstellen, ich besorge die Geschäfte jener Ultrarechten, die aus der
deutschen Geschichte nichts gelernt haben und deren markige
Sprüche ihre moralische und geistige Nullität nur unvollkom-
men überdecken können. Ich bin seit deren Gründung Mitglied
der GRÜNEN, auch wenn ich nicht verhehle, daß ich es seit längerem vorziehe, ein von allen Funktionärsämtern freier Dissi-
dent und Freischärler zu sein statt Repräsentant einer Politik, die
dieses Land zugrunde richten könnte, wenn sie in ihrer jetzigen
traurigen Gestalt Einfluß gewänne und die auch ohne das geeignet ist, die grüne Partei entweder zur Sekte oder zur Komplizin
etablierter Katastrophenpolitik zu machen. Ich rechne mich weiterhin zu einer parteifreien, aufklärerisch-humanistischen Linken, die jenseits von Stalin und Noske, jenseits von Juso-Rheto-
rik und ultralinker Gewaltanbetung, mit unserem Volk und für
unser Volk lebt und für die die internationale Solidarität ebensowenig ein Fremdwort ist wie die selbstbewußte Nation.

Ich will nicht verhehlen, daß mir die Grundannahmen derer,
die dort zu fragen und zu denken aufhören, wo der Verstand und
das Alltagsverstehen enden, stets fragwürdig und fremd geblieben sind. Es ist ein Irrglaube, man könne die Nichtexistenz des
Göttlichen wissen oder beweisen. Vielleicht müssen wir wirklich

über all das, was höher ist als alle Vernunft, schweigen, weil wir es nicht aus-sagen können, aber dann gilt erst recht, daß das gegen den Glauben gerichtete Geschwätz und die Paraphrasierung negativer Gottesbeweise keinen Sinn machen und zu nichts führen. Als protestantischer Freigeist, als Agnostiker, der an »Glaube, Liebe und Hoffnung« glaubt, aber nicht an die menschlich-allzumenschlichen Versuche, das Göttliche einzufangen durch Riten, pietistische Bußarbeit oder das Erklimmen esoterischer Stufenleitern, plädiere ich dafür, anzuknüpfen an die großen Traditionen unserer Kultur. Diese sind christlich fundiert und grundiert, wobei sie aber niemals im Sinne einer sterilen Einseitigkeit rein christlich waren. Stets waren – schon über die antiken Bildungselemente Europas – auch der kritische Zweifel des »ungläubigen Thomas«, der prometheisch-faustische oder stoisch-resignierte Atheismus und der sehnsüchtig-schwärmerische Pantheismus eingeschlossen in den geistigen Fundamenten unserer Kultur. Weltoffenheit, Bereitschaft zu Dialog und Austausch gehören zu der Grundbefindlichkeit, der mentalen Grundausstattung des europäischen Geistes, aber dies bedeutet keine plastisch-elastische Konturlosigkeit, keine Offenheit für alles und jedes. Natürlich hat die abendländische Kultur auch aus dem Islam einzelne Motive, Formdetails, Stilelemente übernommen, aber die Grundlagen der islamischen Kultur sind den Europäern über anderhalbtausend Jahre so fremd geblieben wie umgekehrt den Muslimen die Säulen, auf denen europäisches Denken ruht: Verantwortlichkeit und Autonomie der Einzelperson, Betonung der Geschichtlichkeit und Relativität, dialektische Entwicklung der Widersprüche, Bevorzugung der Vielfalt und der Uneinheitlichkeit, Aufbau der Gesellschaft auf Gewaltenteilung und Machtbalance.

Der Islam wie der Islamismus gehören geistig in eine Traditionslinie, die oft mit dem mißverständlichen Begriff »Totalitarismus« bezeichnet wird, obwohl sie gerade nicht die widersprüchliche Totalität des Wirklichen zu erfassen und widerzuspiegeln sucht, sondern sich mit totaler Ignoranz hingibt der Vergottung einseitiger Fiktionen. Es ist hier sinnvoller, von Kollektivismus zu sprechen, denn der Islam betet wie der Staatssozialismus und der Faschismus die Gemeinschaft an als absoluten Wert und leugnet die Rechte des Einzelmenschen. Das andere Extrem ist ein Individualismus, der als Hyperliberalismus, Ego-Anarchis-

mus und postmoderner Nihilismus der Gemeinschaft alles verweigert und dem Ich alles zuschreibt und zuschiebt. Der Gegen-
pol zu einem Kollektivismus, der ein Sklaven-Kollektiv will, und
zu einem Liberalismus, der die Freiheit der Gemeinschaft zerstört durch zuviel Freiheit für zu viele zu mächtige Einzelpersonen, ist ein Denken, das als Humanismus, als »Solidarismus«, als
»Kommunitarismus« die unverzichtbaren spirituellen wie all-
tagspraktischen Belange des Individuums und der Gemeinschaften in ein ausgewogenes Verhältnis bringt.

Es ist nicht das Anliegen dieses Buches, den vielen Lobliedern auf
den Islam ein weiteres hinzuzufügen. Genausowenig ist es mir
um eine Dämonisierung und Verteufelung zu tun, wie sie jene betreiben, die durch übersteigerte Angriffe die Gläubigkeit und
Kampfmoral der eigenen Gefolgschaft erhöhen wollen und die
statt argumentativer Stärke nur Lautstärke zu bieten haben. Der
Islam hat seine unbezweifelbaren Glanzlichter – seine Ausrichtung auf Weltveränderung und auf die dazu erforderliche Machtergreifung, seine Orientierung auf sozialen Ausgleich, seine Ein-
deutigkeit, seine Radikalität und Militanz – aber man muß sehen,
daß viele dieser Vorzüge gleichzeitig die Basis für äußerst pro-
blematische Gegebenheiten sind. Die Militanz hat allzuoft ihre
Schwierigkeiten damit, Frieden zu schließen und Kompromisse
einzuhalten. Vor lauter glasklarer Eindimensionalität geht der
Blick für die Geschichte und für die vielen Zwischentöne und Besonderheiten wechselnder Situationen verloren. Die soziale Verantwortung reduziert sich allzuoft auf ein korrektes Abwickeln
fürsorglicher Maßnahmen, die jede selbstverantwortliche Eigen-
fürsorge blockieren und ebenso wie die unbedingte Politizität
des Islams einmünden in eine permanente Unterwerfung unter
den Willen der Glaubensgemeinschaft.
   So falsch es wäre, die verschiedenen Strömungen im Islam zu
ignorieren, so wichtig ist es aber zugleich, über allen Differen-
zierungen und Differenzen nicht das Gemeinsame aus dem Auge
zu verlieren. Um einen Vergleich heranzuziehen: Faschismus
einerseits und traditioneller Chauvinismus der »Action
française« oder der »Deutschnationalen Volkspartei« andererseits waren zwei unterschiedliche Strömungen im reaktionären
Lager des Europas der Zwischenkriegszeit. Und doch gab es beträchtliche ideologische, soziale und personelle Überschneidun-

gen. Auf sich allein gestellt, ohne Schützenhilfe bzw. Duldung durch die bürgerliche Ultrarechte, hätten die Faschisten niemals die erforderliche Massenbasis und niemals die von ihnen so ersehnte Finanzierung durch die heimische Plutokratie erhalten. Ohne das Bündnis mit dem muslimischen Traditionalismus, der »orthodox« das islamische Mittelalter zu bewahren und in die Neuzeit zu retten versucht und immer noch den stärksten Einfluß auf die Massen hat, wären die Fundamentalisten in den meisten Ländern so isoliert, wie es die Linke in Deutschland seit 70 Jahren ist. Deshalb ist es von größter Bedeutung, bei aller analytischen Differenzierung immer auch zu untersuchen, worin sich die verschiedenen Strömungen des religiösen und politischen Islams einig sind, wie sie sich bedingen und fördern.

Die Bedrohung der europäischen Kultur und des Christentums durch den Islam ist relativ unabhängig vom guten oder bösen Willen der Muslime und ihrer Organisationen. Wenn die Zuwanderung von Muslimen anhält, wenn die Geburtenraten der eingewanderten Muslime weiter deutlich höher liegen als die der Einheimischen, wenn die Entchristlichung Europas und die Selbstdemontage seiner Kultur anhalten, dann ist es unausweichlich, daß sich die, die noch die Mehrheit stellen, bedroht fühlen – vielleicht sogar mehr, als sie es tatsächlich bereits sind. Man denke an den Libanon: Die alte Ordnung, die von einem zahlenmäßigen Übergewicht der Christen gegenüber Muslimen und Drusen von 6 : 5 ausging, bestand nur so lange und garantierte nur so lange Frieden und Prosperität, wie sie annähernd im Gleichgewicht mit der realen Bevölkerungsentwicklung war. Als dies sich durch die höheren Geburtenraten der Muslime und die meist muslimischen Flüchtlinge aus Palästina änderte, begann eine Instabilität, die in einen Bürgerkrieg führte – ausgenutzt und zusätzlich geschürt von dem großsyrischen Chauvinisten Assad, palästinensischen Ultras, dem machtgierigen »Sozialisten« und Feudalherrn Dschumblat, den islamischen Gotteskriegern der Hamas und der Hisbollah. In diesem Bürgerkrieg, der fast allen fast alles zerstört hat, gab es keine Sieger. Insofern müßte den nach Europa eingewanderten Muslimen, wenn sie klug und vorausschauend sind, daran gelegen sein, nicht zu viele und nicht zu stark zu werden, sondern sich auf die Dauer einzustellen auf die insgesamt komfortable Situation der unbezweifelbaren Minderheit, die ihre legitimen Interessen

wahrt, aber Selbstbeschränkung praktiziert und die Gesichtspunkte der Mehrheit nicht nur nachvollzieht, sondern sich auch
zu eigen macht.

Seit den siebziger Jahren habe ich in freundschaftlicher Verbundenheit gerade mit türkischen und afghanischen Freunden für
gemeinsame politische Ziele gekämpft. Diese Freunde wissen,
wie abwegig es ist, wenn Menschen wie ich von der bundesdeutschen Pseudo-Antifa als »Ausländerfeind« diffamiert werden.
Dieser Vorwurf ist ungefähr so passend wie die Titulierung
Deutschlands durch den Teheraner Mob als »faschistisch-zioni-
stisch«. Eher ist es so, daß die schwarzgewandeten Autonomen
eine ultralinke Neuauflage der Schwarzhemden Mussolinis und
der SA-Meuten sind und die verbalen Amokläufer der »Antifa«
Wiedergeburten der Goebbels und Streicher. Nein, nicht aus
Ausländerfeindschaft, sondern aus dem Gefühl der Verbundenheit mit allen, die Deutschland als ihre neue Heimat und das
deutsche Volk als Freund und Beschützer sehen, trete ich mit
aller Entschiedenheit dafür ein, daß die Zuwanderung auf ein sozial und kulturell verantwortbares geringes Ausmaß reduziert
wird, daß freiwillige Rückkehr stattfindet und gleichzeitig die,
die bleiben wollen, entweder sich assimilieren oder sich integrieren – in vollem Respekt für dieses Land, dieses Volk, diese
Kultur, diese Rechtsordnung. Unter solchen Bedingungen
könnte Deutschland ohne weiteres eine oder sogar zwei Millionen Deutsche mit türkischen oder kurdischen Vorfahren verkraften, plus einige hunderttausend Türken oder Kurden, die
dies bleiben wollen, ja sogar – unter einer gewissen Aufsicht –
ein- oder zweitausend fanatisch-intolerante Islamanhänger, auf
deren Integration man verzichtet und die am »lunatic fringe«,
am mondsüchtigen Rand der Gesellschaft, existieren könnten.
  Für eine gemeinsame Zukunft zu kämpfen, ist eine große Aufgabe für alle Deutschen und alle Ausländer, denen dieses Land
Heimat ist – mehr als ein zeitweiliger Aufenthaltsort und anderes als eine erhoffte Beute. Frieden und Demokratie sind geschenkt nicht zu haben. Wir werden kämpfen müssen gegen die
Profiteure des Menschenhandels und der Völkerverschiebung,
gegen die berufsmäßigen Entwurzeler und Vertreiber, gegen die
blinden Ausländer-raus-Schreier, gegen die Propagandisten des
Gottesstaats und des Heiligen Krieges, gegen die Internationale

der Multikriminellen, gegen die grassierende Seuche des Selbsthasses und des antideutschen Ersatz-Rassismus. Nur dieser Kampf kann verhindern, daß Deutschland im kommenden Jahrhundert in Bürgerkriege und Katastrophen steuert, die zum *finis Germaniae,* zur Auslöschung unseres Volkes und unserer Nation, führen könnten.

Die momentan modische postmoderne Grundhaltung (besser gesagt: Haltungsstörung) eines »coolen«, unbeteiligten Laufenlassens, Zusehens und Zuwartens löst kein einziges Problem und ist selbst Ausdruck und Movens der uns bedrängenden Probleme. Nicht der unmögliche, unmenschliche und im Kern menschenfeindliche Versuch, über die zentralen Fragen der Menschheit ohne Liebe, Zorn, Wut und Trauer zu sprechen, hilft uns weiter, sondern – bei aller Zurückweisung von Haß und Verteufelung unserer Gegner – der konsequent öffentliche und konsequent kritische Kampf für unsere Werte und unsere Wahrheiten. Sie sind relativ, sie sind historisch, sie sind mit dem Abendland entstanden und werden mit ihm untergehen – aber hier und jetzt sind sie die unseren: Unser Bild der Welt, unser Angebot an die Welt, unser Halt in der Welt. Niemand muß fremde Kulturen und Religionen wie den Islam erst noch dazu auffordern, ihre Daseinsentwürfe den europäischen entgegenzusetzen. Längst wird auch in Europa gegen Europa und um die Zukunft dieses Raumes gekämpft. Es wird uns nichts geschenkt werden. Man benötigt keine prophetischen Gaben, um zu wissen: Wir kommen mitten hinein.

Köln, im Sommer 1997   Rolf Stolz

Hinweis:

Ich habe mich angesichts der unterschiedlichen Schreibweisen arabischer und türkischer Namen für eine vereinfachte, dem deutschen Sprachgebrauch angenäherte Form entschieden (z. B. al-Aschari statt »al Asch'ari«). Wo ich aus dem Koran zitiere, folgt auf ein »S« für Sure die jeweilige Sure und danach die Versangabe. Ich zitiere in der Regel nach der Übersetzung von Max Henning (Stuttgart 1960). Wo ich die Übersetzung der Ahmadiyya benutze, steht der Hinweis »Am.-Üb.« (»Der Heilige Qur-An«, Hg. unter der Leitung von Hazrat Mirza Tahir Ahmad, 5. überarb. Auflage, 1989 o. O., Ahmadiyya Muslim Jamaat in der Bundesrepublik Deutschland und der Schweiz). Am Ende des Buches findet sich eine Liste mit Erklärungen von Fremdworten und fremdsprachlichen Redewendungen, die nicht unmittelbar im Text erläutert sind.

I

Der Schauplatz –
die Kontrahenten

1. Religionen und Kulturen

W ir alle gehören zu einer einzigen Spezies, wir alle leben auf einer Erde. Aber wir leben in verschiedenen Welten – getrennt durch Schranken des Glaubens, der Kultur, der gesellschaftlichen Milieus. Immer wieder werden diese Grenzen, die zugleich Schutz und Einengung sind, freiwillig überschritten oder gewaltsam in Frage gestellt. Ob man es wünscht oder nicht, im »*Zeitalter der ethnisch-religiösen Blockbildungen*« (Bassam Tibi), die an die Stelle der ideologisch-universalistischen Blockkonfrontation getreten sind, sind es die »*Frontlinien des Zivilisationskonflikts*« (Samuel Huntington), entlang denen sich die Welt organisiert.

Nur ein Narr oder ein Anhänger der Zerstörung von Lebensvielfalt zugunsten einer öden, toten Gleichförmigkeit kann den Wunsch verspüren nach einer einzigen Religion oder Kultur für alle Menschen. Nur auf der abstraktesten Ebene ist alles eins: Verallgemeinert man nur lange genug (Verallgemeinerung ist die Philosophie der Primitiven, sagt M. Y. Ben Gavriel), so lösen sich alle Unterschiede und Widersprüche auf und verschmelzen zu einem dunklen Brei. Nur in diesem Aggregatzustand gelten Sätze wie der des französischen Gelehrten D. Masson, das gemeinsame Anliegen von Christentum, Judentum und Islam sei, »*den Menschen zu zeigen, daß alles von Gott kommt und wieder zu ihm zurückkehren wird*« (*Le Coran et la révélation judéo-chrétienne*, »Der Koran und die jüdisch-christliche Offenbarung«, 2 Bände, Paris 1958). Bassam Tibi ist zuzustimmen in seiner Forderung, daß es, weil jede Zivilisation ihr eigenes Ethos hat, darum geht, »*Brücken zu schlagen, ohne die bestehenden Grenzen blind zu verleugnen*« (»Vom Ost-West-Konflikt zum Krieg der Zivilisationen«, *Die Welt* 4. 2. 1995).

Ein großes Symbol der friedlichen Koexistenz zwischen den Religionen und eines offenen Dialoges könnte es sein, wenn nach dem Vorschlag des jordanischen Königs Hussein Palästinenser und Israelis ihre Souveränitätsansprüche auf die heiligen Stätten in Jerusalem aufgeben würden und »*Muslime, Juden und Christen* ... *Seite an Seite ihren Gottesdienst ausüben können, wie Gott es gewollt hat*« (*Focus*, 45/1993). In eine ähnliche Richtung geht die im Sommer 1997 begonnene Kampagne »*Sharing Jerusalem*«, die ein Teilhaben aller an der Stadt ohne deren Teilung anstrebt. Die Gruppe »*Jerusalem Link*« (in etwa mit »Jerusalem-Verbindung« zu übersetzen), im Jahre 1994 gegründet, vereint unter dem Motto »*Jerusalem gehört uns beiden – zwei Hauptstädte für zwei Staaten*« israelische und palästinensische Frauengruppen zu gemeinsamen Initiativen. Auch Shimon Peres erklärte in einem Interview: »*Es macht keinen Sinn, neue Mauern in Jerusalem hochzuziehen, nachdem die Berliner Mauer gefallen ist.*« (*K. St.-A.*, 11. 3. 1997) Solche Gedanken und Aktionen bedeuten keine Nivellierung und Vermischung der unterschiedlichen Religionen, sondern lassen jeder Richtung ihr Eigenleben. Nicht allein die Christen Europas, sondern wir alle, die wir in die christliche Kultur hineingeboren wurden, dürfen nicht vergessen, daß wir einen Auftrag und eine Mission in der Welt haben. Das »Salz der Erde« zu sein, heißt ja eben gerade nicht, sich unterschiedslos aufzulösen, auf- und unterzugehen im allgemeinen Einerlei. Religiöse Koexistenz verlangt auch christliche Selbstkritik im Hinblick auf einstige Versuche, den eigenen Glauben mit allen Mitteln, auch mit denen des Schwertes und des Scheiterhaufens, auszubreiten; sie verlangt den Juden ab, die ethnisch-pseudorassische Begrenztheit ihrer Religion und daraus abgeleitete politische Vormachtsvorstellungen in Frage zu stellen, aber sie erfordert nicht zuletzt eine rigorose Selbstreinigung des Islams.

Bei allem Verständnis für den Widerstand gegen die Amokläufe des in Terrorismus, Neokolonialismus und Raubrittertum abgleitenden Spätzionisten Netanjahu – es ist ein Unding, allerdings ein arg symptomatisches Unding, daß ein großer Teil der islamischen Welt sich weiterhin nicht abfindet mit Israel in den Grenzen vor dem Sechstagekrieg vom Juni 1967. Diese Grund- und Kardinalfrage müssen alle Länder der Region, aber auch die islamische Welt als Ganzes beantworten, ehe man von dem Judentum und der israelischen Regierung erwarten kann, einer umfassenden Abrüstungs- und Friedensregelung zuzustimmen. Unvergessen ist jedenfalls im Judentum, wie stark islamische Autoritäten wie der Großmufti von Jerusalem, Mohammed Said Amin al-Husseini (1895–1974), mit dem Hitler-Faschismus zusammenarbeiteten. Noch nach 1945 konnte der zwielichtige Bankier François Genoud, ein bekennender Nazi, mit seiner 1958 gegründeten »Banque Commerciale Arabe« (»Arabische Handelsbank«) zu einem der wichtigsten Finanziers eines gegen alle Juden gerichteten panarabischen Terrorismus mit Verbindungen sowohl zur algerischen FLN als auch später zu dem berühmt-berüchtigten Politkiller Carlos werden.

So unerläßlich es für die Fortentwicklung einer Kultur ist, daß sie aus fremden Kulturen aufnimmt, was für sie annehmbar und fruchtbar ist, so verheerend ist es, wenn Kulturen einander den Lebensraum streitig machen oder sich sogar das Existenzrecht absprechen. Ein Gläubiger mag die Vorstellung hegen, sein Glaube sei der allerbeste oder der alleinseligmachende, aber eine Kultur als überlegen oder gar als die einzig wahre zu bezeichnen, wäre Blasphemie. Von daher hat jede Kultur ihr eigenes Lebensrecht – und damit ebenso das Recht, andere Kulturen zu durchdringen, zu überformen, durch friedliche Missionierung zu verdrängen, wie das Recht, sich mit allen geeigneten Mitteln zur Wehr zu setzen, wenn die eigene Existenz und Integrität auf dem Spiel steht. Unter den Bedingungen einer zunehmenden kulturellen Globalisierung gibt es keine fremde Kultur, die nicht irgendwelche Anhänger nach Europa entsandt oder dort gefunden hätte. Kulturen, deren Ursprünge und geistige Zentren weit entfernt sind und die wenig Expansionsstreben zeigen wie der Hinduismus und der Buddhismus üben bislang eine im wesentlichen positive, befruchtende, unbedrohliche Wirkung aus. Anders stehen die Dinge im Hinblick auf den Islam, der über seine Brückenköpfe längst in Europa präsent ist und aggressiv missioniert.

Zwischen dem 9. und dem 15. Jahrhundert und nach 1683 bildete sich zwischen Islam und Christentum eine nur in Randbereichen in Frage gestellte geopolitische Abtrennung heraus. In Europa existierten lediglich auf dem südlichen Balkan islamische Gemeinschaften, in Nordafrika waren vom Christentum nur die Kirchen Ägyptens und Äthiopiens übriggeblieben. In Vorderasien dominierte der Islam, aber die christlichen Minderheiten behaupteten zunächst im wesentlichen ihre Stellung. Dieses Tableau änderte sich erst, als mit dem Zusammenbruch der Kolonialimperien und Feudalreiche
– chauvinistische Bewegungen der »ethnischen Säuberung«,

Vertreibung und Ausrottung aufkamen (Völkermord an den Armeniern im Osmanischen Reich, Vertreibung der Griechen aus der Türkei usw.),

– seit den zwanziger Jahren sich islamisch-fundamentalistische Bewegungen herausbildeten (Gründung der Muslim-Brüderschaft 1928),

– seit nach der Konferenz von Karatschi im Jahre 1951 der Panislamismus wieder in Weltkonferenzen seine Anstrengungen bündelte – in der Zwischenkriegszeit hatte es nur zwei Konferenzen (1926 in Kairo und Mekka, 1931 in Jerusalem) gegeben,

– nach 1960 mit dem Import von Arbeitskräften aus dem muslimischen Süden sowie durch unkontrollierten Zustrom von Asylanten und Wirtschaftsflüchtlingen es in Europa zu spontaner und gezielter Entstehung religiös und national homogener Ghettos kam.

Im Ergebnis eines Prozesses der Islamisierung des Orients ist in der vor 100 Jahren gut zur Hälfte christlichen Bevölkerung der Türkei das christliche Element fast völlig liquidiert worden, hat die koptische Kirche Ägyptens durch Auswanderung und Zwangsbekehrungen zum Islam viele Gläubige verloren, ist in den meisten Ländern des Nahen Osten wie dem Libanon oder dem Irak die Situation der christlichen Kirchen immer schwieriger geworden. Hinzu kommt, daß für die Islamisten auch die Islamisierung des Okzidents längst aus einem vagen Wunsch zu einem strategischen Kampfziel geworden ist. »*Die Umzingelung Europas durch die Welt des Islams*« (Bassam Tibi) ist unübersehbar zu einer der Grundbedingungen der europäischen Situation geworden.

Immer mehr gerät die ohnehin fragile Balance zwischen Abendland und Morgenland, Christentum und Islam ins Rutschen – aber nun nicht wie im 19. und frühen 20. Jahrhundert durch den europäischen Kolonialismus und in seinem Schlepptau segelnde christliche Kleriker, sondern durch eine Zangenbewegung aus muslimischer Einwanderung nach Europa und islamistischer Radikalisierung des Orients. Der Kardinal von Paris, Jean-Marie Lustiger, schon aufgrund seiner jüdischen Abstammung besonders sensibel für diese Gefahren, sprach deshalb völlig zu Recht von einem »*Drama für das Gleichgewicht unserer beiden Zivilisationen*«, als Anfang 1995 Islamisten in Algier vier katholische Priester ermordeten. (Kennzeichnend ist, daß sogleich ein Joachim Fritz-Vannahme in der *Zeit* vom 6. 1. 1995 giftete, hier erhielten die Islamisten »*die ersehnte Antwort*«, indem ihr Mord als Religionskrieg gedeutet werde. Fritz-Vannahme tut so, als sei es völlig belanglos oder entspreche der gewöhnlichen Kriminalität, daß Gruppen wie die algerische GIA »*Juden, Christen und Ausländer, die Teil eines kolonialistischen Komplotts sind*«, aus dem Lande herausschaffen wollen – tot oder lebendig.)

Die Tatsachen sind beunruhigend:

– Jährlich wächst die Zahl der Muslime um 30 Millionen. Im Jahr 2000 wird es anderthalb Milliarden Muslime geben. Setzen die gegenwärtigen Trends sich fort, werden es im Jahr 2030 drei Milliarden sein. Unter diesen vielen Menschen, die schon durch ihre Zahl eine beeindruckende Macht sind, gewinnt ein politisch radikaler und aggressiver islamischer Fundamentalismus immer mehr Zulauf. Auch unter den 20 Millionen Muslimen in Europa geraten die Reformmuslime immer mehr ins Abseits und in die Defensive. In Frankreich, England, Deutschland, aber auch auf dem Balkan triumphiert ein rückständiger, demokratiefeindlicher und dezidiert antipluralistischer Ghetto-Islam. Jeder Muslim in Europa, sagt daher der in Cambridge lehrende Orientalist Ahmed Akbar, »*kann unter bestimmten Bedingungen zum radikalen Aktivisten werden*« (*Die Welt*, 23. 2. 1994).

– Der fundamentalistische Islam, dieser »*ethnisch-religiöse Rechtsradikalismus*« (Bassam Tibi), versucht in Europa, die Ghettos mit muslimischer Mehrheit zu Brückenköpfen und »befreiten Gebieten« auszubauen, in denen alle Minderheiten durch psychologischen und brachialen Terror ausgeschaltet werden und die staatlichen Behörden faktisch machtlos sind. Mit Moscheen, Kader- und Kampfverbänden, Frontorganisationen, Wohltätigkeitseinrichtungen, Tarnfirmen wird ein Staat im Staate geschaffen. Diese Pläne sind nicht aussichtslos – nicht zuletzt, weil mächtige politische Gönner Schützenhilfe leisten. Dies betrifft sowohl die Ölländer und terroristische Regime wie das des Iran als auch europäische Politiker, die nach Spendengeldern und den Stimmen von Neuwählern schielen (Projekt »doppelte Staatsangehörigkeit«).

Bei allen Unterschieden im Detail ist, wie R. Hrair Dekmejan betont, die Ideologie der heutigen islamistischen Bewegungen »*substantiell ähnlich in Inhalt und Zielsetzungen*« (*Islam in Revo-*

lution. Fundamentalism in the Arab World, Syracuse 1995). Der Islamismus ist wie jeder Fundamentalismus eine »*Abwehrbewegung gegen die auflösenden Tendenzen des theologischen Liberalismus und Modernismus*« (*Lexikon für Theologie und Kirche,* 1960, Bd. 4, S. 451 f.). Thomas Meyer beschreibt zutreffend den antimodernen Affekt, der den emotionalen Grundantrieb des Fundamentalismus bildet: »*Fundamentalismus ist der selbstverschuldete Ausgang aus den Zumutungen des Selberdenkens, der Eigenverantwortung, der Begründungspflicht, der Unsicherheit und der Offenheit aller Geltungsansprüche, Herrschaftslegitimationen und Lebensformen, denen Denken und Leben durch Aufklärung und Moderne unumkehrbar ausgesetzt sind, in die Sicherheit und Geschlossenheit selbsterkorener absoluter Fundamente. Vor ihnen soll dann wieder alles Fragen haltmachen, damit sie absoluten Halt geben können. … Wer sich nicht auf ihren Boden stellt, soll keine Rücksicht mehr verdienen für seine Argumente, Zweifel, Interessen und Rechte*« (*Fundamentalismus. Der Kampf gegen Aufklärung und Moderne,* Hg. von Th. Meyer und J. Holtfreter, Freiburg 1995, S. 157). Im Gegensatz zur Aufklärung, also dem Ausgang aus selbstverschuldeter Unmündigkeit, sucht der Fundamentalismus einen Weg zurück, einen Eingang in das alte Paradies einer von allem Selbstbewußtsein und aller Selbstverantwortung freien Knechtschaft, in eine Menschheitskindheit, in der alles einfach und eindeutig war: Gott der Vater und der Herrscher, der Mensch das Kind und der Knecht. Hans-Joachim Türk weist darauf hin, daß der alles relativierende und individualisierende Pluralismus »*die Sehnsucht nach vorgegebenen Sicherheiten*« freisetzt. Im Fundamentalismus komme »*das Bedürfnis nach einfachen Rezepten inmitten des moralischen Pluralismus zu seinem Recht. Die Intransigenz und Rigorosität fundamentalistischer Moral hat in der Unsicherheit ihre psychische Wurzel. Die Gemeinde der Gleichgesinnten verleiht geistige und sittliche Orientierung und Stabilität*« (ebd., S. 92).

Was trennt uns vom Islam? Nicht allein die Religionszugehörigkeit bei denen, die eine solche haben, sondern bei uns allen die Geprägtheit durch eine Kultur, deren Wesenskern trotz aller heidnischen und jüdischen Beimengungen ein christlicher ist. Uns trennt die Nationalität, die Identität als Deutsche, die ihr geschichtliches Erbe nicht ausschlagen können und ihrem geschichtlichen Auftrag nicht entgehen, selbst wenn sie ihn aufgeben wollten. Daran ändert sich auch dadurch wenig, daß es Deutsche gibt, die zum Islam übertreten, und ausländische Muslime, die zumindest dem Paß nach Deutsche werden. Die deutschen Konvertiten sind nichts als eine Fraktion jener Regenbogen-Koalition aus Selbsthassern, die alles Nationale durch konsequente Entdeutschung überwinden will, und die gerade in ihrem Bußwahn und ihrer Selbstgeißelung entsetzlich deutsch ist. So unvernünftig und illegitim es ist, sich selbst zu attackieren und das eigene Haus in Brand zu stecken, so legitim und vernünftig ist es, sich gegen Angreifer zu verteidigen und die, die eine Gefahr für sich selbst sind, vor sich selbst zu bewahren – auch wenn dies zeitweise bedeuten mag, jemanden zu entmündigen und ihm eine Zwangsjacke zu verpassen. Es ist alles eine Frage des Maßes bzw. der Übersteigerung: Wie eine aufklärerische Religionskritik dort unvernünftig wird, wo sie – etwa bei Lüdemann und Co. – das große Ganze und die schöne Gestalt aus den Augen verliert und zur Fliegenbeinzählerei verkommt, wird die stets notwendige selbstkritische Distanz zur eigenen Nation zu einer sadomasochistischen Perversion, wenn ihr Ziel nicht eine Katharsis, also eine Reinigung und Besserung des Kritisierten und des Kritisierenden, ist, sondern Quälerei ad infinitum bzw. wollüstige Vernichtung alles Eigenen.

Es genügt hier, daran zu erinnern, daß der Islam keine Erlösung kennt, weil ihm die Vorstellung der Erbsünde, d. h. der konstitutionellen und unaufhebbaren Verfehltheit des Menschen, völlig fremd ist. Wie unendlich fern andererseits eine Nicht-Erlösungs-Religion dem Christentum ist, ist auch daran zu ermessen, daß selbst der Buddhismus mit seiner nihilistischen Erlösung durch Auslöschung uns Europäern gefühlsmäßig und gedanklich näher steht als der Islam. Vordergründig gottlose Erlösungslehren wie der Marxismus und der Leninismus gehören trotz aller Verstoßungen und aller trotzigen Abkehr als Sprößlinge des Christentums ohne jeden Zweifel »zur Familie«. Eben weil wir alle unausweichlich – ob wir das wollen oder nicht, ob wir das bemerken oder nicht – bis ins Mark Christen sind (mit einer begrenzten, aber wichtigen Beimischung an alttestamentarischem und neuzeitlichem Judentum) wird uns Europäern (auch den kulturell christianisierten jüdischen Europäern) der Islam auf ewig oder doch für die nächsten Jahrhunderte fremd,

unzugänglich, ungreifbar und unbegreifbar sein. Weiteres
kommt hinzu:

– Für die Christen gehört der Sünder stets insofern mit zur Gemeinde, als alle Menschen Sünder sind und es für jeden die Hoffnung auf Vergebung seiner Sünden gibt. Dies gilt so nicht für den
Islam: Dort existiert eine strikte Scheidung in Gerechte und Un-
gerechte. Dabei wird allerdings betont, daß nur Allah selbst diese
Einteilung vornehmen könne. Aber da man bekanntlich den
höheren Mächten nicht so einfach in die Karten schauen kann,
hat sich in der Praxis im Islam eine Auffassung durchgesetzt, die
am radikalsten von den Charidjiten verfochten wird: Wer nicht
korangemäß lebt, ist damit ausgeschlossen aus der Glaubensgemeinschaft. Mit der Begründung, Gott kenne die Menschen
besser als diese sich selbst, verlangen Fundamentalisten wie
der deutsche Ex-Diplomat Wilfried (Murad) Hofmann, daß
»eine kleine Zahl von normativen Versen« aus dem Koran als
Verhaltensmuster strikt beachtet werden müsse (vgl. *K. St.-A.*,
10. 12. 1996), um als Muslim anerkannt zu werden. Obwohl der
Koran mehrfach versichert, Allah sei verzeihend und barmher-
zig und vergebe den reuigen Sündern (S 3, 129), heißt es über die
Ungläubigen: *»Nimmer wird ihre Umkehr angenommen, und sie,
sie sind die Irrenden«* (S 3, 84; vgl. auch S 3, 112). Die vierte Sure
spricht ebenfalls in Vers 22 davon, wer als Ungläubiger sterbe
bzw. erst kurz vor seinem Tod bereue, werde keine Vergebung
finden.

– Der Christ bittet im Gebet Gott um Gehör und Hilfe,
während der Muslim in seinem Ritualgebet (salat) sich auch
äußerlich zum Islam bekennt, Allah preist und seine Unterwerfung öffentlich demonstriert. Allenfalls in einem zusätzlichen,
nicht zum Pflichtkanon gehörenden Bittgebet (dua) wendet er
sich als Individuum an Allah. Das Ritualgebet hat mit seinen unveränderlichen Gebetseinheiten (raka) von vornherein einen
unpersönlichen und überindividuellen Charakter. Daher liegen, wie auch durch das optische und akustische Erscheinungs-
bild transparent wird, Welten zwischen christlichem und islamischem Gebet. Aus derselben Wurzel wie das Wort »sudschud«,
das die Niederwerfung im Gebet bezeichnet, stammt »masd-
schid« (Ort der Niederwerfung), woraus sich das deutsche »Moschee« ableitet. Allenfalls im orthodoxen und katholischen Christentum gibt es einzelne Entsprechungen zum islamischen

Ritual – so, wenn bei der katholischen Priesterweihe die Kandidaten bäuchlings ihre Knechtschaft vor Gott und den Kirchenoberen darstellen.

– Es wäre falsch, den Islam nur mit Dogmatismus zu identifizieren. Es gibt verschiedene Bereiche, in denen der Islam von Anfang an extrem pragmatisch (bis zum Opportunismus hin) agierte – so sehr allerdings, daß auch hier eine Nichtvereinbarkeit mit den Strukturprinzipien der christlichen Religion wie der europäischen Kultur zu konstatieren ist. Da werden bestimmte Heiraten für verboten erklärt, »*es sei denn bereits geschehen*« (S 4, 26 ff.) – mit anderen Worten: Kein Zeitgenosse Mohammeds sollte durch diese Verbote vom Überwechseln zum Islam abgehalten werden. Mohammed, der zu Wohlstand gekommene Kauf- und Geldmann, erklärte ausdrücklich Handelsgeschäfte während der Pilgerfahrt nach Mekka und Medina für zulässig (S 2, 194: »*Es ist keine Sünde, daß ihr Gewinn von euerm Herrn begehrt.*«). Zumindest außerhalb des Calvinismus mit seiner Ineinssetzung von Gottgefälligkeit und wirtschaftlichem Erfolg befremdet uns Westler eine solche profitorientierte Religionsauslegung. Mit guten Gründen hat das Christentum stets die Armut und die Askese höher geschätzt als das Geldscheffeln und Abkassieren, hat die Sphäre des Glaubens strikt abgegrenzt vom Feld der irdischen Güter. Andererseits ist ein Teil der schnellen Eroberungs- und Bekehrungserfolge des frühen Islams gerade durch die Bereitschaft zu erklären, den Reichen und Erfolgreichen die Tür weit auf zu halten, während sie im Christentum stets auf das berühmte Nadelöhr verwiesen wurden. Auch das Versprechen reicher Kriegsbeute war ein wesentliches Motivationsinstrument im frühen Islam, wobei sich Mohammed per Koran gegen den Vorwurf zu wehren wußte, er habe einen Teil der Kriegsgewinne unterschlagen (S 3, 155). Die Neigung Mohammeds, den Koran nach Belieben zur Selbstrechtfertigung zu benutzen, wird auch darin deutlich, daß er, als ihm wegen der anfänglichen militärischen Mißerfolge Vorwürfe gemacht wurden, darauf verwies, die Niederlagen seien Allahs Wille: »*Alles ist von Allah*« (S 4, 80). Gleichzeitig heißt es – in vollem Widerspruch dazu – im folgenden Vers: »*Was immer Böses dir widerfährt, ist von dir selber.*« Den eigenen Leuten wurde vom Stifter des Islam im übrigen nicht mehr zugemutet, als er für realistisch und durchsetzbar hielt: »*Allah will es euch leicht machen und der*

Mensch ward schwach erschaffen.« (S 4, 32) Andererseits wurde, wer dem »Gesandten« wie der jüdische Stamm der Keinukah den Tribut verweigerte, mit politisch-propagandistischer Raffinesse sogleich sozusagen an die Kollektivschuld und die Verbrechen der eigenen Vorväter (»*ihr ungerechtes Ermorden der Propheten*«; S 3, 177) gemahnt.

In Folgendem sieht Mohammed die wesentlichen Glaubenskriterien (vgl. S 2,172 und S 4,135):
– im Glauben an Allah, den Jüngsten Tag, die Engel, die Schriften (in islamischer Sicht!), an die Propheten,
– in finanzieller Großzügigkeit gegenüber den eigenen Angehörigen, den Waisen, den Armen, den Wanderern, den Bettlern, den Gefangenen,
– im Gebet,
– in der Zahlung der Armensteuer,
– in Pflichtbewußtsein und Standhaftigkeit in Glaubenssachen.

Läßt man Allah-Bild und Gottes-Bild verschmelzen zu einem einzigen Gott-Vater, versteht man unter der »Schrift« das heilige Buch der jeweiligen Religion, dann ist diese allgemeine Formel auch für Christen und Juden annehmbar. Allerdings liegen die Dinge etwas komplizierter, als äußerliche Ähnlichkeiten, der ebenso verständliche wie verbreitete Wunsch nach Konfliktvermeidung und -verdrängung und eine gefühlige Sehnsucht nach totaler Einigkeit aller guten Menschen suggerieren. Zwar verbindet den Islam mit dem Christentum ein personales Gottesbild (Gott als Schöpfer, als Erzeuger und Vater), aber das Menschenbild beider Religionen ist ein radikal anderes. Im Christentum ist der Mensch nicht im antiken Sinne »*persona*«, also Charakter-Maske. Er ist erst recht nicht nur ein Scheinwesen wie in den apersonalen und antiindividuellen Einswerdungsreligionen (Hinduismus, Buddhismus). Aber er ist auch nicht ein eisern auf Gehorsam einzuschwörender Sklave Gottes wie im Islam, wo das Gute immer identisch ist mit dem Nachvollzug des angeblich aus dem Koran als heiliger Schrift bzw. den Anweisungen der Schriftdeuter ablesbaren Willen Gottes.

Das Christentum kennt eine Gemeinschaft der Gläubigen, aber in dieser Gemeinschaft bleibt jeder einzelne stets Person und er selbst. Auch den großen Mystikern geht es letztlich um eine Begegnung mit Gott, eine Annäherung an ihn – nicht um ein Sich-Auflösen in ihm, um ein Verschwinden im »ewigen Nichts«. Nur an den Rändern des Christentums, in seiner neuzeitlichen Krise, in seinem (möglicherweise nur zeitweisen) Niedergang tritt ein christlich maskierter Nihilismus auf, der aus Dekadenz und Schwäche sich in die Sehnsucht nach dem Untergang und dem Verlöschen flüchtet. So heroisch sich diese Nichtsanbetung gibt, so nichtig und erbärmlich ist sie in ihrer Substanz oder besser gesagt in ihrer Substanzlosigkeit: Sie ist Sklavenmoral, die vor der Schmerzhaftigkeit und Leidbeladenheit des Menschseins und vor den Bewußtseinsqualen ausweicht in die bequeme dumpfe Gedanken- und Ichlosigkeit eines unpersönlichen Dämmerns.

Der »mystische« Islam, den uns die Sufis predigen, ist unendlich entfernt von der christlichen Weltsicht – auch von der christlichen Mystik. So präsentiert uns beispielsweise Abd al-Qadir as-Sufi, ein in England lebender Sufi-Meister, in seinem Buch *Was ist Sufismus? Eine Einführung in Geschichte, Wesen und meditative Praxis der islamischen Mystik* (München 1996; englisch als *The Way of Muhammad*) Mohammed als »al-Qautham«, d. h. als vollkommenen, fehlerfreien Menschen (S. 19). Es bedarf keiner Erläuterung, daß für das Christentum kein Mensch ohne Fehler und ohne Sünde ist – auch kein Prophet und kein Heiliger, nicht einmal *der Mensch* Jesus, der in der Stunde der höchsten Not und des Todes ja nach dem Zeugnis der Evangelisten Matthäus und Markus gerade nicht einfach nur glaubte, sondern »*Mein Gott, mein Gott, warum hast du mich verlassen?*« rief, jener Jesus, der für die Christen als Christus Gottes Sohn ist und der – in einem und doch voneinander geschieden – der Menschensohn Jesus und der Gottessohn Christus ist. Die Konzeption des Gesandten als perfekter Mensch und Über-Mensch, die Abd al-Qadir as-Sufi entwirft, geht in ihrem Kern auf die Gedankenwelt der Gnosis und des Neuplatonismus zurück. Es ist die alte Fiktion, sich selbsttätig läutern zu können durch ein Sich-Heiligen, durch ein Sich-Vervollkommnen. Wo die Christen auf Gnade und Erlösung hoffen, wo sie sich loslassen und sich einer höheren Macht überlassen, versuchen die Gnostiker, durch eigene Anstrengung wie Gott zu werden. Diese Hybris paart sich bei Abd al-Qadir as-Sufi wie auch bei anderen Sufi-Predigern mit dem faulen Zauber rabulistischer Zahlen-, Buchstaben- und Sprachbeschwörung: Arabisch ist für ihn die Sprache, »*die speziell für die Weisheits-Offenbarung oder ›Wohnstatt‹ geschaffen wurde*« (S. 196), und er stellt folgende einleuchtende Berechnung an (29 ist die Zahl der Buchstaben im arabischen Alphabet): »*29 x 9 ergibt die 281 Himmel*« (ebd.). Man kann sich nur wundern bzw. es als Symptom für die geistige Krise in der europäischen Kultur nehmen, wenn angebliche Intellektuelle »abfahren« auf derartigen groben Unfug, statt sich der eigenen Kultur und den eigenen Wurzeln zuzuwenden – etwa dem beeindruckenden Erbe der christlichen Mystik. Von Hildegard von Bingen bis Jakob Böhme, von Meister Eckardt bis Novalis hat sich dieser Zweig des lebendigen Christentums bei aller Ergriffenheit durch das Göttliche niemals verbiegen lassen hinab in die Niederungen der Unvernunft und der Spintisiererei.

2. Begegnung, Konfrontation, Koexistenz

Das Christentum, im Orient entstanden, von Orientalen zuerst geglaubt und gelebt, aber innerhalb weniger Jahrhunderte zur Weltreligion geworden, hat seinen Weg begonnen in einer Welt, in der die Sklavenhaltergesellschaft vorherrschte und nur noch an den Rändern bzw. innerhalb unterworfener Stammeskulturen Überreste des Matriarchats oder einer frühpatriarchalischen »Bauerndemokratie« der Thingstätten und auf Zeit gewählten Herzöge überlebten. Während sich in den ersten Jahrhunderten unserer Zeitrechnung mehrere Zentren des Christentums ausdifferenzierten (Jerusalem, Alexandria, Konstantinopel und Rom), während der geographisch-kirchenpolitische Schwerpunkt des neuen Glaubens sich vom Heiligen Land aus über Byzanz langsam nordwärts und westwärts verlagerte, vollzog sich der Übergang zum Feudalismus. Als am Ende des 15. Jahrhunderts der ehemals griechisch-byzantinische Raum und das nördliche Afrika politisch und oft auch religiös längst für das Christentum verloren waren und das orientalische Christentum nur noch eine museale Randbedeutung zu haben schien, begann gleichzeitig eine neue Epoche der nur allzuoft gewaltsamen Ausbreitung des Christentums nach Westen (in den beiden Amerika) und einer kulturell-politischen Umwälzung des alten Glaubens, der alten Kirchen, der staatlichen Strukturen durch Reformation, Renaissance und frühbürgerliche Aufklärung.

Von Beginn an war das Christentum keine rein europäische Angelegenheit, und es ist dies nach Lage der Dinge von Tag zu Tag immer weniger. Schon die Kirche der spätrömischen Kaiserzeit reichte nach Afrika hinüber und weit nach Asien hinein. Der gemeinsame Glaube schuf im Orient eine eigenständige, aber gleichwohl mit dem Abendland verschwisterte christliche Kultur, die mit dem Aufstieg des Islams in einen erbitterten Abwehrkampf geriet, im Maghreb völlig und in der Türkei fast völlig ausgelöscht wurde, aber im nordöstlichen Afrika und im

Nahen Osten sich immer noch behauptet und vielleicht schon bald eine Wiedergeburt erlebt. Angesichts der Desorientierung, Selbstzerstörung und Rückzugsresignation, die die meisten christlichen Kirchen im Westen, Süden und Norden Europas ergriffen hat, scheint die Zukunft des Christentums, wenn es eine hat, eher im Osten und Süden der Welt zu liegen – in Osteuropa, auf dem Balkan, im Kaukasus, in Afrika, Lateinamerika, in Korea, auf den Philippinen. In vielen dieser Gebiete sieht das Christentum sich unmittelbar konfrontiert mit einem expandierenden, militanten und zum Teil sogar militärisch operierenden Islam.

Betrachtet man, wie sich die christliche Kultur Europas in Kontakt und Konflikt mit anderen Kulturen, in Austausch und Abgrenzung, entwickelt hat, so sind unterschiedliche Prozesse zu beobachten:

– Das Christentum wurde zum Erben der antiken Kultur, konnte sich aber dieses Erbe nur äußerst unvollständig bzw. in der Zeit der Renaissance, des Barocks und der Klassik lediglich mit einem anachronistischen Rückgriff auf Fragmente und vieldeutige Spuren aneignen.

– Das Christentum vernichtete das germanische, keltische, slawische und magyarische Heidentum und versuchte bei den einzelnen Elementen, die es aus diesen Kulturen übernahm, deren Ursprung in Vergessenheit geraten zu lassen. Etwas Vergleichbares vollzog sich gegenüber den Naturreligionen und heidnischen Kulten der beiden Amerika. Mit der Inquisition und der Hexenverfolgung zusammen gehören diese Ereignisse zu den düstersten Kapiteln in der Geschichte des Christentums und in der Geschichte Europas.

– Die christlichen Kirchen Europas koexistierten zum Teil friedlich mit dem Judentum, beteiligten sich aber zu anderen Zeiten an Pogromen und Genozidversuchen. Fast immer betrieben sie die kulturelle und religionspolitische Auslöschung des Judentums durch Konversion zum christlichen Glauben. Die trotz allem in den letzten 300 Jahren eingetretene unauflösliche Kulturgemeinschaft von europäischem Christentum und europäischem Judentum ist daher zum geringsten Teil ein Verdienst der christlichen Kirchen, sondern das Ergebnis der bewundernswerten schöpferischen Leistungen jüdischer Gelehrter

und Künstler und der politisch-gesellschaftlichen Judenemanzi-
pation. Vergessen sollte man dabei nicht, daß der vergebliche
Versuch, diese christlich-jüdische Lebens- und Kulturgemeinschaft aufzusprengen, schon in der Ideologie eher von den Anti-
semiten als von Fanatikern eines ebenfalls rassistischen jüdischen Chauvinismus ausging und daß die politischen
Exekutoren einer »judenreinen« abendländischen Kultur ihre
(un)geistigen Wurzeln hatten in der durch die spirituelle Krise
des westlichen Christentums hervorgerufenen geistigen Zerset-
zung und Fäulnis. Paradoxerweise hat mit dem historischen Sieg
über den Faschismus und mit der Bildung des Staates Israel in
seinen Ergebnissen gerade der faschistische Judenmord dazu
geführt, daß die christlich-jüdische Schicksalsgemeinschaft gefestigt wurde und der Zionismus als Zersetzungs- und Misch-
produkt aus Nationalismus und Sozialismus, als Ideologie rein-
rassiger Autarkie und Selbstisolation, sich durch den Versuch
seiner Verwirklichung historisch erledigte.

Im Christentum und durch das Christentum (allerdings oft im
Widerstreit mit kirchlichen Autoritäten) entwickelte sich der
moderne Individualismus, also eine Weltsicht, daß jeder einzelne Mensch seinen Wert und unveräußerliche Rechte hat und
insofern – trotz aller angeborenen und im Laufe der Zeit ausge-
bildeten Unterschiede – alle Menschen gleich sind. Während der
Islam allenfalls eine Gleichberechtigung der männlichen Muslime kennt und stets deren prinzipielle, geradezu ontologische
Überlegenheit gegenüber allen anderen Menschen, den »Ungläubigen«, betont hat, ist vom Christentum her die Gleichheit
der Menschen vor dem Gesetz eine notwendige Folge der Gleichheit vor Gott, also der Gleichheit in der überindividuellen Da-
seinsverfehlung (der Erbsünde) und in der Erlösungsbedürftig-
keit. So notwendig es daher war, daß das Zweite Vatikanische
Konzil sich in Abgrenzung von einstiger Hybris zur »Brüderlichkeit aller Menschen unter dem einen Vater« und zur Religionsfreiheit bekannte, so berechtigt das damals zum ersten Mal vom
offiziellen Katholizismus abgegebene Eingeständnis der einzigartigen Verbundenheit des Christentums mit der jüdischen Religion war – die römische Kirche irrte sich völlig mit ihrer Behauptung, der Islam bete »mit ihr den einen Gott« an und ehre
mit ihr »Jesus den Propheten«. Der Gott des Islams ist nicht der
Gott des Christentums, bzw. er ist es nur auf der formalen Ebene

einer sinnentleerten Gotteskategorie. Dort ist alles eins: Der Gott der Fliegen und der Gott des Neuen Bundes, Strohhut und Zylinder, Leiterwagen und Kraftwagen, Ameise und Walroß können fröhlich unter einem gemeinsamen abstrakten Begriff subsumiert werden – und bleiben doch dummerweise trotz aller theoretischen Gleichsetzung in der Realität weiter getrennt. Während die Muslime in Jesus nur den Buße und Umkehr predigenden Propheten, den Vorläufer und Wegbereiter Mohammeds sehen, ist er für jeden ernsthaften Christen Mensch und Gottessohn in untrennbarer Verschmolzenheit. Das Jesusbild (und damit notwendig auch das Menschenbild) des Christentums und des Islams sind diametral entgegengesetzt. Mancher Christ, der sich nur oberflächlich mit dem Islam beschäftigt, glaubt die ihm vertraute Glaubenswelt der göttlichen Gnade und der Erlösung des Menschen wiederzufinden, wenn er beim Blättern im Koran darauf stößt, daß dort Allah als »*vergebend und gütig*« bezeichnet wird. Nur, der Gedanke der Erlösung ist dem Islam völlig fremd: Der Mensch ist in dieser Religion entweder gerettet durch seinen Glauben und seine guten Werke, oder er ist verdammt durch seinen Unglauben und seine Untaten bzw. seine Untätigkeit. Das eine wie das andere ist von Allah (vorher)bestimmt. Ein Drittes gibt es nicht – auch nicht den von Dante in der *Göttlichen Komödie* so meisterhaft beschriebenen Schwebezustand der Vorhölle. Die Gnade, die Allah als Schützer und Helfer erweist, richtet sich nur auf die Gläubigen. Für die Sünder, die Zweifelnden und Strauchelnden, denen, wie die Evangelien immer wieder verdeutlichen, die ganze und besondere Liebe Jesu galt, gibt es im Islam keine Vergebung, sondern nur Strafe: »*Sie sollen keine Hilfe finden*« (S 2, 80). Insofern ist das Weltbild des Islams strikt dualistisch. Die Menschen sind entweder Gläubige oder Ungläubige; Allah ist der Feind der Ungläubigen, diese sind die Feinde Allahs und der Gläubigen.

Es ist immer wieder begeisternd, den vielen, oft unverständlichen und oft dennoch unbegreiflich anrührenden Stimmen zu lauschen, die die lebendige Weltkultur ausmachen, sich anregen zu lassen und das Übernommene zu übersetzen und anzuverwandeln. Aber wir dürfen darüber niemals unseren eigentlichen Auftrag vergessen: das Eigene zu bewahren und weiterzuentwickeln, aus den eigenen Quellen und aus eigener Kraft der

Menschheit unser Bestes zu geben, das weder in klinischer Reinheit frei sein kann von jedem fremden Einfluß noch eine simple Kopie fremder Vorbilder oder ein Mischmasch-Aufguß von allem und jedem werden darf. Es sind große und großartige Weltentwürfe, die die fernöstlichen Religionen der Menschheit gegeben haben. Im Hinduismus ist über die Indoarier manches enthalten, was seine Beziehung hat zur Religion unserer vorantiken Frühzeit. Aber dies ändert nichts daran, daß unsere europäische Kultur, unsere Weltsicht, unser Glaube, unser Daseinsgefühl in einem anderen Untergrund wurzeln und nur in einer völlig anderen Atmosphäre existieren können. Es besagt weder etwas für noch gegen eine fremde Religion oder Kultur, wenn wir uns unserer eigenen Anschauung und Lebensdeutung bewußt bleiben und sie verteidigen gegen jedes Fremde, das unvereinbar ist und unser Selbst zu überwuchern und zu verdrängen sucht.

Das Christentum ist in den letzten 2000 Jahren einen sehr gewundenen Weg gegangen – voller politischer Siege und moralischer Niederlagen, voller Entstellungen und Verfälschungen der ursprünglichen Botschaft. Schon dies – die Katastrophen der Massaker an heidnischen Germanen und anderen heidnischen Eingeborenen, die Greuel der Inquisition und der Hexenverfolgung – verführt viele Europäer dazu, leichthin Abschied zu nehmen vom christlichen Glauben und der darauf gegründeten Kultur. Wo man sich nicht in außereuropäische Sphären flüchtet, sucht man Heil in der germanischen Frühgeschichte oder in ketzerischen Gegen- und Unterströmungen des Christentums. Aber sowohl die Neubeschwörung antiker Naturkulte (vgl. Reinhard Falter »Was« sind Götter der Erfahrungsreligion?«, in *Ökologie* Nr. 2/1996, S. 15–20) als auch das nach der Diskreditierung durch die nazistische Germanentümelei sich inzwischen wieder belebende Neuheidentum bleiben stecken im vergeblichen Versuch einer Wiederbelebung von unwiederbringlich verlorenen Vorzeitmysterien. Auch die Rückkehr des Manichäertums, der Katharer, der Wiedertäufer usw., die mancher sich wünscht, ist nicht möglich. Religionen sind nicht fabrizierbar und herbeiphantasierbar. Sie entstehen planlos und naturwüchsig wie die schaumgeborene Venus, und auch dort, wo ihre Entstehung begleitet wird vom irrlichternden Karneval der Sekten, sind sie niemals deren Abkömmling, niemals das Ergebnis von Gründungsakten und Aufbauanstrengungen. Insofern wird uns Europäern kein Viertes gegeben werden. Wir haben nur die Wahl zwischen drei Möglichkeiten – zwischen der notwendig stets äußerlich bleibenden Übernahme außereuropäischer Religionen einerseits, einer sich als »Pluralismus« und »Liberalität« aufplusternden hirn-, herz- und kulturlosen moralischen Nullität andererseits oder drittens dem Bekenntnis, weiterhin und zur Not usque ad finem, bis zum bitteren Ende, auf den Schultern jenes Mannes aus Nazareth zu stehen, der alles andere als ein Europäer war, aber dessen die Welt revolutionierende Existenz in allen ihren Folgen aus der europäischen Landmasse erst das Abendland werden ließ – unsere geistige Heimat, die einzige, die wir haben und die einzige, die wir je haben werden.

3. Die zwei Reiche als Chance für Modernität

Religionen entstehen in der Welt, in der Geschichte, zu bestimmten Zeitpunkten, aber sie weisen in ihrem Selbstentwurf und Selbstverständis über all diese Begrenzungen hinaus in eine zeitlose Unbestimmtheit. Religionen entstehen in Staaten und unter Völkern und sind dennoch, wenn man von primär ethnisch definierten Religionen wie dem Judentum und dem Parsentum absieht, jenseits aller vorgegebenen und organisierten Gemeinschaften angesiedelt. Für diesen Widerspruch und dieses unlösbare Dilemma hat das Christentum eine Lösung gefunden, die eine Art Interessenausgleich zwischen Weltlichem und Geistlichem anstrebt: die Lehre der zwei Reiche, also das »*So gebet dem Kaiser, was des Kaisers ist, und Gott, was Gottes ist*« (Matthäus 22, 21). Es kann dabei offenbleiben, wie wertvoll die alltägliche politisch verfaßte Welt ist im Vergleich zu dem, was jenseits ihrer engen Grenzen liegt, ob der Herr der Welt, wie es die Gnostiker, die Manichäer und ein Teil der frühen Christen glaubten, der Fürst der Finsternis ist, oder ob auch diese unvollkommene Welt zu Gottes gut gelungener Schöpfung gehört – wichtig ist allein, daß die beiden Reiche trotz ihrer Bezogenheit aufeinander und ihrer Interdependenz verschiedenen Sphären angehören und unterschiedlichen Gesetzmäßigkeiten folgen. Damit ist der Glaube zumindest im Grundsätzlichen befreit von aller theologischen Rechtfertigung für die üblichen Zumutungen aus dem Weltlichen. Natürlich verhindert dies noch nicht, daß Machthaber versuchen, aus der Religion eine Dienstmagd und ein Herrschaftsinstrument zu formen, aber zumindest müssen sie dies tun in offenem Widerspruch zur christlichen Lehre – so, wie die zahllosen im Namen des Christentums begangenen Verbrechen (die Sachsenkriege, die Inquisition, die Hexenverfolgung, die Ausrottung der Eingeborenen Mittel- und Südamerikas usw.) in offenkundigem Widerspruch zu den Worten und Taten Jesu standen.

Zwar hat sich eine reaktionäre, lebens- und geistfeindliche

Strömung im Katholizismus noch im 19. Jahrhundert (und zum Teil bis heute) gegen die unvermeidliche Metamorphose des Religiösen gewehrt, aber schon zu Zeiten des unter Papst Pius IX. 1864 erschienenen *Syllabus moderner Irrlehren* und des Ersten Vatikanischen Konzils 1869 war der christliche Fundamentalismus ein zahnloser Papiertiger, eine aussichtslose Abwehrbewegung. Insofern verbietet sich jede vorschnelle Gleichsetzung des pseudochristlichen und des islamischen Fundamentalismus. Dieser ist eine im Aufstieg begriffene, nicht auf Bewahrung des Erreichten, sondern auf Angriff und schnelle Eroberungen gerichtete Bewegung. Während das Christentum wegen seiner Ausrichtung auf die letzten Dinge, das Jenseits und die spirituelle Innenwelt stets in der Gefahr steht, seine Welthaltigkeit zu verlieren, zu einer blutleeren rhetorischen Feiertagsübung herabzusinken, bewegt sich der Islam eher in Richtung der entgegengesetzten Gefahr, nämlich alles anordnen, regeln und prägen zu wollen. Der iranische Philosoph Sajjed Hussein Nasr bemerkt zu Recht, der Islam *»sakralisiert sogar den Alltag«*. Dies kann dort sein Positives haben, wo daran erinnert wird, daß der Atem des Göttlichen durch alles hindurchweht und daß jede Religion sich aufgäbe, wenn sie sich zurückzöge in ein randständiges Refugium. Aber es führt zu einer Lähmung des Lebens und im Endeffekt zu einer Selbstzerstörung der Religion, wenn diese versucht, überall gegenwärtig zu sein, wenn es keine Freiräume gibt, wenn der schwere Schatten des totalen Gottesstaates alles verdunkelt.

Hinzu kommt, daß die Vergeschichtlichung die Grundvoraussetzung ist, um die Religion als gesellschaftlichen Faktor vereinbar zu machen mit der modernen Gesellschaft. Denn diese ist von Natur aus, aus existentieller Notwendigkeit, plural und damit offen für viele relative Wahrheiten und Gültigkeiten. Im Glauben, außerhalb des Gesellschaftlichen, kann und muß eine Religion ihre Wahrheit absolut setzen – im politischen Raum kann und darf ihr das nicht zugestanden werden, wenn nicht die anderen Bekenntnisse und Gemeinschaften ihre Freiheit verlieren sollen. Gesellschaft und Geschichte sind stets reaktiv und relativ – sie kennen nichts Ewiges, nichts Widerspruchsfreies, nichts Endgültiges. Das gibt es nur in den als zeitlos gedachten Setzungen und Visionen einer sich für absolut erklärenden und sich verabsolutierenden Religion. Das Christentum hat in einem langen komplizierten Prozeß eine Form gefunden, die persönlichen letzten Gewißheiten des Einzelmenschen und der »*Gemeinschaft der Heiligen*« zu verbinden mit der Einsicht in die Geschichtlichkeit und Zeitgebundenheit der religiösen Überlieferungen, der Kirche, der Glaubensformen. Der Islam war im 9. Jahrhundert, ein halbes Jahrtausend vor der christlichen Reformation, als die Mutasiliten das Denken der Umma bestimmten, weit vorangeschritten auf dem Weg zur Geburt einer modernen Gesellschaft aus einer modernisierten Religion. Mit dem Sieg der orthodoxen Dunkelmänner ist auf mehr als tausend Jahre hin der gesamte islamische Kulturraum zurückgestoßen worden in die dumpfe Wiederholung ritueller Denkformeln. Diese kulturelle Katastrophe bedeutete die Rückkehr zu dem dezidiert ungeschichtlichen, ja geradezu antigeschichtlichen Denken Mohammeds, der beispielsweise eine völlige Übereinstimmung zwischen Abraham, Ismael, Isaak, Jakob, Moses, Jesus, den Propheten und ihm selbst behauptet (S 2, 130). Im Islam dominiert vor allem deshalb heute ein reaktionäres Denken, weil der Koran jeder Kritik, Analyse und historischen Relativierung entzogen wird und deshalb das durch ihn transportierte vormoderne Weltbild – zusätzlich verfestigt durch antimodernistische Reflexe und Emotionen – zum ewiggültigen Maßstab erhoben wird. Da sollen dann weiterhin Männer »*eine Gattin gegen eine andere eintauschen*« (S 4, 24), da wird verboten, in der muslimischen Mehrehe Nährmütter und Milchschwestern oder auch zwei Schwestern zusammen zu heiraten (S 4, 27 ff.) – aus religiösen Gründen wohlgemerkt, nicht etwa aus Ehrpusseligkeit oder praktischen Erwägungen.

Die Mutasiliten hatten mit dem philosophischen Kunstgriff, den Koran zu einem in der Zeit entstandenen und gewandelten heiligen Buch zu erklären, die gedankliche Voraussetzung geschaffen, unsinnige oder historisch erledigte Forderungen Mohammeds stillschweigend außer Kraft zu setzen und andere heilige Bücher als ebenfalls nur bedingte Wahrheiten zuzulassen. Sobald wieder die alte reine Lehre galt, daß der Koran unerschaffen und eine Kopie des im Himmel bewahrten Ur-Korans sei, durfte es für die religiösen Despoten nur noch diese eine Wahrheit geben. Damit war in den islamischen Ländern zugleich eine zentrale mentale Voraussetzung für eine gesellschaftliche Demokratisierung entfallen: die Begrenzung des Glaubens auf das Reich der Gedanken und des privaten Handelns, die Ersetzung nicht hinterfragbarer Dogmen durch ein Ensemble von begrenzten Richtigkeiten und Regeln. Statt dessen schuf sich die islamische Orthodoxie im Bündnis mit der politischen Macht in den Hadithen-Sammlungen ein probates Mittel, um über den Koran hinaus für den jeweilig benötigten Zweck eine Sammlung von Rechtfertigungen, Erklärungsmustern und Entscheidungshilfen zur Hand zu haben – ebenso nützlich für die über das Deutungsmonopol verfügenden Schriftgelehrten wie für die Machthaber, die so jederzeit eine Art religiöses Gefälligkeitsgutachten in Auftrag geben konnten. Allein Mohammed ibn Ismail al-Buchari (810–870) soll angeblich 600 000 Hadithe zusammengetragen haben – überlieferte Aussprüche, Entscheidungen und Taten Mohammeds, von denen er die 2762 am sichersten bezeugten in seiner Sammlung *As Sachich*, zu deutsch *Die Korrekte*, veröffentlichte. Dieses Buch wurde zu einem islamischen Kanon für alle Gelegenheiten.

Durchsetzt mit vagen Erinnerungen an Freiheiten der Frühzeit entstanden in Europa mit dem Ende des Mittelalters weltverändernde Konzepte einer auf Emanzipation der Völker und Individuen gegründeten demokratischen Gesellschaft, die in einem jahrhundertelangen erbitterten Kampf gegen die Herrschenden durchgesetzt wurden. Dieser Kampf vollzog sich auch innerhalb der Religionsgemeinschaften und gegen jene, die ihre Pfründe und ihren den Unterdrückern geleisteten Götzendienst der oft verfolgten und oft verratenen Befreiungsbotschaft des Evangeliums vorzogen. Ohne dieses, ohne die durch Mystik und theologischen Rationalismus vorbereitete Reformation, sind die Aufklärung und die bürgerlichen Revolutionen undenkbar. Daß die Demokratie in Europa entstand und sich von hier aus in die Welt ausbreitete, war kein Zufall, sondern die mit geschichtlicher Notwendigkeit herangewachsene Frucht jener Befreiung des Menschen, die von Jerusalem ihren Ausgang nahm.

Bei aller durch Zeit, Ort, geschichtliche Voraussetzungen, soziale Gegebenheiten und die unterschiedliche Rolle führender Köpfe gegebenen Unterschiedlichkeit demokratischer Utopien und Umsetzungsversuche in Europa ist ihnen allen doch gemein, daß die Staatsform Demokratie seit der Aufklärung stets verstanden wurde als

– Volkssouveränität mit gewählten, rechenschaftspflichtigen und abwählbaren Repräsentanten des Volkswillens,

– auf gesellschaftlicher Übereinkunft beruhende Verwaltung des Gemeinwesens, deren Grundkonsens durch Konflikt und Kompromiß hergestellt wird,

– Entscheidungsfreiheit des Individuums und der Gruppen im Rahmen einer die Grundrechte wahrenden Rechtsordnung,

– Pluralismus der Handlungsalternativen, Weiterentwicklung der Normen und Werte im Meinungsstreit,

– (notfalls gewaltsame) Niederwerfung und Niederhaltung antidemokratischer Kräfte.

In dieses Gefüge ordnen sich die verschiedenen historischen Demokratiemodelle ein, ob es sich nun um die parlamentarische Demokratie, die Rätedemokratie, die direkte Referendumsdemokratie oder um Mischformen handelt. An diesem Maßstab scheitern deutlich alle scheindemokratischen Konzepte – der »demokratische Ständestaat« ebenso wie die polnische »Adelsdemokratie« des 18. Jahrhunderts, die »gelenkte Demokratie« eines Pilsudski oder Salazar oder die angebliche »sozialistische Demokratie« des sowjetischen Weges.

4. Warum sprechen wir heute in Deutschland über Islam und Islamismus?

In Europa wurden reaktionären Machthabern über Jahrhunderte hinweg elementare Freiheiten abgerungen, die für nahezu alle islamischen Länder immer noch unerreichbar fern sind. Man denke daran, daß kaum ein Bürgermeister und erst recht kein Parlament in den arabischen Ländern aus demokratischen Wahlen hervorgegangen sind. Soll das hier bei uns Erkämpfte nicht verlorengehen, dann darf die abendländische Kultur sich nicht selbst aufgeben. Der Islamismus ist weder eine tagespolitische Übergangserscheinung noch ein rein religiös-ideologisches Phänomen, sondern eine epochale, allumfassende und global angreifende Programmatik und Praxis gesellschaftlicher Rückwärtsentwicklung, Freiheitszerstörung und Unterdrückung. Soziale Konflikte in den islamischen Ländern, die imperiale Machtpolitik des Westens und Nordens der Welt und ebenso die moralisch-kulturelle Krise der Industrie- und Konsumgesellschaft begünstigen den Islamismus und seine Demagogie. Aber weder Armut und Arbeitslosigkeit noch äußerer Druck oder fremde Schwächen verursachen, erklären oder rechtfertigen den Islamismus – sie begünstigen ihn lediglich in seiner Entwicklung. Die Wurzeln des Islamismus liegen in den inneren Verhältnissen der islamischen Länder, in Geschichte und Struktur der orientalischen Despotien, in Geschichte und Struktur des Islams als politischste und machtorientierteste aller Religionen. Die globale Verflechtung der Weltwirtschaft, die auf neue Blockbildungen und multilaterale Militäraktionen abzielende Weltpolitik, die weltumspannende Meinungsmache und der auf privaten Gewinn bei öffentlicher Kostenübernahme ausgerichtete Bevölkerungstransfer aus dem Süden in den Norden der Welt machen aus dem Islamismus zunehmend eine Hydra, die ihre vielen Häupter sowohl in den islamischen Ländern erhebt als auch in einem Europa, das sie nach und nach politisch-religiös erobern und islamisieren will. Bassam Tibi schreibt dazu: »*Im*

Zeitalter der massiven, die Form von Völkerwanderungen anneh-
menden Migration ist die Beschäftigung mit Staats- und Gesell-
schaftsauffassungen der Muslime nicht mehr allein das Feld der
Wissenschaftler im Elfenbeinturm. In den großen Städten der west-
europäischen Industrieländer leben zur Zeit ca. 12 Millionen Mus-
lime aus dem südlichen und östlichen Mittelmeerraum sowie aus
Südasien. Demographen und Migrationsforscher prognostizieren
die Verdoppelung dieser Zahl bei Übergang zum 21. Jahrhundert
sowie deren Verdreifachung bis zum Jahr 2025. Die Migranten
kommen aus anderen Zivilisationen und bringen unterschiedliche
Staats- und Gesellschaftsauffassungen mit sich; im Namen einer
einseitig definierten Toleranz fordern sie die Aufnahme dieser Auf-
fassung in europäische Verfassungen. Die Politik muß eine Antwort
auf diese Herausforderungen bieten« (in *Conturen,* Nr. IV/94,
S. 6).

Immer wieder in der Geschichte sind politische Weltbewe-
gungen aufgetreten – zusammengehalten und bewegt durch
religiöse oder quasi-religiöse Weltanschauungen. Jede dieser Bewegungen hat versucht, einen globalen Machtanspruch zu behaupten. Jede hat dafür Menschenleben geopfert, fremde Völker
unterjocht, fremde Kulturen vernichtet. Wer daher nahe der Zei-
tenwende des Jahres 2000 über den Islam und den Islamismus
nachdenkt, den bewegt dazu nicht das enzyklopädische Interesse
an exotischen Kulten, wo in trauter Beliebigkeit zwischen aus-
tralischen Ureinwohnern und Sonnentemplern alle Variationen
durchgespielt werden, in denen Menschen die Religion zur Daseinsbewältigung benutzen oder zur Machtausübung mißbrauchen. Der islamische Fundamentalismus, Islamismus oder Integrismus ist auch für Deutsche, die dies in aller Regel nicht wissen
und wahrhaben wollen, ein hautnahes und akutes Problem
geworden. Er gehört nicht zu jener Sorte von Spezial- und Rand-
problemchen, in deren jammeriger Übersteigerung die Deutschen Weltmeister sind. (»*Wären Jammern und Klagen olympi-*
sche Disziplinen, käme alle vier Jahre ein warmer Medaillen-
regen über Deutschland und die Deutschen nieder«, spottet
H. M. Broder.) Der Islamismus ist ein zunehmendes und ein internationales Problem, das auf die Kulturkonflikte und die
Kriege des kommenden Jahrhunderts einen beträchtlichen Einfluß haben dürfte. Weltweit gesehen ist der Islamismus ebenso
im Aufschwung wie jene Religion, in deren Mutterboden er ge-

wachsen ist – er ist weltweit eine Gefahr für die Menschenrechte, den gesellschaftlichen Fortschritt, die nationale Unabhängigkeit und die Autonomie der Kulturen. So wie der Gottesstaat einer der wirksamsten und gefährlichsten Gegenentwürfe zur Demokratie, zum Laizismus, zur Idee individueller Freiheiten und Menschenrechte ist, so bedroht die düstere Utopie eines islamischen Großreiches bzw. des islamischen Weltstaates die Selbständigkeit der Völker und Nationen wie die Vielfalt der Kulturen und Bekenntnisse.

Der Islam ist nicht gleichzusetzen mit dem Islamismus, aber dieser realisiert, radikalisiert und aktualisiert die negativsten Elemente des Islams. Wer den Islamismus bekämpfen will, muß die durch Persönlichkeit, Lebensweg und Umgebung Mohammeds bedingten Geburtsfehler des Islams sowie die Erbübel der orientalischen Despotie und eines zwanghaft dualistischen Fanatismus einer grundlegenden und gründlichen Kritik unterziehen. Bei aller Notwendigkeit praktisch-politischer Kompromisse darf es in den geistig-moralischen Grundsätzen und Maßstäben keine Annäherung an Despotie und Vernunftfeindlichkeit geben.

Angesichts dessen ist es von größter Bedeutung
– die Überreste des Kolonialismus ebenso zu überwinden wie die Hegemonialansprüche des Neokolonialismus,
– alles zu tun, daß der unvermeidliche kulturelle Konflikt der Zivilisationen, der Ethnien und Nationen in einem fruchtbaren und friedlichen Wettbewerb ausgetragen wird und nicht dazu mißbraucht wird, Aufrüstung und Krieg zu rechtfertigen.

Jede Kultur, jedes Volk, jede Nation hat ihr eigenes Gesicht und ihr eigenes Lebensrecht. Nicht in der Beseitigung aller Unterschiede, nicht in der Angleichung aller Lebensverhältnisse, nicht in der fixen Idee einer Weltregierung (z. B. bei Yehezkel Dror, *Ist die Erde noch regierbar? Ein Bericht an den Club of Rome*, München 1994, S. 262 ff.) liegt die Chance für Frieden und Fortschritt, sondern in der Bewahrung vielfältiger Identitäten und Individualitäten, in der Selbstbestimmung der Nationen und Einzelmenschen. In diesem Prozeß könnte auch die lange überfällige Reformation des Islams sich vollziehen, seine Annäherung an eine moderne offene Gesellschaft. Und hier liegt auch der Ausgangspunkt für eine selbstkritische Selbstbescheidung der arabischen Nationalbewegung, für eine Abkehr von allen chauvinistischen Überlegenheits- und Einzigartigkeitsphantasien und allen großarabischen Wahnvorstellungen.

In der islamischen Geschichte gab es vor der Kolonialzeit bedeutsame Traditionen der Toleranz, aber auch gegenläufige Tendenzen. Die nicht nur von militärischer Gewalt und staatlichem Druck, aber auch von diesen Faktoren geprägte Ausbreitung des Islams, die Unterdrückung der Sprache und Kultur nichtarabischer Minderheiten (wie der Berber, Kopten, Aramäer) gehören zu jenem unübersehbar vorhandenen negativen Anteil am historischen Erbe, der jede Zukunft belasten und vergiften wird, wenn er nicht geistig bewältigt wird. Gerade an diese Nacht- und Schattenseite knüpfte der französische, englische, italienische und spanische Kolonialismus in seiner Repression und seinen Massakern an. Und heute tritt der Islamismus sowohl das Erbe der feudalen Despoten als auch das der Kolonialisten an.

So, wie im Mittelalter die Assassinen als sektenhafte Abspaltung von der Ismaeliten-Sekte die im Hauptstrom des orthodoxen Islams vorhandene Unfriedlichkeit und Gewaltbereitschaft auf die Spitze trieben, so berufen sich die Islamisten mit Fug und Recht auf ein uraltes Welt- und Religionsverständnis, das
– auf Gewalt und militärische Eroberung setzt, sobald Überzeugen, Verhandeln und friedliche Missionierung ohne Erfolg bleiben,
– dem Individuum und den Minderheiten kein Recht auf Selbstbestimmung zugesteht und der Mehrheit der Bevölkerung, nämlich den Frauen, die Gleichberechtigung verweigert,
– die private Herzenssache der Religion stets vermengt mit den Ansprüchen und Notwendigkeiten des Staates und der Gesellschaft,
– nicht bereit ist, mit allen Un- und Andersgläubigen friedlich und gleichberechtigt zu koexistieren, sondern die Anhänger der anderen Buchreligionen als Dhimmis (»Schutzbefohlene«) diskriminiert und darüber hinaus Polytheisten, Atheisten und vom Islam Abfallende mit dem Tode bedroht.

Der Reformislam des 19. Jahrhunderts plädierte entschieden dafür, das um das Jahr 900 für geschlossen erklärte »Tor der Vernunft« wieder zu öffnen. Was verbirgt sich hinter dieser Metapher? Bis zum Ende des 9. Jahrhunderts war es den Rechtskundigen, den Muftis, möglich, alle Streitfragen, die nicht aus-

drücklich verbindlich geregelt waren, durch vernünftige Über-
legung (idjtihad) zu entscheiden. Aber dann, nach der Unterdrückung der rationalistisch-humanistischen Religionsauffas-
sung der Mutasiliten, setzten die siegreichen Traditionalisten
um Al-Aschari (gestorben 935/36) eine Art Dogma durch: Alle
denkbaren Rechtsstreitigkeiten seien verbindlich durch die
Rechtslehrer geregelt und hinfort hätten nur noch die bis dahin
aufgezeichneten Scharia-Rechtsvorschriften zu gelten. Als man
so das »Tor der Vernunft« für geschlossen erklärte, erstarrte die
Scharia in toten Formeln. Es gelang weder im vorigen noch in
diesem Jahrhundert, die Scharia außer Kraft zu setzen oder sie
zumindest umzuformen und an die Lebenswirklichkeit anzu-
gleichen. Einzelne fortschrittliche Veränderungen (wie z.B. das
Polygamieverbot in Tunesien 1956) blieben Stückwerk. Lediglich die Türkei setzte 1926 die gesamte Scharia (türkisch Sche-
riat) außer Kraft. In Ägypten wurde die Scharia sogar 1980 durch
eine Verfassungsänderung zur Hauptquelle allen Rechts erklärt,
was 1985 noch einmal durch ein Gerichtsurteil bestätigt wurde.
Sie gilt heute offiziell als Rechtssystem in Mauretanien, dem Sudan, Saudi-Arabien, dem Jemen, im Iran und in Afghanistan.
Hinzu kommen Länder wie Ägypten, Algerien, Tunesien, Somalia, Irak, Kuwait, Bangladesh und Malaysia, in denen der Islam
Staatsreligion ist oder die sich wie Pakistan als »Islamische Republik« definieren.

Seit den siebziger Jahren haben überall auf der Welt islamistische Kräfte Schritt für Schritt trotz mancher Niederlagen und
zeitweiser Rückzüge Machtpositionen erobert. Um einige Ereignisse und Entwicklungen dieser Anfangszeit zu nennen: 1972
führt Libyen das Scharia-Strafrecht wieder ein; 1973–1980 beherrscht die chauvinistisch-islamistische »Nationale Heilspartei« die türkische Innenpolitik; 1977 putscht sich in Pakistan Zia
ul-Haq an die Macht und beginnt eine Politik der »Islamisierung«; 1979 erobert Chomeini im Iran nach dem Sturz des
Schahs die Macht; 1981 ermorden Islamisten den ägyptischen
Präsidenten Anwar As-Sadat; 1982 greifen im syrischen Hama
die Islamisten nach der Macht; 1983 bereitet der sudanesische
Diktator Numeiri durch Einführung der Scharia den Ultras den
Weg an die Staatsspitze.

Auf dem morastigen Boden des Scharia-Islams gedeihen und
reifen die Blütenträume der Islamisten. Der algerische Schrift-

steller Rachid Mimouni beschreibt als deren Ziel, »*die moslemischen Länder geistig vom Rest der Welt zu isolieren, um ihnen dann
ein Ensemble von Vorschriften, die angeblich aus dem Koran stammen, aufzuzwängen, diese weltweite Strategie der Islamisten, bei
der es nicht um Religion, sondern um Machtpolitik geht*« (in:
Samuel Schirmbeck, *Hinter den Schleiern von Algier*, Hamburg
1996, S. 418). Die Scharia ist ein Paradebeispiel dafür, wohin es
führt, wenn man in der Religion die Grenze zwischen grundlegenden zeitlosen Glaubensannahmen einerseits und den zeitgebundenen menschlich-allzumenschlichen Geboten, Verboten
und Regelungen andererseits verwischt. Nicht allein, daß das Leben von absurden pseudoreligiösen Setzungen gelähmt und vergiftet wird – die gesamte Religion schwebt stets in der Gefahr, in
einer eruptiven Abwehrreaktion über Bord geworfen zu werden,
wenn die Menschen sich aus der Gängelung und Unterdrückung
durch die Gesetzes- und Ritenreligionen zu befreien versuchen,
ohne gleichzeitig zu jener Religion der Liebe und Vernunft zu
finden, die so natürlich und doch unter den Bedingungen einer
ebenso natur- wie gottfernen Zivilisation so schwer erreichbar
ist.

Haben alle diejenigen, die dem Islam kritisch-distanziert ge-
genüberstehen ein »Feindbild Islam«, unterliegen sie einer mo-
dischen Mischung aus Arroganz, Vorurteilen und Unwissenheit?
Ohne jeden Zweifel gibt es Menschen, die ihre eigenen Überzeugungen verabsolutieren, die nichts über fremde Religionen und
Kulturen wissen und wissen wollen. Aber eine Sache wird durch
ihre Bewunderer nicht besser und durch ihre Gegner nicht
schlechter. Und neben mancher unreflektierten und unbegrün-
deten Abneigung gegen den Islam gibt es eine ebenso durch-
dachte wie begründete Kritik an den zentralen Aussagen des
Korans. Es ist daher unerträglich, wie eine bestimmte Sorte Menschen, die sich als die wahren Menschenfreunde aufführen, jede
Kritik am Islam verdammen als »inhuman« und »ausländerfeindlich« und wie eine bestimmte Kategorie von Pseudolinken,
deren Weltanschauung sich reduziert auf das exakte Befolgen der
momentanen Mehrheitsmeinung, dem applaudieren. Ob man
nun so kategorisch formuliert, wie der Deutsche Kreuzorden
(»*Nur wer den Koran nicht kennt, wird davon reden, daß ein part-
nerschaftliches Nebeneinander zwischen Islam und Christentum*

möglich ist«), ist eine zweite Frage, aber so zu tun, als ob alles eins und egal und alles mit allem vereinbar sei, ist Verrat an der Vernunft und intellektuelle Selbstaufgabe.

Millionen von Menschen sind nach Deutschland eingewandert, ohne sich allzu viele Gedanken über dieses Land, seine Geschichte und seine Menschen zu machen. Hierbei geht es nicht um akademisches Bildungswissen, sondern um jene elementare Kenntnis und jenes prinzipielle Verstehen, ohne das kein Ausländer begreifen kann, worauf er sich in Deutschland einrichten muß. Zu der deutschen Geschichte gehört untrennbar die Erfahrung, als Land in der Mitte immer wieder angegriffen worden zu sein von Nachbarstaaten, die Deutschland unter sich aufzuteilen suchten. Zur deutschen Geschichte gehört, daß immer wieder in den Zeiten inneren und äußeren Niedergangs sich einzelne Gebiete von Deutschland losrissen oder gewaltsam abgetrennt wurden. Die deutsche Geschichte ist eine Geschichte des Verrats, der Vertreibung, der Vernichtung. Daher ist auch in der Psyche der Deutschen wenig zu finden von der ruhigen Gelassenheit jener Völker, die wie Engländer, Franzosen und Spanier in einem kaum je bedrohten und kaum je verminderten Territorium leben. Es ist eine in den Zeiten der Saturiertheit und des ruhmreichen Aufschwungs nur dürftig unter aktivistischem Optimismus verborgene Unsicherheit, Verletzlichkeit und Weltangst, die so charakteristisch ist für das Lebensgefühl der Deutschen seit vielen Jahrhunderten. Man muß sich deshalb ganz nüchtern fragen, wie es sich auswirken wird, wenn die Deutschen, die so viel verloren in den letzten 500 Jahren (und das meiste davon in den letzten 60 Jahren!), sich der Drohung stellen müssen, noch mehr oder vielleicht sogar alles zu riskieren. Das restliche Deutschland, so klein wie nie zuvor in seiner Geschichte, sieht sich konfrontiert mit einer Invasion von Hunderttausenden von Menschen, die alle ihre Gründe haben, nach Deutschland zu kommen, aber deren geballte Macht ohne weiteres Zutun dieses Land den Fremden zur Heimat und den Einheimischen fremd machen. Müßte man schon in einem großen Land wie den Vereinigten Staaten oder Rußland mit Schwierigkeiten rechnen, wenn in einer Generation sich die Zahl der auf Dauer hinzugekommenen Fremden verzehnfacht, so gilt dies um so mehr für das kleine Deutschland.

Was in den nächsten Jahren vor den Deutschen und den Ausländern liegt, das ist eine schwierige und gefährliche Gratwanderung. Die Deutschen gehen ihren Weg zwischen den zwei Abgründen der Selbstüberhebung und der Selbstaufgabe. Uns droht die Gefahr, durch allzuviel Egoismus und allzuwenig mitmenschliche Solidarität uns auch die Gutwilligen zu Feinden zu machen und dort, wo wir vielleicht eine kurze Zeit an Macht gewinnen, mit Sicherheit unsere moralische Integrität zu verlieren. Noch weniger aber kann es uns retten, wenn wir unser Land, unsere ethnische und nationale Identität, unser Erstgeburtsrecht verraten. Wer das aufgibt, wird alles verlieren. Aber auch die Ausländer bewegen sich in einem hochgradig verminten Gelände – ständig gefährdet, abzugleiten in eine langfristig tödliche Selbstabsonderung und Überschätzung der eigenen Möglichkeiten, aber auch ständig in Versuchung, sich einzurichten in einer gedanken- und sorgenlosen Alltagsexistenz – statt sich bewußt und entschlossen der Aufgabe zu stellen, daß zusammenwächst, was vorher nicht zusammengehörte. Es muß eine tragfähige Grundlage gefunden werden, auf der der zur langfristigen Eingliederung in die deutsche Nation bereite und fähige Teil der Ausländer Heimatrecht in Deutschland erwerben kann, und der integrationsbereite und integrationsfähige Teil ein gesichertes Gastrecht erhält. Eine Grundlage, die weit hinausreicht über jene elementaren Voraussetzungen wie die Geburt in Deutschland bzw. das langjährige Zusammenleben mit den Deutschen, und die vor allem die Annahme der deutschen Sprache und Kultur sowie die Bejahung der demokratischen, laizistischen und pluralistischen Rechtsordnung betont. Die Verleihung der deutschen Staatsbürgerschaft an Menschen, die nur gebrochen Deutsch sprechen und Deutsch nicht als tägliche Umgangssprache benutzen oder an Menschen, die festhalten an ihrem vor- und antimodernen Gesellschaftsverständnis, ist eine Absurdität und ein Verbrechen. Sie wird nicht von Bestand sein. In der Tat wird, wer vom Ausländer zum Deutschen werden will (und niemand wird dazu gezwungen!), im Austausch für die gewonnene neue Identität einen Teil seiner alten aufgeben müssen und zumindest auf der Ebene der Willensentscheidungen und der rationalen Überlegungen Wesentliches in seinem Weltbild ändern müssen.

Es ist viel Platz in Deutschland, wenn auch nicht unendlich

viel Platz für eine unbegrenzte Zahl von Menschen. Aber über die quantitativen Grenzen hinaus, die gezogen werden von der begrenzten Zahl der Arbeitsplätze und der Notwendigkeit, das ökologische Gleichgewicht nicht weiter zu gefährden, gibt es qualitative Grenzen, die damit zu tun haben, daß die, die hinzukommen, in ihrer kulturellen und religiösen Prägung sowie in ihrem Rechtsbewußtsein vereinbar sein müssen mit uns Deutschen. Eine größere, eine zu große Zahl von Menschen aus einer vormodernen und außereuropäischen Kultur, von fundamentalistischen Anhängern einer fundamentalistischen oder fundamentalistisch gedeuteten Religion und allzu viele Antidemokraten sind nicht hinzunehmen, wenn Deutschland als europäisches Land, als Land der Deutschen, als ein demokratischer Rechtsstaat erhalten bleiben soll. Aus diesen Gesichtspunkten heraus wendet sich auch ein Erhard Eppler deutlich gegen die Idee einer multikulturellen Gesellschaft als Ausdruck einer postmodernen Beliebigkeit und Wertindifferenz und plädiert dafür, bei aller multirassischen Durchmischung der deutschen Bevölkerung doch den gemeinsamen kulturellen und konstitutionellen Konsens und damit auch die freiheitliche Demokratie zu verteidigen.

Wo es angesichts von Arbeitslosenquoten in der EU, die abgesehen von den Ausnahmefällen Luxemburg und Norwegen gegenwärtig zwischen 6 und 21 Prozent liegen (Deutschland über 11 Prozent), nicht entfernt gelingt, allen arbeitswilligen Einheimischen ein Auskommen aus eigener Kraft zu ermöglichen, wo auch ein großer Teil der seit langem mit uns lebenden Ausländer ohne Arbeit bleibt, entfällt jede Rechtfertigung dafür, daß noch weitere Ausländer in Deutschland arbeiten dürfen – ob sie nun als Illegale, als Kontraktarbeiter oder als Scheinasylanten ins Land kommen. Gerade wenn man das Asylrecht verteidigen will, gerade wenn man für Extremsituationen die Möglichkeit bewahren will, zeitweise ein größeres Kontingent von Bürgerkriegsflüchtlingen aufzunehmen, muß man dafür Sorge tragen, die Zahl der Illegalen in den Promillebereich zu drücken und müssen Bürgerkriegsflüchtlinge, in deren Heimatstaat zumindest überwiegend inzwischen wieder Frieden herrscht, wieder dorthin zurückkehren.

Es ist von größter Bedeutung, daß es den nationalbewußten Kräften in Deutschland gelingt, den ultrarechten neonazistischen Sumpf ebenso trockenzulegen wie seine Entsprechung im ultralinken Lager. Dazu gehört, daß alle für Terrorismus und Terrorpropaganda verantwortlichen Personen und Gruppen maximal isoliert und auf Null gebracht werden. Auch wenn eine politische Bewegung weder gezwungen ist, polizeiliche Maßnahmen zu ergreifen, noch dazu in der Lage ist, muß es für uns selbstverständlich sein, vom Staat energische Maßnahmen gegen alle zu verlangen, die andere mit Gewalt ihrer Freiheit und Selbstbestimmung oder sogar ihres Lebens berauben wollen. Auch da, wo Faschisten, Stalinisten oder islamische Fundamentalisten aus taktischen Gründen zeitweise auf Gewaltmittel und vielleicht sogar auf Gewaltpropaganda verzichten, darf es keine Kompromisse und Stillhalteabkommen mit ihnen geben.

Die intelligenteren und mutigeren Chargen des bundesdeutschen Staatsapparates wie Peter Frisch, der Chef des Bundesamtes für Verfassungsschutz, erkennen, daß der Islamismus das »*Sicherheitsproblem Nummer eins für Deutschland*« ist und daß, käme es zu einem Konflikt mit einem islamischen Land, uns »*ein Potential im Land, das wirklich gefährlich wäre*«, erwarten würde. Auch den Verfassungsschützern ist nach eigenem Bekunden nicht entgangen, daß die Mitgliederzahl und der Einfluß der momentan dreizehn und von der Behörde auf 32 000 Personen geschätzten islamistischen Organisationen kontinuierlich zunimmt. Ihre Anhängerschaft wird auf eine halbe Million Menschen veranschlagt, was sich mit den Befragungsergebnissen von Heitmeyer in etwa decken dürfte (vgl. *Berliner Morgenpost*, »Allahs Schatten über Deutschland«, April 1997). In Berlin hat sich zwischen 1994 und 1995 die Anhängerschaft der Organisation IGMG (»Milli Görüs«) verdoppelt. Peter Frisch sagt über diese westeuropäische Filiale von Erbakans Refah-Partei: »*Milli Görüs predigt einen islamischen Gottesstaat, der einen allumfassenden religiösen Geltungsanspruch mit totalitären Zügen erhebt. Er ist mit unserer freiheitlich-demokratischen Grundordnung nicht vereinbar. Milli Görüs ist mit mehr als 26 000 Mitgliedern zahlenmäßig und finanziell stark*« (*Focus*, Nr. 36/1996, S. 43).

5. In Europa gegen die Europäer

Wer nicht zu spät erwachen will, wenn alle Schlachten geschlagen sind und nichts mehr zu retten ist, der muß sich heute – mitten im halben und faulen Frieden – die Frage stellen, was die langfristigen strategischen Ziele des Islams in Europa sind. Der Islam ist nicht mehr wie noch im 19. Jahrhundert ein vielleicht tiefes, aber auf jeden Fall stilles Wasser, das vor sich hindämmert, sondern er ist längst zu einem zugleich beeindruckenden und erschreckenden Strom geworden, der die kritisch Widerstrebenden ebenso mitreißt wie die dumpf Dahinvegetierenden. Das zentrale Ziel sowohl der politikasternden Ultras wie der superreligiösen Orthodoxen ist es, wo immer dies möglich ist und so schnell wie es eben möglich ist, einen Gottesstaat zu errichten, in dem durch Anwendung der Scharia Religion und Staat (din wa dawla) in Einklang gebracht werden. Um diese islamische Ordnung (nizam al-islami) errichten zu können, ist es von größter Bedeutung, dafür eine weltanschauliche Basis im Massenbewußtsein, im Volksempfinden zu schaffen. Deshalb versuchen die Islamisten mit großen Anstrengungen die Gesellschaft auf radikal menschenfeindliche Strafen wie die Steinigung der Ehebrecherinnen und die Tötung der Abtrünnigen und »Gottesfeinde« zu verpflichten. Um das Ziel der islamischen Weltordnung zu erreichen, wird mit allen Mitteln der Aufputschung und der Gehirnwäsche ein islamisches Bewußtsein (sahwa islamiya) formiert. Dabei ist der Djihad, die »*Bemühung auf dem Wege Allahs*« (djihad fi sabili allah), sowohl eine individuelle urpersönliche Pflicht im Leben des einzelnen als auch eine gemeinschaftliche Anstrengung aller Muslime. Der Djihad richtet sich zunächst nach innen, in das Denken und Fühlen, wendet sich dann aber nach außen, in die Gesellschaft. Ähnlich ist auch der kollektive Djihad zwar zunächst innergesellschaftlich angelegt, hat aber zugleich eine außenpolitische Dimension, die getreu dem Beispiel der arabischen Frühzeit mit der Selbstverteidigung beginnt und bei der Eroberungspolitik endet und damit notwendig vom Vorrang religiöser Propaganda zum Vorrang militärischer Gewalt wechselt. Da in islamischen Gesellschaften bislang noch immer das Kollektiv, die Umma, über das Individuum triumphiert hat, bildet sich so ein totaler, exzessiv patriarchalischer Staat heraus. Geleitet von der fixen Idee, im Besitz der authentischen absoluten Wahrheit (asala) zu sein, erscheint den radikalen Muslimen die Demokratie als Unwissenheit (dschahiliyya), als Heidentum und Sünde. Es kann daher für sie keinem Zweifel unterliegen, daß sie verpflichtet sind durch Infiltration und Mission (tawtin ad-dawa, wörtlich »*Einbürgerung des Rufs*«), auch im gottlosen Westen die »*islamische Lösung*« (al-hall al-islami) bekanntzumachen und durchzusetzen.

Das Fatale ist, daß der Islam als Religion und Kultur und erst recht der Islamismus als religiös-politische Droge gleichzeitig beide Bedürfnisse abdecken: Dem McWorld-Konsumfetischisten mit Vorliebe fürs Moderne wird der elektronisch vorgekaute, garantiert sterile, geschmacksfrei durchgestylte Bewußtseinshamburger virtuell ins Hirn gebeamt, dem auf Wurzelsuche und Urgefühle abfahrenden Ethno-Freak wird eine Religion frei Haus geliefert, die nicht nur echt alt und frei vom Spurengift westlicher Aufklärung ist, sondern auch noch den ganzen Mann und die ganze Frau braucht – in der phantastischen Uniform des antirationalistischen, antiimperialistischen, antichristlichen, antijüdischen Glaubenskriegers bzw. der konsequent antiemanzipatorischen Glaubensdienerin. Damit wird ein Ideologiecocktail gemixt, der nicht allein auf die durch eine ökonomische und kulturelle Mangelsituation frustrierte Jugend in den muslimischen Ländern verführerisch wirkt, sondern ebenso auf viele der meist durch Übersättigung frustrierten westlichen Jugendlichen.

Angesichts seiner vielen offenkundigen Fragwürdigkeiten, angesichts seiner Unfähigkeit und Unwilligkeit zu Selbstprüfung und geistiger Erneuerung hoffen manche Europäer, der Islam werde mit sich selbst genug zu tun haben und an seinen inneren Widersprüchen scheitern. Eine solche Erwartung könnte sich als illusionär und gefährlich erweisen. Die Geschichte zeigt, daß immer wieder Bewegungen mit äußerst absurden Programmen die Macht erobern konnten und daß solche Bewegungen stets versuchen werden, die inneren Widersprüche zu lösen oder jedenfalls zu überdecken durch das Produzieren von Feindbildern, das

Organisieren von Kreuzzügen und durch äußere Erfolge. Hinzu kommt im Falle des islamischen Fundamentalismus (islamiyya oder usuliyya), daß er im Unterschied zu allen anderen Fundamentalismen in der heutigen Welt als globales und epochales Problem auftritt und daß er sich historisch in einer Aufschwungphase befindet. Der Islamismus ist an der Macht in mehreren Ländern (Iran, Sudan, Afghanistan, Saudi-Arabien); er steht womöglich vor der Machtergreifung in Ländern wie Algerien, Ägypten, der Türkei, Pakistan. Der Islamismus hat, wie es typisch ist für faschistoide Massenbewegungen dieses Jahrhunderts, disparate Elemente aus europäischen Ideologien, aus dem Volksislam, aus dem orthodoxen Traditionalismus der Ulama (Schriftgelehrten) und auch aus dem islamischen Modernismus aufgenommen und daraus eine Doktrin geschmiedet, die sich der geistigen Zurückgebliebenheit, Vorurteilsverhaftetheit, gekränkten Selbstliebe reaktionär gestimmter Massen anpaßt.

Wenn Europa seine Freiheit lieb ist, wenn es nicht zu einem kulturellen Wurmfortsatz des arabischen Raumes werden will, dann muß unmißverständlich deutlich werden, daß es nur für einen aufgeklärten und demokratiebejahenden Euro-Islam einen Platz in Europa gibt, also für jene Muslime, die sich als Anhänger einer Minderheitsreligion einfügen in das demokratische Rechtssystem und den kulturellen, nationalen und religiösen Kontext. Natürlich bedeutet das, jeden Gedanken an eine islamische Suprematie jetzt oder in Zukunft aufzugeben und die überlieferte Spruchweisheit Mohammeds, »*Der Islam herrscht und wird nicht beherrscht*«, über Bord zu werfen. Dem fundamentalistischen Ghetto-Islam der »Heiligen Krieger«, die algerische und afghanische Verhältnisse nach Europa exportieren wollen, sollte man mitsamt all seinen Protagonisten eine kostenlose Hedschra zurück in die alte Heimat finanzieren oder ihn allenfalls in überschaubarer Quantität als kuriose Arabeske und abschreckendes Beispiel dulden.

Von seinen Zentren im Iran, im Libanon, in Saudi-Arabien, der Türkei usw. aus versucht der Islamismus gegenwärtig, in Europa Brückenköpfe zu schaffen, große Teile der Ausländerbevölkerung unter seinen Einfluß zu bringen, zu seiner Fünften Kolonne zu machen und gestützt auf ein breites Bündnis mit ultrareaktionären und pseudoalternativen Kräften Politik und Gesellschaft zu verändern. Gewollt oder ungewollt werden zu

Verbündeten und Werkzeugen des Islamismus jene katholisch-klerikalen und pseudokonservativen Kreise, die in Atheismus und Aufklärung den gemeinsamen Gegner entdecken, Salman Rushdie als fluchwürdigen Gotteslästerer attackieren und der einstigen Macht des Papsttums nachtrauern. Objektiv eine ähnliche Rolle spielen jene, die einen verabsolutierten Laisser-faire-Liberalismus predigen, eine schrankenlose Zuwanderung und Bildung von Ausländerghettos als rechtsfreie Räume befürworten, Irrationalismus und Mystizismus fördern und den Todfeinden der Freiheit alle Freiheiten zubilligen.

Über ganz Europa hinweg haben sowohl die legal auftretenden Integristen als auch ihre illegal operierenden Zwillingsbrüder ein Netz von Geldbeschaffungs-, Rekrutierungs- und Schulungseinrichtungen aufgebaut. Viele europäische Regierungen dulden diese mit dem Drogen- und Menschenhandel verfilzten Strukturen organisierter Kriminalität, ja zum Teil fördern sie sie sogar. Zu den Gründen dafür zählen:

– außenpolitische und außenwirtschaftliche Interessen am Iran-Handel, am saudiarabischen Öl, an der Türkei als NATO-Vorposten zur Eindämmung Rußlands usw.,

– die zynische Kalkulation, die Islamisten seien mit hoher Wahrscheinlichkeit die zukünftigen Herrscher in den islamischen Ländern,

– politische Korruption, also die direkte oder indirekte Bestechung durch die Islamisten bzw. deren Patronatsstaaten,

– Feigheit gegenüber jenen Meinungsmachern und Pseudo-Intellektuellen, die jede Kritik am Islamismus als »antiislamisch«, »rassistisch« und »ausländerfeindlich« diffamieren,

– eine heimliche »Große Koalition« zwischen bestimmten Ultralinken und bestimmten Ultrarechten, die sich mit dem Fundamentalismus verbünden, weil sie in der Demokratie den gemeinsamen Feind sehen,

– das Wirken von offen oder heimlich zum Islam konvertierten und meist besonders fundamentalistisch eingestellten politischen Laienpredigern wie Annemarie Schimmel oder Murad Hofmann (ehemaliger hoher NATO-Beamter und deutscher Botschafter in Marokko),

– das Wirken all derer, die den Fundamentalismus schönreden und für einen angeblichen »Dialog« mit angeblich »vernünftigen« Fundamentalisten eintreten.

In einem Interview mit der Zeitschrift *Focus* (Nr. 47/94, S. 96 ff.) hat Manouchehr Ganji, der in Paris lebende Führer der iranischen Exilbewegung »Organisation für Menschenrechte und grundlegende Freiheiten im Iran« Deutschland vor der islamistischen Infiltration gewarnt und die Kumpanei deutscher Politiker mit dem Teheraner Regime gegeißelt: »*In Deutschland gibt es über drei Millionen Muslime. Sie werden sich immer mehr in die internen Angelegenheiten Deutschlands einmischen. Teheran unterstützt fundamentalistische Gruppen in Deutschland nachweislich mit Geld so wie in der Türkei, im Sudan oder in Frankreich. Diese Gruppen sind ein dauernder Störfaktor. ... Deutschland ist in vielerlei Hinsicht der größte Partner der iranischen Unrechtsregierung. ... Das Teheraner Regime liegt im Sterben – und Deutschland gibt ihm Infusionen. ... In den vergangenen Jahren war Herr Genscher der engste Verbündete des Regimes. Ich glaube, daß er das noch immer ist.*« Ganji wies darauf hin, daß die Kulturabteilung der iranischen Botschaft in Bonn, eine getarnte Außenstelle des Geheimdienstes, sich intensiv auch um nicht-iranische Muslime in Deutschland bemüht. Immer stärker werden dabei iranische und deutsche Journalisten für Geheimdienstzwecke eingespannt. So gab der als Journalist akkreditierte deutsche Muslim Michael B. zu, im »Mykonos«-Prozeß für das iranische Generalkonsulat mitstenographiert zu haben. Völlig zu Recht forderte Ganji, der im übrigen die Weigerung der Bonner Regierungsstellen beklagte, ihn überhaupt anzuhören, die Schließung der iranischen Botschaft in Deutschland und ein Ende der Zusammenarbeit mit den Mullahs, die heute z. B. auch den Verkauf modernster Spionagetechnik einschließt.

Eine der fatalsten Entwicklungen ist, daß es gegenwärtig, sieht man von Strömungen wie den Ahmadiyya-Muslimen und den türkischen bzw. kurdischen Aleviten ab, welche vom »rechtgläubigen« Mehrheitsislam als ketzerisch und sektenhaft betrachtet werden, in Deutschland keine großen, öffentlich bemerkbaren und politisch aktiven Gemeinschaften gibt, die einen eher toleranten, weltoffenen und zur Koexistenz mit der Demokratie bereiten Islam vertreten. Der Euro-Islam ist bislang im wesentlichen erst ein Gedanke und ein Wunsch.

Im übrigen ist nicht einmal jene Strömung die gefährlichste, die offen die gewaltsame Errichtung einer als »Gottesstaat« firmierenden Diktatur fordert. Diese Leute sind sowohl unter den

Muslimen selbst als auch in der deutschen Öffentlichkeit eher isoliert. Sehr viel gefährlicher sind die mit dem Vortäuschen von Friedfertigkeit, Dialog- und Kompromißbereitschaft beträchtliche Erfolge erreichenden religiösen Kaderorganisationen wie der den »Verband der islamischen Kulturzentren« (VIKZ) beherrschende Süleymanli-Orden. Typisch in diesem Zusammenhang ist, wie im *Kölner Stadt-Anzeiger* am 13. 5. 1997 in einer Serie über unterschiedliche Bekenntnisse ein fundamentalistischer türkischer Student als frommer Beter und toleranter Mitmensch angepriesen wird, von dem der Leser am Rand erfährt, daß er »*in der Moschee in der Vogelsanger Straße*« betet. Nur der Eingeweihte kann damit etwas anfangen: Es handelt sich um die zentrale Moschee des VIKZ.

Um ein Gegengewicht zu schaffen gegenüber der zunehmenden Ghettoisierung und Radikalisierung der Ausländerbevölkerung in Deutschland müßten endlich die Ausländer, die dieses Land, seine Kultur und die demokratische Gesellschaft bejahen und dies auch in der Praxis unter Beweis stellen, als deutsche Neubürger mit allen Rechten und Pflichten in die Gesellschaft und in die Nation integriert werden. Gleichzeitig müßte der Anteil der Ausländer mit Gaststatus auf ein vertretbares Maß reduziert werden – durch eine Rückführung von Straftätern, Illegalen, Scheinasylanten, Bürgerkriegsflüchtlingen nach Beendigung eines Bürgerkrieges, durch ökonomische Anreize zu freiwilliger Rückkehr. Flankierend sind ebenso soziale Maßnahmen erforderlich zur Auflösung der Ghettos wie staatliche Vorkehrungen gegen antidemokratische Organisationen, gegen Waffenhandel, gegen die Verflechtung zwischen organisierter gewöhnlicher und organisierter politischer Kriminalität, gegen eine verdeckte Finanzierung islamischer Aktivitäten aus dem Ausland. Von all diesen notwendigen Schritten ist bisher wenig zu sehen. Im Gegenteil: Der Islamismus ist bereits heute eine politische Macht in Europa – teils durch die Protektion bestimmter Regime, die ihr Öl und ihre Verfügung über den Zugang zu ihren Märkten als Waffe einsetzen, teils durch die Hilfestellung von einheimischen Biedermännern und Brandstiftern. Ob nun die englische Labour-Partei Salman Rushdie attackiert und in Birmingham keinen städtischen Weihnachtsschmuck mehr anbringen läßt, um so bei den muslimischen Einwanderern auf Stimmenfang zu gehen, ob im französischen Saint-Léger-de-

Fougeret ein »Islamisches Institut« als internationale Kaderschmiede aufgebaut werden kann, von der selbst der zum Islam konvertierte ehemalige sozialistische Senator André Billon sagt, es handele sich hier um *»einen Brückenkopf des Integrismus in Europa und eine Folge des Versagens des Staates«*, ob die ach so christliche CDU in eigenen Clubs türkische Mitglieder sammelt, die zu einem großen Teil Anhänger der IGMG bzw. der islamistischen Refah-Partei sind – es handelt sich in aller Regel um eine heillose Mischung aus Dummheit, Naivität, Korruption und gut kaschierten Machenschaften.

Der Fundamentalismus verfolgt gegenwärtig das Ziel, in den Ländern mit muslimischer Mehrheit theokratische Diktaturen zu errichten, von dieser Machtbasis aus mit dem Erdöl als Waffe und womöglich mit dem Drohpotential einer »islamischen Atombombe« in die Weltpolitik einzugreifen und gleichzeitig – gestützt auf den gegebenen und sich weiter vollziehenden Bevölkerungstransfer von Süd nach Nord – den Norden und den Westen der Welt langfristig zu islamisieren. Gerade Europa dient als zusätzliches Rekrutierungsgebiet für Aktivisten, die man zur Beseitigung »unislamischer« Regierungen benötigt und als sichere Rückzugsbasis, so wie Chomeini es beim Sturz des Schahs vorexerziert hat. Der physische Terror vollzieht sich dabei noch weitgehend außerhalb Europas, und tumbe Toren lassen sich einlullen von öffentlichen Erklärungen wie der des FIS-Führers Rabah Kebir *»Wir werden Algeriens Kampf nie auf deutschem Boden führen.«* Aber dafür besorgt man sich in Deutschland die Waffen, mit denen in Algerien Frauen und Kinder massakriert werden, betreibt Psychoterror und ideologische Aufrüstung. Und um unter der Tarnkappe der anerkannten Religionsgemeinschaft noch unangefochtener Politik treiben zu können, versuchen die Islamisten überall im Land Moscheen und »Kulturzentren« zu installieren, wobei es zu den kennzeichnenden Details gehört, daß einige der Trägervereine in ihre Satzungen die Förderung des Kampfsports aufgenommen haben. Hinzu kommen dann noch die üblichen Verbindungen zur allgemeinen Kriminalität, über die die Presse, soweit sie noch nicht eingeschüchtert ist oder aus ideologischer Verblendung Selbstzensur übt, dann unter dem Stichwort *»Drogen unter dem Minarett«* berichtet (vgl. *Der Spiegel*, Nr. 4/1996, S. 108). Andererseits benutzt der Islamismus die Folgeerscheinungen all der auch von sozusagen eingeschriebenen Muslimen in Umlauf gebrachten Drogen, um sich wie in den USA und Südafrika demagogisch der Drogen- und Kriminalitätsprobleme anzunehmen und unter dem Vorwand der Bekämpfung von Dealern und Dieben mit bewaffneten muslimischen Milizen Polizeiaufgaben an sich zu reißen, die eigene Gefolgschaft zu bewaffnen und dem Terror ein für die Mehrheitsgesellschaft akzeptables Mäntelchen umzuhängen.

6. Erwachen und Widerstand

Probleme können nur erkannt werden, wenn man die Augen öffnet und in die fragliche Richtung blickt, wenn man sich den Dingen stellt und auch die unwillkommenen Tatsachen nimmt, wie sie sind. Probleme können nur gelöst werden, wenn man sie zuvor in ihrem Ausmaß und ihren Grundbedingungen erfaßt hat. Wie Walter Rathenau gesagt hat, ist »*die Erfindung des Problems*« wichtiger als »*die Erfindung der Lösung*«. Dies zu betonen ist weder neu noch originell, aber es ist unerläßlich, daran zu erinnern – gerade in unseren Zeiten der allgegenwärtigen Medienpräsenz, der politischen Korrektheit und der grassierenden Denkverbote. Mit guten Gründen hat der »Deutsche Autorenrat«, zu dem u. a. Erwin Wickert, Arnulf Baring, Joachim Fest und Walter Kempowski gehören, 1995 dazu ermuntert, »*Denkverbote und Gebotsschilder politischer Korrektheit nicht zu beachten, von welcher Seite sie auch aufgestellt werden*« und festgehalten: »*Die Welt braucht frei und selbständig denkende Menschen, Rebellen, die gegen den Strom von Vorurteilen schwimmen und die mutig für ihre Überzeugung eintreten, auch wenn sie damit gegen weithin anerkannte, ›politisch korrekte‹ Gebote verstoßen.*«

Durch eigene Erfahrung habe ich das bestätigt gefunden, was der tunesische Exilautor Hassan Mosbashi über jene sagt, die im reichen Westen sich einerseits als Weltgewissen und Hohepriester politischer Korrektheit präsentieren und andererseits das Wegschauen und Totschweigen zur Perfektion entwickelt haben. Mosbashi schreibt, die Haltung der westlichen Intellektuellen gegenüber den Opfern des islamischen Terrors scheine sich »*von der ihrer Regierungen kaum zu unterscheiden*« und sei »*kalt und unberührt*«: »*Im Schutze dieses Schweigens setzen die Rattenfänger des Hasses, der Intoleranz und des Fanatismus ihr finsteres Treiben fort, um das ›Gottesreich‹ der Angst und des Todes zu errichten.*« (*Die Zeit*, 11. 2. 1994) Die Erbärmlichkeit allzu vieler Intellektueller, ihre versteckte und oft unbewußte Komplizenschaft mit den Islamisten findet ihre Entsprechung in der weitgehend offenen und bewußten Kumpanei westlicher Regierungen mit den Islamisten: »*Washington, Paris, London und Bonn öffnen den Chefs und Anführern militanter fundamentalistischer Gruppen bereitwillig ihre Türen und gewähren ihnen politisches Asyl – viel leichter als einem liberalen Intellektuellen, der vor dem Terror der maskierten islamistischen Soldateska zu fliehen versucht.*« (ebd.) Genau dies hat sich auch in Deutschland immer wieder gezeigt:

– Der verstorbene Cemalettin Kaplan, in der Türkei steckbrieflich gesuchter selbsternannter »Kalif«, erhielt im sozialdemokratischen NRW politisches Asyl. Es blieb bei vollmundigen Ankündigungen der SPD-Politiker, diesem Polit-Gangster das Handwerk zu legen. Ohne daß ein solcher Aufmarsch von vornherein wegen Volksverhetzung verboten wurde, konnten seine Nachfolger unter dem Briefkopf »Der Kalifatsstaat. Das Präsidium« am »11. Schenwal 1417« (zu deutsch: am 18. Februar 1997) aufrufen zu einem vier Tage später in Bonn stattfindenden »Verkündungsmarsch« für Scharia und Kalifat, gegen die »Satane und Feiglinge« und gegen das Regime in der Türkei, in der angeblich seit 70 Jahren der Koran »*zum Schweigen gebracht*« wurde.

– Rabah Kebir, einer der Chefs der mörderischen algerischen FIS, durfte trotz offizieller Verbote sich politisch zu betätigen, die ihm zugewiesene Asylantenunterkunft im Kreis Euskirchen verlassen und bei seinen türkischen Kumpanen von der »Neuen Weltsicht« einer geregelten Verschwörertätigkeit nachgehen. In widerlicher Weise wurde er von Politikern und einer journalistischen Kamarilla hofiert – als einer der zukünftigen Führer eines algerischen Gottesstaates.

Das Vordringen des Islamismus in Europa offenbart in den Reaktionen die gesamte in der Gesellschaft vorhandene Bandbreite von feigem Kapitulantentum bis zum unbedingten Mut, der nur danach fragt, was erforderlich ist, und nicht danach, was irgendwem gefällt oder weh tut. Kennzeichnend ist, daß der von der Europäischen Union seit langem geforderte schriftliche Verzicht der iranischen Regierung auf die Todesdrohung gegen Salman Rushdie nie erfolgte, ohne daß dies ernsthafte Konsequenzen gehabt hätte. Im Gegenteil, im Juli 1997 konnte ein schiitischer Prediger öffentlich und ungestraft die baldige Hinrichtung Salman Rushdies durch Hisbollah-Killer ankündigen. Erbärmlich die Verlogenheit und Hasenfüßigkeit der deutschen Lufthansa und ihrer staatlichen Patrone, als man sich kategorisch weigerte, Salman Rushdie an Bord zu nehmen. Erbärmlich der dänische Justizminister Björn Westh, der Ende Oktober 1996 ein Einreiseverbot gegen ihn verhängte mit der fadenscheinigen Begründung, man könne für seine Sicherheit nicht garantieren, und dies erst auf europaweiten öffentlichen Druck hin zurückzog. Martin Oehlen schrieb damals warnend: »*Ein Menetekel: für die moderne Gesellschaft, die offenbar nicht mehr in der Lage ist, sich der Kriminalität zu erwehren; für die Freiheit des Wortes, die selbst im Herzen Europas nicht mehr zu garantieren ist. ... Den fundamentalistischen Scharfmachern blieb der totale Triumph versagt. Aber ins grobe Fäustchen können sie sich trotzdem lachen. Sie haben Kopenhagen, die ›Kulturhauptstadt Europas‹, wanken lassen.*« (*K. St.-A.*, 2. 11. 1996) Ebenso erbärmlich all diejenigen, die von der *Taz* bis zu Peter Scholl-Latour nicht müde werden, die algerische Heilsfront FIS als wahren Repräsentanten des algerischen Volkes und sicheren Sieger im Bürgerkrieg gegen die Regierung anzupreisen – darauf hoffend, daß der Titel einer Fernsehsendung »*Algerien: Von seinen Freunden verlassen und von der Welt vergessen*« sich endgültig bewahrheite. Als am 8. Februar 1997 mutige Exil-Algerier in Frankfurt am Main für Solidarität mit den Terroropfern in Algerien und mit dem algerischen Volk demonstrierten, ereiferten sich etliche Sympathisanten des Islamismus, darunter Martina Sabra, Mitglied der GRÜNEN, es handele sich bei den Demonstranten um Agenten des algerischen Regimes. Die schwierige Gratwanderung Liamine Zéroual, des algerischen Präsidenten, zwischen islamistischem Terror einerseits und Militärputschgefahren andererseits, sein Kampf gegen die seuchenartig verbreitete Korruption, gegen Lethargie und Bürokratismus werden von einem Großteil der deutschen Presse nicht etwa gewürdigt, sondern mit dem stereotypen Vorwurf, er sei eine »Marionette der Generäle«, diffamiert.

Auch die Justiz ermuntert immer wieder die Islamisten und den kleinkriminellen Sumpf innerhalb der muslimischen Ghettos. Obwohl in Paris die Staatsanwältin im Prozeß gegen 34 Islamisten (davon 13 in Abwesenheit) im Dezember 1996 von einer »Mordmaschine« sprach, die die Angeklagten zusammen gebildet hätten, wurde selbst der Hauptträdelsführer Abdelilah Ziyad, der junge Nordafrikaner zu Anschlägen nach Marokko geschickt hatte, bei denen in Marrakesch zwei spanische Touristen starben, nicht wegen dieses Mordes angeklagt, sondern nur wegen Mitgliedschaft in einer kriminellen Vereinigung – mit der formalen Begründung, man könne nur die in Frankreich begangenen Straftaten berücksichtigen. Was die Mafiosi und Machos der Ausländerghettos anbelangt, so werden ihnen immer wieder Gnadenerweise zuteil, die jedem Gedanken an Sühne und innere Umkehr Hohn sprechen. Da wird ein 23jähriger Türke, der eine 15jährige Schülerin vergewaltigt und bis kurz vor Ende des Prozesses seine Tat abgestritten sowie sein Opfer als Hure beschimpft hatte, lediglich zu zwei Jahren Gefängnis auf Bewährung bzw. 100 Stunden gemeinnütziger Arbeit verurteilt (vgl. *Odenwälder Zeitung*, 17. 5. 1997). Es ist eben so, wie die Kölner Richterin Mathilde Frey es formulierte: »*Bei uns muß man schon eine Menge anstellen, um ein Jahr Freiheitsstrafe zu bekommen*« (*K. St.-A.*, 6. 6. 1997). Wenn so signalisiert wird, daß man sich nahezu alles erlauben kann, dann verwundert es nicht, wenn zunehmend Ausländer wegen Asylbetrügereien vor Gericht stehen – verständnisvoll begleitet von Rechtsverdrehern, die für entsprechendes Honorar zu allem zu haben sind. Man wünscht sich für Deutschland jemanden wie den britischen Labour-Innenminister Jack Straw, der zumindest versprochen hat, »*hart gegen Verbrecher und gegen die Ursachen des Verbrechens*« vorzugehen, und der z. B. jugendlichen Vandalen mit Ausgangssperren deutlich die Grenzen aufzeigt.

Andererseits gibt es auch Beispiele von Widerstand gegen islamistische Zumutungen oder doch jedenfalls von Nicht-Willfährigkeit. So entschied das Bundesverwaltungsgericht am 15. 6. 1995 (Urteil 3 C 31/93), daß Muslime nicht ohne Betäubung schlachten dürfen, da niemand gezwungen werde, das Fleisch nichtgeschächteter Tiere zu essen. (Obwohl viele islamische Autoritäten ebenso wie Rabbiner im Reform-Judentum erklären, das Betäuben vor dem Schlachten sei durch keine religiöse Vorschrift zwingend verboten, schächten immer wieder muslimische Metzger insgeheim Tiere ohne Betäubung.) Das dreiste Begehren des Amtsgerichts Kirchhain in Hessen, die räumliche Aufenthaltsbeschränkung für noch nicht anerkannte Asylbewerber und die Strafandrohung bei wiederholten Verstößen für mit dem Grundgesetz unvereinbar zu erklären, hat der Zweite Senat des Bundesverfassungsgerichts in einer einstimmigen Entscheidung verworfen. Allerdings kommt es nun darauf an, die gesetzlich vorgesehenen Geld- und Haftstrafen (bis zu einem Jahr) bei Verstößen anzuwenden – z. B. gegen jene Islam-Wanderprediger, die permanent quer durch die Republik reisen und den schwachen Staat verspotten. Der Präsident des Deutschen Städtetages, Gerhard Sailer, wies im Juni 1997 öffentlich auf die Gefahren durch die zunehmende Herausbildung ethnischer und sozialer Ghettos und durch die multikulturelle Multikriminalität hin. Der Hamburger Bürgermeister Henning Voscherau forderte ein Gesetz zur Kanalisierung und Begrenzung der Einwanderung und ein entschlossenes Vorgehen gegen die organisierten Kriminellen. Auch hier wird es darauf ankommen, ob den Worten Taten folgen oder ob es bei rhetorischen Floskeln bleibt.

In vielen deutschen Städten wehrt sich die Bevölkerung gegen die zunehmende akustische Umweltverschmutzung durch Lautsprecher-Gebetsrufe der Muezzins. Endlich hat 1997 der Evangelische Ausländerdienst sein jahrelanges Schweigen in dieser Angelegenheit gebrochen. Man erkenne an, heißt es in einer Erklärung, daß der Dialog zwischen Christen und Muslimen zu verstärken sei, aber für »*Mittel islamischer Propaganda*« einzutreten, sprenge »*bei aller Toleranz den Rahmen des Zumutbaren*«. Das Presbyterium der Evangelischen Kirchengemeinde Duisburg-Laar hat u. a. mit einer Stellungnahme vom 28. 10. 1996 (erschienen als Anzeige in der *WAZ* Duisburg vom 15. 11. 1996 unter dem Titel »*Kein islamischer Gebetsruf über Lautsprecher!*«) mit aller notwendigen Ehrlichkeit und Deutlichkeit den grundlegenden Gegensatz zwischen Islam und Christentum offen angesprochen: »*Der Liebe Gottes zur Welt entspricht es, allen, auch den muslimischen Menschen, in der Liebe Jesu aufrichtig zu begegnen. Das schließt Verständnis, Gastfreundschaft und Hilfsbereitschaft ein. ... Christus ist auch für die Muslime am Kreuz gestorben. Wir haben als Kirche Jesu Christi versagt, wo wir den Muslimen das Evangelium von Kreuz und Auferstehung vorenthalten haben. ... Es geht immer um Einladung der Menschen zu Jesus Christus, niemals um Überredung, Verlockung oder Zwang. Das biblisch begründete kritische Urteil über den Islam ist vom Urteil über Menschen zu unterscheiden. ... Christen und Muslime glauben nicht an denselben Gott. ... Der Islam ist eine antichristliche und nachchristliche Religion. Der muslimische Gott ist ein Zerrbild des wahren Gottes.*« Im Hinblick auf die gesellschaftspolitische Dimension des islamischen Gebetsrufes weist die Stellungnahme darauf hin, daß Kräfte, die wesentliche verfassungsmäßige Grundlagen der Demokratie in Frage stellen, sich nicht auf das Grundrecht der ungestörten Religionsausübung (Artikel 4 Grundgesetz) berufen können, denn das islamische Gebet bedeute als Unterwerfungsdemonstration und öffentlicher Aufruf »*den Machtanspruch auf Durchsetzung des Willens Allahs in der Gesellschaft*«, »*die Proklamierung eines Anspruches auf Bestimmung und Veränderung der öffentlichen Ordnung*«.

Das Presbyterium wagte sogar, das quasi-religiöse Dogma der multikulturellen Gesellschaft in Frage zu stellen und als Verrat am christlichen Auftrag zu entlarven. Grundsätzlich anderer Ansicht sind jene traurigen Gestalten aus der grünen Landtagsfraktion in NRW, die in einer »Kleinen Anfrage« im Landtag sich stark machten für das ungehinderte Recht der »*drittgrößten Religionsgemeinschaft in der Bundesrepublik Deutschland*«, unsere Städte weiter zu orientalisieren und per Lautsprecher zum Haß gegen alle Ungläubigen aufzurufen.

Gernot Rotter, Orientalistikprofessor in Hamburg und lange ein recht unkritischer Entschuldiger des Islamismus, hat Anfang 1997 eine bemerkenswerte Wendung vollzogen und den Abbruch sämtlicher Wirtschaftsbeziehungen zum Iran gefordert. In einem Essay im *Spiegel* (Nr. 8/1997, S. 38-40) unter dem Titel »*Druck statt Dialog*« distanziert er sich in aller Deutlichkeit sowohl vom Staatsterror des Irans und Saudi-Arabiens als auch von der Komplizenschaft der deutschen Regierung, die teils durch Verschweigen, teils durch Beschönigen, teils durch heimliche Hilfeleistung mit dazu beitrug, daß das iranische Regime überleben konnte. Den »kritischen Dialog« Kinkels nennt Rotter zutreffend eine »*jener modernen Wortschöpfungen, mit denen alles Negative schöngeredet werden soll und die in diesem Fall nur wirtschaftliche Kumpanei überdeckt – zumal sich der Dialog als Monolog erweist. Bonn macht sich damit zum Komplizen des iranischen Geheimdienstes, der die Bundesregierung an der Nase herumführt wie einen Tanzbären*« (ebd., S. 40). Auch Salman Rushdie hat mit aller Nachdrücklichkeit die Europäer aufgefordert, erst dann wieder die Botschafter nach Teheran zurückzuschicken, wenn die Mullah-Regierung die Menschenrechte garantiert.

Günter Wallraff, seit Jahren einer der entschiedensten Verteidiger der Meinungsfreiheit und verfolgter Autoren, hat in einem Gespräch mit Marie Hüllenkremer sehr deutlich hervorgehoben, wo die Grenzen einer Toleranz liegen, die sich nicht durch Nichtstun selbst abschaffen will: »*Wir müssen uns um andere Kulturen bemühen, andere Kulturen verstehen lernen, die positiven Gesichtspunkte anderer Kulturen hervorheben. Aber es gibt eine Grundlinie, einen Mindeststandard, nämlich da, wo es um Menschenrechte geht. Die sind universal, die sind unteilbar und können in keinem Fall außer Kraft gesetzt werden durch Kultureigenarten und kulturelle Unterschiede, sonst geraten wir in eine Toleranzduselei. Wenn wir da nicht haltmachen, finden wir uns in den barbarischsten Gesellschaften wieder. Religion ist Privatangelegenheit, aber wenn im Iran und auch in Pakistan Religion als Waffe benutzt wird, sozusagen ein religiöser Faschismus von Staats wegen betrieben wird, dann hat das nichts mehr mit Religionsfreiheit zu tun. Dann müssen wir uns vehement dagegen wenden und auch aktiv darüber aufklären, sonst machen wir uns durch Duldung und Schweigen mitschuldig*« (K. St.-A., 12. 5. 1995). Mit einer ähnlichen Einschätzung weist Walter Laqueur in seinem Buch *Fascism. Past, Present, Future* (New York 1996, deutsch *Faschismus: Gestern – heute – morgen*, Berlin 1997, hier S. 255) darauf hin, daß sowohl der sunnitische wie auch der schiitische Fundamentalismus »*gewisse faschistische Züge*« zeigen, »*insbesondere den demagogischen Populismus und die kompromißlose, religiös begründete Ablehnung der Demokratie und von freien Institutionen überhaupt. Die Sunniten sind weniger totalitär als die Schiiten, doch ihr fanatischer Glaube an die Gewalt ist nicht merklich schwächer als der im Iran herrschende.*«

Derjenige, der in die christlich-jüdische abendländische Kultur hineingeboren wird, hat – gleichgültig, ob er sich als Christ oder Jude, als Atheist oder Agnostiker definiert – nur die Wahl zwischen drei Möglichkeiten:

– bewußt diese Kultur anzunehmen und mitzugestalten,
– sich zum antikulturellen Pöbel zu schlagen,
– als Konvertit ins Lager einer fremden Glaubens- und Wertewelt überzuwechseln.

Jede Kultur bleibt für den, der nicht das Glück oder Unglück hatte, in sie hineingeboren zu werden, unausweichlich in etlichen zentralen Dingen lebenslänglich fremd. Auch denjenigen,

die vom Christentum zum Islam überwechseln, gelingt selbst
dann, wenn sie ein großes Buchwissen besitzen, es nur unvoll-
kommen, sich die mentalen, spirituellen und emotionalen
Grundlagen der islamischen Kultur anzueignen. Dennoch vermögen solche Frontenwechsler im guten wie im bösen eine emi-
nent wichtige Scharnier- und Brückenfunktion einzunehmen.
Allerdings läßt sich, was hier »positiv« und was »negativ« ist, nur
vom langfristigen Eigeninteresse jeder Kultur bestimmen. Es ist
sinnlos, denjenigen, der sich als Europäer gegen die europäische
Kultur stellt, mit moralisierenden Vorwürfen zu überziehen –
eine solche Entscheidung muß der einzelne in der unerläßlichen
»Freiheit eines Christenmenschen« selbst treffen und selbst mit
allen Konsequenzen verantworten. Aber die Konvertiten, die ins
Lager eines militant antieuropäischen Islamismus wechseln,
sollten sich auch nicht wundern oder beklagen, wenn man sie
mit aller Entschiedenheit demaskiert und bekämpft.

Die Kultur Europas ist eine christlich-jüdische Kultur – im
ursprünglichen Fundament und in der Hauptsache christlich,
aber in wesentlichen und durchaus grundlegenden Elementen
jüdisch. Natürlich gibt es aus den über tausend Jahren der Koexistenz mit dem Islam Spurenelemente kultureller Einflüsse,
die aber zur Weltanschauung und Grundbefindlichkeit des europäischen Menschen wenig beigetragen haben und eine gerin-
gere Rolle spielen als die Erfahrungen und Mythen, mit denen
der Abwehrkampf gegen den Islam seit dem Rolandslied und seit
den Kreuzzügen das abendländische Selbstbewußtsein versehen
hat. Auch der europäische Agnostizismus, Atheismus und Nihilismus steht nicht außerhalb der europäischen Kultur, sondern
ist ihr Kind. Er hat sie mitgestaltet und geprägt, ohne aber ihre
religiöse Bedingtheit aufheben oder eine neue Kultur begründen
zu können. Daher hat auch der glühendste Religionsverächter
und Gotteshasser in Europa, wenn er nicht gleich der Kulturlosigkeit anheimfallen will, keine andere Wahl, als entweder für
diese christlich-jüdische Kultur Europas zu kämpfen und damit
bei allen weiterbestehenden Gegensätzen aktiv das Bündnis mit
den beiden Religionen zu suchen, oder zum Partisanen einer
außereuropäischen und ebenfalls religiös geprägten Kultur zu
werden.

Andererseits ist es mehr als fraglich, ob die Christen und
Juden Europas auf sich gestellt, ohne bzw. gegen die Freigeister

und Freidenker, ihre Kultur verteidigen können. Angesichts der Gefahr, daß die einzelnen Strömungen und Fraktionen unseres Kontinents sich wechselseitig paralysieren und so der Islam als lachender Dritter triumphiert, sollten die Europäer einige bittere Lehren der Geschichte beherzigen. Gerade weil die europäische Kultur ihre Jugend, ihre Blütezeit längst hinter sich hat und sich in einem langwierigen Abstieg und Rückzug befindet, ist ein größtmöglicher innerer Konsens und ein kultureller Burgfrieden erforderlich, um sich zu behaupten. Das byzantinische Reich, in dem politische Parteiungen und religiöse Fanatiker sich bis aufs Messer bekämpften, obwohl buchstäblich der Feind vor den Toren stand, bietet hier ein klassisches negatives Beispiel. Man denke nur daran, wie die Byzantiner seit dem 7. Jahrhundert die geistigen Grundlagen ihrer politischen Macht und ihrer Kultur zerstörten in einem wahnwitzigen weltanschaulichen Bürgerkrieg zwischen puristisch-sektiererischen Bilderstürmern und den Anhängern eines lebensvollen, lebendigen Christentums. Bereits im 7. Jahrhundert, in den Jahren 639 bis 641 führte der Versuch der griechisch-orthodoxen Dogmatiker, die ägyptischen Christen unter die Knute der alleinseligmachenden Reichskirche zu zwingen, zur Katastrophe, zum Verlust Ägyptens an die von den Kopten zunächst als willkommene Verbündete und Befreier begrüßten Muslime. Es hat eine tiefe Symbolik, daß erst am 28. Mai 1453, am Vorabend der Eroberung ihrer Hauptstadt, die Byzantiner mit den katholischen Soldaten der Republik Venedig, die an ihrer Seite kämpften und starben, den Gottesdienst feierten.

Es wäre fatal, wenn die Christen Europas nur im Angesicht des Untergangs den Mut und die Einsicht hätten, die vielen Vorbehalte, Vorurteile und Unwichtigkeiten zu überwinden, die ein gemeinsames Handeln verhindern. Vergleichbares gilt auch im Weltmaßstab für die Christen, die nicht allein in viele Richtungen aufgesplittert sind, sondern schon heute eine zwar große, aber relativ an Einfluß und Zahl abnehmende Minderheit sind und sich mit existentiellen Herausforderungen konfrontiert sehen: mit einem ebenso gottlosen wie hirnlosen Vergeudungskonsumismus, mit einem Islam, der auf der Islamischen Weltkonferenz im pakistanischen Lahore 1984 offiziell beschlossen hat, bis zum Jahr 2000 alle Christen im Orient entweder zum Islam zu bekehren oder zu vertreiben. Selbst wenn durch innere

Befriedung und gemeinsamen Kampf der Europäer der vielbe-
schworene Untergang des Abendlandes nur um einige Jahrhunderte hinausgeschoben würde, müßte der große Versuch einer
Widerstandsallianz gewagt werden.

Ob der Vormarsch des Islams in Europa, in Schwarzafrika, in
den Farbigenghettos der USA sich fortsetzt, ob der Islam als
Religion und mit ihm der Islamismus als politische Bewegung
das Übergewicht gewinnen – das hängt entscheidend ab von der
Stärke der Gegenkräfte. Im Hinblick auf Europa kommt es auf
gesellschaftlich-politischem Gebiet vor allem an auf die Infor-
miertheit, Wachheit und Entschlossenheit der Völker, auf einen
öffentlichen Konsens der wirksamen Bekämpfung sowohl der
Terroristen wie der demagogischen Hetzer. Auf kulturellem
Gebiet wird entscheidend sein, ob die Europäer angesichts der
doppelten Bedrohung ihrer Kultur durch Amerikanismus und
Islamismus die Kraft finden werden zu einer Erneuerung und
Wiederbelebung ihrer kulturellen Traditionen, zu einer Verteidigung ihrer Sprachen gegen die Manie eines anglifizierten Neusprech, zu schöpferischer Weiterentwicklung der kulturellen
Vielfalt unseres Kontinents. Und auf religiösem Gebiet wird aus-
schlaggebend sein, ob das gegebene Glaubens-, Gefühls- und
Ideenvakuum überwunden wird, das zum idealen Nährboden
für Psychosekten und Ersatz-Religionen geworden ist. Eine pure
Verteidigung, die nur das Verschwindende festzuhalten und das
Verschwundene zurückzurufen sucht, wird unweigerlich scheitern. Gefragt ist zur wirksamen Gegenwehr eine geistige Offensive, die weniger die Unzulänglichkeiten des Islams kritisiert,
sondern zuallererst in Idee und Tat ein besseres Beispiel gibt. Politik, Kultur und Religion brauchen
   – etwas von dem Halt und den Gefühlsinhalten, die Riten und
Symbole ausdrücken und dem Gläubigen vermitteln,
   – etwas von der mitmenschlichen Solidarität, die der Islam in
seinen besseren Momenten zwischen Menschen verschiedener
Hautfarbe, sozialer Stellung und politischer Überzeugung zu
organisieren vermag,
   – etwas von der Unbedingtheit, Konsequenz und Opferbereitschaft vieler Muslime,
   – und damit vieles, was in der Vergangenheit zu den besten
Traditionen des Christentums und des Judentums, des Humanismus und der Aufklärung gehört hat.

II

Eine Religion des Herrschens, Machens und Zerstörens

1. Die unbehobenen Geburtsfehler des Islams

Hart im Raume stoßen sich die grundlegenden Prinzipien der Moderne und die Fundamente des islamischen Glaubens bzw. der islamischen Rechtsordnung:

– Gegen die für die Moderne konstitutive Rationalität steht das ausdrückliche Beharren des Islams, vor allem in seiner sunnitischen Form, darauf, daß jede rationale, historisch-kritische Analyse des Islams eine fluchwürdige Gotteslästerung und der Koran ewig wie Gott ist. Es ist dieser rigorose Fanatismus, der Voltaire zu seinem Schauspiel *Le fanatisme, ou Mahomet le prophète (Der Fanatismus, oder Der Prophet Mohammed)* bewog, das nicht umsonst bei jeder seiner wenigen Wiederaufführungen zu wüstesten Protesten der muslimischen Gemeinde führte. Das Denken (fikr) wird im Islam nicht prinzipiell negiert, aber es darf nur in den durch Offenbarung bzw. Überlieferung gezogenen engen Grenzen eingesetzt werden. Hinzu kommt, daß der Islam sich als »din« versteht, was im ursprünglichen Wortsinn »Schuld, Verpflichtung, Gerichtsstand« bedeutet. In dieser Sicht ist der Mensch eine Art Schuldsklave Gottes, der im Leben durch gute Werke unter richtiger Anleitung seine Schuld abarbeitet und dafür im Jenseits belohnt wird. Der Gläubige wird daher als »Muslim«, als ein sich Allah Ergebender und sich ihm Unterwerfender, bezeichnet.

– Gegen den Pluralismus stehen einerseits der absolute Wahrheitsanspruch des Islams zumindest für die koranische Überlieferung und andererseits sowohl die Illusion, der Islam sei die letzte und beste aller Religionen (Mohammed als »Siegel«, als krönender Abschluß der Propheten; S 33, 40) als auch die Fiktion, im Koran sei alles behandelt und nichts übergangen (S 6, 38).

– Gegen die Laizität und den Säkularismus steht der islamische Grundsatz, daß Religion und Politik untrennbar zusammengehören. Schon die Überfrachtung des Korans mit (notwendig zeitgebundenen und überwiegend völlig anachronistischen) Rechtsvorschriften, die ein gutes Siebtel des Textes darstellen, macht es für den Islam fast unmöglich, Distanz zu halten zum profanen Alltagsleben, zumal in der Scharia die Rechtsvorschriften untrennbar mit Regeln der Kultausübung und der gesellschaftlichen Etikette verbunden sind. (Kennzeichnend ist auch, daß nach der Hidjra, also in der medinensischen Zeit nach der Auswanderung aus Mekka, der Anteil der Rechtsvorschriften noch zunimmt.) Wo das Christentum mit seiner Betonung des Glaubens, der Innerlichkeit und der Jenseitigkeit koexistieren kann mit der Welt, wie sie ist (wenn auch oft um den Preis der Einflußlosigkeit und vorschneller Resignation), ist der Islam als Gesetzesreligion darauf fixiert, durch eine unmittelbar ins Recht-Tun mündende Rechtgläubigkeit die Welt nach seinem Bilde zu modeln. Was für den Islam noch aussteht, ist etwas wie der Augsburger Religionsfrieden von 1555, d. h. eine öffentlich beurkundete Differenzierung zwischen persönlich-privater Religiosität und öffentlich-kirchlichen Religionsformen.

– Gegen die Ideen der Toleranz und der Gleichberechtigung aller Staatsbürger steht die strikte Scheidung aller Menschen durch den Islam in bevorzugte Gläubige (die Muslime), Schutzbefohlene mit minderen Rechten (die Anhänger der Buchreligionen), rechtlose Ungläubige (Polytheisten und Atheisten) und fluchwürdige Gottesfeinde (die Apostaten, also alle, die den »wahren Glauben« besaßen und wieder aufgaben).

– Gegen die Idee einer Selbstbestimmung der vor Gott verantwortlichen Einzelpersönlichkeit setzt der Islam den Vorrang der Gemeinschaft (umma) und des in der Gemeinschaft vollzogenen Ritus. Nicht das Innere des Menschen ist ihm entscheidend, sondern der äußerlich sichtbare Normvollzug, z. B. durch Einhaltung der bewußt von den anderen Religionen abweichenden Gebetsrichtung (qibla). In Richtung der qibla darf nicht gespuckt oder uriniert werden. Im Bett wie im Grab schläft der Gläubige mit dem Gesicht nach Mekka, zur Kaaba, diesen vom Islam umfunktionierten Heiligtum aus heidnischer Vorzeit. Im Christentum steht der einzelne in all seiner Bezogenheit auf die religiöse Gemeinde und auf verschiedene soziale Gebilde (Familie, Nation usw.) stets allein vor Gott, muß selbst glauben, sich selbst verantworten und rechtfertigen. Im Islam dagegen wird im orthodoxen Volksglauben das Ich völlig negiert und von vornherein auf das religiöse Kollektiv verwiesen. Das Ich hat letztlich keine Verantwortung für seinen Glauben, denn Allah bestimmt, wer gläubig wird und wer ungläubig bleibt (vgl. S 6, 25 und 6, 125). Andererseits ist der großartige Gedanke des Christentums, daß einer des anderen Last trage, dem Islam völlig fremd. Wie eine gegenläufige Replik, wie eine Antithese, liest sich Vers 164 der sechsten Sure: »*Jede Seele schafft nur für sich und eine belastete Seele soll nicht einer andern Last tragen.*« Sogar im Sufismus, der am ehesten noch eine individuelle Glaubensausprägung kennt, ist das Selbst (nafs) dasjenige, was den Gläubigen als Diener Gottes von seinem Herrn trennt. Folglich muß es möglichst schnell und möglichst vollständig überwunden werden.

– Ganz allgemein ist der Islam, obwohl er die geschichtliche Bedingtheit seiner Botschaft leugnet, eine vom Gang der Geschichte in vielem überholte vormoderne, unreformierte, unaufgeklärte, unkritische Religion. Die angebliche absolute Wahrheit des Korans macht das kritische Denken zweitrangig und weist diesem lediglich Aufgaben des Verstehens, Explizierens, Rechtfertigens, Propagierens zu. In der heutigen Welt nicht mehr lebensfähig ist z. B. die islamische Sicht der überrationalen Kräfte (z. B. der »Baraka«, des u. a. die Fruchtbarkeit fördernden »Segens«) und der Geisterwesen, der »Djinn«, die laut Koran von Allah »*aus rauchlosem Feuer*« erschaffen wurden (S 55, 14), männlich oder weiblich, gläubig oder ungläubig sein können und gelegentlich mit Menschen die Ehe schließen. Auch zu ihnen soll Mohammed als Gesandter geschickt worden sein. Den Muslimen ist es im übrigen erlaubt, mittels »sihr« (erlaubter Magie) die gläubigen Djinn um Hilfe zu bitten und die ungläubigen zu bekämpfen. (Besonders grotesk ist, daß modernistische Koraninterpretatoren die Djinn als »Mikroben« deuten.)

– Der Islam ist sehr viel stärker noch als das Judentum und Christentum eine anthropozentrische und damit notwendig antiökologische Religion. Statt den Menschen als kleinen Teil des großen Ganzen der Natur zu sehen, predigt Mohammed z. B. die absurde Idee, Allah habe die Sterne für die Menschen gemacht (S 6, 97) und begründet die Verdammnis des abgefallenen Engels Iblis nicht mit dessen Hochmut gegen Gott, sondern damit, daß er sich nicht vor Adam niederwarf (S 7, 10).

– Der Islam ist eine zutiefst politische Religion. Mit innerer Notwendigkeit führt jedes unterschiedslose Verkoppeln von Politik und Religion dazu, daß die Religion mit all dem Fragwürdigen bis Schmutzigen belastet wird, das unausweichlich allem Menschenwerk und erst recht dem politischen Kuhhandel, dem Polit-Theater, dem Lügen und Betrügen um der Macht willen, anhaftet. Man mag noch so sehr versuchen, durch religiöse Politik und politisierte Religion das Gemeinwohl (maslaha) zu fördern – all dies ändert nichts daran, daß, während das Heilige die Sache *aller* Menschen und des *ganzen* Menschen ist, jede Politik – auch die allerbeste und menschenfreundlichste – notwendig eine Angelegenheit eines Teilbereichs der Person darstellt (des »Bauches« im Sinne gefühliger Irrationalismen, plus jenes Teiles des »Kopfes«, in dem die fixen Ideen und der Wille zur Macht angesiedelt sind) und stets von einer begrenzten Menschengruppe für eine begrenzte Menschengruppe betrieben wird. Der ursprüngliche Islam ist – ganz anders als das Christentum – von vornherein auf sofortige politische Wirksamkeit angelegt, und er hat sich auf diesem Gebiet bekanntlich als sehr erfolgreich erwiesen. Aber dies hat wie alles in der Welt seinen Preis: Der Islam ist in vielen seiner Elemente extrem zeitverhaftet und zeitbedingt. Was im 6. und 7. Jahrhundert – zumindest machtpolitisch betrachtet – durchschlagenden Erfolg hatte, ist in vielen Fällen heute schlichtweg exotisch und überholt. Nicht daß er unmodisch ist, ist das Problem des Islams, sondern daß seine zeitlose, überdauernd gültige Substanz sehr viel begrenzter ist als die anderer Religionen. So wenig die sich für rechtgläubig haltenden Muslime dieses Kernproblem ihrer Religion sehen wollen und begreifen, so wenig ist der politische Islamismus in der Lage, auf der Höhe der Zeit und der weltgeschichtlichen Aufgaben des dritten Jahrtausends zu sein. Seine Anhänger halten sich selbst und ihre Theoreme schon deshalb für modern, weil sie moderne Kommunikationstechniken einsetzen. Wie wenig dies mit dem Begreifen und einer Bejahung der Moderne zu tun hat, wird allein daran deutlich, wie das Teheraner Mullah-Regime versucht, das Eindringen abweichender Informationen und Meinungen über das Satellitenfernsehen oder über das Internet zu verhindern.

– Der Islam ist von Mohammed in massiver Abgrenzung zu den vielfach noch matriarchalisch geprägten polytheistischen Kulten Arabiens gedacht und entworfen worden als strikt patriarchalische Religion, in die aus dem Christentum und dem Judentum zu dieser Grundstruktur passende Elemente eingefügt wurden. Dies gilt nicht nur für die tragenden Ideen, sondern selbst für einzelne Texte. So sind, wie der Orientalist Günter Lüling nachweisen konnte, in Teilen des Korans frühchristliche arabische Gebetsgesänge als Textbasis verwendet worden. Wo Christentum und Judentum mit ihren vielstimmigen und stets als Aufzeichnung von Menschenhand verstandenen Überlieferungen trotz aller gegenläufigen Versuche von Päpsten und anderen Schriftgelehrten stets eine weitgefächerte Deutung der heiligen Schriften erlaubten, verengte die Behauptung Mohammeds, der Koran sei ein wortwörtliches Diktat Allahs, von vornherein den geistigen Horizont. Hierin liegt eine der Ursachen, daß keine der islamischen Reformationsbewegungen auf Dauer Erfolg hatte und daß alle Versuche, den Islam von seinen Geburtsfehlern zu befreien, scheiterten.

– Im Gegensatz zur ursprünglichen christlichen Botschaft der Feindesliebe und Friedfertigkeit ist der Islam eine gewaltsame und kriegerische Religion, als politisch-religiöses System von Anfang an angelegt auf eine Expansion mit allen Mitteln und eine gewaltsame Überwindung einer feindlichen Umwelt. Aus dieser Logik heraus sind »Ungläubige«, d. h. Atheisten und Polytheisten, des Todes, ebenso wie der, der den Islam verläßt.

Es ist im übrigen eine (un)fromme Legende, daß der Islam sich nur friedlich ausgebreitet hätte und daß die islamischen Herrscher stets Toleranz bewiesen hätten. Die Vernichtung der Manichäer und Yeziden, die Verfolgung der Armenier bis hin zum Völkermord der Jahre 1914/15, die Verfolgung der Anhänger des Babismus und der Baha'i im Iran seit der Mitte des vorigen Jahrhunderts sprechen eine andere Sprache. Bereits unter Mohammed beginnt die islamische Geschichte mit einem Massenmord: der Liquidierung der 700 Männer des arabisch-jüdischen Stammes der Banu Qrayza, der seit Jahrhunderten in Medina lebte und den zugewanderten Fanatikern im Wege war, im Jahre 627.

– Der Islam versucht mit allen Mitteln, eine totalitär-monolithische Religion zu sein. Widerspruch und Opposition sind im Islam Sünde (fitna). Es wird im Sinne eines rabiaten Einheitskultes mit allen Mitteln versucht, eine monolithische Religionsauslegung und Gedankenwelt zu erreichen. Der Islam vertritt im Hinblick auf die Gesellschaft und die Geschichte einen Totalitätsanspruch, der die Religion und die Staatsdoktrin (din wa dawla) aufs engste zusammenschweißt und den Gottesstaat anstrebt. Daraus folgt die Sichtweise, daß es nur Rechte Gottes, aber keine Menschenrechte und individuellen Freiheiten geben darf. Heutige Proklamationen der Islamisten wie »*Unsere Verfassung ist der Koran*« (die algerische FIS) oder »*Der Islam ist Politik*« (Chomeini) entsprechen insofern der koranischen Tradition. Der Totalitätsanspruch gilt auch in der Hinsicht, daß der Islam das Ziel verfolgt, durch den Glaubenskrieg (äußerer Djihad) und durch Mission (dawa) irgendwann einen islamischen Weltstaat zu erreichen. Dies führt zu einer impliziten Unfriedlichkeit, die sich verbindet mit der Weigerung, andere Religionen zumindest im gesellschaftlichen Raum als gleichberechtigt zu sehen. Der Islam gesteht den anderen monotheistischen Religionen lediglich den Status von Vorläuferreligionen und ihren Anhängern nur die Rechte von Bürgern zweiter Klasse (als »Schutzbefohlene«, als Dhimmis) zu. Darüber hinaus müssen in islamischer Sicht die Muslime einen unablässigen Kampf einerseits gegen die Ungläubigen (»kafir«, dem Wortsinn nach einer, der die Wahrheit bedeckt bzw. verschleiert) und gegen die Heuchler (»munafiq«, im Wortsinn einer, der verschwendet bzw. groß daherredet, also diejenigen, die nur äußerlich Muslime sind) führen. So sympathisch es scheinen mag, wenn für die Wahrheit gekämpft wird: Eine solche rigorose Weltsicht provoziert geradezu zum Mißbrauch durch Frömmler und Eiferer!

– Trotz einer gegenläufigen Selbstdarstellung ist der Islam eine Religion der Ungleichheit. Die Gesellschaftskonzeption des Islams ist trotz aller vollmundigen Bekundungen einer Gemeinschaft der Gläubigen geprägt von strikter Ungleichheit. Die Unterdrückung der Frauen durch Geschlechtertrennung, Polygamie usw. wird von der auf ein patriarchalisches Gottes- und Menschenbild eingeschworenen islamischen Theologie ebenso verbissen verteidigt wie die aus einer asketisch-leibfeindlichen Tradition stammende Sichtweise, die Frauen wegen ihrer Sexualität als den »*sichersten Pfeil des Teufels*« zu betrachten. Vorurteile aus patriarchalischer Vorzeit (z. B. dürfen die Frauen während der Menstruation den Koran nicht berühren) ergänzen sich mit Macho-Wunschträumen (vgl. S 2, 23: Die Männer empfangen im Paradies »*reine Gattinnen*«).

Ganz deutlich ist am Koran das Unvollkommene, das Menschenwerk ablesbar. Es ist hier nicht die strenge Geschlossenheit,

Harmonie und Folgerichtigkeit zu finden, die das Leben Jesu von
seinem ersten öffentlichen Auftreten an ebenso auszeichnet wie
das Wirken Siddharta Gautama Buddhas nach seiner Erleuch-
tung. Bei Mohammed ist eine Entwicklung beobachtbar, die
durch die politisch-ideologische Herausbildung einer eigenständigen Weltanschauung und einer Art Parteiphilosophie bestimmt ist. Ein Beispiel dafür ist, daß der selbsternannte Botschafter Allahs anfangs, als andere Fragen für ihn und seine
wenigen Anhänger vorrangig waren, keine Gebetsrichtung
(qibla) vorgab, später dann unter dem Vorzeichen der Anpassung und Einbettung in einen vertrauten Kontext forderte, sich
beim Gebet nach Jerusalem zu wenden – und sich somit zugleich
symbolisch vor dem Judentum, das der Prophet zunächst als
Ganzes für sich zu gewinnen hoffte, zu verneigen. Sobald sich
aber seine eigene religiös-politische Position und die seiner Gemeinde gefestigt hatte und nachdem deutlich wurde, daß weder
Juden noch Christen in nennenswerter Zahl ihn als Prophet anerkennen würden, entschied er sich für einen Kurs der Abtrennung, Abgrenzung und Konfrontation: Die Gebetsrichtung
»nach der heiligen Moschee«, dem arabischen Zentralheiligtum in
Mekka, wurde den Gläubigen vorgeschrieben (vgl. S 2, 138–139),
obwohl Mohammed gleichzeitig versicherte, die Frömmigkeit
bestehe nicht darin, wohin jemand sein Gesicht kehre (vgl. S 2,
172). Andererseits hat die zeitweise sozusagen geduckte und in
Bücklinge vor Gott verfallende Haltung des Beters, dieser er-
zwungene Verzicht auf jenen »aufrechten Gang«, ohne den an
Aufrichtigkeit vor Gott und den Menschen nicht zu denken ist,
im Islam einen inneren Sinn und eine logische Notwendigkeit.
Das Verhalten drückt hier buchstäblich die Haltung aus: Denn
der Islam verlangt von seinen Gläubigen die totale Unterwerfung. Islam bedeutet Unterwerfung und noch einmal Unterwerfung, bedeutet bedingungslosen Gehorsam, bedeutet, in der
blinden Treue zu Buchstaben und Gesetzessetzungen die größte
Ehre für den Menschen zu sehen bis in die ebenfalls ritualisierte
Körperhygiene hinein, für die der Koran mehrfach die von Allah
erteilten Anweisungen wiederholt (vgl. u. a. S 4, 46). In dieser
Hinsicht ist der Islam ein Kind der orientalischen Despotie, das
allerdings, einmal herangewachsen, seinerseits zum Paten zahl-
loser despotischer Regime wurde. Alles – vom staatlichen Bereich bis zu den privatesten Dingen – wird im Islam Glaubens-

vorschriften unterworfen. Eine solche Religion, eine solche von
der Religion in die Kultur und in alle Verästelungen des Alltags
durchschlagende Sicht der Dinge ist nicht einfach nur unvereinbar mit dem Christentum – sie ist ebenso unvereinbar mit der
heidnisch-antiken, mit der heidnisch-keltischen und der heid-
nisch-germanischen Weltsicht, also all dem, was letztlich zum
»Faustischen« zusammengeflossen ist und seit über tausend Jahren, seit Albertus Magnus, Duns Scotus und Meister Eckhart, das
Wesen des abendländischen Menschen ausmacht, jenes Menschen, der bei allem Austausch geistig stets in seinem ureigenen
Kosmos gelebt hat – in einer anderen Gedankenwelt als die Angehörigen anderer Hochkulturen und als die kulturlosen Fellachen, die es in Europa wie in anderen Regionen der Erde gibt und
stets gegeben hat.

Der Islam sieht sich selbst als Religion des Sieges – als letzte
und beste der Offenbarungsreligionen. Für den Islam ist Gol-
gatha ebenso undenkbar wie das zwischen Verfluchtsein und
Rettung sich entrollende Drama der Faust-Gestalt. Die Niederlage, die Verzweiflung des »*Mein Gott, mein Gott, warum verläßt
du mich?*«, ist trotz einzelner militärischer Mißerfolge für Mohammed, den Propheten und Gesandten Allahs, unvorstellbar.
Gott gewinnt immer – und der schnelle Siegeszug in den ersten
hundert Jahren der islamischen Geschichte schien diese selbst-
gefällige Siegesgewißheit zu bewahrheiten. Nun ist nichts undif-
ferenzierter, schein-einheitlicher und simplifizierender als das
Gefühl des Sieges und die auf Freund-Feind-Verhältnisse redu-
zierte Denkweise des Kriegers. Konfrontiert im Osten mit den
Traditionen eines strikt dualistischen Denkens (in der zoroastri-
schen Religion, im Manichäertum usw.), hat der Islam sich zwar
die strikte Scheidung zwischen Gut und Böse zu eigen gemacht,
diese aber zugleich abgemildert in einen Gegensatz von »gottge-
fällig« und »verboten«. Statt den Dualismus aufzuheben in einem Denken in mehreren Polaritäten, in Widersprüchen und
Übergängen, hat der Islam sich mehr und mehr selbst reduziert
auf einfache, eindimensionale und ahistorische »Wahrheiten«.
Frei von lästigen Zweifeln, frei von der mühevollen Auseinandersetzung mit Schattierungen und Facetten, hat der Islam sich
selbst eingemauert und einbalsamiert in jenen banal-sakralen
Glaubensdeklamationen, die dem Denkenden ein Greuel und
den denkunwilligen Nachbetern und Schriftgelehrten der Anlaß

höchsten Glücksgefühls sind. In bewußter Abwendung von Erkenntnisgewinn und Bewußtseinserweiterung hat sich der Islam dem Feld des militärischen Kampfes zugewandt, um im Glorienschein von Siegen über die Ungläubigen bewaffnete Macht, Staatsmacht und religiöse Führung zusammenzuschmelzen zur Utopie des Gottesstaates. So absurd es ist, sich Christus als Feldherrn auszumalen (eine der Verirrungen eines Kreuzzugs-Christentums, das aus einigen wenigen Gleichnisworten Jesu wortwörtliche Anweisungen zu Mord und Totschlag machte): Mohammed ist in einem Feldherr, Staatsmann, Herrscher, religiöses Oberhaupt. Dem Islam fehlt daher auch jeder Anflug von Selbstzweifel und Selbstkritik. Die Schuld für alle Übel wird bei anderen gesucht. Nicht die eigene geistige Erstarrung wird verantwortlich gemacht für das Zurückbleiben der islamischen Länder zwischen dem 17. und dem 20. Jahrhundert: Es sind die Machenschaften des Westens, im Bunde mit der »jüdischen Weltverschwörung«, die zur miserablen Lage der Muslime geführt haben. Hinzu kommt, daß man sich ähnlich wie im Faschismus der zwanziger Jahre aus dem realen gegenwärtigen Elend in die Traumwelt einer idealisierten Vergangenheit flüchtet – zurück ins Zeitalter des Ur-Islams.

Ohne Zweifel ist der Koran ein großes Kunstwerk, aber eines, dem Goethe mit einiger Berechtigung »*Amplifikationen aller Art, grenzenlose Tautologien und Wiederholungen*« bescheinigt. Diesen ambivalenten Eindruck, den die meisten unbefangenen Leser des Korans erleben, beschreibt Goethe mit den Worten, der Koran sei ein Buch, »*das uns, sooft wir auch darangehen, immer von neuem anwidert, dann aber anzieht, in Erstaunen setzt und am Ende Verehrung abnötigt*« (*Divan: Noten und Abhandlungen*, Artemis-Ausgabe, Zürich 1948, Bd. 3, S. 433). Auch Verehrung verlangt nicht blinde Begeisterung oder gar die fanatische Anbetung als Kult-Objekt. Genau dazu macht aber der Islam den Koran, wenn er behauptet, der Koran sei göttlich geoffenbart. Dieser aus christlicher Sicht einer Gotteslästerung gleichkommenden Behauptung schließt sich selbst ein so hellsichtiger Kritiker des Islamismus an wie Nasr Abu Zaid – und keiner der in der warmen europäischen Studierstube sitzt, sollte sich darüber mokieren, wenn jemand wie dieser mutige Wissenschaftler, der der Wahrheit so viele Opfer gebracht hat, vielleicht allein aus Gründen des Selbstschutzes oder aus pädagogischen Überlegun-

gen diesem so menschlich-allzumenschlichen *document humain*
eine »*göttliche Seite*« konzediert. Andererseits weist auch Nasr
Abu Zaid darauf hin, wie sehr der Koran in seiner »*linguistischen
Seite*« durchtränkt ist von der Kultur, den Begriffen, Konzeptio-
nen und Werten der Gesellschaft, in der er entstand. Die koranische Aufforderung »*Heiratet Frauen, die euch genehm dünken,
zwei oder drei oder vier; und wenn ihr fürchtet, ihr könnt nicht billig handeln, dann (heiratet nur) eine oder was eure Rechte besitzt*«
(gemeint sind hier Sklavinnen; *Ah.-Üb.*, S 4, 4) ist ein typisches
Ergebnis einer agrarisch-nomadisch geprägten Sklavenhaltergesellschaft – und wird uns doch von den »orthodoxen« Muslimen
als ewiggültige Wahrheit und Weisheit verkauft. Man muß allerdings auch festhalten, daß jene halbherzigen Neuerer, die ein solches Rechtfertigen der Frauenversklavung stillschweigend als er-
ledigt betrachten und unter den Tisch fallenlassen, weder klüger
noch glaubwürdiger sind, da sie gleichzeitig es nicht wagen, den
Zentralpunkt der islamischen Religion in Frage zu stellen, nämlich die Behauptung, der Koran sei Wort für Wort göttliche Offenbarung. Nasr Abu Zaid hat in seinen beiden Hauptwerken
Mafhum Al-Nass (Die Bedeutung des Textes) und *Naad Al-Khitab
Al-Dini (Die Kritik des religiösen Diskurses)* letztlich genau diese
Grundaussage aus den Angeln gehoben und nachgewiesen, wie
zweitrangig die Unterschiede zwischen den Fanatikern und den
»Moderaten« im religiösen Lager sind, da doch beide Richtungen in ihrem blinden Glauben an den Propheten und an die
Göttlichkeit seiner mythisch-poetischen oder politisch-pragma-
tischen Erfindungen übereinstimmen. Insofern ist »*das Credo
der Islamisten, daß das Denken zugunsten des Glaubens aufgegeben werden muß*« (Rachid Mimouni, vgl. S. Schirmbeck, *Hinter
den Schleiern von Algier*, Hamburg 1996, S. 418) auch das Credo
des ursprünglichen, unreformierten Islams.

Eine pure Mystifikation, um dem eigenen Gedankengebäude
den Anschein einer Fundierung in allerältesten Geschichtsfor-
mationen zu geben, ist bereits die Behauptung Mohammeds, der
Islam leite sich ab aus einer Vor-Religion, die noch vor dem Judentum und dem Christentum zu Lebzeiten des Stammvaters
Abraham blühte. Eine weitere, durchaus kluge, ja geradezu raf-
finierte Erfindung Mohammeds ist die Konstruktion einer Kette
von Sachwaltern Gottes (chalifah), die von Adam bis zu Jesus
reicht. Altes und Neues Testament werden so funktionell miß-

braucht, um die Legitimität des eigenen göttlichen Auftrags her-
auszustreichen. Mohammed sieht sich selbst als den »*Gesandten
Allahs*« (rasul Allah), als Endglied in dieser Kette, als »*Siegel* (Abschluß) *der Propheten*« (S 33, 40), als Bekräftiger und Erfüller der
göttlichen Verheißungen, der alle Propheten in Arabien besiegt
hat. Diese Selbstüberschätzung verbindet sich mit einer Überschätzung der Propheten, die nicht wie im Judentum und im
Christentum als menschlich-allzumenschliche Boten Gottes gesehen, sondern als »*Kalifen*« verstanden werden, als irdische Be-
vollmächtigte und Stellvertreter der höchsten Macht, denen die
weltlichen Autoritäten sich zu unterwerfen haben. Schon in diesem spezifischen Verständnis des Prophetenamtes steckt im Kern
die ganze islamische Staats- und Gesellschaftstheorie. Die
Selbstüberhöhung Mohammeds und die Überhöhung des Prophetischen bedingen und verstärken sich wechselseitig.

Mit der Festlegung, das Prophetische finde seine Krönung wie
sein Ende in Mohammed, wird ein retardierendes und lebens-
feindliches Element ins Spiel gebracht. Wenn es keine weiteren
Propheten mehr geben darf und kann, dann verklärt sich automatisch die vergangene Epoche des Prophetentums zu einem
unwiderruflich entschwundenen Goldenen Zeitalter, dann gibt
es keine Hoffnung auf geistig-spirituelle Höherentwicklung
mehr, sondern nur noch wehmütige Rückblicke, Klagen über einen als unausweichlich empfundenen Niedergang und Sub-
stanzverlust. Das Weltgefühl des Christentums ist ein diametral
anderes: Christus steht zwar im Mittelpunkt der Geschichte, teilt
sie in vorchristliche Frühzeit und (nach)christliche Spätzeit,
aber das »*ich bin bei euch alle Tage bis an der Welt Ende*« (Matth.
28, 20) räumt dem Göttlichen eine ständige Gegenwart ein und
richtet zugleich die Hoffnung und die Furcht (also die beiden
stärksten Motivationsfaktoren!) auf die geschichtliche Zukunft.
Entwicklung und Fortschritt sind damit auch in metaphysischer
Hinsicht möglich, ja geradezu unerläßlich. Das bedeutet aber
auch: Evangelisten und Propheten gab es und wird es geben –
keine Form, keine kirchliche Ordnung ist unveränderlich und
aus sich heraus gültig. Das sind Grundbedingungen, die im
Christentum es immer wieder den Reformationsbewegungen
erleichtert haben, sich aus der vorgefundenen Gegenwart den geschichtlichen Anfängen und den Quellen zuzuwenden und zugleich etwas Neues zu schaffen. Im Islam dagegen vererbt schon

während der Abfassung des Korans die auf die Endzeit gerichtete eschatologische Dynamik: An die Stelle der für die Anfangszeit der Koranentstehung typischen kurzen Sätze im Stil der damaligen Wahrsager und Dämonenbeschwörer treten längere Perioden, die einerseits literarischen Ansprüchen, andererseits aber auch politischen Zwecken genügen.

Mit einigem Recht kann man den historischen Jesus als Erben und Überwinder der hellenischen wie der altorientalischen Mythen sehen. Mohammed dagegen lebt und wirkt in einer Zeit, in der sowohl die heidnischen Erfahrungsreligionen als auch der Mythos nicht mehr nachvollziehbar und fühlbar, nicht mehr prägend und wirkungsmächtig sind. Nur ist das Alte nicht einfach ins Nichts verschwunden: So, wie die Kaaba eine heidnische Opferstätte überformt und ersetzt, tritt der Koran als Buchweisheit die Nachfolge der mündlich überlieferten Sagenweisheit an. Dazu muß er aber sogleich selbst mythisiert und mystifiziert werden. (Dem widerspricht nur scheinbar, daß der Koran als religiöses Buch den Schritt von lebensnaher Naturreligion zu den abstrakten Abziehfolien und Hirnfiktionen einer Buchreligion bedeutet.) Gerade der Verlust ursprünglicher unreflektierter Unschuld führt erstens zu wildester Sehnsucht nach dem Verlorenen und zweitens zu dem krampfhaften Versuch, den Verlust zu kaschieren und mittels Ersatz-Kopien nach und nach erfolgreich zu verdrängen. Der herabgesandte Koran wird sozusagen als ein Kind der »*Mutter des Buches*« deklariert, des im Himmel aufbewahrten Urkorans. Die Herabsendung erfolgt im Ramadan, im neunten Monat des Mondjahres – die Parallele zur Schwangerschaft ist unübersehbar. Auch die einzelnen Elemente des Korans, seine Verse, werden als »*Wunderzeichen*« (ayat) mythisch überhöht. Was der Koran offenläßt, soll durch die Hadithe geregelt werden – meist Aussprüche Mohammeds, die durch seine Gefährten aufgezeichnet wurden und die Grundlage der Sunna als der Gewohnheitstradition bilden. Besonders wichtige Hadithe wurden zum »hadith qudsi« (»geheiligter Hadith«) ernannt, weil in ihnen angeblich Allah selbst durch den Mund Mohammeds spricht.

Nicht aus selbstbewußter innerer Kraft, sondern aus dem Zwiespalt zwischen bewußt verheimlichter Schwäche und zur Schau gestellter Stärke, resultiert das fanatische Beharren Mohammeds und seiner Nachfolger, der Koran sei Wort für Wort

von Gott, sei die alles korrigierende und umfassende Wahrheit –
wobei diese Wahrheit erst einmal dadurch zurechtfrisiert wurde,
daß der Kalif Othman (644–656) alle abweichenden Koranver-
sionen vernichten ließ. Diese fixe Idee wird auch heute noch verbissen verteidigt. So urteilt Muhammad Abdallah Draz, Professor für Koranauslegung an der Kairoer Azhar-Universität, im
Koran stecke ein »*überall gegenwärtiger Plan, den kein Mensch
hätte erfinden können*«. Mit dieser Ideologie wird sich auf längere
Sicht der Islam selbst zerstören, denn wenn Draz recht hätte,
dann müßte Mohammed entweder ein Übermensch und Halb-
gott sein (was der orthodoxe Islam ausdrücklich ablehnt), oder
aber man müßte die reichlich obskure Vorstellung akzeptieren,
daß Gott im 7. Jahrhundert beschlossen hatte, sich der Menschheit über ein in arabischer Sprache einem Analphabeten diktier-
tes Buch von Mekka als der »*Mutter der Städte*« aus (S 6, 92) verständlich zu machen und auf diesem Wege Verhaltensan-
weisungen zu übermitteln, die bis zum Jüngsten Gericht ihre
Gültigkeit behalten sollen. Hinzu kommen etliche Merkwürdigkeiten, die Sinn machen in einem Werk religiös-missionarischen
Charakters, aber arg deplaziert sind in einer Botschaft Gottes an
die Menschen:
– Die Suren 113 und 114 haben magischen Charakter und bieten Hilfe gegen Dämonen, Teufel und Zauberinnen. Zahlenmy-
stik findet sich auch sonst im Koran: Es sind fünf Pfeiler (arkan),
die das theologische Gebäude des Islams tragen, fünfmal am Tag
muß der Muslim sein Gebet verrichten und so weiter. Dies erleichterte und erleichtert dem Islam beträchtlich die Ausbreitung in von heidnischer Magie beherrschten Weltgegenden.
– Bei 29 Suren finden sich geheimnisvolle Buchstabengrup-
pen, die bisher niemand befriedigend erklärt hat.
– Eine ganze Reihe von Versen des Korans (angeblich sollen es
225 sein) sind nach dem Bekunden Mohammeds von Allah in
Vergessenheit gebracht bzw. aufgehoben worden. Die zweite
Sure erklärt beruhigend in Vers 100 dazu: »*Wir bringen bessere
oder gleiche dafür.*«
– Gerade die vielen widersprüchlichen Aussagen über Verbo-
tenes und Unverbotenes im Koran (z.B. für bzw. gegen den Wein-
genuß S 2, 216; S 4, 46; S 5, 92 und S 16, 11) widerlegen die Behauptung eines gottgeschaffenen und monolithischen Korans.
Zu Recht stellt Mohammed fest, daß im Wein wie im Spiel so-

wohl Nutzen als auch Schaden für die Gesellschaft (bzw. Sünde) zu finden sei, aber seine rigorose Entscheidung, dem Menschen diese Freuden zu verbieten, ist weder mit unserer Kulturgeschichte, in der die Reben, der Rausch und das spielerische Verhalten des homo ludens eine zentrale Rolle spielen, vereinbar, noch mit den Gegebenheiten einer modernen, nicht-paternalistischen Gesellschaft, die niemals auf dem Zwangswege ihre Bürger vor allen Anfechtungen bewahren kann. Erst recht ist das in S 5, 92 ausgesprochene Bilderverbot für die abendländische Kultur völlig unannehmbar.

Unvereinbares ist im Koran nur durch wenige Verse getrennt, so werden in Sure 2 im Vers 130 alle Gesandte Gottes (Abraham, Ismael, Isaak, Jakob, Moses, Jesus und die Propheten) auf eine Stufe gestellt (vgl. auch S 3, 78 und S 4, 149). In Sure 2, Vers 254 dagegen findet sich in Widerspruch dazu eine Bevorzugung bestimmter Gesandter, vor allem von Jesus. Einerseits wird Abraham als erster Muslim hingestellt – andererseits nennt Mohammed sich selbst den ersten Muslim (S 6, 163). Teilweise wird generell und ohne jede Differenzierung gegen die Juden und die Christen gehetzt (z. B. S 9, 30: »Allah schlag sie tot!«), teilweise wird konzediert, daß es auch unter unter ihnen Gute und Böse gibt (S 3, 62), aber stets werden die Frevler als die Mehrheit gesehen (S 3, 106 ff.). Wenn Mohammed ausgerechnet den so wirren und so verschlungenen Koran für ein »*klares Buch*« erklärt (S 5, 18) und triumphierend verkündet, falls dieser nicht von Allah wäre, fänden sich in ihm viele Widersprüche (S 4, 84), dann sollte dies den unvoreingenommenen Leser vielleicht doch dazu verführen, von den in der Tat zahlreichen unvereinbaren Aussagen dieser »*Heiligen Schrift*« auf den Autor zu schließen.

Kosmologie und Naturvorstellung des Islams sind naiv und simpel: Alles ist in Dienstbarkeitsverhältnissen miteinander verbunden, die auf Allah als obersten Dienstherrn zurückgehen. So müssen Winde und Wolken dem Himmel und der Erde Frondienst leisten (S 2, 159) – ein typisches Beispiel, wie die Struktur der Sklavenhaltergesellschaft Denken und Sprache Mohammeds geprägt hat. Ähnlich zeitgebunden sind die Rechts- und Strafvorstellungen des Propheten. In Sure 2, 173 wird den Gläubigen die Blutrache zugebilligt, wobei die Frauen hinter den Freien und den Sklaven erst den dritten Rang einnehmen. Allerdings muß man festhalten, daß Mohammed an dieser Stelle das primitive Vergeltungssystem der arabischen Frühzeit in Richtung auf Versöhnung bei reichlicher materieller Entschädigung des Opfers bzw. seiner Angehörigen fortzuentwickeln versucht. Ja, es ist sogar die Rede davon (S 3, 98), daß durch Allahs Gnade aus Feinden Brüder werden können. Aber hier ist nur an Übertritte zum Islam gedacht, denn ausdrücklich werden die Muslime aufgefordert, nur mit Muslimen Freundschaft zu schließen (S 3, 114–115). Deshalb verfällt Mohammed, wo es um die Bekämpfung des »Unglaubens« geht, in die uralten Handlungsmuster des »Auge um Auge« zurück:

– Der »*Lohn der Ungläubigen*« ist, wenn sie die Gläubigen angreifen, von diesen totgeschlagen zu werden (vgl. S 2, 187).

– Die Ungläubigen sollen, da Verführung schlimmer als Totschlag ist, bekämpft werden, bis die Verführung aufgehört hat (S 2, 189). Da diese aber nach Sicht des Islams frühestens dann aufhören wird, wenn alle Ungläubigen gläubige Muslime wurden, wird hier im Grunde ein permanenter Kampf bis zum Jüngsten Tag bzw. bis zum weltweiten Sieg des Islams gefordert und gerechtfertigt.

– Der Maßstab dafür, wer zu bekämpfen ist, ist ganz einfach: Bekämpft werden sollen all die, die die Muslime bekämpfen (S 2, 186) und dies soll unablässig geschehen (S 4, 105). Als »*Helfer Allahs*« (S 3, 45) haben die Muslime ohnehin Gott auf ihrer Seite, denn sie sind »*die beste Gemeinde, die für die Menschen erstand*« (S 3, 106).

– Wer abläßt vom Kampf, den sollen die Muslime nicht mehr als Feind behandeln, außer er gehört zu den »*Ungerechten*« (vgl. S 2, 189). Damit wird ein hübsches Hintertürchen geöffnet, auch einen kapitulierenden Gegner zu vernichten.

– Für den Religionskrieg gelten die üblichen Gesetze nicht – in ihm darf z. B. auch an den heiligen Stätten Blutrache verübt werden (S 2, 190).

– Gleichzeitig macht der Koran auch den Friedfertigen und Kriegsmüden ein vages Zugeständnis, das aber nichts an der totalen und permanenten Mobilisierung ändert: »*Vorgeschrieben ist euch der Kampf, doch er ist euch ein Abscheu. Aber vielleicht verabscheut ihr ein Ding, das gut für euch ist ...*« (vgl. S 2, 212 f.). Diese Flexibilität gilt auch im Umgang der Muslime miteinander. Einerseits wird dem, der einen Gläubigen vorsätzlich tötet, die ewige Verdammnis angedroht, andererseits wird, wenn dies »*aus Versehen*« geschah, eine Sühneleistung akzeptiert (S 4, 94 f.). Wer Böses getan hat, kann sich an Allah als »*Schützer und Helfer*« halten (S 4, 122), sprich, wenn er die Macht hat bzw. die Mächtigen auf seiner Seite, sich von den Schriftgelehrten eine Art Sündenerlaß bescheinigen lassen.

– Die strukturelle Militanz des Islams, seine generelle Fixierung auf den Kampf als Wert an sich wird auch daran deutlich, wie Mohammed zur Idee eines »*Ewigen Friedens*« steht: Eindeutig negativ, denn Allah hält die Menschen in Schranken durch deren Kampf gegeneinander (S 2, 252). Der Krieg ist nicht allein der Vater aller Dinge, sondern auch der Lehrer aller Menschen, und der Kämpfer ist in religiöser Hinsicht mehr wert als der, der friedlich zu Hause bleibt (S 4, 97).

Für die Entwicklung der Philosophie und jedes selbständigen Denkens im islamischen Raum hatte es äußerst negative Folgen, daß das ungeschriebene erste Gebot des Islams lautet, der Muslim habe sich stets und in allen Dingen dem Willen Gottes zu unterwerfen, ohne nach einem WARUM zu fragen. Ähnlich desorientierend wirkte sich aus, daß der Islam auf der Grundlage der Unterwerfung unter einen angeblichen Gotteswillen einen extremen Anthropozentrismus predigt. Gerät schon für das Christentum allzuoft vor lauter Menscheneitelkeit das Schöpfungsgesamt und die Materie, der mütterliche Urgrund aller Dinge, aus dem Blick (mit den bekannten Folgen der Naturverteufelung und Technikvergottung), so richtet sich im Islam alles, was nicht Gottes ist, auf den Menschen aus. Als »*Statthalter Gottes*« steht von Adam an der Mensch höher als die Engel – das schlimmste Verbrechen des Teufels (Iblis) ist, daß er sich nicht, wie von Gott befohlen, mit seinen Mit-Engeln vor Adam niederwirft. Dem Menschen wird, da der Islam die Vorstellung der Erbsünde ablehnt, auch die Macht zugeschrieben bzw. aufgebürdet, sich am eigenen Zopf aus dem Sumpf zu ziehen: Wer glaubt, ist durch diesen Glaubensakt automatisch gerettet und erwirbt sich eine ewige Heimstatt im Paradies-Garten. Hierbei ergibt sich das rechte Tun von selbst aus dem Glauben – ein Zwiespalt zwischen Wissen und Tun, Erkenntnis und Handlung ist schlichtweg nicht vorgesehen.

So sehr die Betonung der Buchreligion und Buchgläubigkeit durch den frühen Islam die Herausbildung einer arabischen Schriftkultur (als Literatur wie als Kalligraphie) gefördert hat, so ist doch in spiritueller Hinsicht die Vergötzung der Schrift äußerst fragwürdig. Der Wortfetischismus des frühen Islams kommt unter anderem darin zum Ausdruck, daß die Engel sich Adam beugen müssen, weil Allah ihn »*die Namen lehrte*« (S 2, 29). In ihren Folgen hat diese Weltsicht das Entstehen einer kulturfeindlichen Bilderstürmerei und das Abgleiten in eine abstrakt-formalistische Ästhetik begünstigt, die bei steriler Dekoration stehenblieb und den realen Menschen wie die Geschichte der Menschheit ausblendete. Das Fehlen eines humanistisch-realistischen Paradigmas bedeutete sehr bald schon, daß auch in der Literatur die Schemata und die Arabesken wucherten. So, wie der Koran zur zeitlos-ungeschichtlichen Wesenheit umgefälscht wurde (beispielsweise gibt es immer noch keine kritische Ausgabe mit allen Varianten!), dominierten im Literarischen mehr und mehr zeitlose Typisierungen. Nur dort, wo uralte Mythen den dogmatischen Rahmen sprengten *(Erzählungen aus tausendundeiner Nacht)* oder wo geniale Außenseiter wie Hafis oder Dschalaleddin Rumi zu persönlicher und lebensvoller Weltgestaltung fanden, blieb der arabischen Literatur das Schicksal erspart, als öde Widerspiegelung der koranischen Überlieferung und Exegese dahinzuvegetieren. Hinzu kommt, daß parallel zur Islamisierung die arabische Sprache und Kultur, gestützt auf die militärische Stärke der Eroberer und Besatzer, eine ganze Reihe von Kulturen überformte oder sogar erstickte. Natürlich wird dieser Prozeß von den Befürwortern eines weltweiten islamischen Kulturimperialismus einseitig verherrlicht als positive Vereinheitlichung und kulturelle Bereicherung und wird von ihnen jeder Widerstand dagegen als rückständig-nationalistisch bzw. als Produkt einer westlichen Verschwörung im Sinne des »*teile und herrsche*« diffamiert.

Daß kein Zwang im Glauben sein soll (»*la irkaha fid-din*«; S 2, 257), wird von Muslimen aller Schattierungen immer gern herangezogen als Beweis für die Weitherzigkeit und Toleranz des Islams. Noch häufiger zitieren und rezitieren dieses Verslein jene vehementen Islam-Freunde, die oft kaum mehr vom Islam wissen als erbauliche Selbstdefinitionen und »Kurze Lehrgänge«. Man fühlt sich bei solchen Lippenbekenntnissen immer wieder

erinnert an die geschichtliche Propaganda, mit der der russische
Staat – vor allem in der Stalinzeit – die Welt glauben machen
wollte, hier sei nun endlich das lang verheißene Paradies der
Werktätigen angebrochen, in dem alle Menschen guten Willens
frei und friedlich leben. Es wäre so schön gewesen. ... Aber es war
nicht so, und auch der Islam hat nur sehr selten in seiner Ge-
schichte (und dann oft unfreiwillig, aus innerer oder äußerer
Schwäche) das gehalten, was er in dieser Richtung versprochen
hat. Schon in den programmatischen Vorgaben, schon auf dem
Felde verbaler Erklärungen, finden sich im übrigen zahlreiche
Aussagen, die in eine ganz andere Richtung zielen. Als handele
es sich hier um eine andere Religion und eine andere heilige
Schrift als jene des Verses 257, predigt Mohammed an anderen
Stellen des Korans einen Islam, der unablässig angreift, seine
Feinde mit allen Mitteln vernichtet, jeden Widerstand gegen
seine Ausbreitung bricht. Zwar heißt es in der sechsten Sure in
Vers 107, Mohammed sei nicht Wächter und Hüter der Ungläu-
bigen, und einen Vers weiter wird sogar dazu aufgefordert, nicht
die »Gefährten« zu schmähen, die andere Allah beigeben, aber
was man für sich genommen als eine Absage an die Verfolgung
Andersgläubiger und an den »Heiligen Krieg« verstehen könnte,
ist lediglich als momentane taktische Rücksichtnahme in einer
Zeit relativer Schwäche der neuen Religion gedacht.

Die ausgeprägte Neigung des Islams, sich die Welt zu erobern
und in der Welt zu herrschen und dabei kräftig Schaden an der
Seele zu nehmen, hat sich exemplarisch offenbart im Sieg der um
Chomeini gescharten Richtung sowohl über den Schah als auch
über die teils radikaldemokratischen, teils einem diffusen »islamischen Sozialismus« anhängenden Oppositionsgruppen. Chomeini hat, was aufgrund anderer Traditionen im sunnitischen
Islam kaum möglich gewesen wäre, offen die politische Führung
für die Geistlichkeit reklamiert: »*Niemand darf sich in die
Führung der Bewegung, die einzig und allein der Geistlichkeit unterstellt ist, einmischen*« (zitiert nach Bahman Nirumand und
Keywan Daddjou, *Mit Gott für die Macht. Eine politische Biographie des Ayatollah Chomeini*, Reinbek 1987, S. 168). Ebenso offen rechtfertigte er die Bespitzelung der Kinder durch die Eltern
und der Eltern durch die Kinder und jedes Bürgers durch jeden
Bürger als »*religiöse Pflicht*« (ebd., S. 330) – was noch verstärkt
wurde durch eine Pressekampagne für zwei »vorbildliche« Müt-

ter, von denen die eine ihren Sohn angezeigt und seine Hinrichtung gefordert hatte, die andere darüber hinaus das Gericht bat, das Todesurteil selbst vollstrecken zu dürfen. Mit wünschenswerter Klarheit dekretierte dieser teuflische Todesprediger, die tausendfachen »*Hinrichtungen im Islam*« seien »*ein Segen Gottes*« (ebd., S. 341), denn überall seien »*Teufel am Werk*«.

2. Die Unvereinbarkeit mit dem Freiheitsgebot

Im Koran entwirft Mohammed in der vierten Sure (Vers 62) ein strikt theokratisches Weltbild einer mehrstufigen Gehorsamspflicht: Der Mensch muß zuerst Gott gehorchen, danach dem Propheten (sprich nach dem Tode Mohammeds auch seinen von ihm selbst offenkundig als nicht geoffenbart, sondern als persönliche Auffassung angesehenen Verlautbarungen in den Hadith-Sammlungen), danach *»denen, die Befehl unter euch haben«*, also der weltlichen Gewalt. (Dieses *»unter euch«* wird zum Teil – in Verfälschung des Weltbildes Mohammeds und seiner Zeitgenossen – übersetzt als *»von euch«*, um damit zu argumentieren, die Grundlagen der Demokratie seien schon im Koran enthalten.)

Allah wird im Islam als Vater-Diktator, als *»Zwingherr über seine Diener«* (S 6, 18), als Musterexemplar eines Willkürherrschers, gesehen. Er hat die absolute Macht – er kann alles vergeben, aber er kann ebenso einige in die Irre leiten und von vornherein verdammen, indem er es ihnen unmöglich macht, den Koran zu verstehen (S 6, 25). Als Gegenstück und Gegen-Pol zu Allah soll der Muslim dem Koran zufolge ein vorbildlicher Knecht sein und sich in allem in den Willen Gottes fügen (S 6, 70).

Im Ziel der Gottesherrschaft stimmen Islamismus und orthodoxer Islam überein. Diese bedeutet in jedem Konfliktfall den strikten Vorrang von religiösen Geboten oder von Weisungen ranghoher Gottesgelehrter gegenüber den Verfassungen und Regierungsentscheidungen. Der Imam der durch den Kopftuchstreit bekannt gewordenen französischen Stadt Nantua, Hussein Konus, proklamierte gegenüber der Zeitung *Le Figaro: »Das Gesetz Allahs muß mehr befolgt werden als das französische Gesetz.«* (Dieser Herr wurde übrigens von seinen Vorbetern und Vorgesetzten, obwohl er kein Wort französisch sprach, gezielt aus Deutschland nach Frankreich versetzt: Ein Beispiel für die europäische Dimension islamistischer Personalpolitik.) In dieser Hinsicht gehen alle Islamisten völlig konform mit den orientalischen Despoten, die schon die pure Nennung der bislang ausgebliebenen Demokratisierung fürchten und verbieten. So wurde in einer in Beirut erschienenen und von der US-Regierung geförderten arabischen Übersetzung von Tocquevilles Schrift *Über die Demokratie in Amerika* von der Zensur folgender Satz im Vorwort des Übersetzers Muhsen Mahdi gestrichen: *»Die arabischen Leser Tocquevilles mögen aus seinen Beobachtungen in Amerika ihre Schlüsse für die erforderliche Demokratisierung in ihren Ländern ziehen.«* Die freiheits- und geistfeindlichen islamischen Regime besitzen die Perfidie, kritische Intellektuelle unter dem Vorwand zu verfolgen, diese gefährdeten den inneren Frieden. Der syrische Philosoph und Soziologe Sadik J. Al-Azm wurde, nachdem 1969 sein Buch *Kritik des religiösen Denkens* erschienen war, wegen »Aufhetzung zum Konfessionshader« vor Gericht gestellt. Er verlor seine Lehrbefugnis und sollte des Landes verwiesen werden. Erst in der zweiten Instanz gelang es ihm, einen Freispruch zu erreichen.

Die philosophischen Grundlagen der Gottesherrschaftsideologie, nach der Gott der alleinige Gesetzgeber ist, hat in klassischer Form der Inder bzw. spätere Pakistaner Abul Ala al-Maududi entwickelt, der 1941 die islamistische Kaderpartei Djamaat-e islami gründete: *»Ich sage es euch Muslimen in aller Offenheit, daß die säkulare Demokratie in jeder Hinsicht im Widerspruch zu eurer Religion und zu eurem Glauben steht. ... Dort, wo das politische System der Demokratie und des säkularen Nationalstaats dominiert, gibt es keinen Islam. Dort, wo der Islam vorherrscht, darf es jenes System nicht geben.«* (*Der Islam und die moderne Zivilisation*, S. 41–42) Dies ist nicht graue Theorie, sondern entspricht der Realität in ausnahmslos allen arabischen Ländern: Selbst dort, wo es begrenzte Ansätze eines säkularen Staates gibt, fehlt es an einer Demokratie, die über phrasenhafte Proklamationen und die gelegentliche Wahl zwischen verschiedenen Despotievarianten hinausreicht. David Lamb schreibt dazu: *»Nur die arabische Welt – die nicht einmal über einen einzigen gewählten Bürgermeister verfügt – ist immun gegenüber ernsthaften demokratischen Experimenten geblieben«* (*The Arabs. Journeys beyond the mirage*, New York 1988). Dieser als Bedürfnislosigkeit im Hinblick auf demokratische Versuchungen maskierte Antidemokratismus prägt auch die nichtarabischen islamischen

Länder, was Bassam Tibi zu dem Diktum veranlaßte: »*Alle Regime in der Welt des Islam sind in unterschiedlichem Maße autoritär und despotisch*« (*Krieg der Zivilisationen. Politik und Religion zwischen Vernunft und Fundamentalismus*, Hamburg 1995). Eine wesentliche Ursache dafür sieht er darin, daß in den Augen fast aller Muslime die Menschheit aus Kollektiven besteht und daß immer noch eine vormoderne Kultur, die nur in Kollektivkategorien wie der »Umma« zu denken vermag, im islamischen Raum vorherrscht, was auch dazu führt, daß in keinem der 46 islamischen Länder die in der Deklaration der Menschenrechte von 1948 genannten Rechte respektiert werden (vgl. *Im Schatten Allahs. Der Islam und die Menschenrechte*, München 1994). In seinem grundlegenden Werk *Der wahre Imam. Der Islam von Mohammed bis zur Gegenwart* (München 1996) verfolgt Tibi die Wurzeln dieses Denkens zurück in die arabische (Kultur)Geschichte, u. a. zu dem bedeutenden Rechtsgelehrten Ibn Taimiyya (1263–1328), der in seiner zentralen Schrift *Die an der Scharia orientierte Politik* erklärt, die »*Erfahrung*« bestätige die Richtigkeit der sunnitischen Spruchweisheit »*Die sechzigjährige Herrschaft eines ungerechten Imam ist noch besser als eine einzige Nacht ohne einen Sultan*« (ebd., S. 167). Aus diesem Ungeist stammt auch die feine Begründung des marokkanischen Königs Hassan II., warum er weiter diktatorisch herrscht: »*Der Islam verbietet mir, eine konstitutionelle Monarchie nach westeuropäischem Muster einzuführen.*«

In Brunei, dessen Sultan als reichster Mann der Welt gilt, konnte Helmut Kohl bei seinem Staatsbesuch im Frühjahr 1996 erleben, wie 25 Jahre nach der Niederschlagung der letzten sozialistischen Revolte Hassanal Bolkiah als unangefochtener Despot über 300 000 Untertanen und 800 Polopferde regiert. Man sollte dabei allerdings nicht vergessen, daß diese orientalische Despotie wie manche andere nicht zuletzt dank der aktiven Unterstützung westlicher Halb- und Pseudodemokraten ihr Volk so erfolgreich unterdrücken kann – man denke nur an den Riesenstaatsmann, Wirtschafts- und Islam-Lobbyisten Jürgen W. Möllemann, der unbedingt als erster westlicher Politiker 1997 den kurzzeitig boykottierten Iran besuchen mußte.

Will man wissen, wohin es führt, wenn eine auf Werkgerechtigkeit und Gesetzesrigorismus ausgerichtete Religion einen »Gottesstaat« zu errichten versucht, so betrachte man einen Modellfall der orientalischen Despotie – das seit 200 Jahren von der Glaubensrichtung (oder Sekte) der Wahhabiten dominierte Saudi-Arabien, in dem viel von den Rechten Gottes geredet wird und die Menschenrechte mit Füßen getreten werden. Einst hatte Abdul Wahhab, ein radikaler islamischer Prediger in der Mitte des 18. Jahrhunderts, als Schwiegersohn eines Mitglieds der Saud-Familie diesem Nomadenclan eine passende Weltanschauung und eine ideologische Herrschaftslegitimation geliefert. Heute zehrt man zwar immer noch von solchen Traditionen, kommt aber zusehends unter Druck, weil die Wahhabiten nur eine kleine Minderheit der saudischen Bevölkerung stellen und die Diskrepanz zwischen puritanischem Anspruch und korrupter Realität der Prinzenherrschaft mehr und mehr offenkundig wird. Aufgrund seiner Ölmilliarden, seiner strategischen Lage und des Anspruches der Herrscher-Familie, Beschützer der heiligen Stätten in Mekka und Medina zu sein, sind religiös-politische Infiltration in anderen Ländern und die Förderung bestimmter Islam-Terroristen von größter Bedeutung für Saudi-Arabien. In aller Regel geschieht dies mit Wissen und stillschweigender Duldung der USA. Es sind die Amerikaner, die, wie Robert Lacey schreibt, »*die Außenpolitik der Familie Saud gestalten*«, seit am 3. 3. 1938 amerikanische Fachleute nahe Dhahran am Bohrloch »Damman Nummer 7« auf Öl stießen. Sie schufen in dem erst sechs Jahre vorher von Abdul Aziz Ibn Saud begründeten Königreich ihren wichtigsten Vorposten im islamischen Lager und ihre wichtigste Bezugsquelle für jenen Stoff, ohne den weiterhin Postkutschen den Verkehr und Kavalleristen das Kriegsgeschehen bestimmen würden.

Bei der Eröffnung der über 20 Jahre hinweg zu vier Fünfteln mit saudischen Geldern gebauten riesigen Moschee in Rom, der größten in Europa und der größten in einem nicht-islamischen Land, wurde am 18. Juni 1995 in Anwesenheit des italienischen Staatspräsidenten Scalfaro und des Gouverneurs von Riad, Prinz Salman Ibn Abdal Aziz, viel von »Toleranz« geschwafelt. Nun, mit der Toleranz der saudischen Ölfeudalisten ist es nicht weit her. Sie lächelten feinsinnig, als Scalfaro sein Sprüchlein aufsagte, man erwarte in Zukunft Gegenleistungen in Form von mehr Religionsfreiheit auf der Arabischen Halbinsel. Ganz bewußt hatte man den Papst zu dieser Zeremonie nicht eingeladen und zwang ihn so, seine Wünsche in Richtung Riad an anderer

Stelle zu äußern. Immerhin durfte als sein Vertreter Bischof Fitzgerald vom Päpstlichen Rat für den Interreligiösen Dialog dieses ach so freudige Ereignis mitfeiern und mit diplomatischem Geplänkel die Feigheit, Ideen- und Konzeptionslosigkeit der Amtskirche übertünchen. Alles Geschwätz, die Moschee gehöre nun als wertvoller Bestandteil des reichen Kulturerbes zur Ewigen Stadt und diene »*der Errettung des Schiffs der Menschheit in unruhigen Zeiten*« kann nicht darüber hinwegtäuschen, daß hier die 50 000 Muslime der Region Rom über ein politisch-religiöses Mega-Zentrum fast von der Größe des Vatikanstaates und eine Zentrale für europaweite Missionspropaganda verfügen, in der angesichts der finanziellen Abhängigkeiten nur handverlesene Edelislamisten predigen dürfen. Diese Bastion des Islamismus in der Ewigen Stadt, dieser Keim zu einem Staat im Staate, wurde zugelassen, ohne daß gleichzeitig für die vielen Untergrundchristen in Saudi-Arabien das mindeste Zugeständnis errungen wurde.

Wenn der Äthiopier Meles Zenawi – nicht als ohnmächtiger Oppositioneller, sondern als jemand der Macht hat, als Präsident seines Landes – 1994 erklärt, »*Basisdemokratie ist der einzige Weg für Afrika!*«, dann gilt dies nicht minder für Asien und Amerika und für jene Länder am Rande Europas, die wie die Türkei noch Lichtjahre von einer Demokratie entfernt sind. Es gilt ebenso und noch mehr für den orientalisch-islamischen Raum. Immerhin ist in allen diesen Ländern ein oft untergründig-latenter Wandel zu beobachten. Auch unter der Oberfläche der saudischen Gesellschaft vollzieht sich eine schrittweise Erosion der auf nomadische Traditionen und die Loyalitäten einer patriarchalischen Gesellschaft gestützten Herrschaft des Hauses Saud. Eine wichtige Rolle spielen dabei die ins Land kommenden Ausländer. Auch wenn es kaum eine offizielle Einwanderung gibt, da schon für ein simples Visum ein einheimischer Bürge erforderlich ist, bleiben allein von den jährlich rund 800 000 Pilgern 100 000 bis 150 000 für längere Zeit im Land, nutzen die Wohltätigkeit frommer Saudis bzw. halten sich mit Gelegenheitsarbeiten über Wasser.

Jeder christliche Gottesdienst, auch in privaten Räumen, ist verboten und führt, wenn die staatlichen Glaubenswächter davon erfahren, zu massivsten Repressalien. Selbst das am Hals getragene Kreuz oder die Bibel im Reisegepäck sind strikt verboten. Wer für den christlichen Glauben missioniert, muß um sein Leben fürchten. Aber immer wieder wagen Christen das Äußerste – Afrikaner und Asiaten, nicht jene Westler, die hundertmal eher dazu verpflichtet wären und es im Falle der Entdeckung hundertmal leichter hätten, dem Martyrium zu entgehen. Europäer und Amerikaner hätten im übrigen eine große Schuld abzutragen, da sie es sind, die mit Militärhilfe und Wirtschaftskooperation die fürstliche Familie und ihre paar tausend Drohnen an der Macht halten. Erinnert sei nur, mit welcher Devotion die sozialdemokratischen Stadtpotentaten Kölns vor einigen Jahren eine hochprofitable Ausstellung über die saudiarabische Hauptstadt Er-Riad in den städtischen Messehallen veranstalteten, in der viel vom Fortschritt und vom 21. Jahrhundert die Rede war und wenig von dem realen Elend der Menschenrechte in diesem so reichen Land.

Die saudischen Machthaber berufen sich auf einen angeblichen Ausspruch Mohammeds, es dürfe keine Kirchen auf der Arabischen Halbinsel geben. Aber nicht allein der Bau von Kirchen ist verboten – jedes Kreuzzeichen ist strikt untersagt. Als einige Fanatiker im Erkennungssymbol der Fluggesellschaft Saudia ein Kreuz zu erkennen meinten, wurden auf allen Flugzeugen, Briefköpfen usw. die Schriftzüge verändert. Typisch für die westliche Feigheit ist das unverzügliche Einknicken westlicher Firmen und Diplomaten gegenüber allen Zumutungen seitens der saudibarbarischen Feudalfundamentalisten. Die Schweizer Fluggesellschaft Swissair z. B. verzichtet an ihrem Gebäude in Riad auf ihr Firmensymbol, das weiße Kreuz. Immerhin wurde es auf den Briefbögen wieder eingeführt, als das saudische Außenministerium der Swissair bescheinigte, es handele sich dabei um keinerlei Manifestation von Glaubensüberzeugungen.

Die meisten Westler erklären allenfalls hinter vorgehaltener Hand, man wünsche sich mehr Möglichkeiten, ungestört im Verborgenen Gottesdienste abzuhalten. Sie verweigern sich völlig der einzigen richtigen und angemessenen Forderung: der vollen Freiheit für alle Christen und dem Recht auf ungestörten Kirchenbau. Angesichts der Übermacht der islamischen Ultras, angesichts der Strukturen eines Polizei- und Pfaffenstaates, können Veränderungen in Saudi-Arabien nur durch internationalen Druck erreicht werden. Ob man von offizieller Seite das von Mohammed überlieferte Wort »*Keine zwei Religionen sollen im*

Lande Arabien bleiben« als eine spätere Fälschung deklariert oder als bedauerlichen Irrtum des Propheten oder als zeitbedingt und inzwischen überholt, ist dabei zweitrangig. Wichtig ist, daß die verbrecherische Unterdrückung und Ausrottung des Christentums (wie natürlich auch des Judentums) endlich gebrandmarkt wird und aufhört. Wenn es Moscheen in Rom und Jerusalem gibt, dann muß es auch Kirchen und Synagogen zumindest in einigen Kilometern Entfernung von Mekka und Medina geben. Den Saudis und ihren Honoraranwälten im Westen – vor allem im Land der Protektoratsmacht USA – muß klargemacht werden, daß alles andere unvereinbar ist mit einer Weltordnung, die zumindest die allerelementarsten Menschenrechte schützt. Die im 7. Jahrhundert vollzogene Vertreibung und Vernichtung der christlichen Gemeinden in Nadschran und im Osten des heutigen Saudi-Arabien war ein barbarisches Verbrechen. Die heutigen Saudis setzen diese Tradition fort – etwa mit der teilweisen Zerstörung der erst 1986 wiederentdeckten Kirchenruine in Dschubail. Selbst die Ruinen solcher frühchristlichen Kirchen dürfen weder besucht noch öffentlich erwähnt werden – nicht gerade ein Anzeichen von innerer Stärke und Selbstbewußtsein bei den »Hütern der Heiligen Stätten«.

Besonders erschreckend war für mich, daß ich während einer Tagung in einem islamischen Land bei einem von mir zum Thema »*Islam und Abendland*« gehaltenen Vortrag auf meine doch wirklich sehr bescheidene Forderung hin, Saudi-Arabien solle außerhalb von Mekka und Medina den vielen dort lebenden Christen einige Kirchen zubilligen, auf Ablehnung bei nahezu allen arabischen Teilnehmern stieß, obwohl diese in aller Regel weder Islamisten noch besonders fromm waren, sondern jenem Typus gutbürgerlicher Wissenschaftler angehörten, der einem linksliberalen Feiertags-Islam anhängt, viele faule Kompromisse macht, die Saudis und die Scharia verabscheut und im privaten Bereich nicht allzu viele Korangebote einhält. Wenn selbst solche Menschen nicht bereit sind, die Mindestnormen religiöser Toleranz zumindest verbal anzuerkennen, wenn ihre innere Abhängigkeit vom islamischen Ausschließlichkeitsanspruch oder ihre Angst vor den Eiferern so groß ist – dann kann man sich vorstellen, zu wieviel Toleranz die Machthaber oder die reaktionär verhetzten Massen in der islamischen Welt freiwillig bereit sind.

Für die Islamisten ist die gesamte politische Entwicklung der Moderne ein Irrweg. Mit einer gewissen inneren Logik, weil ja Islam Unterwerfung unter den Willen Gottes ist, lehnen sie die Volkssouveränität, also die Wurzel jeder Art von Demokratie, ab, denn diese sei eine Suspendierung der Herrschaft Gottes (tatil Hukm Allah), sprich ein Verunmöglichen der Priester- und Predigerherrschaft. Völlig zu Recht sieht Maududi die Ursprünge der europäischen Moderne im heidnischen Hellas, was für ihn eine Verwurzelung der Aufklärung in Götzentum und Unwissenheit (dschahiliyya) bedeutet. Daher bezeichnet er auch die Moderne als »*die neue Dschahiliyya*«. In dieses Weltbild paßt auch die Sichtweise des algerischen Heilsfrontführers Ali Belhadj, die Demokratie sei Unglaube (al-dimuqratiyya kufr). Auch die türkische IGMG/AMGT erklärt offen: »*Die Verfassung des Muslims ist der erhabene Koran, alle anderen Verfassungen sind Auflehnung gegen Gott und ein Unglaube.*«

Auch da, wo Fundamentalisten etwas moderater und vorsichtiger formulieren, bleibt ihre Sichtweise von Recht und Gesetz dennoch unvereinbar mit dem demokratischen System. So verlangt der einflußreiche Islamist Dr. Yusuf al Qaradawi, die Gesetzgebung müsse sich im Rahmen der »*unantastbaren Texte, der Gesamtziele der Scharia und der islamischen Sendung*« bewegen (*Prioritäten der islamischen Bewegung*, 1991, S. 155 f.). Ein solcher Staat ist mit der christlichen Kulturtradition Europas ebensowenig in Übereinstimmung zu bringen wie mit den Postulaten des Grundgesetzes. Wenn die islamischen Staatstheoretiker von Freiheit und Gleichheit sprechen, meinen sie stets nur die Mit-Muslime. Dem Christentum und anderen Religionen dagegen wird teils gleichgültiges Unverständnis, teils blanker Haß entgegengebracht. Wichtig ist dabei, daß die Scharia nicht als von Menschen erdachte, korrigierbare und dem Wandel der Zeitanschauungen unterworfene Rechtsphilosophie, sondern als göttlich inspirierter ewiggültiger Gesetzes- und Wertekanon betrachtet wird, der sich auf Koran und Prophetenworte gründet. Von daher hat es seine innere Logik, wenn aus der Scharia u. a. eine islamische Wirtschaftstheorie abgeleitet wird, die auch die Sphäre des Ökonomischen den religiösen Zielen dienstbar zu machen versucht. Die Parallelen zu den staatssozialistischen Heilslehren des Stalinismus und Faschismus sind dabei erstaunlich. Wenn mit der Scharia die Umverteilung der Privatvermögen organisiert wird, so dient dies nicht etwa einer Stärkung des Individuums, sondern im Gegenteil einer Nutzung von Ressourcen zum Wohle politisch-ideologischer Großprojekte (*»Ausbreitung des islamischen Geistes«*). Ein aktuelles Beispiel ist, wie in Marokko in den siebziger und in den neunziger Jahren das Volk mit von der Polizei eingetriebenen Zwangsspenden, für die eine arme Familie notfalls die einzige Kuh oder den einzigen Esel verkaufen mußte, sowohl das Mausoleum für König Mohammed V. in Rabat als auch die nach seinem Sohn Hassan II. benannte größte Moschee der Welt in Casablanca finanzieren mußte. Für die restlichen Kosten wurden u. a. Gelder Saudi-Arabiens und Kredite Deutschlands – also Geld des deutschen Steuerzahlers – eingesetzt. Den unterdrückten und ausgeplünderten Volksmassen wird der Trost zuteil, auf eine sich im Irgendwann verlierende lichte Zukunft zu warten. In dieser Weltsicht ist es nur konsequent, wenn die Herrschenden und ihr Anhang die demokratisch-emanzipativen Ideen Europas als Sackgassen, als Denkfehler, als Wahrnehmungsdefizite betrachten.

Heutzutage sind von den rund 190 Staaten der Erde (1945 waren es übrigens noch weniger als die Hälfte) vielleicht 50 als im weitesten Sinne demokratisch und konstitutionell regiert anzusehen. Die Mehrzahl der Staaten sind auch nach dem Ende des Ostblocks und einzelner Caudillo-Diktaturen weiterhin zentralistisch-autoritäre Kommandogesellschaften, wobei überall auf der Welt trotz gewisser Privatisierungsprogramme vor allem durch Sozialleistungen die Staatsquote und die wirtschaftliche Abhängigkeit der Bevölkerung vom Staatsapparat zunimmt. Forscht man nach islamischen Demokratien, so wird man auch bei äußerster Weitherzigkeit nicht fündig werden. Dafür begegnen einem Pseudo-Demokratien wie Indonesien, dessen 120 Millionen Wahlberechtigte bei einem »Fest der Demokratie« Ende Mai 1997 zwar unter 2200 Kandidaten für 425 der 500 Sitze im »Parlament« auswählen konnten, wobei aber nur drei Parteien zur Wahl standen, von denen eine, die regierungsgesteuerte »Golkar-Bewegung«, von vornherein als Siegerin mit mindestens zwei Dritteln der Sitze feststand – verstärkt durch 75 vom Militär nominierte Abgeordnete. Die »Demokratische Partei« (PDI), die Organisation der christlichen Minderheit, verlor noch weiter an Boden, die islamistische »Vereinigte Entwicklungspartei« (PPP) nahm zu und steht damit den strikt

muslimischen Bonzen der Golkar als politische Reservearmee
zur Verfügung. Ein absurdes Detail am Rande: In der indone-
sisch besetzten, mehrheitlich christlichen Republik Ost-Timor
gab es in der Vergangenheit Wahlergebnisse von 103 Prozent. Für
richtig fromme Djihad-Kämpfer sind eben auch die Gesetze der
Mathematik kein Hindernis. *Ai-Journal*, die Zeitschrift von Amnesty International, weist darauf hin (Nr. 12/96, S. 25), daß im
*»Dritten Bericht der Bundesregierung über ihre Menschenrechts-
politik in den Auswärtigen Beziehungen«* gerade auch die Menschenrechtsverletzungen in islamischen Ländern wie Somalia,
Tschad, Afghanistan, Brunei und Malaysia ebenso verschwiegen
werden wie die systematischen Folterungen etwa in Pakistan und
Indonesien. Über die Türkei heißt es an der gleichen Stelle: *»Soweit der Bericht die Türkei behandelt, drängt sich der Eindruck
auf, daß das Auswärtige Amt seinen nachdrücklichen Einsatz für
das Zustandekommen der Zollunion der Europäischen Union mit
der Türkei durch das Verschweigen der kritischen Menschenrechts-
lage in diesem Staat nachträglich zu legitimieren versucht.«*
   Wenn etwas ausgesprochen wird, das für Islam-Kritiker wie
mich eine simple Wahrheit und für die Gläubigen eine schlimme
Lästerung ist, dann reagiert der offizielle Islam immer noch mit
nacktem Haß und brutaler Gewalt. Nicht allein der Mordaufruf
gegen Salman Rushdie und die gegen Übersetzer und Verleger
der *»Satanischen Verse«* verübten Anschläge beweisen dies, sondern fast noch mehr die am 3. September 1992 in Saudi-Arabien
ohne ernsthaften Protest der Westmächte vollzogene Hinrichtung von Sadok Abdel Karim Melallah. Dieser Dichter hatte
nicht mehr getan, als Mohammed einen Lügner und Scharlatan
zu nennen, der seinen Weg als Stifter der von ihm erfundenen
Religion mit der Lüge (oder der halluzinierten frommen Selbsttäuschung) begann, der von ihm verfaßte Koran sei Wort für
Wort das Werk Gottes. Es ist über zweihundert Jahre her, daß in
Europa ein analoger Angriff auf das Christentum mit dem Scheiterhaufen oder dem Richtschwert bestraft wurde, und selbst in
jenen westlichen Ländern, wo heute noch ominöse Gottesläste-
rungsparagraphen durch die Gesetzbücher spuken, riskieren die
meisten *»Gedankenverbrecher«* nicht allzuviel. Angesichts dessen ist es ein fortwährender Skandal, wie sich angebliche *»Demokraten«* und *»Antifaschisten«* gemein machen mit der saudischen Feudal- und Klerikaldiktatur und ihren Nacheiferern.

Ähnlich unvereinbar mit freiheitlichen Mindestmaßstäben ist die islamische Todesdrohung gegen alle, die den Islam wieder verlassen wollen. Diese findet sich nicht nur im Koran, sondern auch das Strafgesetzbuch des Sudan bestimmt in § 126: »*Dem überführten Abtrünnigen muß eine bestimmte Zeit gegeben werden, seine Gotteslästerung zu widerrufen. Ansonsten ist die Strafe der Tod.*«

Mit entwaffnender Blauäugigkeit erklärte Mohammed Sajjid Tantawi, als Großscheich der Kairoer Al-Azar-Universität für alle Sunniten eine der wichtigsten theologischen Autoritäten, in einem *Spiegel*-Interview (Nr. 2/97, S. 119-121): »*Islam heißt Toleranz und Menschlichkeit. … Allah gibt jedem Menschen das Recht, sich für die Religion zu entscheiden, die ihm zusagt. … Islamische Schriftgelehrte haben nicht die Befugnis, anderen Moslems das Lebensrecht abzusprechen, nur weil sie in der Auslegung unserer heiligen Schriften eine andere Meinung vertreten. Es ist ein Verbrechen, das Blut von Moslems freizugeben, das heißt zum Mord an andersdenkenden Moslems aufzurufen. … Islam und Mord schließen einander aus. … Der Islam hat mit solchen Entgleisungen nicht das geringste zu tun. … Es gibt nur einen wahren Islam, den Islam des Friedens und des Aufeinanderzugehens.*«
Wenn alle Muslime so dächten, wenn der Koran so zu den Gläubigen spräche – die islamische Welt wäre eine andere. So aber bleibt jemand wie Tantawi ein beneidenswerter Träumer, Wegseher, Verdränger und Weltbeschöniger. Als die Journalisten des *Spiegel* ganz nüchtern darauf hinwiesen, daß aus seiner eigenen Universität diejenigen »Gelehrten« kamen, die 1992 die Liquidierung des Dichters Farug Foda verlangten – genau fünf Tage vor dessen Ermordung durch Islamterroristen – und Tantawi um präzise Auskunft baten, was denn gegen solche akademischen Mordgehilfen geschähe, flüchtete er sich in wortreiche allgemeine Phrasen.

3. Die Unvereinbarkeit mit dem Gleichheitsgebot

Der Islam steuert sowohl in seinen religiös-philosophischen Grundlagen als auch in seiner heutigen, historisch gewachsenen Gestalt einen Kurs, der mit dem modernen Verständnis von Frauenrechten und Frauenemanzipation kollidiert. Wenn, wie die marokkanische Soziologin Fatima Mernissi feststellt, daß *»bis jetzt die Freiheit in der arabischen Welt nur ein Synonym für Unordnung ist«*, so geht die Hauptschuld dafür auf das Konto eines Religionsverständnisses, das Freiheit stets nur in homöopathischer Dosierung und stets nur unter islamischem Vorzeichen zu dulden bereit ist und sowohl theoretisch als auch praktisch den Frauen die rechtliche Gleichstellung verweigert. Während in anderen Religionen immerhin vorpatriarchalische Überbleibsel sozusagen als Gegengift wirksam sind, während im heutigen Christentum männlich-allzumännliche Einseitigkeiten etwas abgenommen haben bzw. zurückgedrängt wurden, hat der Islam sich von vornherein als strikt patriarchalische Gott-Vater-Religion konstituiert – militärisch-politisch dirigiert zunächst von einem prophetischen Macho, später von Kalifen und Diktatoren, in deren Leben Frauen allenfalls als Haremsdame bzw. als Mutter eine Rolle spielten. Bei den in einer sehr komplexen Weise im arabischen Raum mit dem Islam verwobenen antidemokratischen Grundstrukturen der Gesellschaft wirken einerseits vorislamische Traditionen einer patriarchalischen Gesellschaft nach, in der auch bei den Beratungen (schura) nur ein Mann eine Stimme hat und die Frau allenfalls als Familienälteste und »Große Mutter« insgeheim Ratschläge erteilen darf, und wo – ganz im Sinne einer kriegerischen Nomadenkultur – Einfluß an Macht, Status und Besitz gekoppelt ist. Andererseits hat der Islam sowohl die Überreste vorpatriarchalischer Freiheiten als auch die vorfeudalen anarchischen Archaismen der Stammesgesellschaften in das Prokrustesbett seiner rigiden Rechtssetzungen gepreßt.

Die Frauen sind für Mohammed (wie auch für die meisten

Männer unter den Bedingungen des Patriarchats) faktisch Objekte, auf die sich sowohl Nützlichkeitserwägungen als auch Triebe (sexuelles Begehren, Besitztrieb usw.) richten. Als oberster Moralhüter legt Mohammed fest, wann es den Männern erlaubt ist, die Frauen »*heimzusuchen*«, wobei er u. a. die alte Vorstellung der Unreinheit der Frau in der Zeit der Monatsblutungen predigt (S 2, 222). Wenn Mohammed sagt, »*sie sind euch ein Kleid, und ihr seid ihnen ein Kleid*« (S 2, 183 f.), dann wird die Objektivierung insofern total, als auch die Männer für die Frauen nur Objekte sind, wobei aber der Mann, dem die Frauen »*ein Acker*« sind (S 2, 223), eindeutig im buchstäblichsten Sinne obenauf ist und triumphiert. Daß hier Subjekte auf Subjekte stoßen könnten, mit allen Begegnungschancen und Katastrophengefahren, die ein solches gleichberechtigtes Mit- und Gegeneinander einschließt, liegt für Mohammed jenseits seines Erfahrungs- und Denkhorizontes. Noch rechtloser als die freien Frauen sind für ihn die Sklavinnen: Selbst wenn sie verheiratet sind, sind sie den Muslimen nicht verwehrt – andererseits werden sie bei Ehebruch nur der halben Strafe für wert befunden (S 4, 28 ff.).

Ganz im Sinne seiner patriarchalischen Umwelt predigt Mohammed die Mehrehe (bis vier Frauen; vgl. S 4, 3) und die Überlegenheit der Männer (vgl. S 2, 228: die Männer haben den Vorrang). Dies begründet er – ganz Kaufmann – damit, daß sie von ihrem Geld die Frauen unterhalten (S 4, 38). Was er im einzelnen an Regelungen für die Wechselfälle des Ehelebens wie etwa die Scheidung oder das Erben (vgl. S 4, 23 oder S 4, 175; S 4, 8ff.) verkündet, ist wie die Schiedsrichter aus der Familie des Mannes und der der Frau (S 4, 39) durchaus praktisch und lebensklug und für die Frauen des 6. Jahrhunderts mit Sicherheit besser als der unmittelbar vorhergehende Zustand regel- und zügelloser Männerherrschaft – aber, das soll zeitlose Wahrheit sein? Damit wollen Menschen die Lebenskonflikte einer globalisierten Industrie- und Informationsgesellschaft bewältigen? Daß niemand »*über Vermögen bemüht*« werden soll (S 2, 233), daß man als Almosen »*den Überfluß*« geben soll (S 2, 217), mag durchgehen als allgemeine Sentenz und Weisheit, aber warum Witwen ausgerechnet frühestens nach vier Monaten und zehn Tagen (S 2, 234) wieder heiraten dürfen (ungefähr nach der Hälfte einer Schwangerschaft?), ist nicht unbedingt nachvollziehbar und wenig hilfreich unter den Bedingungen einer modernen Gesellschaft, in der die einen 60 Jahre dem geliebten Menschen nachtrauern und allein bleiben, während die anderen, sobald der Totenschein des verblichenen Ehepartners vorliegt, erneut vor den Traualtar treten, ob die Frommen dies nun goutieren oder nicht. Genausowenig ist es heute noch vertretbar, daß beim Erben »*den Knaben zweier Mädchen Anteil*« zukommt (S 4, 12), weil Allah es vorschreibt, oder den Männern empfohlen wird, wenn Warnungen und Verbannung aus dem Schlafgemach bei den bösen Frauen nichts fruchten, diese zu schlagen (S 4, 38).

Der Islam hat, zum Teil erst in den letzten 100 Jahren, in vielen orientalischen Kulturen ursprünglich vorhandene Freiheiten der Frauen zerstört, so z. B. bei den Beduinen oder bei den nilotischen Völkern, wo etwa die Frauen der muslimischen Ulad-Hamid noch in den zwanziger Jahren unverschleiert waren oder die Berg-Nuba einen Zwei-Fronten-Krieg gegen Europäer und Araber führten (vgl. dazu u. a. *Fremde Frauen* Photographien des Ethnographen Hugo A. Bernatzik, mit einem Essay von Doris Byer, München 1985). Ähnliches gilt für die über mehr als 1000 Jahre gegen die kulturelle Dominanz des arabischen Islams verteidigten kulturellen Werte der etwa 300 000 Menschen umfassenden Tuareg, die bei aller Überwucherung durch patriarchalische Strukturen der Frau in Religion und Alltag eine derartig hohe Stellung einräumen, daß die darüber erschrockenen und erbosten Araber behaupteten, der Name »Tuareg« komme vom arbischen »terek« und bezeichne Menschen, die von Gott verstoßen und verflucht seien. (Wahrscheinlich leitet sich das Wort aber von »targa« her, einer bedeutenden Tuareg-Gruppe im heute libyschen Fezzan.) Die Tuaregfrauen sind nicht nur unverschleiert, sondern spielen für die Geschlechterordnung, die in vielem matrilinear ist, eine wichtige Rolle – auch wenn es übertrieben ist, von »Herrschaft der Frauen« oder auch nur einer völligen Gleichstellung zu reden. Immerhin demonstriert die relativ bessere Lage der Tuareg-Frauen nachdrücklich, wie sehr die Islamisierung und Arabisierung Nordafrikas die Frauen ihrer Rechte beraubt und einen für die gesamte gesellschaftliche Entwicklung katastrophalen Patriarchalismus und Paternalismus gefördert hat. In ihrer Religion haben die Tuareg viele vorislamische Elemente, die zum Teil bis in die Steinzeit zurückreichen

(z. B. beim Wahrsagen von Frauen), bewahrt. Gott nennen die Tuareg sowohl »Ialla« (Allah) wie »Mesi«, was von »Messias« kommt. Sie glauben an Engel, die sie »angelusen« (von lateinisch »angelus«) nennen und an die Existenz des Teufels (»iblis« oder »echitan«), dessen Bild sehr viel stärker der jüdischen und christlichen Teufelsvorstellung als der islamischen entspricht. Der Glaube der Tuareg an übernatürliche Kräfte (kel essuf) ist mit dem strikten Monotheismus des Islams unvereinbar. Wie angesichts des Synkretismus ihrer Religion kaum anders zu erwarten, ist den Tuareg jeder religiöse Fanatismus fremd (vgl. u. a. Wolfgang Neumann, *Die Berber. Vielfalt und Einheit einer traditionellen nordafrikanischen Kultur*, Köln 1983, vor allem S. 190 ff.; Gerhard Göttler, *Die Tuareg. Kulturelle Einheit und regionale Vielfalt eines Hirtenvolkes*, Köln 1989; Peter Fuchs, *Menschen der Wüste*, Braunschweig 1991).

Kennzeichnend für die Haltung des Islamismus zur Frauenfrage sind die Aussagen des 1950 veröffentlichten Programms des iranischen Geheimbundes »*Fedayin Islam*« (»*Opferbereite für den Islam*«), die in ihrer Mischung aus Verklemmtheit und Perversität geradezu wortwörtlich vorwegnehmen, was Chomeini nach 1979 seinem Volk und der Welt predigte: »*Sexuelle Vergehen müssen durch Auspeitschen auf öffentlichen Plätzen und bei Wiederholung durch Erschießen bestraft werden. ... Alle Körperteile einer Frau erwecken sexuelle Begierden. ... Die Sinneslust wird erweckt, wenn Frauen und Männer sich auf den Straßen, im Basar, in den Ämtern, Fabriken, an den Schulen und auf öffentlichen Plätzen begegnen. ... Diese ständige Aktivierung der Lust lähmt die Gesellschaft, schwächt die Kraft der Männer*« (in Bahman Nirumand und Keywan Daddjou, *Mit Gott für die Macht. Eine politische Biographie des Ayatollah Chomeini*, Reinbek 1987).

Die Erblast der islamischen Mannesvergottung und Frauenverteufelung hat sich im Laufe der historischen Entwicklung noch verstärkt. Auch frauenfeindliche Bräuche, deren Ursprünge gar nicht im Islam liegen, wie die Beschneidung der Mädchen oder der Zwang, einen Schleier bzw. ein Kopftuch zu tragen, sind vom Islam begierig aufgenommen und zu religiösen Dogmen versteinert worden, um auf diesem Wege die als bedrohlich-gefährlich erlebte weibliche Sexualität definitiv zu beherrschen. Ganz offen erklärte der islamistische Scheich Jussuf al-Badri, es gehe bei der Beschneidung »*um die Kontrolle der Frau*«. Von diesem himmelschreienden Unrecht sind nach Angaben der Weltgesundheitsorganisation 100 Millionen Frauen – fast nur Musliminnen – betroffen. Pro Jahr werden in Ost- und Westafrika, im Süden der Arabischen Halbinsel und am Persischen Golf, in Malaysia, Indonesien und in Indien circa zwei Millionen Beschneidungen an Mädchen, die meist zwischen zwei und vier Jahren alt sind, verübt. Diese sexuelle Verstümmelung und Traumatisierung hat ihren Ursprung im pharaonischen Ägypten und wurde nach Untersuchungen der Altorientalistin Doris Wolf in die Welt gesetzt, um die Verehrung weiblicher religiöser Symbole (Versinnbildlichungen der Klitoris und der Vulva) durch die Anbetung der männliche Überlegenheit ausdrückenden Phalli zu ersetzen. Immerhin neigt sich im Westen die Ära patriarchalischer Allmacht endlich dem Ende zu – es sind schon 50 Jahre vergangen, daß 1948 in den USA die letzte Klitorektomie (Entfernung der Klitoris) zur »Behandlung« von Masturbation durchgeführt wurde.

Die kurdische Sozialpädagogin Arzu Toker schrieb sehr zutreffend 1993 in der Zeitschrift *Emma* (Juli/August, S. 38): »*Ich weiß, auch das Christentum hat eine blutige Geschichte. Aber keine Religion auf der Welt verunstaltet und knechtet die Frau so wie der Islam. Nicht einmal im Paradies gesteht uns der Koran gleiche Rechte zu.*« Und sie weist darauf hin, wie sehr der deutsche Staat und jener Teil der Deutschen, der Toleranz mit den Feinden der Freiheit praktiziert, die Hoffnungen und Erwartungen derer enttäuscht, die aus islamischen Ländern und vor islamischem Rigorismus geflohen sind: »*Deutsche Gerichte haben es zur ›kulturellen Eigenart‹ erklärt, wenn wir von unseren Männern geschlagen und getötet wurden. ... Sind wir denn Tausende von Kilometern gerannt, um mitten in Europa wieder in Unfreiheit zu leben?*«

Eines der zentralen Sinnbilder für Rückständigkeit im Islam, für Unvereinbarkeit mit der Moderne und der demokratischen Rechtsordnung ist das Kopftuch – von den Traditionalisten aus dumpfer Gewohnheit gerechtfertigt nach der Formel »*das war schon immer so*«, von den Fundamentalisten verherrlicht als ideales Mittel zur Abgrenzung von den Ungläubigen und zur Gängelung der muslimischen Frauen. Dieses Zwangssymbol muß fallen, wenn der Islam im Westen sich ernsthaft reformieren will und wenn es ein friedliches und gleichberechtigtes Zusammenleben mit den Muslimen in Europa geben soll. Es ist eine zweite Frage, die die betroffenen Völker mit sich ausmachen müssen, ob von Marokko bis Indonesien, von der Türkei bis zum Sudan auch in den Ländern mit islamischer Bevölkerungsmehrheit dieses Feldzeichen des Patriarchats, der Unterdrückung und der Rückständigkeit ins Museum und in den Kleiderfundus wandert und gleichzeitig die Zustände, die dieser Stoff-Fetzen ausdrückt und verfestigt, sich endlich zum Guten ändern.

Es ist nicht einmal erforderlich, daß hier in unserem Land alle Kopftücher unverzüglich aus dem Privatleben verschwinden. Aber im öffentlichen Raum – in den Schulen und Universitäten, am Arbeitsplatz – darf es sie nicht mehr geben. Dies muß den Mut einschließen, Schülerinnen vom Unterricht auszuschließen und beispielsweise Lehrerinnen oder Kindergärtnerinnen vom Dienst zu suspendieren, wenn sie in demonstrativer und provokativer Verhüllung erscheinen. Dies gilt natürlich erst recht für die persisch-afghanische Sitte, im sackartigen Tschador (wörtlich »Zelt«) alle weiblichen Formen zum Verschwinden zu bringen. Wer hier tolerant ist, der sollte sich in einem stark machen für das unveräußerliche Menschenrecht, in SA-Uniform mit Hakenkreuz-Armbinde durch die Straßen zu laufen. Das Kopftuch ist eben gerade kein individuelles Zeichen für eine persönliche Lebensauffassung – es ist die (oft genug von Vätern, Ehemännern und radikalen Predigern aufgezwungene) Diskriminierung und Herabwürdigung der muslimischen Frauen zu Objekten religiös-politischer Machenschaften, und es ist das Feldzeichen einer Beseitigung der von jeder demokratischen Verfassung geforderten Rechtsgleichheit von Mann und Frau. Im übrigen zwingt der Koran keinesfalls dazu, das Kopftuch zu tragen. Dort heißt es lediglich, die Frauen sollten ihren »Schmuck« (Zina) verhüllen (vgl. S 24, 31). Von aufgeklärten Interpreten wird dies lediglich als Aufforderung gesehen, die Geschlechtsorgane zu bedecken. Besonders grotesk ist es, wenn bei der auch in Deutschland sehr aktiven türkischen Textilfirma Tekbir, die übrigens unter dem Ministerpräsidenten Erbakan ihre Umsätze verdoppeln konnte, die »islamische Mode« (tesettür) in zweigeteilter Form existiert: Totalvermummung für die Straße, tief dekolletierte Kleider – entworfen von verschleierten Designerinnen –

für daheim und damit nur für die Augen des Gatten und anderer Frauen.

In einem Leserbrief an die Süddeutsche Zeitung (10./11. Mai 1997) hat Thelma Freymann darauf hingewiesen, welche Folgen eine falsch verstandene und mißbrauchte Toleranz im Kopftuchstreit hätte:

»Es geht in der Tat um ein Prinzip. Nicht um das Recht, sich selber auszugrenzen, wenn man das denn möchte. Das muß man dürfen. Aber das Kopftuch setzt eben nicht einfach das Signal: »Ich bin Muslimin.« Es ist vielmehr eine »Vorform« des Tschadors. Korrekt angelegt begrenzt es das Gesichtsfeld, behindert Kopfbewegungen, versteckt das Haar und drückt es zusammen. Das Kopftuch als Signal besagt: Für Frauen gelten nicht dieselben Rechte wie für Männer. Frauen dürfen den Kopf nicht hochtragen und frei in die Welt schauen. Frauen sollten ihr Haupt, womöglich auch den Hals und die Schultern, bedecken und ihren Blick gesenkt halten. Sie sollen ihre Individualität nicht durch Frisur, Haltung und Gestik zum Ausdruck bringen. Sie sollen sich in erster Linie als Geschlechtswesen definieren lassen; ob sie im eigentlichen Sinne überhaupt Personen sind, weiß man nicht so genau. Sie sind auf jeden Fall weniger wert als ein Mann. Ihr existentielles Grundgefühl muß darum die Scham sein. Weil sie weiblichen Geschlechts sind, sollen sie sich schamhaft verhüllen. Wir können diejenigen Moslems, die den Koran so interpretieren wollen, daran nicht hindern. Hindern aber können und sollten wir sie daran, in einer öffentlichen Institution wie der Schule eine solche Auffassung von Natur und Rolle der Geschlechter zur Schau zu tragen. Erlauben wir es, heißt das: Auch diese Auffassung ist – als eine unter vielen verschiedenen – in unserer Gesellschaft akzeptabel. Das ist sie aber nicht. Sie widerspricht dem Grundgesetz. Principiis obsta!

Außerdem: Der Islam ist mit Kopftuchtragen so wenig identisch wie das Judentum mit den Praktiken fanatischer israelischer Siedler. Wenn wir anerkennen, daß das Tragen des Kopftuchs zu duldendes Zeichen einer religiösen Überzeugung ist, dann fallen wir allen Muslims in den Rücken, die für einen aufgeklärten Islam kämpfen und sich nicht mit den Fundamentalisten identifizieren lassen wollen. Es gibt vermutlich Tausende von Mädchen, die heute noch ohne Tuch gehen können und das auch weiterhin tun möchten, aber es werden anlegen müssen, wenn die Schule nicht mehr ausdrücklich auf ihrer Seite ist.«

Abgesehen von gelegentlichen verbalen Krokodilstränen lassen es die Staaten des Westens an elementarer Solidarität mit den vom Islam unterdrückten Frauen fehlen. Frauen außerhalb der etablierten Politiker-Kaste gründeten daher nach der Olympiade von Barcelona 1992 die Initiative »*Atlanta Plus*« und setzten sich dafür ein, alle Staaten von den olympischen Spielen auszuschließen, die Frauen die Teilnahme verweigern. In Barcelona waren es 34 Staaten, fast nur islamische, die frauenfrei aufmarschierten und sich zum Teil wie der Iran sogar weigerten, im Stadion von einer jungen Spanierin angeführt zu werden. Das Olympische Komitee, aus 93 Herren und lediglich fünf Frauen zusammengesetzt, bügelte alle Vorschläge von »Atlanta Plus« als »*rein politischen Angriff gegen eine Religion*« nieder – als ob nicht selbst der Islam eine, wenn auch nicht gleichberechtigte, Teilnahme von Sportlerinnen zuließe. Die französische Rechtsanwältin Linda Weil-Curiel demaskierte diese Verlogenheit von Funktionären, die einstmals das Apartheid-Südafrika ausgeschlossen hatten: »*Wenn es nicht Rechtens ist, Menschen aufgrund ihrer Hautfarbe zu diskriminieren, kann es auch nicht Rechtens sein, daß Nationen die Hälfte ihrer Bevölkerung diskriminieren. Wir wollen, daß die olympische Charta akzeptiert wird.*«

Noch verheerender als die seit Mohammeds Tagen fortwirkende theologisch-philosophische Entrechtung der Frau ist es, daß heute noch und wieder gewisse muslimische und westliche Frauen die Diskriminierung als Wohltat und Gnade feiern. Malise Ruthven sieht durch den Islamismus »*paradoxerweise*« neue Freiheiten auf die Frauen zukommen (*Islam in the World*, Harmondsworth 1991). Vittora Alliata, deren *Harem. Die Freiheit hinter dem Schleier* ein regelrechtes Erfolgsbuch wurde, preist die Abschließung als Mittel zur Selbsterfahrung und als Schutz gegen die Unbilden der Moderne. Solche Frauen sind die willkommenen ideologischen Zuarbeiterinnen und Blitzmädels für die Islam-Terroristen, deren grauenhafte Verbrechen immer wieder einen pathologischen Frauenhaß – gespeist aus Minderwertigkeitsgefühlen, Sexualneid und Versagensangst – offenbaren:

– Am 23. 6. 1995 wurden in Algerien fünf entführte Mädchen und Frauen mit durchschnittener Kehle aufgefunden.

– Algerische Terroristen der »Groupes Islamistes Armés« (GIA, »Bewaffnete Islamische Gruppen«) des von Marokko unterstützten Abdel Hak Layada schnitten einer Schülerin, die keinen Hidjab getragen hatte, vor ihrer Klasse die Kehle durch.

– Getrieben von krankhaftem Haß gegen alle Spielarten der Kultur, gegen die Musik, sogar gegen den Sport wurde von der GIA 1994 nicht allein der populärste Fußball-Fan des Landes durch Kopfschüsse ermordet, sondern neben einem Koedukationsverbot verlangt, daß in den Schulen kein Sportunterricht für Mädchen und keinerlei Musikunterricht mehr stattzufinden habe. Daß die islamistischen Barbaren über 600 Schulen durch Bombenanschläge zerstört und mehr als 100 Lehrerinnen und Lehrer ermordet haben, hat die in Bildungsdingen ohnehin besonders benachteiligten Mädchen noch mehr von Möglichkeiten abgeschnitten, Wissen zu erwerben und sich zu emanzipieren.

Aber nicht allein von terroristischen Gruppierungen, sondern auch von terroristischen Staaten wie dem Iran werden die Frauen systematisch unterdrückt. So bestimmt ein iranisches Gesetz: »*Frauen, die sich in der Öffentlichkeit nicht vorschriftsmäßig kleiden und schmücken oder zur Verbreitung der Unmoral und fremder Kulturen beitragen, werden verhaftet und mit 74 Peitschenschlägen bestraft.*« Das ist genauso barbarisch wie die offiziell verordnete Steinigung von Frauen bei Ehebruch, die juristische Rechtfertigung der Blutrache oder die Straflosigkeit, wenn jemand einen anderen tötet, der den Propheten und seine Nachfolger geschmäht hat.

Als ultrapatriarchalische und frauenfeindliche Religion trägt der Islam ein überproportionales Maß an Mitschuld an der ungleichen Verteilung der Lebenschancen in dieser Welt: Wie die UNDP 1994 ermittelte, haben die Männer 62 Prozent der Arbeitsplätze dieser Welt, 74 Prozent des Arbeitseinkommens, 90 Prozent der Parlamentssitze und 94 Prozent der Regierungsposten okkupiert. Wie der real existierende Gottesstaat aussieht, ist gegenwärtig besonders in Afghanistan nachprüfbar: Trotz vieler Proteste (u. a. auch von »Afghan Women's Network«, dem »Netzwerk afghanischer Frauen«) dürfen Mädchen und Frauen keine Schule oder Universität mehr besuchen, sie dürfen keinen Beruf ausüben und ohne Begleitung eines Mannes das Haus nur zum Einkaufen verlassen – das Gesicht bis auf Sehschlitze verhüllt. Ein »Minister für sittliches Verhalten und Jungfräulichkeit« wacht darüber, daß aufsässige Frauen verprügelt oder ins Gefängnis gesteckt werden.

Aber auch dort, wo es zumindest nach außen hin friedlicher zugeht, sind die Frauen immensen Einschränkungen und Entrechtungen unterworfen. So werden die Frauen der Ibaditen im algerischen Mzab ab dem dreizehnten Lebensjahr verheiratet. Sie dürfen ihre Heimat nicht verlassen und ihren Mann in die Städte oder ins Ausland begleiten, sondern bleiben zu Hause – der Kontrolle der Schwiegermütter und der von den Geistlichen unter besonders frömmelnden Frauen ausgesuchten Totenwäscherinnen unterworfen, die jederzeit Zutritt zu den Häusern haben, den religiösen Unterricht erteilen und sogar aus der Glaubensgemeinschaft ausschließen können. Was bei den Ibaditen durch die Gegebenheiten einer orthodoxen Sekte besonders ausgeprägt in Erscheinung tritt, ist keineswegs ungewöhnlich, sondern bestimmt in unterschiedlicher Ausgestaltung das Leben von 95 Prozent der muslimischen Frauen dieser Welt.

So große Probleme der Islam damit hat, auch den Ungläubigen Rechte zuzugestehen – selbst im Verhältnis zwischen den Muslimen verschiedener Glaubensrichtungen und verschiedener Ethnien ist von Gleichheit wenig zu bemerken. Es ist ja nicht allein der türkische Staat, der die Kurden verfolgt, auch im Irak, im Iran und Syrien ist deren Lage nicht besser. Angeblich wurde der 1963 von Mohammed Talb Hilal, dem Gouverneur der syrischen Provinz Djazira, gestartete Zwölf-Punkte-Plan zur »Endlösung der Kurdenfrage« 1976 beendet, in Wirklichkeit wird aber weiter nach dessen Zielsetzung vorgegangen, die volkliche Existenz der ein bis zwei Millionen Kurden in Syrien endgültig zu beenden. In einem 15 Kilometer breiten Gürtel entlang der Grenze zur Türkei und dem Irak soll die gesamte kurdische Bevölkerung ausgetauscht werden gegen in militärisch gesicherten »Wehrdörfern« zusammengezogene arabische Wehrbauern. Kurdische Publikationen und Medien sind verboten, der sonstige Gebrauch der kurdischen Sprache wird bestenfalls geduldet. Geographische Bezeichnungen wurden arabisiert und den Eltern ist seit 1992 untersagt, ihren Kindern kurdische Namen zu geben. Mehrere dutzend politische Gefangene, von denen viele gefoltert wurden, sind namentlich bekannt. 16 von ihnen hatten 1995 friedlich in Kamishli daran erinnert, daß 1962 120 000 Kurden in der Provinz Djazira ausgebürgert worden waren. Beson-

ders verheerend ist, daß die PKK, um ihre Unterstützung durch
das Assad-Regime nicht zu gefährden, zu dieser Arabisierungspolitik schweigt oder sie sogar noch unterstützt. Hinzu kommt
eine syrische Spezialität: 200 000 in Syrien geborene Kurden gelten als »Ausländer ohne Staatsbürgerschaft«, weitere 75 000 als
»maktoumeen«, als Staatenlose der untersten Kategorie, die
nicht einmal in den Bevölkerungsregistern geführt werden. All
diese Menschen sind rechtlos: Sie dürfen weder Land noch Häuser oder Unternehmen erwerben. Der öffentliche Dienst ist
ihnen ebenso verschlossen wie die höheren Schulen und Universitäten. Sie haben kein Wahlrecht, werden in öffentlichen
Krankenhäusern nicht behandelt und dürfen das Land nicht verlassen. Ehen mit syrischen Staatsangehörigen werden nicht
anerkannt, auch wenn diese Kurden sind. Festzuhalten ist in
diesem Zusammenhang, daß nicht allein der Islam nicht verhindern konnte, daß die Araber ihren rigorosen und rigiden Chauvinismus, durchsetzt mit rassistischem Hochmut, gegen andere
Völker, ob diese nun indogermanischen oder negroiden Ur-
sprungs sind, ausleben, sondern daß darüber hinaus die Betonung des arabischen Elements im Islam (von Gott den Arabern
gesandte Buchreligion; Gültigkeit des Korans nur in seiner
arabischen Urfassung usw.) seit 1500 Jahren die Araber bestärkt
hat in einer egozentrischen, narzißtischen, sich selbst vergotten-
den Weltsicht.

4. Die Unvereinbarkeit mit dem Brüderlichkeitsgebot

Als der Stammvater des schwarzen Islams in den USA, W. D. Fard, Anfang der dreißiger Jahre einen kurzen Text in die von ihm geschaffene Fahne der neuen Glaubensgemeinschaft aufnahm und sich dabei vom Leitspruch der französischen Revolution inspirieren ließ, ließ er bezeichnenderweise ein Wort weg, das einen zentralen Wert des Jahres 1789, aber auch einen zentralen Wert des Christentums verkörpert: die Brüderlichkeit. Statt dessen wurden der weiße Halbmond und der weiße Stern auf rotem Grund, die diese Fahne zierten, umrahmt von dem Text »*Gleichheit, Gerechtigkeit, Freiheit, Islam*«. In der Tat ist dem Islam der Gedanke der Brüderlichkeit unter allen Menschen nicht nur fremd, sondern zuwider. Daß jeder »*eine Richtung*« hat, nach der er sich kehrt (S 2, 143) bzw. jeder »*eine Norm und eine Heerstraße*« (S 5, 52), daß es also verschiedene Glaubensbekenntnisse gibt, nimmt der Koran als zunächst einmal gegeben hin, aber er versteht diese Tatsache stets als Ausgangspunkt für mögliche Veränderungen. »*Allah wird euch zusammenbringen*« (S 2, 143), heißt es, womit Mohammed sich selbst bzw. seinen Nachfolgern die Aufgabe zuweist, als Interpreten des Willens Allahs zu entscheiden, wann und unter welchen Umständen sich diese Einigung vollziehen kann. Bis dahin sollen zwar die Religionen »*im Guten wetteifern*« (S 5, 53), aber strikt getrennt und distanziert bleiben, denn den Muslimen wird, um so der Bekehrungsgefahr zu entgehen, untersagt, sich Christen und Juden zu Freunden zu nehmen (S 5, 56). Brüderlichkeit existiert für Mohammed nur unter Glaubensbrüdern. Bereits Christen und Juden, von den anderen Religionen und den Areligiösen (den Spöttern und Ungläubigen; vgl. S 5, 62) ganz zu schweigen, werden im Islam nicht akzeptiert und respektiert, sondern nur geduldet und dies auch nur unter sehr engen Voraussetzungen:

– Judentum und Christentum werden als Vorläuferreligionen zum wahren Glauben angesehen und damit als eine vom Islam vorgefundene Halbwahrheit, als ein zwar nicht kurzfristig zu beseitigendes, aber dennoch letztlich nicht zu tolerierendes Faktum betrachtet und behandelt, dessen Existenz nur von begrenzter Dauer sein darf. In einer klassischen Projektion behauptet Mohammed, die Muslime würden die Juden und Christen lieben, während sie von beiden gehaßt würden (S 3, 114–115). Christen und Juden wird vorgeworfen, voller Hochmut von sich zu behaupten: »*Wir sind Allahs Kinder und seine Geliebten*« (S 5, 21). Im übrigen richten sich große Hoffnungen des Islams darauf, daß Allah Haß und Feindschaft unter den Christen erregt habe »*bis zum Tag der Auferstehung*« (S 5, 17), daß also das Christentum sich selbst zerstören wird.

– Beide Religionen haben gegenüber dem Islam keinen Anspruch auf Gleichberechtigung, Gleichbehandlung, Gleichwertigkeit. Sie genießen nur dann einen eingeschränkten Schutz, wenn sie sich als »Schutzchristen« bzw. »Schutzjuden« der halben Rechtlosigkeit des Dhimmi-Daseins unterwerfen. Gleichzeitig werden sie theologisch diffamiert, z. B. die Christen als »*Fresser von Unerlaubtem*« (S 5, 46). Den »Ungläubigen« wird auch ritueller Kindermord vorgeworfen (S 6, 138) – ein uraltes, vor allem gegen die Juden vorgebrachtes Ammenmärchen. Die in bestimmten islamischen Ländern zeitweise geübte Toleranz galt »*nie prinzipiell gleichberechtigten anderen, sondern gewährte nur bestimmten Gruppen ein Existenzrecht in einem inferioren Status. Das war gewiß besser, als sie totzuschlagen oder zu versklaven, aber keine Toleranz im neuzeitlichen Sinne*« (Siegfried Kohlhammer »*Die Feinde und die Freunde des Islam*«, in *Merkur*, 49. Jg. , Sept.-Okt. 1995, S. 804–824, hier S. 815).

– Im Laufe der Zeit hat sich die faktische gesellschaftliche Stellung der Dhimmis in der Grundtendenz eher verschlechtert als verbessert. In der frühislamischen Zeit griffen die Herrscher in Ermangelung einer arabischen Führungsschicht notgedrungen auf Angehörige der Dhimmi-Religionen als Beamte und Berater zurück. So erwarben z. B. bestimmte Christen das Privileg, die höfische Dienstfunktion des Vaters auf den Sohn zu vererben. Dies änderte sich im Osten mit dem Kalifen Omar II. (717–720), der den Dhimmis die Bekleidung öffentlicher Ämter untersagte. Und heute ist zu beobachten, daß die im 19. und frühen 20. Jahrhundert – also in der Blütezeit des islamischen Modernismus – erreichten Fortschritte in der Emanzipation der Dhimmis wieder zunichte gemacht werden. Selbst in einem relativ fortschrittlichen Land wie Ägypten ist es heute undenkbar, daß ein Christ wie der ehemalige UN-Generalsekretär Butros Butros Ghali, Enkel des 1910 von einem radikalen Muslim ermordeten bisher einzigen koptischen Premierministers Butros Ghali Pascha, im Lande selbst eine herausragende politische Position, etwa das Amt des Innen- oder Außenministers, einnimmt.

– Die heiligen Bücher der Christen und Juden sind nur dort heilig und verehrungswürdig, wo sie mit dem Koran übereinstimmen. Wo sie von diesem abweichen, handelt es sich für die Muslime notwendig um Verfälschungen. Obwohl der Koran zu mehr als zwei Dritteln aus (oft auf Mißverständnissen, Umgestaltungen und apokryphen Überlieferungen beruhenden) Übernahmen aus dem Alten und Neuen Testament besteht, behauptet Mohammed, nur die Muslime glaubten an das »*ganze Buch*« (S 3, 115).

– Durchschnittliche und fundamentalistische Muslime unterscheiden sich in ihrer Stellung zu Christen und Juden nur darin, daß diese von den Radikalen als Heiden und Gottesleugner angesehen werden, während der »normale« Muslim den anderen Buchreligionen immerhin eine begrenzte Einsicht und einen gewissen guten Willen zugesteht – ohne aber zu vergessen, daß in verschiedenen Suren aus der medinensischen Zeit auch den ahl al-kitab, den Leuten des Buches, alles Schlechte nachgesagt wird (vgl. 3, 62 ff; 3, 114–115; 4, 47; 9, 29). Absurderweise bezeichnet Mohammed diejenigen als die Gläubigen unter den Juden, die an das Alte Testament und an den Koran glauben (S 4, 160).

Der urahnenalte geschichtliche Gegensatz zwischen den Hebräern und den anderen Semiten prägt auch die Vorstellungswelt des Korans. Aus dem Interesse an jüdischen Konvertiten heraus betont Mohammed an verschiedenen Stellen, es gäbe auch gute (sprich ihn unterstützende und mit ihm verbündete, oder zumindest ihn nicht bekämpfende) Juden. So heißt es in der zweiten Sure in Vers 94, »*die meisten*« der Juden glaubten nicht. Dem Judentum wird kritisch vorgehalten, daß es weniger als der Islam auf das »*Spätere*«, also auf das Jenseits, orientiert sei, und es wird das uralte Vorurteil vom stets schachernden Juden bedient: »*Sie verkaufen den Irrtum*« (S 4, 47). In der Tat ist das Judentum nicht nur weniger metaphysisch-spekulativ als der Islam, sondern auch, trotz aller Betonung von Geboten und Regeln, sehr viel weniger eine auf Strafe im Diesseits wie im Jenseits fixierte Gesetzesreligion. Daß Mohammed Ismael neben Abraham als Stiftungsvater des Islams benennt (beide hätten *»die Fundamente des Hauses«* gelegt; S 2, 121), macht implizit die Berufung des Propheten auf das, was mit den Juden gemeinsam ist, wie auf das, was Israeliten und Araber trennt (und in seiner Sicht auch trennen soll!), deutlich. Zugleich wird mit der Legende, Gott habe Abraham aufgefordert, Muslim zu werden, und dieser habe voller Ergebenheit zugestimmt, der Ursprung des Islams von Mohammeds Zeit zurückdatiert in eine mythische Ferne. Diese *»Religion Abrahams«* (vgl. S 2, 129) wird dann gegen die Juden und die Nazarener ins Feld geführt. Das uralte üble Spiel des *»teile und herrsche«*, des Ausspielens der Christen gegen die Juden und der Juden gegen die Christen, ist bereits im Koran angelegt. So wird behauptet (S 5, 85), die Nazarener seien den Muslimen am freundlichsten, weil sie Priester und Mönche hätten und nicht hoffärtig seien, während die Juden und die Heiden *»den Gläubigen am meisten feind«* seien.

Für jeden von uns ist das Einsortieren von Menschen in Schubladen eine große Versuchung. Noch reizvoller ist es, zu entscheiden, wer zu den Guten und wer zu den Bösen gehört. Auch Mohammed widersteht dieser Versuchung nicht: Immer wieder ist er es, der entscheidet, wer sich zu den Gläubigen rechnen darf. Mit besonderem Haß verfolgt er dabei alle, die ihm als Lästerer erscheinen. Dies trifft besonders die Juden, denen er (vgl. S 2, 13 ff.) »Rebellion«, »Spott« usw. vorwirft. Das, was Mohammed für den Umgang mit den häufig dialektisch geschulten und bibelfesten Juden seinen Anhängern mit auf den Weg gibt, ist eine kluge Taktik des vorläufigen Ausweichens, solange diese in Gefahr stehen, bei öffentlichen Disputationen den Kürzeren zu ziehen bzw. womöglich sogar wieder vom Islam abzufallen. *»Vergebt ihnen«*, heißt es in Sure 2, Vers 103, *»und meidet sie, bis Allah mit seinem Befehl kommt.«* Damit hatte der Prophet es in der Hand, zu einem ihm günstig erscheinenden Zeitpunkt hervorzutreten und das Ende der Vergebung und des Religionsfriedens als Allahs Befehl zu verkünden.

An den Juden scheint Mohammed besonders zu erbittern, daß Gott sie *»vor aller Welt bevorzugte«* (vgl. S 2, 44), ohne daß sie sich dieser Ehre dadurch würdig erwiesen, daß sie in Scharen zum Islam übertraten. Auf diesem Hintergrund enthält der Koran einen ganzen Katalog von Verwünschungen gegen die Juden: So heißt es z. B. in der zweiten Sure, die Juden verleugneten Allahs Zeichen und töteten seine Propheten (vgl. S 2, 58), sie hätten Allahs Wort »*vernommen und verstanden und hernach willentlich verkehrt*« (S 2, 70). Andererseits wird von Mohammed den Juden, mit denen er zu tun hat und die er für den Islam gewinnen will, in derselben Sure eine Brücke gebaut an das islamische Ufer: Wer immer von den Juden »*an Allah glaubt und an den Jüngsten Tag und das Rechte tut, die haben ihren Lohn bei ihrem Herrn*« (vgl. S 2, 59). Wer aber diese Brücke, die vom Judentum weg und zum Islam führen soll, nicht beschreitet, der wird als Ungläubiger verflucht. Dies hat seine Folgerichtigkeit. Mohammed betont stets zu seiner Legitimierung und zur leichteren Durchsetzbarkeit seiner Botschaft, daß der Koran in Übereinstimmung stehe mit dem Alten Testament. Wenn nun die Juden dies leugnen und dem Propheten aus dem fernen Mekka die Anerkennung verweigern, dann muß dieser das seiner Gemeinde so erklären, daß die Juden zwar den Inhalt des Korans längst aus dem Alten Testament kennen, aber verleugneten, »*was sie kannten*« (vgl. S 2, 83 ff.). Dieser »Beweis« von Schuldfähigkeit und Schuld der Juden ist ein Musterbeispiel, wie der frühe Islam die konkurrierenden Bekenntnisse nach dem Motto »*Friß oder stirb*« vor die Wahl zwischen totaler Kapitulation oder totalem Krieg stellte. Einerseits sollen die »*Abwender*« ergriffen und totgeschlagen werden, »*wo immer ihr sie findet*«, andererseits soll, wenn sie Frieden anbieten, nur dann gegen sie bis zur Vernichtung gekämpft werden, wenn sie sich erneut gegen die Muslime empören (S 4, 91).

Sowenig der Islam in seiner Hauptströmung gegenüber den anderen Religionen und ihren Anhängern Brüderlichkeit praktiziert hat, sowenig hat er in seiner langen Geschichte innerhalb der muslimischen Gemeinschaft eine Kultur der Toleranz, des Lebens und Lebenlassens, entwickelt. Für die Sultane etwa war es zunächst einmal üblich, daß der bei den Nachfolgekämpfen siegreiche Prinz seine Brüder und deren Söhne umbringen ließ. Später milderte sich dies ab zu der Institution der »Prinzenkäfige«, also zu einer lebenslangen Gefangenschaft der möglichen Konkurrenten. Wenn Blutsverwandte so miteinander umsprangen, dann wird man kaum erwarten, daß mit den Untertanen oder mit Fremden humaner verfahren wurde. So sehr der politische Mord eine kulturübergreifende Erbkrankheit der Menschheit ist, so fällt es doch auf, wie sehr er gerade im Orient stets zum Alltag gehört hat und immer noch gehört. Ob Saddam Husseins Irak, ob Algerien, Iran oder Ägypten – es sind gerade orientalische Länder, in denen politische Gegner im Regelfall physisch eliminiert und nur im Ausnahmefall gewaltfrei ausgeschaltet werden, während es sowohl in den christlich geprägten Kulturen als auch in Ostasien nur in relativ seltenen Fällen zum Äußersten kommt, dafür allerdings auch das Instrumentarium des Isolierens, Verleumdens und Kaltstellens tatsächlicher oder vermeintlicher innerer Feinde perfektioniert wurde.

Wenn man sehen will, wie der Islam mit anderen Religionen zusammenlebt, so ist es hilfreich, die Geschichte des seit 1350 Jahren vom Islam unterdrückten Koptentums heranzuziehen. Die Kopten sind die »Söhne des Pharao«, die Nachfahren der alten Ägypter. »Al-qibt«, »Kopten«, ist die arabisierte Form des griechischen »Aigyptoi«. So wurden nach der Eroberung Ägyptens (639–641 n. Chr.) die Ureinwohner des damals rein christlichen Landes von den neuen Herren bezeichnet. Die Kopten hatten die Araber zu Hilfe gerufen gegen die Byzantiner, als diese mit brutaler Gewalt die koptische Kirche der byzantinischen Reichskirche zu unterwerfen versuchten. Die Araber kamen, vertrieben die Byzantiner – und gingen nicht wieder. Ohne die Gewaltherrschaft der Byzantiner (Absetzung, Folterung und Verbannung des Papstes Dioskuros), ohne die theologisch absurde Verleumdung der Kopten (wie auch der Äthiopier, Armenier, Syrer) als »Monophysiten« (Verfechter der einen Natur Christi) und die damit begründeten Verfolgungen hätte der Islam sich nicht so einfach in Ägypten festsetzen können. Die Kopten hatten nichts anderes getan, als an der Botschaft der Evangelien und der Lehre der ersten drei ökumenischen Konzile festzuhalten, daß in Christus die göttliche und die menschliche Natur zu einer einzigen Substanz vereinigt sind: »*eine Natur Gottes im fleischgewordenen Wort*«, »*ganz Wort (Logos) im Fleisch und ganz Fleisch im Wort*«.

De iure und de facto sind die Kopten in Ägypten niemals gleichberechtigt gewesen, ja sie hatten sogar im 19. Jahrhundert mehr Rechte und mehr Einfluß als heute. 1981 wurde der koptische Papst Schenuda III. von Sadat mit vielen seiner Glaubensgenossen ins Gefängnis geworfen und auch Sadats Nachfolger Mubarak verhängte anfangs Hausarrest gegen den Kirchenführer. Bei den letzten landesweiten Wahlen wurde kein einziger koptischer Kandidat gewählt, obwohl sie in vielen Gemeinden die Mehrheit stellen. In den Schulen werden koptische Kinder gezwungen, Koranverse auswendig zu lernen. In den Universitäten, im öffentlichen Dienst, in der Armee und in der Polizei werden Kopten systematisch schikaniert und diskriminiert.

Die Kopten, deren genaue Zahl niemand kennt, da die Regierung eine Zählung verweigert, dürften in Ägypten zwischen fünf und zehn Millionen Anhänger haben, das wären 10 bis 15 Prozent einer Bevölkerung, von der sich 96 Prozent auf nur 3 Prozent des Staatsgebietes zusammendrängen, davon allein ein knappes Drittel (17 Millionen) in Kairo. Geführt von Papst Schenuda III., dem einhundertsechzehnten Nachfolger des heiligen Markus, sind die Kopten heute eine sehr lebendige Gemeinschaft. Trotz aller Verfolgungen sind die zehn Männer- und sechs Frauenklöster Zentren religiösen und intellektuellen Lebens, zumal alle jüngeren Mönche und Nonnen über eine akademische Ausbildung verfügen. Allein in Kairo gibt es über 170 koptische Organisationen im karitativen und kulturellen Bereich. Die koptischen Bischofssitze im Ausland, denen 187 Kirchen und 17 Klöster unterstehen, reichen vom Sudan und Ostafrika bis nach Frankreich und England. Trotz aller Beharrlichkeit ist es den Kopten allerdings nicht gelungen, sich ihre eigene Sprache im Alltag zu bewahren. Das Koptische, das aus dem Ägyptischen und dem Griechischen entstand, ist inzwischen zu einer weitgehend toten, nur noch in der Liturgie verwendeten Sprache geworden.

Das koptische Christentum in Ägypten geht zurück auf die Anfangszeit des Christentums. Im Jahre 43 besuchte der heilige Markus, der Chronist des ältesten Evangeliums, Alexandrien, gründete die erste katechetische Schule der Christenheit (unter ihren Schülern finden wir später Athenagoras, Clemens von Alexandrien, Origenes) und erlitt dort zu Ostern des Jahres 68 den Märtyrertod. Aus Ägypten stammt der Titel »Papst« (Vater) – dort wurde er zum ersten Mal für den Patriarchen Heraclas von Alexandria, der von 230 bis 246 amtierte, gebraucht. Aus dem christlichen Ägypten stammt die erste Blindenschrift (durch den im Jahr 396 gestorbenen Didymus entwickelt), dort entstand – vor allem unter dem Einfluß des heiligen Antonius des Großen (251/52–356) – die erste Klosterkultur. Die frühen Konzile der Christenheit (Nicea 325, Konstantinopel 381, Ephesus 431 und 449) waren geprägt vom Einfluß der bedeutenden koptischen Kirchenväter wie Athanasius der Große (um 295–373) oder Kyrill der Große (gest. 444). Viele der in Westeuropa verehrten Heiligen wie Mauritius oder Gereon waren koptische Missionare, die zwischen Irland und Indien, zwischen Frankreich und Ostafrika den christlichen Glauben verbreiteten.

Schon immer war die koptische Kirche eine Märtyrerkirche – allein unter dem römischen Kaiser Diocletian, der von 284 bis 305 regierte, sollen 800 000 ihrer Mitglieder hingerichtet worden sein – mit dem »Martyriumsjahr« 284 beginnt daher der koptische Kalender. Seit 1971 der Islam in Ägypten Staatsreligion wurde, haben orthodoxe und radikale Muslime immer mehr Einfluß gewonnen – nicht zuletzt durch großzügige Sendezeiten für ihre Prediger, die wie der Scheich Kish in Fernsehen und Rundfunk für den islamischen Gottesstaat agitieren und zum Haß gegen angebliche »Ungläubige« aufrufen konnten. Obwohl die ägyptische Verfassung auf dem Papier Religionsfreiheit und freie Religionsausübung garantiert, versuchen die Islamisten mit brutalsten Mitteln, zu denen neben Mordanschlägen vor allen Entführungen koptischer Mädchen und Frauen, Vergewaltigungen und Zwangsverheiratungen gehören, die koptische Gemeinschaft zu dezimieren und ihr moralisch das Rückgrat zu brechen. Man rechnet mit 7000 bis 10 000 Zwangsbekehrungen jährlich, davon hunderte *»nach sexuellem Mißbrauch in den Händen muslimischer Männer«* (Shyam Bhatia im *Observer*, 5. 6. 1994). Trotz aller Interventionen von Menschenrechtsorganisationen weigert sich die korrupte und islamistisch unterwanderte ägyptische Polizei, in solchen Fällen tätig zu werden. Ein Gericht entschied, die von Islamisten entführte zwölfjährige Koptin Shireen Farid Mikhail als Muslimin registrieren zu lassen, obwohl nach ägyptischem Recht Minderjährige nicht die Religion wechseln können. Wie in der Türkei, wo ein Anfang der vierziger Jahre zerstörter Trakt im Palast des Patriarchen erst kürzlich und auch nur nach massiven amerikanischen Interventionen wiederhergestellt werden durfte, müssen auch in Ägypten die kleinsten Umbauten und Erneuerungen in christlichen Gebäuden von allerhöchsten

Staatsstellen genehmigt werden. Eine absolute Farce ist beispielsweise, daß die Toilette einer koptischen Kirche in Assiut nicht repariert werden kann, ohne daß der Staatspräsident Hosni Mubarak zustimmt. Wer ohne staatliche Erlaubnis in einer Kirche auch nur eine Wand streicht, wird verhaftet.

Zwar ist in Ägypten die »Gamaat al-Islamiya«, einst geführt von dem wegen des Anschlages auf das World Trade Center in Amerika inhaftierten blinden Scheich Omar Abdul Rahman, durch entschiedene Verfolgung zurückgedrängt worden, aber außerhalb der großen Städte ist sie immer noch stark. Dort hindert sie niemand daran, von den koptischen Christen jene Kopfsteuer zu erheben, die für die islamische Frühzeit typisch war. Über alle ihre Feinde hat die Gamaat schwarze Listen angelegt, und immer wieder kommt es zu Morden. So wurden von Islam-Terroristen am 12. 2. 1997 in einer Kirche in der Nähe von Abu Qurqasin zwölf junge Christen aus automatischen Pistolen erschossen. Nur drei Tage später wurden drei weitere Kopten in der Nähe des Ortes ermordet. Am 14. 3. 1997 starben bei einem Überfall auf ein Dorf neun Christen. Seit 1992 verloren weit über 200 Christen ihr Leben. Im islamistischen Terror liegt ein wesentlicher Grund dafür, daß die koptische Kirche in Ägypten jedes Jahr bis zu 20000 Mitglieder durch Übertritte zum Islam verliert.

Gegen die Christen in Pakistan, gerade vier Prozent der Bevölkerung, führt der militante Islam seit Jahren einen Vernichtungskrieg. Amnesty International warf dem pakistanischen Staat im Juli 1994 »Mißbrauch des Blasphemie-Gesetzes zur Verfolgung religiöser Minderheiten« vor und beklagte, daß »extremistische Gruppen das Gesetz in die eigenen Hände nehmen und Angehörige der religiösen Minderheiten (oder ihre Verteidiger) angreifen, verletzen oder töten«. Ein christlicher Parlamentarier wurde mittels des Blasphemie-Gesetzes mit dem Tode bedroht, weil er Jesus den Sohn Gottes genannt hatte. Für dieses »Vergehen« galt 1927 eine Höchststrafe von zwei Jahren, seit 1986 (unter dem Diktator Zia ul-Haq) eine von zehn Jahren, später dann lebenslänglich, bis schließlich auf Empfehlung des obersten islamischen Gerichtes die Todesstrafe eingeführt wurde. Welch Fortschritt auf dem Wege von der Kolonialzeit zur »islamischen Demokratie«!

Als der Iran im Juni 1996 die Aufenthaltsgenehmigung für Alexander von Oettingen, den Seelsorger der dortigen deutschen Gemeinde, nicht verlängerte, protestierte die Evangelische Kirche in Deutschland (EKD) mit den Worten: »*Die EKD geht davon aus, daß im Iran der deutschsprachigen Gemeinde die gleiche ungestörte Arbeit ermöglicht wird, wie dem islamisch-schiitischen Zentrum in Hamburg.*« Nun, sinnvoller wäre es gewesen, man hätte verlangt, diese Zentrale schiitisch-islamistischer Umtriebe so lange stillzulegen, bis deren faktischer Oberherr, das iranische Mullah-Regime, einlenkt. Im übrigen können deutsche Pastoren den Iran immerhin lebend verlassen, während immer wieder einheimische Christen ermordet werden. Allein die kleine Pfingstbewegung der »Versammlungen Gottes« mit etwa 2000 Mitgliedern hat bereits sieben Märtyrer verloren (vgl. die Zeitschrift »*Verfolgte Christen*« Nr. 1/97, S. 5 f.): Arastoo Sayyah, Vikar in Shiraz (ermordet durch Durchschneiden der Kehle); Bahram Deghani-Tafti, Sohn des anglikanischen Bischofs (erschossen); Pfarrer Soodmand, Gemeindeleiter in Mashad (1990 im Gefängnis erhängt); Bischof Haik Hovsepian-Mehr (ermordet 1994); Pfarrer Dibaj (ermordet 1994, ein halbes Jahr nach seiner Freilassung aus neunjähriger Folterhaft ohne Verwandtenbesuche und ohne die Möglichkeit, in der Bibel zu lesen); Pfarrer Tateos Michaelian, Leiter der presbyterianischen Kirche und Vorsitzender des Protestantischen Rates der Pastoren (ermordet); Pastor Mohammed Bagher Yusefi (ermordet 1996 nahe seinem Haus in Sari). Gleichzeitig besitzt die iranische Botschaft in Bonn die Frechheit, bei Protesten zu antworten, diese seien unbegründet, da im Iran religiöser Friede herrsche. Ein Friede, bei dem der Verkauf von Bibeln und die Anfertigung von Kreuzen verboten ist, und allen, die nicht bereits Mitglied einer Gemeinde sind, es verboten ist, sich in der Umgebung der Kirche aufzuhalten oder einen Gottesdienst zu besuchen und jede Kirche von der Schließung bedroht ist, die diesen Auflagen zuwiderhandelt. Permanente Überwachung durch die Polizei, die »Religiösen Wächter«, das militärische politisch-ideologische Büro und die paramilitärischen Freiwilligen der Revolutionären Ausschüsse kommen hinzu (vgl. *Deutsches Allgemeines Sonntagsblatt*, 25. 2. 1994).

Besonders mörderisch treten die Islamisten dort auf, wo der Koran für Anhänger der Vielgötterei nur die Bekehrung, die Versklavung oder die Tötung kennt. Als der Japaner Igarashi, der Übersetzer von Salman Rushdies *Die satanischen Verse*, ermordet wurde, erklärte der Sprecher der Pakistan Association of Japan, die Japaner seien »*wie die Tiere*«. Warum? Nun: »*Sie achten die Religion anderer Menschen nicht. Man muß ihnen eine Lektion erteilen.*« Und wie bewertet dieser Terroristen-Sprecher die erteilte Lektion? Folgendermaßen: »*Da Japan kein islamisches Land ist, verstößt dieser Mord gegen das japanische Recht, aber nach islamischem Recht geht das durchaus in Ordnung. Wir haben uns heute beglückwünscht. Wir waren alle wirklich sehr froh*« (vgl. Daniel Easterman, *New Jerusalems. Reflections on Islam, Fundamentalism and the Rushdie Affair*, London 1992). Hier wirkt ein Denken fort, das auch die arabischen Sklavenhändler, die Organisatoren eines der großen Menschheitsverbrechen, beherrschte. Noch im ersten Viertel dieses Jahrhunderts waren in der Sahara große Sklavenkarawanen unterwegs. Erst die französische und englische Kolonialmacht setzten dem ein Ende – ein Grund, warum von vielen Nicht-Arabern trotz aller Verbrechen und Ungeschicklichkeiten der europäische Kolonialismus als halbe Befreiung erlebt wurde.

Der konstitutionelle Mangel an brüderlicher Nächstenliebe macht den Islam aber nicht allein unfähig zum friedlich-gleichberechtigten Zusammenleben mit den fremden »Ungläubigen«, sondern auch mit den schwarzen Schafen und verlorenen Söhnen der eigenen Familie. Auch unter Muslimen verschiedener Hautfarbe ist es dem Islam sowenig wie dem nordamerikanischen Christentum gelungen, soziale Gleichheit, Gerechtigkeit und Respekt herzustellen. So sind im Süden Marokkos die Nachkommen schwarzer Sklaven oder Soldaten, die etwa 300 000 Haratin, und die neu hinzukommenden Einwanderer aus Schwarzafrika weiterhin einer Vielzahl von Diskriminierungen ausgesetzt. Haratin dürfen kein Land besitzen und leben auch heute noch sehr oft unter den Bedingungen eines mittelalterlichen Frondienstes für »ihre« Gutsbesitzer.

Selbst in Mekka während der Hadsch, der Pilgerfahrt, also während des absoluten Höhepunktes im Leben eines Muslims, zeigt sich immer wieder Menschlich-Allzumenschliches im Austragen aller möglichen politischen Konflikte wie der Erstürmung der Großen Moschee durch Ultra-Islamisten 1987 (402 Tote) oder im egoistischen Sich-Retten bei diversen Massenpaniken

(1990: 1492 Tote bei Beleuchtungsausfall in einem Tunnel; 1994: 270 tote Indonesier in einem Gedränge; 1997: über 220 Tote bei einer Panik nach einem Brand). Alles andere als fromm und gottesfürchtig ist auch das skandalöse Verhalten der islamischen Welt gegenüber den Ahmadiyya-Muslimen, einer muslimischen Glaubensrichtung, die vom reaktionär-rechtgläubigen Sunnitentum seit Anfang der fünfziger Jahre erbittert verfolgt wird. Weltweit gehören dieser am Anfang dieses Jahrhunderts entstandenen Gemeinschaft zehn Millionen Menschen an. In Pakistan ist es ihnen seit 1974 verboten, sich als Muslime zu bezeichnen und Symbole des Islams zu benutzen. Seit 1991 droht ihnen nach dem Blasphemie-Gesetz dafür sogar die Todesstrafe, obwohl ihre Lehre sich vom offiziellen Islam nicht mehr, sondern eher weniger unterscheidet als der Protestantismus vom Katholizismus. Nehmen wir an, Schweden verböte den Katholiken den Gebrauch christlicher Symbole oder Italien den Waldensern und das mit argumentativem Hinweis auf die nicht ganz ausgelasteten staatlichen Henker – welch ein Aufschrei würde durch die Welt gehen. Pakistan praktiziert Vergleichbares seit Jahren, und im Westen der Welt kräht kein Hahn danach. Nein, statt dessen werden die pakistanischen Generäle und ihre Kreaturen von den USA und deren Trabanten hofiert – und als Pendant dazu treffen sich dann naive Grüne wie einst Petra Kelly mit Benazir Bhutto, in der sie eine Vorkämpferin der Demokratie zu sehen glaubten. Hinzu kommt, daß gegenwärtig in Pakistan die Verfolgung der Ahmadis verschärft wird, und sich diese unter immer subtileren Formen verbirgt und immer stärker von offenkundigen staatlichen Machenschaften verlagert wird auf Aktionen, die angeblich ohne staatlichen Auftrag und Einfluß ablaufen. Daher wird für die Ahmadis eine Anerkennung als Asylant in Deutschland immer schwieriger, und mehreren hundert von ihnen droht die Abschiebung in die pakistanischen Kerker.

Unvereinbar nicht allein mit den Regeln eines modernen Verfassungsstaates, sondern unvereinbar mit der elementarsten Menschlichkeit ist die barbarische Strafe, die der Islam in der Scharia etwa bei Ehebruch vorsieht: die Steinigung. Dort, wo das Christentum durch seinen Stifter von vornherein ein Tabu, eine unübersteigbare Hürde, errichtet hat (»*Wer aber unter Euch ohne Sünde ist, der werfe den ersten Stein auf sie*«; Joh. 23, 7), fordert der Islam den kollektiven Mord an dem Sünder und der Sünderin, obwohl selbst Mohammed zeitweise (in S 4, 19) für ein lebenslängliches Einsperren plädiert, »*bis der Tod ihnen naht oder Allah ihnen einen Weg gibt*« – in den Selbstmord oder vielleicht sogar zur Flucht in die Freiheit könnte man hier hineindeuten. Bei »Hurerei« der Männer, wobei wohl ebenso »unsittlicher« Geschlechtsverkehr mit einer Frau wie Homosexualität gemeint sind, empfiehlt Mohammed – entsprechend seiner patriarchalischen Weltsicht – eine mildere Variante: Beide sollen bestraft werden, aber »*so sie bereuen und sich bessern, so lasset ab von ihnen*« (S 4, 20).

Der englische Journalist Alex Spillus beschreibt ausführlich, wie im Herbst 1996 eine Horde aus Taliban und deren aufgeputschter Anhang den Fahrradhändler Turyali und seine gleichaltrige Stiefmutter Nurbibi in der afghanischen Stadt Kandahar steinigten. Verraten an die Religionspolizei der Taliban wurden die beiden von den Söhnen Nurbibis, die so die »Ehre« ihres Vaters wiederherstellen wollten. Ironie des Schicksals: Die Ehefrau Turyalis behielt nur ein einziges Foto als Andenken an ihren Mann – auf seiner Mitgliedskarte in einer radikalislamischen Gruppe, einer derjenigen, die von den Taliban als nicht radikal genug verboten und vernichtet wurden. Gegenüber solchen religiös bemäntelten Verbrechen gilt, was Ingo Schmidt in der Zeitschrift *Novo* (Nr. 24, Sept./Okt. 1996, S. 6) den Verteidigern einer Annemarie Schimmel ins Stammbuch schreibt:

»*Ich denke, man sollte sich nicht scheuen, die menschenverachtenden Praktiken einer Religion, ob sie nun Islam oder Christentum heißt, als solche zu benennen, auch wenn ihre fast zweitausendjährige Geschichte – frei nach dem Motto: Das war schon immer so – die Empfindung für das Unrecht in einer Tradition neutralisierend bindet, wodurch sie allerdings keinen Deut von ihrer beabsichtigten Wirkung verlieren.*«

5. Die Unvereinbarkeit mit dem Friedensgebot

Als in Algerien 1996 sieben unbewaffnete Mönche von einem Kommando der GIA ermordet wurden, erinnerte der Bischof von Algier, Monsignore Teissier, an eine alte einfache Wahrheit: »*Gott wird verraten, wenn man in seinem Namen tötet.*« Dies ist nicht allein eine Grundeinsicht des Christentums (gerade in der christlichen Selbstkritik an Kreuzzügen und Konquistadorentum), es ist auch der Auftrag des Alten Testamentes, wie er gerade in der jüdischen Selbstkritik an den vielen Irrwegen, die das jüdische Volk in seiner Geschichte immer wieder eingeschlagen hat, begriffen wird. Der Islam hat eine andere Tradition: Mohammed selbst soll seine politisch-religiöse Partei in 29 Schlachten angeführt haben. Und schon der Nachfolger Mohammeds, der erste Kalif Abu Bakr (geboren um 573, regierte von 632 bis zu seinem Tode 634), benutzte den Vorwurf der Apostasie, also des Abfalls vom Islam, als bequeme Rechtfertigung dafür, Kriege gegen die Rebellion arabischer Stämme (ridda) vom Zaun zu brechen. Der Apostat (murtadd) ist für den Koran generell ein zu tötender Glaubens- und Gottesfeind, zumal er in der Sicht des Korans von Allah die Satane als Beschützer erhalten hat (S 7, 26). Die dezidierte Unfriedlichkeit, die Ablehnung einer Koexistenz auf Dauer, ist nicht allein ein koranisches Erbe – sie manifestiert sich beispielsweise auch aktuell in den Erklärungen des Führers der bosnischen Muslime Alia Izetbegovic: »*Es gibt keinen Frieden und keine Koexistenz zwischen dem islamischen Glauben und nichtislamischen gesellschaftlichen und politischen Institutionen. ... Der Islam schließt das Recht und die Möglichkeit für jegliche fremde Ideologie aus, in seinem Bereich wirksam zu werden. Es gibt folgerichtig kein laizistisches Prinzip!*« (vgl. *Die Welt*, 9. 2. 1993). Der Koran proklamiert in der Sure »Al-Tauba« (»Die Reue«; 9, 29): »*Kämpfet wider jene von denen, welchen die Schrift gegeben ward, die nicht glauben an Allah und an den Jüngsten Tag und nicht verwehren, was Allah und sein Gesandter verwehrt haben, und nicht bekennen*

*das Bekenntnis der Wahrheit, bis sie den Tribut aus der Hand ge-
demütigt entrichten.«*

Die Unfriedlichkeit des Islams findet sich im Koran begründet, oft in unmittelbarer Nachbarschaft zu Deklarationen der
Menschenliebe und des Gewaltverzichts. Da heißt es in S 5, 35 in
einem wunderschönen Bild, wenn einer einen Menschen er-
morde, dann sei dies, als habe er die ganze Menschheit ermordet. Nur zwei Verse weiter wird bekräftigt, der Lohn derer, die
Allah und seinen Gesandten befehden, sei es, getötet, gekreuzigt,
verstümmelt, vertrieben zu werden (und zusätzlich in der Hölle
zu schmoren). Wenig später (S 5, 42) wird anempfohlen, Dieben
die Hände abzuschneiden. Zwar soll kein Leben getötet werden,
»das Allah verwehrt hat« (S 6, 152), aber dies wird sogleich ein-
geschränkt durch die Nachbemerkung, *»es sei denn mit gerech-
tem Grund«* – z. B. im Kampf gegen die Ungläubigen.

Die Islamisten haben aus Ländern wie Algerien oder Iran durch
ihren Terror und dessen politisch-gesellschaftliche Folgeerscheinungen die Hölle auf Erden gemacht. Immer verheerender
wütet der mörderische Wahnsinn in Algerien. Besonders der
Fastenmonat Ramadan des vergangenen Winters wurde über-
schattet von Bombenanschlägen auf abendliche Spaziergänger
in Algier und vom Abschlachten vieler Kinder, Frauen und Zivilisten in Dörfern, deren Bewohner sich den Emissären der Islamisten verweigert hatten. Im Dorf Sidi Abdelaziz beispielsweise
wurden von einem Killer-Kommando in der Moschee 49 Menschen – darunter Neugeborene – mit Messern und Äxten nie-
dergemetzelt. Dies ist jene Mordpolitik, die Antar Zourabi,
»Emir« der »Bewaffneten Islamischen Gruppe« (GIA), in einem
Flugblatt folgendermaßen angekündigt hatte: *»Wer nicht auf
meiner Seite steht, ist ein Abtrünniger des Islams und verdient den
Tod.«* In vielen algerischen Orten hat die Regierung sogenannte
»Kommunalmilizen« gebildet. Deren rund 100 000 Mitglieder
sind häufig vor allem wegen des Soldes, der dem dreifachen Min-
destlohn entspricht, eingetreten. Im Gegenzug rotten die Islamisten ganze Dörfer aus, wo Kommunalmilizen existieren. Hinzu
kommt, daß immer wieder Kriminelle und Folterknechte im
Windschatten der islamistischen Mörder ihre Verbrechen begehen. Auf diesen Punkt weist die algerische Journalistin Louisa
Hanoun hin: *»Niemand kann mehr mit Gewißheit Islamisten,*

Milizionäre, Mafiosi und Soldaten unterscheiden.« Für all diese Verbrechen liegt die letzte Verantwortung bei der Heilsfront und ihren Frontorganisationen, denn sie waren es, die Bürgerkrieg und Massenmord begonnen haben und auch weiterhin den allergrößten Teil der Verbrechen begehen. Nichts, absolut nichts rechtfertigt diesen Terror – kein Hunger, keine Arbeitslosigkeit, keine moralische Verfallserscheinung, kein Fehler der Regierung und kein staatliches Verbrechen. Der Terror der islamischen Despotien und der Terror der islamistischen Oppositionsgruppen gehören untrennbar zusammen: Sie wurzeln im gleichen Ungeist, in einer urahnenalten Tradition der Gewaltverherrlichung und Gewaltsucht, die durch den Islam nicht unterbrochen, ja nicht einmal abgeschwächt wurde. Natürlich ist das Übermaß an Gewalt in den islamischen Ländern weder eine direkte noch eine unausweichliche Folge des Islams, aber dennoch existiert ein Zusammenhang zu einer Religion, die wieder und wieder zur Gewalt gegen innere und äußere Feinde aufruft und – verstärkt durch die Ideologie der Unfehlbarkeit und Einzigartigkeit des Korans – die Machthaber und das Kollektiv der Gläubigen ermuntert, abweichendes Verhalten durch brutale Strafen zu ahnden und mehr von Einschüchterung zu erwarten als von friedlicher Verständigung. Daß im Irak Deserteuren die Ohren abgeschnitten werden, und denen, die die Baath-Partei verlassen wollen, die Todesstrafe droht, gehört ebenso in diesen Kontext wie das öffentliche Hinrichten von Straftätern in vielen islamischen Ländern (Iran, Saudi-Arabien, Syrien, Irak usw.) oder die bestialische Brutalität, mit der Despoten Aufstände niederschlagen (z. B. Assad 1982 bei der Niederschlagung der islamistisch inspirierten Revolte im syrischen Hama, als über 10 000 Menschen getötet wurden). Nicht Verständnis und Beschönigung ihrer Untaten haben die Terroristen verdient, sondern konsequenten Widerstand, der ihnen die Waffen aus der Hand schlägt, sie zur Vernunft bringt und sie zum Frieden zwingt.

Es kommt auf die von der Seuche der Mordlust und Gewaltsucht befallenen Gesellschaften ein langer schwerer Gesundungsprozeß zu – die schrittweise Wiedereingliederung jener politischen Kriminellen in die Gesellschaft, die den Bürgerkrieg überlebt haben und überhaupt noch zur Umerziehung und Resozialisation fähig sind. Unendlich schwer wird es sein, die naheliegenden Gedanken der Rache und Vergeltung zu überwinden. Wer will ein solches Gefühl Menschen verdenken, die wie bei dem 1993 von Islamisten verübten Mord an dem algerischen Intellektuellen Mohammed Boukhabza gefesselt mitansehen mußten, wie ihrem Bruder bzw. Großvater die Kehle durchgeschnitten wurde.

Nicht das ängstliche Gesäusel der opportunistischen Gesundbeter, sondern eine harte und klare Sprache ist erforderlich, um ein Umdenken und eine Umkehr zu erreichen. »*Ich schreie nach diesem großen Schweigen, aus dem das Wort sich nicht hervorwagt*«, heißt es bei dem arabischen Dichter Adonis. Nicht die diplomatische Kanzleisprache der offiziellen Politik mit ihren nebulösen Kompromißformeln ist hier gefragt, sondern jene schonungslose Aufdeckung der Widersprüche, die wir etwa dem seit 1985 in München lebenden tunesischen Schriftsteller Hassouna Mosbashi verdanken: »*Auf den Straßen Algiers, Kairos oder Istanbuls wird man heute ganz einfach ermordet, weil man ein Intellektueller ist – ein Mensch, der von der friedlichsten aller Freiheiten Gebrauch macht, nämlich, sich seiner Vernunft und Urteilsfähigkeit zu bedienen. Von der Weltöffentlichkeit mehr oder weniger unbemerkt – oder auch ignoriert – machen die islamistischen Meister des organisierten Verbrechens in der arabisch-islamischen Welt Jagd auf die Köpfe von Schriftstellern, Journalisten, Wissenschaftlern und Gelehrten, die sich dem Maulkorb der allgemeinen Zensur und Gedankenpolizei widersetzen und sich erlauben, gegen den Strich des religiösen Stumpfsinns zu denken*« (*Die Zeit*, 11. 2. 1994).

Beispielhaft seien hier einige der blutigen Taten des Islamismus genannt:

– 1978 das Massaker an Aleviten im türkischen Kahramanmaras (über 100 Tote) ,

– 1985 die vom sudanesischen Diktator Numeiri und dem Islamistenführer Hassan Turabi organisierte Ermordung des fast achtzigjährigen Reformtheologen und Mystikers Mahmoud Muhammad Taha,

– 1985 die Ermordung des für Toleranz eintretenden Scheichs Sobhi Salah in Beirut durch die Hisbollah,

– 1988 das gegen Armenier gerichtete Massaker in der aserbaidschanischen Industriestadt Sumgait mit mehreren hundert Toten,

– 1988 die Ermordung der libanesischen Philosophen Mahdi Amal und Hassine Mroua,

– 1992 die Ermordung des islamkritischen ägyptischen Autors Farug Foda,

– 1992 die Hinrichtung des saudischen Dichters Sadok Abdel Karim Melallah unter dem Vorwurf der Gotteslästerung,

– 1992 die Ermordung des iranischen Künstlers Freydoun Farokhzad in Bonn (wohl durch iranische Geheimdienstler aus Rache dafür, daß er sich dem Oppositionsführer Manouchehr Ganji, den er bespitzeln sollte, offenbart hatte),

– 1993 die Ermordung von Ugur Mumcu, einem bekannten Journalisten der Istanbuler Tageszeitung *Cumhuriyet (Die Republik)*, durch eine Autobombe,

– 1993 die Ermordung des algerischen Arztes und Dichters Laabi Flici, der sich einen Ruf als »Anwalt der Armen« erworben hatte und des algerischen Präsidenten Mohammed Boudiaf,

– 1993 die Ermordung des berberischen Schriftstellers Tahar Djaout und des Dichters und Soziologieprofessors Youssuf Sebti,

– 1993 eine Autobombenexplosion, der der ägyptische Ministerpräsident Atef Sedki knapp entgeht; auf den Informations- und den Innenminister werden durch die Gamaat al-Islamiya ebenfalls Anschläge verübt,

– am 2. Juli 1993 die Ermordung von 37 Männern, Frauen und Kindern im türkischen Sivas durch einen Mob, den Prediger in den Moscheen und der zur Refah-Partei Erbakans gehörige Bürgermeister dirigierten,

– im März 1995 die Ermordung von 25 Menschen, vor allem Aleviten, in Istanbul bei Übergriffen der islamistisch dirigierten Polizei, nachdem im Stadtteil Gaziosmanpasa von Islam-Terroristen ein alevitisches Teehaus beschossen worden war,

– 1996 versuchte Anschläge auf jüdische Einrichtungen in Europa, die nur dadurch verhindert werden, daß die belgische Polizei im Hafen von Antwerpen ein mit Sprengstoff beladenes iranisches Schiff aufbringt,

– 1997 die Ermordung von sieben israelischen Schulmädchen durch einen islamistischen jordanischen Soldaten.

Hassouna Mosbashi ist zuzustimmen, wenn er in dieser »*Strategie des religiös verbrämten Terrors*« einen Angriff auf die Kultur sieht, der diese ersticken will »*im Leichengeruch des Obskurantis-*

mus und der Ignoranz«. Anscheinend ist es so, daß nur in denjenigen Ländern, die den Terrorismus so energisch bekämpfen, wie es Tunesien 1991-92 gegenüber der islamistischen Ennada praktizierte, der innere Friede wiederhergestellt werden kann. Jedem sollte bewußt sein, daß, wo dieser nicht gewahrt wird, auch der äußere Frieden immer wieder bedroht ist. Es ist kein Zufall und nicht mit irgendeiner aktuellen Bedrohung zu erklären, wenn unter den neun größten Waffenkäufern der Erde gleich vier arabische Länder zu finden sind: der Irak, Libyen, Saudi-Arabien und Ägypten. Hinzu kommt, daß verschiedene außerarabische islamische Länder wie der Iran, Pakistan und Indonesien bis an die Zähne gerüstet sind. So unsinnig es wäre, dies aus einer einzigen Ursache abzuleiten, so ist dennoch die strukturelle Unfriedlichkeit des ursprünglichen, seine Reformation und seine Einpassung in die moderne Welt verweigernden Islams in diesem Zusammenhang ein wesentlicher ursächlicher Faktor für politische Militanz und militärische Kriegslüsternheit.

Zwischen der Notwendigkeit der Selbsterhaltung und Selbstverteidigung einerseits und der Versuchung andererseits, in Selbstüberschätzung und Kriegshysterie zu verfallen, verläuft ein schmaler, gewundener, absturzgeneigter Weg. Gerade wir Deutschen sollten dies wissen: Als ein Volk in der Mitte, als Brücken-Volk im Zentrum Europas zwischen Ost und West, Süd und Nord, waren wir stets in einer besonderen Lage und in besonderen Risiken – in der Gefahr, von allen Seiten in die Zange genommen, überrannt und aufgerieben zu werden, aber auch in der Gefahr, aus Angst heraus entweder uns selbst aufzugeben oder die Flucht nach vorn in eine schrankenlose Selbstüberhebung anzutreten. Auch die Araber sind in der Sicht Mohammeds ein »*Volk in der Mitte«* – zwischen dem Westen (das byzantinisch besetzte Ägypten, aber auch das schon seit Jahrhunderten besetzte und durch den Exodus halb zerstörte Israel), dem Osten (Persien), dem Norden (Byzanz, Mesopotamien), dem Süden (Afrika, vor allem Äthiopien); zwischen Christentum, Judentum und der Lehre Zarathustras. In den folgenden Jahrhunderten haben die Araber nicht der Verlockung widerstanden, von ihrem Kerngebiet aus zu Eroberungen in alle Himmelsrichtungen aufzubrechen. »*Das kriegerische Beduinentum wurde zum ›Schwert des Islam‹, der beutegierige Kampfgeist der Beduinen fand über-*

höhte Schubkraft als Teil eines Heilsgeschehens. Unter der neuen pax islamica wird aus den rivalisierenden Stämmen eine ›Heilige Armee‹ zur weiteren Ausbreitung des Islam« (Erdmute Heller, in: Anno Wilms, *Beduinen*, München 1985, S. 9).

Der schnelle Erfolg unter den ersten Kalifen gab den Arabern scheinbar zunächst einmal recht: Nach dem Sieg am Jarmuk über die Byzantiner (636) eroberten sie bis 661 ein Reich, das vom heutigen Tunesien bis zum Schwarzen und zum Kaspischen Meer reichte, den größten Teil des heutigen Iran umfaßte, Ägypten, Zypern und Syrien einschloß und schon das südliche Kleinasien erreicht hatte. Bis zur Mitte des 8. Jahrhunderts kamen Algerien, Marokko, der größte Teil der Iberischen Halbinsel und Samarkand dazu; der Indus wurde erreicht und überschritten. Aber bald schon setzte der Niedergang ein. Der Kalif Al-Mutassim (796–842, Kalif von 833–842) war der erste, der türkische Söldner anwarb – jene Söldner, die schließlich die arabische Herrschaft beseitigten und selbst die Staatsgeschicke bestimmten. Ein knappes Jahrtausend lebte die Mehrheit der Araber unter fremder Herrschaft – bis im 19. Jahrhundert das nationale Erwachen der Völker und im 20. Jahrhundert die antikolonialen Revolutionen den Weg ebneten für eine Befreiung der arabischen Völker, zugleich aber auch die uralten Triebkräfte arabischer Selbstüberschätzung, Selbstvergottung und Eroberungslust wieder freisetzten, an die schon Mohammed appelliert hatte, als er die Muslime als »*Nachfolger Allahs*« pries (S 6, 165). Wenn es nicht gelingt, diese barbarischen Antriebe einzubinden und zu zivilisieren, ist eine neue Epoche der Kriege und Katastrophen voraussehbar.

6. Das Ausbleiben der islamischen Reformation

Es ist über 1000 Jahre her, da hatte der Islam die Chance, durch eine tiefgreifende Reformations- und Aufklärungsbewegung sich an die Spitze des menschlichen Fortschritts zu setzen, das Erbe der griechisch-römischen Antike anzutreten und die erste Hochkultur der Moderne zu werden. Diese Chance wurde vertan und verspielt. Es ist gerade heute wichtig, an diese alte Geschichte und ihre Konsequenzen zu erinnern. Unter den frühen Abbasidenherrschern hatte sich die rationalistische Denkrichtung der Mutasiliten herausgebildet, die bis zur Mitte des 9. Jahrhunderts das arabische Geistesleben beherrschte. Die Mutasiliten hatten begonnen, den Islam aus einer dezidiert antihistorischen und antirationalistischen Ideologie in eine geschichtsbewußte, zu selbstkritischer Reflexion fähige Weltanschauung zu verwandeln. Sie verwarfen die ahistorische Mythologie Mohammeds und begriffen den Koran als in der Zeit und aus der Zeit heraus geschaffen. Sie wehrten sich mit ihrer Theorie der absoluten Einheit Gottes gegen den primitiven Anthropomorphismus des Propheten, der wie ein Marionettenspieler und Bauchredner Gott für menschlich-allzumenschliche Belange die jeweils erwünschten Sprüche vortragen läßt, z. B. bei Sure 66 zur Regelung seiner Eheprobleme mit seinen Gattinnen Hafsah und Aischah, denen er androht, Allah könne ihm »*bessere Gattinnen als euch zum Tausch*« geben (S 66, 5). Die Mutasiliten betonten zugleich die Willensfreiheit des Menschen und denunzierten das Gottesbild der Orthodoxen völlig zu Recht als das eines ungerechten Gewaltherrschers. (Zu den für die orientalische Despotie typischen Absurditäten gehört, daß unter dem Kalifen al-Mutassim (796–842, Herrscher seit 833) der rationale, kritische, menschenfreundliche Mutasilismus zum Staatsdogma wurde, dessen Gegner – etwa die Anhänger des Traditionalisten Asch-Schafii (gestorben 820) – erbarmungslos verfolgt wurden.)

Alle Ansätze einer kopernikanischen Wende im Islam wurden im 10. bis 12. Jahrhundert zunichte gemacht. Eine entscheidende

Rolle spielte dabei ein Konvertit, ein Verräter par excellence: der Philosoph und Theologe al-Aschari (gestorben 935/36), der als Mutasilit begann, aber bald schon seine Aufgabe darin sah, einen auf methodische Tricks reduzierten, kastrierten und pervertierten Pseudo-Rationalismus zur Grundlage einer neuen Orthodoxie zu machen. Diese islamische Gegenreformation wurde von al-Baqillami, al-Dschuwaini und al-Ghazali (gestorben 1111) fortgesetzt. Al-Ghazali, der wie al-Aschari als Rationalist begann, implantierte eine auf rituelle Vollzüge zurechtgestutzte Mystik in den orthodoxen Fundus, bekämpfte zugleich aber jede wirkliche Mystik – vor allem den Batinismus der Ismailiten, die durch Auslegung (tawil) versuchten, den verborgenen inneren Sinn (batin) der Glaubensüberlieferung herauszufinden. (Lediglich in der Schia lebten Elemente der mutasilitischen Philosophie wie die Lehre von der Erschaffenheit des Korans und die Ablehnung der Prädestination fort.)

Eine zweite Chance auf eine Reformation bot sich dem Islam im späten 12. und frühen 13. Jahrhundert unter dem Einfluß des genialen Ibn al-Arabi (1165–1240). Er, der zu Recht als »zweiter Lehrer« gleich nach dem »ersten Lehrer« Aristoteles gerühmt wurde, lehrte (u. a. in seinem Hauptwerk *Der Musterstaat*) die Einheit allen Seins (wahdat al wudschud), was nicht als primitive Gleichsetzung von Welt und Transzendentem zu verstehen ist, sondern als eine vielfach gebrochene Widerspiegelung. Geschöpfe und Schöpfer gehören für ihn untrennbar zusammen. Eine zentrale Rolle spielen in seinem Denken die großen Heiligen: Sie sind Emanationen Gottes, haben Einsicht in die verborgene Welt und vermitteln zwischen diesseitigen Menschen und jenseitigen Mächten. Diese Idee hatte für die mongolischen Völker wegen ihrer Anknüpfung an die Vorstellungswelt des Schamanentums besondere Anziehungskraft, aber sie mißfiel naturgemäß den Schriftgelehrten, für die buchstäblich nichts mehr übrigblieb. Von daher war es nicht verwunderlich, daß die Lehre al-Arabis erbittert von der Orthodoxie, z. B. von dem Scharia-Theoretiker Ali Ibn Taimiya (1263–1328), bekämpft wurde. Ali Ibn Taimiya, der zur Rechtsschule der Hanbaliten gehörte, predigte wie alle Reaktionäre und Gegner des freien Denkens die Rückkehr zu den angeblichen Ideen der angeblich »*rechtschaffenen Altvordern*«. Als die Geographen und Weltreisenden Ibn Battuta (geb. 1304, gest. zwischen 1368 und 1377) und Leo Africanus (um 1492 bis um 1550) die kühnen Gedanken der philosophischen Vordenker in weitgespannte Forschungsabenteuer umsetzten, hatte sich in den arabischen Geisteswissenschaften längst eine Orthodoxie durchgesetzt, die sich immer rigoroser auf die Fiktion verlegte, der Islam enthalte alles Wissen und mache damit jedes Forschen und jedes kritische Denken entbehrlich. In dieser Zeit wurde das Auswendiglernen des Korans zum Hauptinhalt der Elementarbildung. Besonders verheerend wirkte sich die Theorie der hanbalitischen Rechtsschule, der am stärksten traditionalistischen Islamdeutung, aus, alle Aussagen des Korans über Gott müßten »*ohne ein Wie*« (bila kaif) akzeptiert werden.

Im von Ervin Laszlo herausgegebenen Report einer unabhängigen internationalen Expertengruppe *Rettet die Weltkulturen. Der multikulturelle Planet* (Stuttgart 1993) heißt es über diese Entwicklung: »*Vom 14. Jahrhundert an gab es einen Stillstand in der arabischen Kultur und dann einen Niedergang. Eine enge und puritanische Interpretation dessen, was von der Religion ›erlaubt‹ sei, setzte der intellektuellen Freiheit im Reiche des Islam enge Grenzen. Dazu kamen politische Unterdrückung und Despotismus, die kulturelle Aktivitäten in einen Formalismus und Ritualismus abgleiten ließen. Irgendwelche Neuerungen, insbesondere in bezug auf Religion, waren verpönt aus Angst vor ›widerwärtigen Interpretationen‹. Mit dieser Tendenz fiel zusammen, daß die Handelsrouten zwischen Europa und dem Orient von der arabischen Welt jetzt um das Kap der Guten Hoffnung herum verlegt wurden, was zu einer Isolation führte und die kulturelle Stagnation verstärkte*« (S. 206 f.). Im Wahhabitismus, dem die in Saudi-Arabien herrschende Feudalkaste anhängt, leben diese Ideen – noch einmal übersteigert – fort. Selbst für die auf Abu Hanifa (699–767) zurückgehende, relativ pragmatische hanefitische Rechtsschule, heute von Bosnien über die Türkei, Afghanistan und Pakistan bis nach China verbreitet, gilt zuallererst der Wortlaut der Schrift und seine Deutung. Lediglich als ergänzendes Rechtsmittel werden Vernunfturteile (als »Fürguthalten«) herangezogen. Auch die von Malik Ibn Anas (710–795) mit seinem Werk *Al-muwatta (Der gebahnte Pfad)* begründete und heute vor allem in Afrika verbreitete malikitische Rechtsschule, betont, daß man sich eher am Gewohnheitsrecht (idjma) als an der eigenen Vernunft orientieren soll.

Nach dem Abebben der im 19. Jahrhundert begonnenen Reformversuche, nach dem vorläufigen Scheitern der Bestrebungen zu geistiger Reformation und politischer Säkularisation des Islams wird niemand so vermessen sein, eine Antwort zu wagen auf die bittere Frage Nagels: »*Wann endlich wird das in so unerträglicher Weise ideologisierte Geistesleben der islamischen Welt zu jener Ernsthaftigkeit des Ringens um die Erkenntnis Gottes und seiner Absichten mit dieser Welt zurückfinden, die das Studium der älteren Quellen mit soviel Gewinn an Erkenntnis belohnt?*« Zu den gescheiterten Hoffnungen gehört auch die, daß von Reformern in der iranischen Schia eine Erneuerung des Islams ausgehen werde. Ali Schariati, der in den siebziger Jahren zum Idol tausender junger Revolutionäre wurde, 1977 in London allzufrüh an einem Herzinfarkt starb und anschließend von Chomeini, der ihn stets gehaßt hatte, schamlos als sein Kampfgefährte ausgegeben wurde, schrieb in einem Brief an seinen Vater: »*Die These vom ›Islam ohne Klerus‹ hat sich durchgesetzt. Das hat dazu geführt, daß der Schiismus den engen mittelalterlichen Rahmen gesprengt hat, in dem das Denken erstarrte, die Weltanschauung dem Aberglauben verhaftet war und die Intellektuellen der Religion mit Skepsis und Feindschaft gegenüberstanden. Dieser, nun von den Verirrungen, den modernden Nischen der Moscheen, Ritualen und Todeskult befreite Islam kann endlich die Bühne des Lebens, der Bewegung und der Neuschöpfung betreten.*« (*Majmueh-e asar*, Bd. 1, S. 8) An einer anderen Stelle heißt es: »*Der Ausgangspunkt meiner Gedanken ist die Religion. Aber ich insistiere auf dem reformierten Islam, auf einer bewußten Revision, die auf einer Renaissance des Islam basiert.*« (*Majmueh-e asar*, Bd. 4, S. 11) Es bleibt abzuwarten, ob sich diejenigen, die diesem Gedankenpfad folgen, zumindest auf geistigem Gebiet durchsetzen können, wo schon trotz einer seit Jahren katastrophalen Wirtschaftslage das Teheraner Mullah-Regime weder zusammengebrochen ist noch von innen heraus gestürzt wurde.

Von denen, die ihre eigenen Wunschphantasien der harten Realität vorziehen, wird dreist behauptet, der Islam modernisiere sich Schritt für Schritt, und man brauche nur noch ein oder zwei Generationen Geduld zu haben, dann werde vollautomatisch der Islam sich dort befinden, wo heute der Katholizismus oder die christliche Orthodoxie angekommen seien, ja vielleicht werde sogar der ohnehin ach so sozial eingestellte und tolerante Islam sogar bald schon die lichten Höhen des heutigen Protestantismus erreicht haben. Ob man die Säkularisierung der Religionen für wünschenswert hält oder nicht – ein unvoreingenommener Beobachter der Zeitläufte kann nur zu der Einschätzung kommen, daß die bis Anfang dieses Jahrhunderts vollzogene zeitweise Modernisierung im Islam nicht nur zum Stillstand gekommen ist, sondern längst umgekehrt worden ist in einen durchgängigen Triumph mittelalterlicher asiatischer Despotie. Nicht allein im Iran oder im Irak, nein, auch in Ägypten, einer der Wiegen der menschlichen Kultur und vor 100 Jahren das fortschrittlichste muslimische Land, triumphieren der Rückschritt und der Atavismus. Nasr Abu Zaid, einer der profiliertesten Reformmuslime, durch die Anklage wegen Gotteslästerung und die Zwangsscheidung von seiner Frau sowie durch Morddrohungen ins Exil getrieben, sagt zu Recht, daß auch in seinem Heimatland die Moderne nicht das Bewußtsein erreicht hat und rein äußerlich bleibt, während der Staat nur der Form nach säkular ist, dem Inhalt nach aber immer noch der religiösen Reaktion unterworfen bleibt. Ohne daß die ägyptische Verfassung überhaupt einen Gottesleugnungsparagraphen enthält, läßt dieser Staat es zu, daß religiöse Eiferer mit Hilfe staatlicher Richter ihre Gegner ausschalten. Nasr Abu Zaid demaskiert, was sich hinter der Fassade der ägyptischen »Demokratie« verbirgt: »*Der Staat ist ein autoritärer Staat und jeder autoritäre Staat braucht die Religion in ihrer reaktionären Ausprägung. ... Seit den ausgehenden sechziger Jahren haben die rückwärtsgewandten Kräfte die Überhand gewonnen. Sie beherrschen heute selbst die meisten Institutionen des modernen Staates wie Parteien, Berufsverbände und gewinnen immer mehr Einfluß an den Universitäten, in der Polizei und der Armee.*« (Interview mit der *Taz*, 31. 1. 1994) Es ist kein Zufall, kein unabwendbares Schicksal und kein fremdverschuldeter Unglücksfall, daß der arabische Raum zu den Gebieten mit der höchsten Analphabetenrate auf der Welt gehört, wobei diese bei den Frauen etwa doppelt so hoch liegt wie bei den Männern (vgl. Raphael Patai, *The Arab Mind*, New York 1983), und daß die Mehrzahl der Muslime auf dieser Erde Analphabeten sind (in Pakistan zwischen 70 und 80 Prozent der Bevölkerung, im Sudan 73 Prozent, in Ägypten 52 Prozent, in Marokko 51 Prozent, in Algerien 43 Prozent, selbst in Saudi-Arabien und Syrien noch 38 bzw. 36 Prozent). Auch Nasr Abu Zaid betont immer wieder, daß er den Koran für »*göttlich und von Gott offenbart*« hält. Vielleicht glaubt er, nur so überhaupt in der islamischen Welt ein Echo finden zu können für seine These, daß die Verse des Korans »*dennoch historisch determiniert und in einem bestimmten historischen Umfeld entstanden sind*« (vgl. *K. St.-A.*, 10. 12. 1996).

In einem Gespräch mit Adelbert Reif (»Keine ›Islamischen Tiger‹ auf dem Sprung«, in: *Universitas*, 52. Jg., Febr. 1997, Heft 608, S. 187 ff.) hat Dieter Weiss darauf hingewiesen, daß weder von den Bildungs-, Forschungs- und Entwicklungsinvestitionen noch von einer modernen Industrie- und Strukturpolitik, vor allem aber von den mental-kulturellen Voraussetzungen her zu erwarten ist, daß die arabischen Länder die Dynamik der asiatischen Tigerstaaten auch nur annähernd erreichen werden. Während zwischen 1980 und 1991 die jährliche wirtschaftliche Wachstumsrate in Ostasien sechs Prozent betrug, in Südasien (Indien) immerhin noch drei und im ehemals sowjetischen Zentralasien zwei Prozent, lag sie in Lateinamerika und Schwarzafrika bei minus ein Prozent, im arabischen Raum bei minus drei Prozent. Natürlich ist hierfür nicht monokausal die islamische Prägung verantwortlich zu machen, aber man muß sich doch fragen, warum die Vorherrschaft des Katholizismus (vgl. Polen, Lateinamerika, große Teile Schwarzafrikas) ebenso wie die Vorherrschaft des Islams wirtschaftliche Rückständigkeit zu garantieren scheint, während die Länder, in denen Protestantismus, Judentum, Konfuzianismus dominieren, in aller Regel prosperieren – wie ungünstig die ökonomischen Vorausetzungen auch immer waren. Von den Ausgangsbedingungen her hätten sowohl Ägypten als auch Algerien heute den Standard Malaysias, das von seiner starken chinesischen und indischen Minderheit profitiert, erreicht haben müssen. Aber sowohl der »arabische Sozialismus« wie auch die »Islamisierung der Wirtschaft« waren und sind ökonomisch desaströs. Darüber hinaus zeigt sich das Fortwirken einer unseligen islamischen Tradition, die das Auswendiglernen betont und das Hinterfragen verbietet. Seit im 19. Jahrhundert das »Tor der freien Urteilskraft« (idjtihad) geschlossen wurde, war »*die notwendige dynamische, flexible Anpassung an eine veränderliche wirtschaftliche und soziale Umwelt*« blockiert (ebd., S. 190). Angesichts dessen ist es nicht verwunderlich, daß 1993

58 Prozent aller internationalen Privatinvestitionen nach Ost-
und Südostasien flossen, dagegen nur drei Prozent in den Nahen
Osten.

Wie schnell eine ebenso beschränkte wie unfundierte Kritik
im alten Elend landet, demonstrieren eindrucksvoll die islamischen »Modernisten«. Ihr Versuch, den Islam von den Überfor-
mungen der nachprophetischen Zeit zu befreien und den Koran
als einzige Grundlage und Richtschnur zu nehmen, endete in
Absurditäten bzw. in einer Rabulistik, die stets nur nach Zitat-
belegen für die momentan betriebene Politik suchte. D. Al-Af-
ghani (geboren 1838 oder 1839, gestorben 1897) entwarf eine
Ideologie des Panislamismus, die in Verbindung mit der von Abdallah Suhrawadi 1903 in London gegründeten »Panislamischen
Gesellschaft« einem islamischen Weltreich den Weg bereiten
sollte. Zwar behaupteten »Modernisten« wie Mohammed Abduh
(1849–1905), der Islam sei die Religion der Vernunft und des
Fortschritts, weigerten sich aber gleichzeitig, die historisch-kritische Methode auf die Entstehung des Islams anzuwenden – aus
Furcht, von den Orthodoxen als Gotteslästerer angeklagt zu werden, aber auch aus der berechtigten Befürchtung heraus, daß
eine ernsthafte Analyse des Islams dessen modernistische Deutung allzuschnell als faulen Zauber und rosarote Illusion erweisen würde. Gerade auch die Ahmadiyya-Muslime neigen in
ihrem Bestreben, sich im Westen als »moderne Muslime« zu präsentieren und so leichter Fuß fassen zu können, dazu, alles Mögliche aus dem Koran heraus und in ihn hineinzulesen. Da werden nicht nur Hinweise auf die Entwicklung der modernen
Verkehrsmittel oder auf die Atom- und Wasserstoffbomben gefunden, sondern die selbst von den Fundamentalisten blutig verfolgten Ahmadis reihen sich mit ebenso wahnwitzigen wie fata-
len Prophezeiungen über die bevorstehende Vernichtung des
Christentums ein in die große Kampffront der Heiligen Krieger:
*»Beim ersten Aufstieg des Islams war der Untergang der christ-
lichen Völker nicht endgültig, aber sein Wiederaufstieg in unserer
Zeit wird die vollständige Verdrängung der Lehrsätze des heutigen
Christentums herbeiführen.«* (Ah.-Üb., Anmerkungen, S. 644)
Die Ahmadis sollten sich vorsehen – allzuleicht könnten sie mit
solchen Ideen zwischen die Fronten geraten und weder in der
christlichen noch in der islamischen Welt den Platz finden, den
selbst eine randständige Sekte braucht, um zu existieren.

Wenn man behauptet, der Koran biete richtig gedeutet eine Lösung für alles und für jeden, dann wird man natürlich für die Raumfahrt und die Gentechnologie Fundstellen im Werk Mohammeds suchen. Man wird alles Mögliche herbeizaubern können, wie Muhammad Iqbal (geboren zwischen 1873 und 1877, gestorben 1938), der »geistige Vater Pakistans«, bewies, der in seinem *Buch der Ewigkeit* die Ideen Einsteins und Bergsons im Koran wiederzufinden meinte. Ein solches Hineinphantasieren macht den Koran nicht moderner und die Gläubigen nicht klüger. Es war daher nicht zuletzt die offenkundige Haltlosigkeit der modernistischen Korandeutung, die der bald einsetzenden fundamentalistischen Gegenbewegung, zu der u. a. Mohammed Raschid Rida (1865–1935) und Hasal al-Banna (1906–1949) zu rechnen sind, ermöglichten, die Masse der Gläubigen unter dem Einfluß eines radikal denkfeindlichen Pseudo-Denkens zu halten. In diese Fußstapfen traten dann der Ägypter Sajid Kutb (1966 unter Nasser hingerichtet) und der Syrer Mustafa As-Sibai (1915–1964) – also die Matadore der islamistischen »Wiedergeburt« finsterer Vorzeiten.

Der Islam und der Frieden

1. Die Legende vom friedlichen Islam

Geradezu inflationär hat sich das Gerede vom »Feindbild Islam« ausgebreitet. Artikel und Bücher werden produziert, Tagungen abgehalten und Resolutionen gefaßt, die alle dem Ziel dienen, im Bewußtsein der Öffentlichkeit folgende Sichtweise zu verankern:

– Die Kritik am Islam ist unnötig, ungerechtfertigt, unwissenschaftlich. Sie dient nur dem Zweck, nach dem Ende der Ost-West-Konfrontation neue Feindschaften künstlich zu erzeugen, um damit von eigenen Schwächen abzulenken sowie Aufrüstung und Machtpolitik zu rechtfertigen.

– Der Islam ist eine gute Sache, seine Kritiker sind böse Menschen.

– Zwischen den Religionen und Kulturen gibt es ein paar kleinere Unterschiede, aber keine Gegensätze. Jeder Konflikt ist künstlich erzeugt und künstlich am Leben gehalten.

– Der Islam hat nichts mit dem Fundamentalismus zu tun, dieser ist entweder eine dem Neostalinismus vergleichbare extremistische Randerscheinung (pseudoliberale Variante) bzw. hat im wesentlichen soziale Ursachen als nur allzu verständlicher Protest der Ausgebeuteten und Entrechteten (pseudolinke Variante). Eine solche Sicht der Dinge soll nach den Wünschen ihrer Förderer zu einem nicht mehr hinterfragten Allgemeinplatz werden, zu einem Schablonenmuster des Nicht-Denkens.

So berechtigt es natürlich ist, fiktive und konstruierte Feindbilder zu attackieren, so notwendig es ist, Frieden auch unter Feinden zu halten, so unerläßlich ist es, dort wachsam und gewappnet zu bleiben, wo ein angriffsbereiter Gegner uns bedroht. Was würden die Superlinken und Ultraliberalen dazu sagen, wenn die alten Kämpfer und die jungen Nachbeter des Faschismus dazu aufrufen würden, das überholte und unnötige »Feindbild Faschismus« abzubauen? Siegfried Kohlhammer hat in einem couragierten Aufsatz (»Die Feinde und die Freunde des Islam«, in *Merkur*, 49. Jhg., Heft 9/10, 1995,

S. 804–824) aufgezeigt, wie seit Beginn der neunziger Jahre in den bundesdeutschen Medien (vor allem in der *Zeit*, der *Süddeutschen Zeitung* und der *Taz*) ein angebliches »Feindbild Islam« herbeiphantasiert wurde, um sogleich vor diesem zu bedrohlicher Größe aufgeblasenen Phantom lauthals zu warnen und im übrigen die Existenz des Feindbildes für mit dem Reden darüber bewiesen zu erklären – all dies unter dem Beifall von Orientalisten wie Heinz Halm oder Fritz Steppat, Politikern wie Norbert Gansel (SPD), Klaus Kinkel (FDP) und Willy Wimmer (CDU) sowie alt gewordenen Ex-Staatsmännern wie dem Sadat-Bewunderer Helmut Schmidt. Mit der These vom Feindbild Islam wurde »*Böses imaginiert, von dem man sich zur Vermehrung des eigenen moralischen Kapitals entrüstet distanzieren kann*« (ebd., S. 807). Die »*gruselige Panikmache und schreckliche Vereinfachung*«, die die *Zeit* den Gegnern des Islamismus vorwarf, prägte nahezu alle Verlautbarungen der Islam-Verteidiger, die, wie Kohlhammer betont, aus »*Selbsthaß und Unkenntnis der eigenen Geschichte*« (ebd., S. 805) immer wieder behaupteten, der Westen wisse zu wenig vom Islam. In Wirklichkeit stehen den im Westen erschienenen zahllosen wissenschaftlichen Publikationen über den Islam erschreckend wenige Veröffentlichungen in den islamischen Ländern über westliche Religion gegenüber.

Ist der Islam unser Feind? Nun, unbezweifelbar ist, daß der traditionalistische Islam dem Christentum, der christlichen Kultur und der aus dieser christlichen Kultur entstandenen Philosophie und Politik feindlich gegenübersteht und er diese ihm feindlich und widerwärtig erscheinende Gegen-Welt mit allen gebotenen Mitteln überwinden und vernichten will. Erst recht gilt diese Frontstellung für den Islamismus. Jeder mag für sich entscheiden, ob er in diesem uns aufgezwungenen Kampf gegen einen »Feind«, einen »Gegner« oder einen »Kampfpartner« sich zur Wehr setzt – solange er überhaupt kämpft und nicht von vornherein kapituliert. Dieser Widerstand schließt zwar weder Dialoge noch zeitweilige Kompromisse aus, aber andererseits ist nur durch entschlossene Gegenwehr das weitere Vordringen des orthodoxen Islams und des Islamismus aufzuhalten. Nur so sind beide zurückzudrängen auf ihr Ursprungsgebiet, den Orient. Wenn in diesem Prozeß eine islamische Reformation sich durchsetzen sollte, um so besser. Wenn in den Ländern Europas sich auf Dauer muslimische Minderheiten etablieren, die einem toleranten Euro-Islam anhängen und sich in die jeweilige Nation integrieren, dann muß man dies akzeptieren und positiv ausgestalten. Auch mit einzelnen versprengten Ultras und islamistischen Hinterzimmer-Clubs könnte man sich abfinden, wenn sie exotische Randerscheinungen blieben und nicht mehr Schaden anrichten könnten wie momentan die noch verbliebenen Anhänger Hitlers oder Stalins.

Im Sinne des »Feindbild-Islam-Mythos« wird besonders gern kolportiert, wer den Islam kritisiere, wolle ihn aus der Welt schaffen und verfechte einen aggressiven kulturellen und religiösen Neokolonialismus. Professor Udo Steinbach aus Hamburg, inoffizieller Sonderbotschafter des Iran in der deutschen Orientalistik, beklagt dies als Bestreben, daß »am Wesen unseres Menschenrechtsverständnisses ... die Welt genesen« soll (Leserbrief an die FAZ, 1. 6. 1995). Am Werke sieht er den »alten Westen, die alte Arroganz, die alte Dominanz gegenüber dem Islam – diesmal im Namen der Menschenrechte«. Nachdem er solchermaßen schon semantisch die Islam-Kritiker als Ewiggestrige, als Deutschnationale und Kolonialkrieger verortet hat, gesteht er großzügig zu, daß »in der Tat kein Zweifel daran« sei, »daß die Meßlatte für die Beziehungen zwischen der islamischen Welt und dem Westen die Menschenrechte sind«. Aber die seien eben »nichts Absolutes, aus jedem kulturellen Kontext Herausgelöstes«. Daher ist auch nach Steinbach das Todesurteil gegen Rushdie durch den »kulturellen Kontext« erklärlich und nicht ganz ungerechtfertigt: »Wer sich unziemlich am Religiösen vergeht, verletzt die Würde des Muslims. Rushdie hat sich gegen dieses Verständnis von Menschenwürde vergangen.« Ach ja, da gab es doch eine Zeit, als viele gute Christen ihre religiöse Würde verletzt sahen durch Hus, Luther, Giordano Bruno und nach dem Scheiterhaufen riefen. Oder einige Jahrhunderte später, als viele brave Deutsche ihre nationale Würde verletzt sahen durch Liebknecht, Luxemburg, Erzberger, Rathenau. Es ist von bewundernswerter Infamie, wie Steinbach die Verantwortlichkeit umkehrt und aus Opfern Täter, aus Gegenwehr Angriff macht: Für ihn sind die wahren Verfolgten in den islamischen Ländern zu finden (»Der Rushdies gibt es dort viele«), deshalb wäre »weniger – einseitig verstandene – Prinzipientreue ... für Rushdie hilfreicher gewesen«, denn »die Fahne eines militanten – ›westlichen‹ – Menschenrechtsverständ-

*nisses hochhaltend, spielen die Aktivisten den Militanten auf isla-
mischer Seite in die Hände«.*

Kennzeichnend für unsere Feindbild-Feinde ist, mit welchem
Haß und welcher Wut sie gegen diejenigen hetzen, die sie als
»dialogfeindlich« ansehen. Kaum nötig, zu betonen, daß hier ein
spezielles Verständnis von Dialog herrscht: Dialog ist, wenn man
kritiklos aus der Froschperspektive Loblieder auf den ach so modernen Islam singt, wie dies etwa Annemarie Schimmel tut, die
»unpolitische Professorin«, der *»die Muslime«* vertrauen und der
– *»ein schönes Bekenntnis zum Dialog aus dem Geiste des Re-
spekts«* (alles Originalton U. Steinbach) – 1995 der Friedenspreis
des Deutschen Buchhandels verliehen wurde, obwohl oder vielmehr gerade weil sie ganz »unpolitisch« die Politik der iranischen und pakistanischen Islamisten verteidigt und den Mordaufruf gegen Rushdie vor Zeugen gerechtfertigt hatte. Auch
Günter B. Ginzel, Vorsitzender der Kölnischen Gesellschaft für
Christlich-Jüdische Zusammenarbeit und ein vehementer Strei-
ter für einen Dialog mit den Muslimen nach den eben genannten Vorgaben, wird weniger dialogfreundlich, wenn es um die
Diskussion mit Islam-Kritikern geht. Da ereifert er sich z. B. gegen eine *»perverse, verkniffene, christbezogene Totschlags-Ideolo-
gie«* derjenigen, die muslimische Gebetsecken in christlichen
Kirchen nicht stumm hinnehmen.

In Deutschland greift inzwischen jene verlogen-heuchlerische
»Political Correctness« um sich, die bereits seit Jahren das Klima
der gesellschaftlichen Dispute in den USA vergiftet. Die *»Tyran-
nei der herrschenden Meinung und Gesinnung«* (so John Stuart
Mill in: *Über die Freiheit*) führt zu grotesken Wahrnehmungsverzerrungen, die dann die notorischen Defekte des real existierenden Islams ins Belanglose verkleinern und Randprobleme der
eigenen Gesellschaft ins Monströse übersteigern. Bassam Tibi
weist darauf hin, daß die *»tatsächlichen Rechtsextremisten«* in
Deutschland eine *»Minderheit an der Peripherie unserer Gesellschaft«* sind, daß der heutige deutsche Staat *»zu den besten demokratischen Ordnungen, die die Deutschen je hatten«,* gehört
und daß es gerade die rechtsextremistische Minderheit unter
den Ausländern ist, die *»großes Kapital aus dem Verbot jeder Kritik an fremden Kulturen schlägt«* (Leserbrief, *FAZ*, 17. 1. 1995). In
deutlichem Kontrast dazu diffamierte beispielsweise in dem Lübecker Prozeß um den Brand in der Hafenstraße das mit der Ver-

teidigung liierte obskure Unterstützungskomitee für den Libanesen Safwan Eid die Staatsanwälte als »Rassisten«, die bewußt
von den eigentlichen Schuldigen, den deutschen Neonazis, abgelenkt und einen unschuldigen Ausländer auf die Anklagebank
gebracht hätten. Nachdem in Krefeld ein alevitischer Türke im
April 1997 seine Familie durch einen Brandanschlag ausgelöscht
hatte, wurden wie üblich sofort »ausländerfeindliche Deutsche«
für die Tat verantwortlich gemacht und die türkische Innenministerin Aksener verstieg sich zu der Infamie: »Die Deutschen
konnten uns nicht rausschmeißen, deshalb verbrennen sie uns.«

Der mörderische Charakter des Islamismus tritt kaum irgendwo
so deutlich zutage wie im Sudan: Zwei Millionen Südsudanesen
und Nuba wurden von der Khartumer Diktatur umgebracht. Die
sudanesische Islamisierungs- und Arabisierungspolitik mit
ihren Massakern, Massenvergewaltigungen, Vertreibungen hat
eine ganze Generation der Südsudanesen vernichtet – allein an
Hunger und Krankheiten starben in den vergangenen Jahren
eine halbe Million Menschen (vgl. auch den Bericht von African
Rights Watch *Facing Genocide: The Nuba of Sudan*, 1995). Dörfer wurden von den Regierungstruppen systematisch niedergebrannt, Geistliche und traditionelle Führer hingerichtet, sieben-
jährige Kinder gekreuzigt, Frauen von Soldaten vergewaltigt, die
dafür Prämien erhielten, Männer zur Zwangsarbeit verschleppt.
1992 wurde dieser Vernichtungskrieg zum »Heiligen Islamischen Krieg« erklärt, nachdem man im Jahr zuvor die gesamte
Region als Sperrgebiet gegenüber lästigen ausländischen Zeugen
abgeriegelt hatte. Mindestens 25 000 Frauen und Kinder wurden
als Sklaven in den Nordsudan und in verschiedene arabische
Staaten verkauft. Dieser Terror richtete sich gegen alle Schwarz-
afrikaner, ob sie nun Christen, Animisten oder Muslime waren
(unter den Nuba z. B. sind 55 Prozent Muslime, 30 Prozent Christen, 15 Prozent Anhänger von Naturreligionen) und auch gegen
die arabische Opposition im Nordsudan.
    Auch wenn das sudanesische Terrorregime durch die Erfolge
der Opposition zunehmend unter Druck gerät, versucht es
nichtsdestoweniger weiterhin, Khartum zur Zentrale eines internationalen Spinnennetzes der Propaganda und des Terrors
auszubauen. 1991 wurde in Khartum die »Arabische und islamische Volkskonferenz« gegründet. Ihr Generalsekretär ist Has-

san al Turabi, der Chomeini des Sudans, ein in Großbritannien und Frankreich ausgebildeter Jurist. Als Chef der »Nationalen Islamischen Front« ist Turabi der eigentliche Machthaber im Sudan, der den Präsidenten Omar Hassan Ahmad El-Bashir nach seiner Pfeife tanzen läßt. Sein »Projekt einer vereinigten arabisch-islamischen Kultur« hat zum Ziel, wie zu Zeiten Mohammeds vom armen Rand her, buchstäblich aus der Wüste, mit einer militärisch-politischen Erweckungsbewegung ein Weltreich zusammenzubringen. Auf der zweiten internationalen Volkskonferenz 1993 wurde beschlossen, jährlich zu tagen und eine ständige fünfzigköpfige Kommission einzurichten. Man plusterte sich auf als Versammlung der Menschen- und Frauenfreunde. Denn, man höre, die Rechte der Frauen seien im Islam »*eingeschlossen*«. (Im Wortsinn von »unzugänglich weggesperrt«, trifft dies sicher zu.) Man beschloß, sozusagen als Variante zum »*Kauft nicht bei Juden!*«, den Boykott westlicher Waren. Unter den illustren Gästen der Volkskonferenzen finden sich übrigens einige, auf die in den guten alten Zeiten der Studentenbewegung sich Hoffnungen richteten: So Najif Hawatmeh, Chef der einstmals marxistisch angehauchten »Demokratischen Befreiungsfront Palästinas«, die seit langem zu einer fundamentalistischen Gangsterbande verkommen ist.

Kennzeichnend ist, daß der Sudan den von dem ungarischen Juristen Gaspar Biro abgegebenen Bericht der UN-Menschenrechtskammer als »satanisch« und als »Blasphemie« bezeichnete. Biro wurde wegen seines »schändlichen Angriffs auf fundamentale Prinzipien der islamischen Strafgesetzgebung und auf den islamischen Glauben im allgemeinen« als ein »Feind des Islams« wie Salman Rushdie bezeichnet. Zu den Errungenschaften der sudanesischen Scharia-Gesetzgebung gehören Gesetze wie jenes, das festlegt, ein Individuum könne für eine Gruppe und eine Gruppe für ein Individuum hingerichtet werden – also sozusagen die Extremform der faschistischen »Sippenhaft«.

2. Überall nur Alhambra?

Eine wunderbare, nur leider nicht wahre Legende besagt, der Islam habe sich seit Mohammeds Tagen friedlich ausgebreitet – ganz anders als das Christentum, das sich angeblich nur mit Feuer und Schwert durchsetzen konnte. Die Wirklichkeit sieht weniger einfach aus. Der Islam beseitigte nicht nur gewaltsam verschiedene christliche Reiche, so etwa 1317 das von Dongola in der Sahara, das über 800 Jahre bestanden hatte, oder das von Djado, einer zwischen Bilma und Djanet in Algerien gelegenen Stadt, er verfolgte auch zeitweise die Juden ähnlich barbarisch wie das Christentum in den Zeiten der europäischen Judenpogrome. Die Juden des Tellatlas hatten zahlreiche Berber zu ihrer Religion bekehrt. Seit im 7. Jahrhundert die Araber in dieses Gebiet eindrangen, kämpften die Berber erbittert gegen den Islam. Berühmt wurde der jahrzehntelange Kampf der Berberkönigin und Feldherrin Kahina gegen die fremden Eroberer.

Als im 11. Jahrhundert die Almoraviden den Maghreb eroberten, gerieten die jüdischen Gemeinschaften in große Bedrängnis, ebenso unter den auf sie folgenden Almohaden, die Massaker und Zwangsislamisierungen förderten. 1492 vertrieb nicht nur die spanische Krone die Juden aus ihrem Herrschaftsbereich, auch im weit entfernten afrikanischen Tamentit wurde der dortige jüdische Stadtstaat von islamischen Fanatikern zerstört, die unter Führung des Predigers Mohammed ben abd al Karim al Magli alle Juden ausrotten wollten. Angeblich wurde für jeden getöteten Juden eine Belohnung von sieben Goldstücken ausgesetzt. (Bis ins 20. Jahrhundert hinein schlossen die Juden im Mzab, einem extrem unfruchtbaren Gebiet in der algerischen Sahara, in dem sie wie auch auf der tunesischen Insel Djerba mit den ebenfalls vom sunnitischen Mehrheitsislam diskriminierten ultraorthodoxen Ibaditen friedlich zusammenlebten, jedes Passah-Gebet mit der Formel »*Nächstes Jahr in Tamentit!*«) Zum Teil erhielten damals die Juden wie in der Oase Touggourt drei Tage Zeit, um entweder zum Islam überzutreten oder auszuwandern, wobei viele versuchten, als »Mehadjerin«, als islamisierte Juden, heimlich der Religion ihrer Väter treu zu bleiben, was aber in der Regel nur über einige wenige Generationen gelang. Als sich 1943 mit der Besetzung Nordafrikas durch die Alliierten abzeichnete, daß in Palästina ein jüdischer Staat entstehen könnte, begann eine Abwanderung der Sahara-Juden, die angesichts zunehmender Verfolgungen 1962 mit der Auflösung der jüdischen Gemeinde von Ghardaia einen Schlußstrich zog unter zweitausend Jahre jüdischer Präsenz in der Sahara – ein ebenso fataler wie trauriger Erfolg der arabisch-islamischen »ethnisch-religiösen Säuberungen«.

In keinem Land des Orients ist das Christentum ganz frei und gleichberechtigt, in keinem ist es so stark, wie es in vorislamischer Zeit war. Allerdings gibt es beträchtliche Unterschiede: In Ländern wie Algerien oder Marokko ist das Christentum mit der Vertreibung der Franzosen und Spanier nahezu verschwunden. Die wenigen arabischen oder berberischen Christen sind praktisch alle ins Ausland geflohen, und die ausländischen Priester wagen es nicht, zu missionieren, oder wollen dies nicht einmal. In Libyen, das längst seine jüdische Gemeinde vertrieben hat, überleben die rund 40 000 einheimischen Christen in einer Halblegalität: Es gibt Kirchen, auch solche mit einem weithin sichtbaren Kreuz, aber offiziell angekündigt werden dort nur Gottesdienste der koreanischen oder polnischen Arbeiter. Immerhin registrierte der Vatikan eine positive Entwicklung der religiösen Freiheiten und nahm im März 1997 diplomatische Beziehungen mit Tripolis auf. In Ägypten existieren die koptischen Christen, die als »die Söhne des Pharaos« Jahrhunderte vor den islamischen Eroberern dieses Land prägten und noch Jahrhunderte nach der arabischen Eroberung die Mehrheit der Bevölkerung stellten, in Unsicherheit und Bedrohtheit. Immer wieder werden, besonders im Süden, Christen verfolgt und ermordet. Christliche Mädchen werden entführt, vergewaltigt, zur Heirat mit Muslimen und zum Übertritt zum Islam gezwungen, ohne daß die Verantwortlichen bestraft werden. Am schrecklichsten aber ist die Lage der christlichen Minderheit in Saudi-Arabien – mehrere 100 000 Menschen, vor allem Palästinenser und Filipinos. Entsprechend der schon von Mohammed erlassenen Anweisung, auf der Arabischen Halbinsel nur Muslime zu dulden, hat die wahhabitische Feudalkaste eine

Diktatur errichtet, die in ihrem allumfassenden Charakter Orwells Großen Bruder noch hinter sich läßt.

Eines der größten Menschheitsverbrechen und das größte Massaker in der Geschichte der islamischen Kultur war der türkische Völkermord an den Armeniern 1914/15 mit anderthalb Millionen Toten. Bezeichnenderweise beantwortete Hitler Bedenken seiner Umgebung wegen der internationalen Auswirkungen des geplanten Judenmords mit der zynischen Bemerkung: »*Wer redet heute noch von der Vernichtung der Armenier?*« In der Tat wurde der Holocaust organisiert nach dem Vorbild, das die sogenannten »Jungtürken« mit der mörderischen Kombination aus Atavismus, traditionellem orientalischen Despotismus und aus dem Westen importiertem Chauvinismus geliefert hatten. Bereits ein Minister des von den Jungtürken gestürzten Sultans hatte vorgeschlagen, die armenische Frage »*am besten dadurch aus der Welt zu schaffen, daß man die Armenier aus der Welt schafft*«. Das Ziel war zugleich, die überlegene dreitausendjährige Kultur der Armenier, in deren eigenständiger Schrift viele Werke des klassischen Altertums überliefert wurden, zu vernichten. Das 1990 wiedererstandene selbständige Armenien mußte die schwere Bürde des Befreiungskrieges in Berg-Karabach tragen, in dessen Verlauf sich im Lande zunehmend eine Herrschaft von lokalen Kriegsherren und Mafiagrößen ausbreitete. Eine halbe Million Armenier wurden aus dem muslimischen Aserbaidschan vertrieben, worauf die Armenier ihrerseits innerhalb von knapp zwei Jahren die 300 000 in Armenien lebenden Aserbaidschaner des Landes verwiesen. Zusätzlich flohen 40 000 Aseris während des Krieges aus Berg-Karabach.

Das Internationale Presse-Institut berichtet in seinem Jahresbericht für das Jahr 1996 (vgl. *NZZ*, 6. 1. 1997) über 38 Morde an Journalisten, die meist nicht aufgeklärt wurden. Betroffen waren vor allem Journalisten in islamischen Ländern wie Algerien, der Türkei, Iran, Afghanistan, Usbekistan, Tadschikistan. Algerien (9 Morde 1996) wird als »*Hölle auf Erden*« für Journalisten beschrieben. Im Iran sei es lebensgefährlich, eine Petition für die Aufhebung der Zensur zu unterzeichnen – es wurden bereits drei Unterzeichner umgebracht. *»Bei der Beurteilung der Lage in der Türkei schloß sich das IPI der Menschenrechtsorganisation Amne-*

sty International an. Danach ist das Land einer der gefährlichsten Orte der Welt für Journalisten. Im Vorjahr seien erneut einige Dutzend Journalisten und Schriftsteller in Haft genommen worden« (ebd.). Auch in Kuweit und Saudi-Arabien beklagte das IPI eine zunehmende Erschwerung kritischer Berichterstattung. Angesichts der Wahrnehmungsverzerrungen, die Medien notwendig vornehmen (geleitet von politischen Interessen sowie von der Orientierung am gerade Opportunen und an der Sensationslüsternheit des breiten Publikums), ist es nicht verwunderlich, wenn der islamistische Terror meist nur im Zusammenhang solcher Bilanzen im Westen wahrgenommen wird oder dann,
– wenn die Opfer sehr bekannt sind oder ihre Zahl sehr groß ist,
– wenn es Europäer trifft,
– wenn die Umstände besonders grauenhaft sind.

Es muß an die Dimensionen der Morde etwa in Algerien erinnert werden. Dort wurden in den letzten zehn Jahren (zum allergrößten Teil von islamistischen Kommandos wie der GIA, dem bewaffneten FIS-Flügel unter »General Chebouti« oder der AIS) umgebracht:
– zwischen 33 000 (offizielle Angabe) und 50 000 Menschen (inoffizielle Schätzung),
– davon über 60 Journalisten,
– über 60 Künstler und Intellektuelle,
– über 120 Ausländer,
– über 300 Frauen.

Die erdrückende Mehrheit der Toten waren einfache Menschen aus dem Volk – Polizisten, Zivilgardisten bzw. Mitglieder der Bürgerwehren, Passanten. Auch die Ausländer waren in der Regel kleine Leute, wie der Rentner Louis Antonio Jordan und seine Frau, die am 7. 6. 1995 in ihrem Auto erschossen wurden, oder wie mehrere italienische Seeleute. Zum Teil wurden von den Islam-Terroristen halbe Dörfer ausgelöscht – wie in Haouch Mohkfi, wo im April 1997 93 Menschen, darunter 43 Frauen und drei Kleinkinder, ermordet wurden.

Besonders widerwärtig ist es, wenn selbsternannte Liberale sich zu Fürsprechern derjenigen aufschwingen, die als Islam-Terroristen für Massenmord und Massenelend verantwortlich sind. Es ist allzu billig, aus der komfortablen westeuropäischen Schreibstube jene herunterzumachen, die sich – wenn auch man-

ches Mal mit fragwürdigen Mitteln – der Machtergreifung der
Fundamentalisten in den Weg stellen. Auch die Islamisten sind
Menschen und sollten so human wie möglich behandelt werden,
aber dabei darf nicht vergessen werden, daß sie es sind, die den
Bürgerkrieg in ihren Ländern begonnen haben, und daß es für
diese Länder nur dann eine Hoffnung auf Frieden und Freiheit
gibt, wenn der Islamismus politisch unschädlich gemacht ist.

Die Stimmungsmache, die beispielsweise ein mit »Wok.« un-
terzeichnender Kommentator auf Seite 1 der *Neuen Züricher
Zeitung* anstellt, ist publizistische Schützenhilfe für die Feinde
der Freiheit: »*Und wie läßt sich, so fragen nicht nur radikale Islamisten, mit westlichen Idealen der Demokratie und der Menschenrechte in Einklang bringen, daß in Algerien die Front islamique du
salut im Januar 1992 durch einen verdeckten Militärputsch um
einen sicheren Wahlsieg betrogen werden konnte? Während sich die
UNO für die Rückkehr Aristides nach Haiti stark macht, kümmert
sich kaum jemand um das Schicksal der Tausende in der algerischen Wüste eingekerkerten Islamisten.*« Man muß hier mit aller
Deutlichkeit feststellen: So sehr wir Demokraten in Europa die
Demokraten in allen islamischen Ländern achten und lieben, so
sehr wir uns eine wirkliche Demokratie in diesen Regionen der
Welt wünschen – dort, wo es nur die Wahl gibt zwischen der Unterstützung der Islamisten und der Unterstützung ihrer innen-
politischen Gegner, wird man diese dabei unterstützen müssen,
die Islamisten politisch auf Null zu bringen, auch wenn wir die
dabei eingesetzten Methoden oft nicht billigen können.

Die meisten westlichen Politiker leben, wie Bassam Tibi kritisiert, »*in einer Welt von gestern und scheinen noch nicht begriffen
zu haben, daß der Islam inzwischen zu den großen Faktoren der
Weltpolitik im Übergang zum 21. Jahrhundert gehören wird*«. Und
ein anderer Teil der westlichen Öffentlichkeit begreift zwar die
Stärke des Islams, zieht aber für sich die Schlußfolgerung daraus,
mit diesen starken Bataillonen zu marschieren. So bietet die *Süddeutsche Zeitung* immer wieder den Islamisten ein willkommenes Forum und verbreitet den Schwindel, lediglich die »Bewaffneten Islamischen Gruppen« (GIA) seien für die Massaker und
Attentate in Algerien verantwortlich und nicht die FIS. In Wirklichkeit sind die GIA nichts anderes als der bewaffnete Arm der
FIS bzw. einiger ihrer Untergliederungen. Ihr Verhältnis zur FIS
ist durchaus im grundsätzlichen dem zwischen IRA und Sinn

Fein, ETA und Herri Batasuna vergleichbar. (In diesem Bereich geht der Ultraliberalismus nahtlos über in die Komplizenschaft mit jenen Vollzugsorganen einer imperialistischen Machtpolitik, die für Massaker verantwortlich sind wie die im Vietnamkrieg begangenen, wo die amerikanische Armee Menschen spurlos verschwinden ließ [*Spiegel-Spezial*, Nr. 1/1996, S. 64], oder die Verbrechen der argentinischen Militärs, die zwischen 1976 und 1983 mindestens 10 000, unter Umständen sogar bis zu 30 000 politische Gefangene, ermorden und von Flugzeugen ins Meer werfen ließen. An diesen Beispielen wird im übrigen deutlich, daß absolut kein Anlaß besteht, den Staatsterrorismus lediglich als eine Spezialität einiger islamischer Regime zu sehen.) Abdelkarim Ouldadda, einer der Auslandsvertreter der algerischen »Heilsfront«, durfte am 18. März 1997 in einem Interview unter dem Titel »Die FIS will keinen Gottesstaat« unwidersprochen den Lesern der *Süddeutschen Zeitung* seine Märchen auftischen. Eine angeblich »liberale« Zeitung hofiert kurz nach den während des Fastenmonats Ramadan begangenen Morden an insgesamt 400 Algeriern einen der Hauptverantwortlichen. Und dieser Mordpropagandist schwafelt von einem »*Kampf zwischen Freiheit und Unterdrückung*«, einem Ringen für »*Gerechtigkeit*« und »*Sauberkeit*«. Er beruft sich auf die Unterstützung einiger ehrgeiziger Politgangster aus der angeblich »sozialistischen« FSS, der trotzkistischen »Arbeiterpartei« und der für die gegenwärtige Misere verantwortlichen einstigen Revolutionspartei FLN. Alle Verantwortung für die Gewalt schiebt der FIS-Bonze Ouldadda auf die Regierung. Scheinheilig distanziert er sich von der Mörderbande GIA und bringt jene ominöse »Plattform von Rom«« aus dem Jahre 1995 ins Spiel, mit deren Hilfe westliche Geheimdienste eine islamistische Diktatur in Algier installieren wollten. Als Steigbügelhalter waren dabei Laizisten bis hin zu Trotzkisten vorgesehen, die bei einem Erfolg dieses Planes ebenso in kürzester Zeit abserviert worden wären wie die Linken und Bürgerlichen unter Chomeini. Kennzeichnend für die Position der FIS ist nicht, was Ouldadda alles verspricht (»*ziviler Staat*«, »*frei gewähltes Parlament*«, »*unabhängige Justiz*«), sondern sein Einverständnis mit der Verfassung von 1962 und der Festlegung in ihr, daß der Islam in Algerien Staatsreligion ist und niemand »*etwas gegen den Islam unternehmen darf*«. (In der Tat liegen in diesen falschen Weichenstellungen kurz nach Ende des

algerischen Befreiungskampfes die Ursachen für die heutige
Stärke des Islamismus. Damals wurde die Chance verpaßt, zumindest auf einige Generationen hin den politischen Islamismus
in eine quantité négliable zu verwandeln. Damals schon begin-
gen die Fellagha der FLN Massaker, die niemals gesühnt und niemals in ihren Ursachen geistig bewältigt wurden. Damals schon
förderten die Behörden die Islamisten als Gegengewicht zur
marxistischen Linken.) Alarmierend ist, wie sich Ouldadda die-
bisch über die »*positive Veränderung in der Haltung Frankreichs*«
freut, also über das feige Zurückweichen der französischen Regierung gegenüber dem Terrorismus und gegenüber den wirtschaftlichen Pressionen islamischer Regierungen.

Algerien, das 1993 bei elf Milliarden Dollar Öleinnahmen allein neun Milliarden für Schuldzinsen (bei 33 Milliarden Dollar
Gesamtschulden) zahlen mußte, bleibt auf Jahre hin in Nordafrika – nicht zuletzt angesichts von momentan 60 Prozent Ju-
gendarbeitslosigkeit und einer Nahrungsmittelproduktion, die
bei verdoppelter Bevölkerung nicht größer ist als vor 30 Jahren
– das schwächste Glied in der Kette. Ein Sieg des Islamismus in
diesem Land würde nach Schätzungen bedeuten können, daß
allein in Frankreich vier Millionen Flüchtlinge Asyl suchen –
vielfach laizistisch und eher tolerant gesonnene und relativ gut
ausgebildete Menschen und damit gerade diejenigen, die in ihrer Heimat unbedingt benötigt werden als Gegengewicht zum islamistisch verhetzten Mob (vgl. *Die Welt*, 23. 2. 1994). Jemand,
der es wissen muß, der Leiter der Union der Islamischen Organisationen in Frankreich, Abdallah Ben Mansour, sagt zu den
Kräfteverschiebungen im islamischen Lager: »*Die Attraktivität
extremistischer Gruppen für junge Menschen nimmt zu. Daraus
könnte eine Zeitbombe werden, die irgendwann explodiert.*« Man
kann Herrn Mansour getrost unterstellen, daß er sich ein islamisches Europa wünscht. Aber er ist Realist genug, um zu sehen,
daß Leute wie er von den Fundamentalisten ausgeschaltet würden, wenn diese die Oberhand gewännen, und daß das Zurückweichen der Europäer nicht die einzige mögliche Reaktion ist. Es
liegt nicht ganz außerhalb des Vorstellbaren, daß ein halbes Jahrhundert islamischer Einwanderung und Mission in Europa in einem halben Jahr zunichte gemacht werden könnte.

3. Der wahre Glauben –
auf Dauer zweitrangig bis drittrangig?

In vielen Ländern Europas ist der Islam nach den ein oder zwei dort jeweils dominierenden christlichen Bekenntnissen die zahlenmäßig stärkste Religion. In einigen holländischen Städten ist er bereits die stärkste Religion. In Ländern wie Frankreich hat er die Protestanten und die Juden längst überrundet. Dort bereitet er sich darauf vor, bei weiterer Zunahme von muslimischer Einwanderung und christlicher Auszehrung die katholische Kirche vom ersten Platz zu verdrängen – gestützt vor allem auf mehr als eine Million algerische Staatsangehörige bzw. aus Algerien gebürtige Neubürger. In Deutschland hat der Islam unangefochten den dritten Platz hinter Protestanten und Katholiken erobert. Das ist seine Ausgangsposition – es ist nicht das strategische Ziel. Zum Teil ganz offen und unverschämt, zum Teil hinter vorgehaltener Hand im Kreis der Gläubigen, wird nach dem ersten Vierteljahrhundert muslimischer Mission und Nord- bzw. Westwanderung die Parole ausgegeben, im nächsten Jahrhundert nicht allein das Christentum aus seinen Ursprungsgebieten und frühen Missionsgebieten in Vorderasien und Nordostafrika zu verdrängen, sondern ihm jenen Erdteil streitig zu machen, der seit 1500 Jahren das geopolitische Zentrum der christlichen Religion ist.

Mohammed Salim Abdullah, ein zum Islam konvertierter Deutscher, eine der Schlüsselfiguren sowohl für das fundamentalistische Spinnennetz als auch für die perfide Inszenierung eines angeblichen »christlich-islamischen Dialoges«, erklärt mit berechtigtem Stolz, der Islam sei im heutigen Deutschland die aktivste Religion: Jeder zweite Muslim bete freitags in einer Moschee, wohingegen nur jeder fünfte Katholik und nur jeder zwanzigste Protestant sonntags zur Kirche gehe. In dem Jugendmagazin *TNT* erschien ein Artikel eines Ibrahim El-Zayat, in dem es heißt: »*Heute gibt es ca. 2,5 Millionen Muslime in Deutschland. Durch die Gnade Allahs leben wir in einem der reichsten Län-*

*der der Erde. Das ist eine große Barmherzigkeit von Allah uns ge-
genüber, aber ebenso eine riesige Verantwortung. Wir sind ein Teil
dieses Landes und ein Teil dieses Volkes. Allah wird uns am jüngsten Tag danach befragen, was wir für unser Volk getan haben, und
unser Volk wird uns, die Moslime, fragen, warum wir den Islam
nicht weitergegeben haben. ... Nur, wenn wir es schaffen, unsere
Identität und unseren Glauben in dieser Gesellschaft zu wahren,
können wir eine Bereicherung für diese Gesellschaft werden und
Inscha Allah eine zentrale Führungsrolle für die Zukunft übernehmen. ... Überall in diesem, unserem Lande hört man etwas von einer moralischen Krise, von Werteverfall und Wertewandel. Immer
wieder ist die Rede von der ›Sinnkrise‹, und allerorts wird über den
Wert von Ethik diskutiert. Der Islam ist eine ganz konkrete Antwort
und Lösung für die Probleme dieser Gesellschaft. ... Die Zukunft
des Islam in diesem, unserem Land, in Deutschland, gestalten wir,
die wir hier geboren und aufgewachsen sind, wir, die wir die deutsche Sprache sprechen und die Mentalität dieses Volkes kennen. ...
Entscheidend ist, daß wir in diesem Land unsere Religionsfreiheit
haben (auch wenn wir sie sehr häufig vor Gericht erst erstreiten
müssen), und daß es keinen Grund gibt, nicht aktiv an der Neuge-
staltung dieser Gesellschaft mitzuwirken. Ich glaube nicht, daß es
unmöglich ist, daß der Bundeskanzler im Jahre 2020 ein in
Deutschland geborener und aufgewachsener Moslem ist, daß wir
im Bundesverfassungsgericht einen moslemischen Richter oder
eine moslemische Richterin haben. ... Dieses Land ist unser Land
und es ist unsere Pflicht, es positiv zu verändern. Mit der Hilfe
Allahs werden wir es zu unserem Paradies auf der Erde machen, um
es der islamischen Ummah der Menschheit insgesamt zur Verfügung zu stellen.«* Obwohl dieser Artikel für sich spricht, sollte
man vielleicht doch daran erinnern, wie fatal bekannt einem dieser Gestus vorkommt, mit dem hier schwadroniert wird: Ganz
ähnlich haben Kolonialisten überall auf der Welt geredet, wenn
sie sich auf ihre Geburt im Lande, ihre Kenntnis der Landessprache, ihre Kenntnis der Mentalität der Eingeborenen berufen
haben.

Es klafft ein Abgrund zwischen jenem Islam der Toleranz, Her-
zensgüte und Nachdenklichkeit, wie er als schönes Wunsch- und
Traumbild in den meisten Medien (nicht zuletzt in der Kirchen-
presse!) von Naiven oder von Auftragsjournalisten präsentiert

wird, und der düsteren Alltagsrealität. Unzweifelhaft ist ein Mohammed Sajjid Tantawi, der Rektor der Al-Azhar-Universität in Kairo, persönlich ein Ehrenmann und außerhalb seiner krampfhaften Selbsttäuschungen ein kluger Kopf. Aber Henri Barbusse war dies auch, als er seine hymnische Stalin-Biographie schrieb, Ibsen und Pound waren es, als sie Hitler und Mussolini auf den Leim gingen.

Schauen wir uns an einigen Beispielen die unschöne und beunruhigende Realität des realen Islams in Deutschland an:

– Da heißt es in dem Lehrbuch *Einige Fragen an das muslimische Kind* über den, der nicht betet: »*Er ist zu verprügeln, bis Blut aus seinem Körper fließt. Wenn er auch dann nicht betet, sollte er eingesperrt werden, bis er betet.*«

– Da terrorisieren in Vierteln wie Berlin-Kreuzberg, wo ohnehin jeder dritte arbeitslos ist und die soziale Situation schwierig genug ist, Banden wie die »Warriors« (40 bis 50 junge Türken und Kurden) ihre Umwelt (vgl. *Der Spiegel*, Nr. 22/1997, S. 110 ff.). Kennzeichnend ist, wie diese Jung-Machos, die in aller Regel weder das Deutsche noch das Türkische einigermaßen fehlerfrei beherrschen, sich ins coole und moderne Pidgin-Englisch flüchten und dann »*Kadir boss bad*«, »*Murat the king*« oder ähnliche Erkenntnisse an die Hauswände sprühen. Nur für die »Nazis«, sprich für die Deutschen, greift man gelegentlich auf deutschsprachige Parolen zurück, damit die auch verstehen, daß es ihnen an den Kragen geht. Ein Prototyp dieses life-style ist ein Siebzehnjähriger, der sich selbst den Namen »*Kurdischer Killer*« gegeben hat und freitags häufig in die Moschee geht, weshalb er sich auch nicht an den Attacken seiner Kumpane auf Araber beteiligt, sondern sich lieber seine Kräfte für die Deutschen und für dunkle Geschäfte aufspart, die möglichst bald einen BMW abwerfen sollen.

- Auch der Verfassungsschutzpräsident Peter Frisch, auf Abwiegelung und Beruhigung bedacht, gesteht ein, daß die »*Hürde zur Gewalt*« niedriger geworden ist: »*Ich stelle fest, daß bei uns auch unter den Jugendlichen türkischer Herkunft der Einfluß des Islam eine immer größere Rolle spielt. ... Gegen die Hinwendung zum Islam ist natürlich nichts einzuwenden. Sorge macht mir dagegen, wenn ein Teil von ihnen zunehmend auch islamistische – also extremistische – Vorstellungen übernimmt*« (*Focus*, Nr. 36/1996, S. 42).

Wer sich über die Gewaltbereitschaft vieler Türken und ihren Haß gegen die »Ungläubigen« wundert, der lasse sich einmal die Artikel der auflagenstärksten türkischen Zeitung *Türkiye* (Auflage in der Türkei 700 000 Exemplare und damit mehr als bekanntere Blätter wie *Hürriyet*; in Deutschland über 60000) übersetzen. Das Christentum wird darin als politische Macht dargestellt, die im Bunde mit dem »*Weltjudentum*« die islamische Welt versklaven will. Der christliche Glaube wird als »*Unsinn*« voller »*lachhafter Legenden*« beschrieben. Die Schlußfolgerung daraus: »*Daher verlassen die Christen ihre Religion, wenn sie etwas vernünftig und gebildet sind, während nur die Dummköpfe unter den Muslimen vom Islam abfallen*« (29. 4. 1996). Noch rabiater ist die Fatwa-Rubrik eines Anonymus, der als »*Ali Güler*« firmiert und dessen in der Türkei verbotene antichristliche Pamphlete in Deutschland frei erhältlich sind. Zwei Kostproben von Leserfragen und Fatwa-Antworten:

– »*Darf man Christen besuchen oder mit ihnen sprechen? Jeder, der zwar an Gott glaubt, aber Mohammed nicht als Prophet akzeptiert, ist ein Ungläubiger, und es ist nicht sittsam, ohne zwingende Notwendigkeit einen Ungläubigen zu besuchen oder mit ihm zu sprechen*« (22. 3. 1996).

– »*Darf man einem Christen, der am Verdursten ist, Wasser geben? Jawohl, auch einem Hund in diesem Zustand darf man Wasser geben*« (29. 8. 1996).

Weiterhin ungeklärt ist das Verhältnis des Islams zum Judentum. Schon der Koran enthält zahllose Vorwürfe gegen die Juden (»*Horcher auf Lüge*«, S 5, 46; *Kriegsbrandstifter*, S 5, 69 f. usw.). Mit einem Antijudaismus, der den nazistischen Rassenhaß kopiert und zum Teil noch übertrifft, verfolgen die Islamisten überall auf der Welt jüdische Menschen. Die amerikanische »*Nation of Islam*« verbreitete 1991 ein Pamphlet »The Secret Relationship between Blacks and Jews« (»Die geheime Beziehung zwischen Schwarzen und Juden«), in dem den Juden wegen ihrer Beteiligung am Sklavenhandel, der als größter Genozid der Geschichte gesehen wird, eine Art Kollektivschuld zugewiesen wird. Die türkische TUSKO, die »Armee der Türkisch-Idealistischen Scharia-Kommandos«, eine mit den »Grauen Wölfen« verbandelte Gruppierung, verletzte am 7. 6. 1995 bei einem Attentat den Leiter der jüdischen Gemeinde in Ankara, Yuda

Yurum. Der Anlaß: Die Auslieferung des wegen fünffachen Mordes verurteilten Islam-Terroristen Isa Armagan aus Deutschland in die Türkei. (»Isa« heißt auf arabisch übrigens »Jesus«.) Im Mai 1996 prophezeite die dem damaligen türkischen Ministerpräsidenten Erbakan nahestehende Zeitung *Akil* einen *»großen Krieg«*, in dessen Verlauf die Juden *»vollständig ausgerottet«* würden bzw. wünschte sich diesen herbei. Einen Monat später schossen in Marokko zwei Attentäter von einem Motorrad aus mit Maschinenpistolen auf den stellvertretenden Vorsitzenden der jüdischen Gemeinde von Casablanca und wurde in Teheran ein jüdischer Kaufmann von maskierten Islamisten in seinem Laden aufgehängt. Im September desselben Jahres wurden in Casablanca betende Juden mit Steinen beworfen und erhielt der Vorsitzende der jüdischen Gemeinde von Ankara eine Bombendrohung. Einige Wochen später wurde in der türkischen Hauptstadt eine Synagoge geschändet.

Die verschiedensten Fraktionen im Islam, von den Ultras bis zu manchen Pseudo-Liberalen, sind sich einig im Kampf gegen das Judentum und gegen die Existenz des Staates Israel. Andererseits ist es für alle, die in Europa die Entwicklung Israels mit kritischer Sympathie verfolgen und die das Land gegen ungerechtfertigte Angriffe verteidigen, eine bittere, aber notwendige Einsicht, daß dieser Staat, einst von den Gründungsvätern als europäisch geprägte Demokratie, als Wohlfahrtsstaat mit genossenschaftlichen und staatssozialistischen Elementen entworfen, in der Gefahr steht, wie Erich Follath schreibt, *»alle Symptome eines ›normalen‹ Nahoststaats mit Selbstüberschätzung und Machtmißbrauch«* zu zeigen (*Spiegel-Spezial* 1/1996, S. 75). Die Ursachen dafür liegen vor allem in der exponierten und durch das von den USA noch ermunterte politische Abenteurertum eines Netanjahu nicht einfacher werdenden Lage eines Kleinstaates, der trotz aller Geländegewinne und aller Hochrüstung ein auf die Hilfe Amerikas angewiesener Vorposten geblieben ist, sowie in dem wachsenden Bevölkerungsanteil und dem wachsenden Einfluß orientalischer und russischer Juden, für die Demokratie in vielen Fällen ein unbekanntes Fremdwort ist. Daß der Inlandsgeheimdienst Schabak gefangene Palästinenser foltern und in Einzelfällen sogar ermorden ließ, daß der Israeli Mordechai Vanunu, der die Welt über das geheime israelische Atombombenprogramm unterrichtete, in Rom gekidnappt, entführt und 1988 zu 18 Jahren Einzelhaft verurteilt wurde, sind nur zwei von vielen Hinweisen darauf, wie gefährdet Demokratie und Rechtsstaat im heutigen Israel sind – auch wenn man natürlich die Bedingungen eines latenten Kriegszustandes berücksichtigen muß. Was die Verantwortlichen für diese Entwicklungen und diejenigen, die all dies als bedauerliche, aber unumgängliche Selbstverteidigungsmaßnahmen (auch die widerrechtliche Errichtung von Siedlungen, in denen in aller Regel ein Viertel bis die Hälfte der Wohnungen leerstehen!) hinstellen, nicht begreifen wollen: Wie der israelische Schriftsteller Yoram Kaniuk schrieb, ist Israel »*der einzige Staat der Welt, der keine akzeptierten Grenzen hat, und Jerusalem die einzige Hauptstadt, die von keiner Nation anerkannt wird*« (»Abgrund oder Paradies«, in *Der Spiegel*, Nr. 20/1997, S. 168 ff.). Kaniuk warnt vor der »*voraussehbaren Tragödie*« und vor dem »*Schritt in den Abgrund, zu dem die trügerische Vision des Paradieses verleitet*« (ebd.). Der Territorialfundamentalismus, der keinen Meter eroberten Bodens wieder aufgeben und ein rein jüdisches Israel anstrebt, führt ebenso in die Katastrophe wie der »gemäßigte« Expansionismus Netanjahus, der den Palästinensern nur 40 Prozent des Westjordanlandes und keinen eigenen Staat zugestehen will (vgl. u. a. Aron R. Bodenheimer, *Rabins Tod*, Zürich 1996). Nicht gerade grundlos hielt Ende 1996 fast die Hälfte der jüdischen Israelis einen Bürgerkrieg zwischen Fundamentalisten und Laizisten in ihrem Land für wahrscheinlich.

Wie Michael Wolffsohn in seinem Buch *Wem gehört das Heilige Land?* (München 1992, Neuausgabe München 1996) schreibt, war das Heilige Land »*als Durchgangsland immer multinational, multireligiös und multikulturell*«. Auch das historische Israel hatte ja die Heimat der Kanaaniter erobert und sich mit der Bibel »*selbst die Eigentumsurkunde ausgestellt*« (ebd.). Je weniger Israel sich grundsätzlich unterscheidet von seinen despotisch-militaristischen Nachbarn, um so bedrohter ist die Existenz einer jüdischen Heimstatt im Nahen Osten. Nur eine demokratische, gerechte, zum Kompromiß und zum Frieden bereite Politik – in Richtung auf einen mit Jordanien durch eine Konföderation verbundenen Bundesstaat mit den Ländern Israel und Palästina (Westjordanland und Gaza) – ist auf die Dauer eine erfolgreiche und kluge Politik.

4. Die Türkei am Kreuzweg

Seit in der frühen Neuzeit die Türken den nach dem Fall von Byzanz und dem Untergang des Serbenreiches zunächst einmal sehr aussichtsreich erscheinenden Versuch unternahmen, das Heilige Römische Reich Deutscher Nation und damit die Mitte Europas zu erobern, seit dieser Versuch 1683 vor Wien an einem Bündnis mehrerer europäischer Mächte scheiterte, ist die Türkei für die Deutschen ein fernes und bei allem Interesse an Exotik eher bedeutungsloses Land gewesen. Auch die imperialistischen Abenteuer des Kaiserreiches am Anfang unseres Jahrhunderts, der Bau der Bagdad-Bahn und die Waffenbrüderschaft mit der Türkei im Ersten Weltkrieg, hatten daran wenig geändert. Seit aber eine nur als Erfüllungsorgan kurzfristiger und kurzsichtiger Profitgier fungierende Regierungspolitik die ohnehin schon in sich fragwürdige Anwerbung von Gastarbeitern ausweitete auf den Orient (*»und morgen die ganze Welt«*), wurde nach und nach die Türkei für Deutschland zu einem Nachbarland besonderer Art.

Auf diesem großen Verschiebebahnhof für die Ware Arbeitskraft, der im Kern unter gewandelten Modalitäten und Zeitumständen die faschistische Fremdarbeiter-Politik mit neuen Kontingenten von »Hilfswilligen« fortsetzte, saßen bürokratische Technokraten an den Schalthebeln – meist kulturlose Barbaren mit der typischen hochmütigen Ignoranz der Fachidioten, im Hinblick auf die politisch-sozialen Folgekosten entweder komplett naiv oder beherrscht von der Wurstigkeit dessen, der die schnelle Mark machen will und sich dann mit einem *»Nach mir die Sintflut«* verabschiedet. Der eine oder andere dieser Macher wurde auch getrieben von jenem pathologischen Selbsthaß, der jeden Ausländer in Deutschland befremdet und erschreckt – also von Ideen, die im Endeffekt auf die rassische Aufbesserung der Deutschen durch die angeblich mit unendlich vielen Primärtugenden ausgestatteten Ausländer hinauslaufen. Die Verantwortlichen verhielten sich so radikal unverantwortlich, als wollten sie mit aller Macht Karl Marxens Charakteristik der kapitalistischen Psyche in den Zeiten der Weltwirtschaft bestätigen. Es wurde niemals danach gefragt, was die Menschen wollten, was im Interesse der Völker lag. Heimatrecht, gewachsene Traditionen, kulturelle Werte – all das zählte nicht. Indem die türkischen Staatsbürger in Deutschland mit weitem Abstand zur größten Ausländergruppe wurden, manche Politiker ihnen auch noch anboten, ohne jede Gegenleistung und ohne Identitätswandel vom »Gast« zum »Mitbürger« zu werden, ja ihnen vieltausendfach das weltweit nahezu einzigartige Privileg einräumten, arbeitsloser Gastarbeiter bzw. ein auf Kosten der Deutschen staatlich alimentierter Kostgänger in Dauerurlaub zu sein, gewann die Türkei ein Faustpfand, um auf die deutsche Innenpolitik Einfluß zu nehmen, und wurde Deutschland von der Entwicklung der Türkei und von der Frage, ob der zentralistische Unterdrückungsstaat Türkei zerbricht und ein freies Kurdistan entstehen kann, in hohem Maße abhängig. Heute leben 500 000 Kurden in Deutschland (die meisten mit türkischem Paß); fast jeder dritte der jährlich über 100 000 Asylbewerber ist Kurde.

Die Lösung der Kurdenfrage durch einen autonomen Kurdenstaat, die Niederringung des islamistischen Generalangriffs, die Verwandlung der Türkei aus einer Dreivierteldiktatur in eine reale Demokratie – all das sind für uns Deutsche inzwischen nicht einfach nur Herzensanliegen demokratischer Menschen, sondern essentielle Elemente unserer nationalen Interessen. Angesichts dessen ist es nicht nur unmoralisch, sondern praktizierte Deutschenfeindlichkeit, wenn etliche »unserer« Politiker und Wirtschaftsführer wegen der guten (Waffen-)Geschäfte mit der Türkei, wegen der amerikanischen Globalstrategie oder wegen der Zufuhr angeblich billiger Arbeitskräfte mit allen Mitteln versuchen, die Wahrheit über die Türkei zu vertuschen. Was Aung San Suu Kyi, die burmesische Oppositionsführerin und Friedensnobelpreisträgerin, über das Verhalten deutscher Bosse gegenüber ihrem Volk sagte, gilt genauso in Richtung Türkei: »*Es überrascht mich nicht, daß bestimmte Wirtschaftskreise sich um nichts anderes kümmern als um die Profite. Die deutschen Unternehmen spielen in die Hände der Junta*« (*Der Spiegel* 2/1997, S. 17). In Absprache mit Ankara verweigern die deutschen Behörden den Kurden muttersprachlichen Unterricht, kurdische Radio- und Fernsehsendungen, die Vergabe kurdischer Vornamen oder die Förderung von Selbsthilfeinitiativen, obwohl der Bundestag schon am 7. 11. 1991 beschlossen hatte: »*In der Bundesrepublik lebt eine große Gruppe von Kurden. Auch ihnen muß die Möglichkeit zur Bewahrung und Entfaltung ihrer kulturellen Identität gegeben werden*« (*BT-Drucksache* 12/1362). Die PKK und ihre Organisationen sind weiter verboten, obwohl sie sich längst verpflichtet haben, die rechtlichen Bedingungen der Bundesrepublik zu respektieren. Es wäre unbedingt im deutschen Interesse, auf ein freies Kurdistan hinzuwirken, dessen zukünftige Entstehung für Jawarhalal Nehru (1889–1964) schon 1935 unausweichlich schien: »Aber wie sollte man glauben, ein Volk für immer unterdrücken zu können, das auf seiner Freiheit besteht?«

Was ist das für ein Land, das unsere Medien immer wieder als Demokratie, als Partner, als Freund darstellen? Paßt es zu einer Demokratie, wenn der türkische Staat Gefangene foltert, christliche und kurdische Dörfer ausradiert (mehr als 25 000 Tote in 13 Jahren!), Banden des Geheimdienstes die Lizenz zum Kidnappen und zum Töten erteilt oder wie bei dem Anschlag auf die kurdische Zeitung *Özgür Gündem* (fünf Tote) Staatsterroristen Bomben legen läßt? Wie der SPD-Abgeordnete Freimut Duve 1997 während einer Reise ganz offiziell erfuhr, wird bei jedem Polizeiverhör in der Türkei gefoltert, obwohl dies gesetzlich verboten ist. 1996 wurde die Türkei als erstes Mitglied des Europarats vom Europäischen Gerichtshof für Menschenrechte in Straßburg wegen Verstoßes gegen das Folterverbot der Menschenrechtskonvention verurteilt. Ist das eine Demokratie, wenn ein islamistischer Ultra wie Erbakan, der bei der letzten Wahl lediglich 22 Prozent der Stimmen erreichte, dadurch Regierungschef werden konnte, daß er Tansu Ciller, die Vorsitzende der DYP, der »Partei des rechten Weges« (schon der Name ist ein Hohn!), mit ihrer Verstrickung in Korruptionsaffären (bei der Privatisierung der Firmen Tofas und Tedas usw.) erpreßte? Nur mit Hilfe der Islamisten gelang es Frau Ciller, der nachgesagt wird, seit 1967 für den CIA zu arbeiten, die gegen sie wegen Korruption und Unterweltkontakten schwebenden Untersuchungsverfahren niederzuschlagen.

Kommt es zu keiner grundsätzlichen Wende, könnte es den Fundamentalisten – begünstigt von dem extrem undemokratischen Wahlrecht – gelingen, mit knapp über 30 Prozent der

Wählerstimmen eine absolute Mehrheit der Parlamentssitze zu erobern. Ein Drittel der Provinzgouverneure sind bereits Fundamentalisten. In seiner Regierungszeit konnte Erbakan – auch mit Hilfe der acht von der Refah gestellten Minister – eine Viertelmillion seiner Anhänger im Staatsapparat unterbringen. Gegenwärtig liegt er in Umfragen deutlich vor den anderen Parteien. Es ist ihm perfekt gelungen, einerseits alle Vorteile der Regierungsmacht zur Stärkung seiner Partei zu nutzen und andererseits alle Unzufriedenheit mit dem Regierungskurs auf seine Partner abzuwälzen und reaktionäre Massen für die Chimäre einer »*gerechten islamischen Ordnung*« (türkisch: adil düzen) zu mobilisieren. Die Firmen von Müsiad, dem von Erol Yanar angeführten islamistischen Gegenstück zum weltlichen Unternehmerverband Tüsiad, produzieren bereits zehn Prozent der türkischen Waren, beschäftigen 300 000 Menschen und verdienen im Export 14 Milliarden Mark im Jahr. In ihrer Konsum- und Gesinnungswerbung können sie sich auf die islamistisch ausgerichteten Fernsehsender *TGRT, Kanal 7* und *Kanal D* stützen.

Was ist das für ein Land, dessen Führungsclique nach Ansicht namhafter Polizeifahnder und Juristen aktiv im Drogenhandel mitwirkt? Rolf Schwalbe, der Vorsitzende der 17. Strafkammer des Frankfurter Landgerichts, erklärte im Januar 1997, der Drogenhandel von der Türkei nach Westeuropa werde von den zwei Familien Senoglu und Baybasin »*mit exzellenten Verbindungen zur türkischen Regierung*« und »*persönlichen Kontakten zu einer Ministerin*«, nämlich der Außenministerin Tansu Ciller, beherrscht. Darauf folgte ein lauter Aufschrei der türkischen Presse und der betroffenen und getroffenen Madame. Und alsogleich beeilte sich Außenminister Kinkel, telefonisch Frau Ciller sein »*Verständnis*« zu übermitteln und um gutes Wetter zu bitten. Auch das Landeskriminalamt des rosaroten Niedersachsen fühlte sich bemüßigt, dem türkischen Generalkonsul in Hannover mitzuteilen, der hannoversche Rauschgiftfahnder, der in Frankfurt Frau Ciller belastet habe, hätte nur fragwürdige Informationen aus zweiter Hand weitergegeben (*Der Spiegel* 6/97, S. 16). In Wirklichkeit haben politische und gewöhnliche Kriminelle, wie der frühere Ministerpräsident und jetzige Vizepremier Bülent Ecevit sagte, ein Spinnennetz über das Land geworfen. So verlebten der Innenminister Mehmet Agar von der Ciller-Partei

DYP, ein DYP-Abgeordneter, ein hoher Polizeioffizier, der international gesuchte Islam-Terrorist Abdullah Catli, seit 1983 Agent für Auslandseinsätze des türkischen Geheimdienstes MIT, und eine Schönheitskönigin aus dem Mafia-Milieu gemeinsam das Wochenende in einem Hotel an der Küste. Ein Autounfall in Sursuluk, bei dem drei der Beteiligten getötet wurden, brachte die Sache ans Tageslicht. Der getötete Catli war früher bei den »Grauen Wölfen« aktiv und betätigte sich dann vor allem als Heroin-Großhändler. 1981 soll er in das Attentat auf den Papst verwickelt gewesen sein, 1988 in die Ermordung des Führers der armenischen Untergrundorganisation ASALA. Leute seines Kalibers sind vor allem im Umfeld jener von den Geheimdiensten gebildeten und finanzierten Todesschwadronen zu finden, die als Konter-Guerilla einen mörderischen Krieg gegen die kurdische Unabhängigkeitsbewegung und kritische Intellektuelle führen.

Was ist das für ein Land, das immer noch widerrechtlich die Nordhälfte Zyperns besetzt hält, dort ein Marionettenregime installiert hat und gegenwärtig Militärbasen aufbaut, um auch das griechische Zypern sich einzuverleiben? Erst im letzten Jahr wurde ein griechischer Zypriot von türkischen Grenzwächtern erschossen, ein anderer von »Grauen Wölfen« mit Eisenstangen erschlagen. Diese Gangster hatten noch die Stirn, von einer »*gerechten Strafe*« zu faseln und lauthals die Wiederherstellung der einstigen türkischen Souveränität über ganz Zypern zu fordern – eine Auffassung, die Erbakan schon 1974 als stellvertretender Premier unter dem »Sozialdemokraten« Ecevit vertreten hatte. (Nach 1571 war Zypern 300 Jahre von den Türken besetzt.) In dasselbe Horn stieß 1996 der türkische Kriegsminister Turhan Tayan: »*Wenn uns die Griechen auf einen Fuß treten, dann treten wir sie auf beide Füße.*« Die türkische Besatzungsarmee auf Zypern ist mit ihren 30000 Mann und 265 Panzern den 12000 griechisch-zypriotischen Soldaten, die nur über 52 moderne Panzer verfügen, haushoch überlegen, zumal sie zusätzlich noch von 5000 türkisch-zypriotischen Milizionären unterstützt wird.

Was ist das für ein »Partner des freien Westens«, dessen islamistischer Regierungschef den Arbeitern bei einer 80prozentigen Inflation nur 30 Prozent Lohnerhöhung zugestehen will, dafür aber den Streitkräften 100 Prozent Lohnzuwachs offeriert?

Diese Armee, mit über 500 000 Mann ohnehin überdimensio-
niert, erhielt Jahr für Jahr über 500 Millionen Dollar Militärhilfe,
davon allein aus Deutschland in den letzten 30 Jahren über fünf
Milliarden Mark.

Was ist das für ein Land, das seine Intellektuellen, seine Künstler und Wissenschaftler mit offener Brutalität verfolgt – und dies
seit Jahrzehnten? Eine ganze Reihe Schriftsteller wurden will-
kürlich inhaftiert: Der große Lyriker Nazim Hikmet wurde 1938
als 36jähriger zu 38 Jahren Gefängnis verurteilt, kam erst 1950
frei und starb im Exil in Moskau; der Romancier Kemal Tahir
verbrachte kurz nach seinem literarischen Debüt 1955 dreizehn
Jahre in Haft. Dies hat sich unter den Islamisten noch verschärft.
Der Refah-Bürgermeister von Ankara produzierte sich öffentlich
mit dem Bonmot: »*Ich spucke auf die Kunst.*« 1994 wurde die kurdische Abgeordnete Leyla Zana verhaftet und wegen Hochver-
rats angeklagt. Die vom Staatsanwalt geforderte Todesstrafe
wurde wegen internationaler Proteste schließlich in 15 Jahre Gefängnis umgewandelt – gegen eine mutige Frau, die nichts anderes gefordert hatte als eine regionale Selbstverwaltung der Kurden und ein Ende des türkischen Terrors. Auf einer von der
Refah-Partei veranstalteten, militant antijüdischen »Jerusalem-
Nacht« konnte der iranische Botschafter für die Einführung der
Scharia agitieren. Die Refah und andere Rechtsextremisten tun
ihr möglichstes, um dieses Ziel zu erreichen, obwohl § 163 des
türkischen Strafgesetzbuches jeden Angriff auf den »*laizistischen
Charakter des Staates*« strikt untersagt. Erbakan versprach z. B.,
das seit den zwanziger Jahren geltende Kopftuchverbot in Universitäten und Behörden aufzuheben. Überall im Land unterwandern die Islamisten die staatlichen Institutionen, nicht zuletzt die Armee. Geschaßte Offiziere werden sogleich in den von
der Refah beherrschten Kommunen auf gut dotierte Pfründen-
posten gebracht. Gegen die Versuche der Laizisten, den Marsch
rückwärts zu stoppen, entfalten die Islamisten den Terror der
Straße: 100 000 Fanatiker demonstrierten in Istanbul unter der
Parole »*Rühr meine Schule nicht an*«. Der Refah-Abgeordnete
Ibrahim Vural Celik agitierte für gewaltsamen Widerstand
»*schlimmer als in Algerien*«.

Zaghafte Schritte einer Demokratisierung haben nach dem
Zweiten Weltkrieg nur dazu geführt, daß die sogenannte »De-

mokratische Partei« 1950 Adnan Menderes als Ministerpräsidenten und Celal Bayar als Staatspräsidenten durchsetzen konnte, die einen Kurs bedingungsloser Unterwürfigkeit gegenüber Amerika und hemmungsloser Verschleuderung der nationalen Ressourcen verfolgten und schließlich 1960 in einem Militärputsch, bei dem Alparslan Türkes eine zentrale Rolle spielte, gestürzt wurden. (Der Sohn des 1961 hingerichteten Menderes, Aydin, ist Chef einer »moderaten«, sprich amerikahörigen, Fraktion in der Refah-Partei.) In der »Zweiten Republik« (1961–1971) gründete Türkes 1961 die faschistische Partei der »Nationalistischen Bewegung« mit den »Grauen Wölfen« als Jugendorganisation; griff die Türkei 1964 die Republik Zypern an; wurde Demirel 1985 zum ersten Mal Ministerpräsident; gründete Necmettin Erbakan 1970 die »Partei der Nationalen Ordnung«, die Keimzelle des neuen Islamismus. Diese gehörte 1973 als »Nationale Heilspartei« zu den Wahlsiegern und bildete eine Koalition mit den »Sozialdemokraten« von Bülent Ecevits »Republikanischer Volkspartei« – nicht zuletzt mit dem gemeinsamen Ziel, in Zypern zu intervenieren und gewaltsam Nordzypern zu annektieren, was 1974 auch gelang.

Immer wieder sind die demokratischen Staaten Europas der Türkei entgegengekommen. Diese konnte 1948 der OEEC beitreten und 1949 dem Europarat, erhielt das seit 1964 wirksame Assoziierungsabkommen mit der EWG und den Vertrag zur Zollunion von 1995. Immer wieder hat die Türkei diese Unterstützung schlecht gelohnt: Die Überfälle auf die Republik Zypern, das auf fünf Jahre befristete Einfrieren der Beziehungen zur EG im Jahr 1978 durch die Regierung Ecevit, der Beitritt als Vollmitglied zur Organisation der Islamischen Konferenz (OIK) 1976 zeigen wie die Militärputsche 1960, 1971 und 1981 oder die mehrfachen Einmärsche ins irakische Kurdistan, daß die Türkei nicht in den Kreis demokratischer Länder und nicht zu Europa gehört. (Beim erneuten Überfall 1997 auf die irakischen Kurdengebiete erklärte Hasan Kundakci, der Oberbefehlshaber der Invasionstruppen: »*Wir werden diese Region unbewohnbar machen.*«) Alle verbalen Bekundungen demokratischer Zuverlässigkeit (z.B. Beitritt zur Europäischen Anti-Folter-Konvention) dienten stets nur dazu, im Ausland ein besseres Bild zu bieten, und blieben im Lande folgenlos.

Die gegenwärtige Situation der Türkei ist eine Doppelherrschaft zwischen aufsteigendem Islamismus und absteigendem bourgeoisem Militärkapitalismus. Kennzeichnend dafür sind die Manöver, mit denen im Frühjahr 1997 Erbakan der von den Generälen geforderten Einschränkung der Koranschulen zu entgehen versuchte. Zwischen diesen Mühlsteinen, die das Land einerseits mit dem Gottesstaat und andererseits mit einem neuen Militärputsch bedrohen, droht die ohnehin zersplitterte Opposition zerrieben zu werden. Diese Opposition, die sich aus sozialistischer und sozialdemokratischer Linker, alevitischer Minderheit, kurdischer Nationalbewegung und kemalistischen Traditionalisten zusammensetzt, hat allenfalls ein Drittel des Volkes hinter sich. Alle großen Sprüche einiger türkischer Intellektueller (es gäbe keine fundamentalistische Gefahr, die Reformkräfte seien »*fest in der Gesellschaft verankert*« usw.) sind entweder Selbsttäuschung oder Schlimmeres. Fakt ist: Der Generalstabschef Hakki Karadayi – sekundiert vom Staatspräsidenten Demirel – drohte 1997 offen mit einem Militärputsch, »*um die Trennung von Staat und Religion zu sichern*«. Andererseits wissen die türkischen Demokraten aus Erfahrung, was ein Militärputsch bedeuten würde: Eine neue Eskalation der Repression und eine weitere Reduzierung der ohnehin schon minimalen Freiheitsrechte. Angesichts dessen war es ein Hohn, wie die Parteiführer der reformistischen Parteien DSP und CHP sich mit Mauscheleien hinter den Kulissen beschäftigten, um mit der ANAP von Yilmaz und DYP-Dissidenten wie Necmettin Cevheri eine Große Koalition zu schmieden.

Noch sind in einzelnen Stadtteilen der türkischen Großstädte Freiräume gegeben, die aber in vielem den Charakter von Luftschlössern und Traumparadiesen haben. So haben in Istanbul einzelne ehemalige Muslime es geschafft, bei Standesämtern eine Änderung ihrer Religionszugehörigkeit zu erreichen – etwas, was ansonsten in dieser angeblichen Demokratie völlig unmöglich ist, von den Bürokraten verweigert und von den Fanatikern mit dem Tode bedroht wird. Noch wehren sich vor allem die Frauen lautstark. So zogen im Februar 1997, vom Islamistenchef Erbakan als »*Parasitinnen*« beschimpft, 20 000 Demonstrantinnen durch Ankara, forderten ein Ende des islamistischen Terrors und riefen »*Reicht einander die Hände für die Demokratie*«. Noch gibt es Widerstand aus der Armee: So wurde Anfang 1996 verfügt, daß Soldaten nur noch in Zivil und außerhalb der Dienstzeiten zum Beten in die Moscheen gehen dürfen. Weniger wirksam sind die Lippenbekenntnisse von Politikern wie Mesut Yilmaz oder Staatspräsident Demirel zur Trennung von Politik und Religion. Überhaupt nicht hilfreich sind die Aktivitäten gewisser Intellektueller mit Intelligenzdefiziten, die wie der Professor Nail Sahin, seines Zeichens Präsident des Verbandes Türkischer Psychologen, gegen Menschenrechtsaktionen von Amnesty International wettern, weil angeblich in der Türkei alles in Ordnung sei. Immerhin hat Vural Savas, Oberstaatsanwalt am Kassationshof in Ankara, im Mai 1997 Anklage gegen die Refah erhoben, um sie zu verbieten, weil sie »*dieses Land mit ihrer Politik an den Rand des Bürgerkriegs*« bringe. Der General Fevzi Türkeri erklärte am 11. Juni 1997, die Bedrohung habe »*außerordentliche Ausmaße*« erreicht und man werde »*notfalls mit Waffen*« das Land vor dem Fundamentalismus schützen. 19 Zeitungen, 20 Sender, 110 Zeitschriften, 500 Stiftungen, 800 Schulen, 1000 Firmen, 6 Großkonzerne, 30 Terrororganisationen sind mit dem türkischen Islamismus verbunden. In den Koranschulen werden 1,6 Millionen Schüler indoktriniert.

In unserem Jahrhundert hat sich in der Türkei zunächst ein rabiater Nationalismus entwickelt, auf dessen Aufschwung mit einer gewissen Verzögerung in den zwanziger Jahren die Geburt des modernen Islamismus folgte. Dieser wurde zunächst von den Nationalisten brutal verfolgt, ohne daß es gelang, ihn auszurotten. Nach dem Tode Atatürks 1938 gelang es den Islamisten über mehrere Jahrzehnte hinweg, sich in zäher Kleinarbeit in allen Bereichen der Gesellschaft zu etablieren. Aber ihren Durchbruch erlebten die Islamisten erst, als sie wesentliche Elemente der chauvinistischen Ideologie in ihre Propaganda integrierten – den rassistischen Wahn einer geistig-moralischen Überlegenheit des Türkentums, die Fiktion eines ethnisch reinen türkischen Volkes und die irrwitzige Zielsetzung eines Großtürkischen Reiches vom Balkan bis nach Sinkiang – und als gleichzeitig immer mehr Chauvinisten (z. B. die Anhänger von Alparslan Türkes) ins Lager des Islamismus wechselten.

Auf das Schuldkonto der türkischen Nationalisten, die bei aller modisch-modernistischen Aufklärungsmimikry sich doch immer auch als gute Muslime betrachteten, gehen die 1914/15 ermordeten 1,5 Millionen Armenier und zehntausende aramäischer Christen, die 1,5 Millionen am Anfang der zwanziger Jahre

aus der Türkei vertriebenen Griechen und letztlich auch die
600 000 Türken, die als Revanche aus Griechenland vertrieben
wurden. Solange diese Menschheitsverbrechen nicht von den
Türken und Kurden aufgearbeitet sind, besteht wenig Hoffnung
auf eine Demokratisierung der Türkei. Ich habe daher, als ich am
27. 1. 1995 in Köln bei einer großen, im türkischen Fernsehen
übertragenen Solidaritätsveranstaltung für die Meinungsfreiheit
in der Türkei eine Rede hielt und alle meine türkischen Vorred-
ner (darunter Vertreter des PEN-Clubs, der Türkischen Schrift-
stellergewerkschaft und des Journalistenverbandes) mit keinem
Wort auf den Völkermord an den Armeniern und Aramäern und
auf die aktuellen Kurdenverfolgungen eingingen, auf diese un-
verheilten Wunden hingewiesen. Dies schien mir um so wichtiger, als die Veranstaltung am 50. Jahrestag der Befreiung des KZ
Auschwitz stattfand, und es für mich einer Verhöhnung der dort
Ermordeten gleichgekommen wäre, an diesem Tag nur über
Zensur und mangelnde Pressefreiheit zu klagen. Was ich sagte,
erhielt von dem allergrößten Teil der etwa 500 anwesenden Türken und Kurden deutlichen Beifall – wohl aus dem Gefühl der
Dankbarkeit, daß hier ein Außenstehender das äußerte, was man
selbst dachte, aber sich allzuoft den chauvinistisch verblendeten
Landsleuten gegenüber nicht zu sagen getraut hatte.

Was ist aus dem Christentum in der Türkei geworden – in
jenem Gebiet, das für die frühe Christenheit einmal eine der
spirituell und kulturell reichsten Regionen war? Da existieren
Armenier und Syrisch-Orthodoxe als Kryptochristen im geheimen fort, lassen zum Teil ihre Söhne beschneiden und heiraten
nur untereinander, um nicht den Glauben wechseln zu müssen.
Aus Mangel an einheimischen Pfarrern werden Kinder zum Teil
durch ausländische Priester getauft, die so schnell wie möglich
die Türkei wieder verlassen müssen. Die Schulen der armenischen Minderheit werden trotz oder wegen der sehr staatstreuen
Politik des armenischen Patriarchen immer stärker einge-
schränkt. Die 1844 gegründete griechisch-orthodoxe theologische Schule im Dreieinigkeitskloster von Chalki, von deren
Wänden Atatürk als Großer Bruder blickt, wurde 1971 geschlossen, um so über die Nicht-Ausbildung der Kleriker den christlichen Glauben auszurotten. Damals wurde auch jener infame Erlaß verabschiedet, daß in jeder türkischen Schule alle Schüler am

Anfang und Ende des Unterrichts den ebenso berühmten wie
schwachsinnigen Ausspruch Atatürks »*Glücklich, wer von sich
sagen kann: Ich bin ein Türke*« rezitieren – auch die Griechen, Armenier, Araber oder Kurden. Empörend ist auch, daß in den
Schulen der Minderheiten der Schulleiter stets ein Türke sein
muß, daß in den griechischen Schulen das Fach griechische Geschichte verboten wurde und daß über 100 Abiturienten griechischer Nationalität der Hochschulzugang verweigert wurde,
obwohl sie die Aufnahmeprüfung bestanden hatten. Es sind dies
Methoden, wie sie ähnlich von polnischen und tschechischen
Chauvinisten gegenüber der deutschen Minderheit praktiziert
werden – sichere Anzeichen dafür, daß ein Staat, der so vorgeht,
antidemokratisch und inhuman ist.

Der ökumenische Patriarch Bartholomäus I. gerät immer
mehr unter Druck. Todesdrohungen werden geäußert. Kolon-
nen der Refah-Partei demonstrieren immer wieder vor seinem
Amtssitz, dem Phanar. Hetzblätter wie *Aksiyon* unterstellen ihm,
er wolle einen Staat im Staate gründen und fordern seine Absetzung. Am 29. 9. 1996 verübte die »Islamische Kampffront des
Großen Ostens« (IBDA-C) einen Handgranatenanschlag auf
den Phanar. Dies hat durchaus mehr als eine regionale oder
nationale Bedeutung. Denn seit mehr als anderthalbtausend
Jahren hat der ökumenische Patriarch den Ehrenprimat, d. h.
den Vorsitz unter den inzwischen acht orthodoxen Patriarchaten
und den vier autokephalen (d. h. mit eigener Leitung versehe-
nen) Kirchen sowie das Initiativrecht bei allen panorthodoxen
(gesamtkirchlichen) Angelegenheiten der 250 bis 300 Millionen
orthodoxen Christen. Schon 1955 proklamierte der damalige
türkische Parlamentspräsident Cindoruk die Zielsetzung all
derer, die aus der Türkei ein rein islamisches Land machen wollen: »*Das Patriarchat wird in ein Museum umgewandelt, wenn ein
Patriarch fehlt.*« Dem dient auch die Regelung, daß der Patriarch
türkischer Staatsbürger sein muß. Immer noch fehlt es an einer
breiten internationalen Unterstützung für das Patriarchat und
an politischem Druck auf die Türkei. Die Europäische Union übt
sich wieder einmal in Beschwichtigungspolitik, ebenso der Gen-
fer Weltrat der Kirchen, was natürlich die türkischen Machthaber als verstohlene Ermutigung auffassen.

Die Refah-Banden versuchen heute zu vollenden, was mit der
Vertreibung von anderthalb Millionen Griechen zwischen 1919

und 1923 begann und was 1922-23 von der Türkei auf der Lausanner Friedenskonferenz nicht durchgesetzt werden konnte: die Beseitigung des Patriarchats, die Vertreibung aller Griechen aus der Türkei. Von 500 000 Griechen in Istanbul um 1900 sind heute nur noch zweieinhalbtausend übrig und unter 10 000 im ganzen Land – der klägliche Rest jener 150 000 Griechen, die nach den großen Vertreibungen 1923 noch geblieben waren.

Schon 1927 hatte die Türkei unter Bruch des Lausanner Vertrages die Autonomie der fast nur von Griechen bewohnten Inseln Imbros und Tenebros aufgehoben und nach und nach praktisch alle Nicht-Türken vertrieben. Vor allem zwischen 1955 und 1964 verließen Zehntausende Griechen das Land. Am 6. und 7. September 1955 hatten islamistisch-chauvinistische Marodeure, organisiert und geführt durch staatliche Autoritäten, das Griechenviertel geplündert, 16 Menschen ermordet (darunter der neunzigjährige Frater Mantas, der lebendig verbrannt wurde), 38 Kirchen niedergebrannt, 35 Kirchen, zwei Klöster, 23 Schulen und mehrere Friedhöfe verwüstet. Mindestens 2000 Frauen wurden vergewaltigt, Hunderte von Griechen gefoltert. Die Leichen von Patriarchen wurden ausgegraben, Heiligenreliquien verbrannt oder den Hunden vorgeworfen. Ein britischer Journalist schrieb damals, das Griechenviertel habe ausgesehen *»wie bombardierte Teile Londons im Zweiten Weltkrieg«*. Nachdem schon 1958/59 eine erneute nationalistische Boykott-Kampagne gegen die Griechen tobte, zwang die türkische Regierung am 16. 3. 1964 alle Griechen mit griechischem Paß innerhalb von zwei Tagen zum Verlassen des Landes. Gleichzeitig wurde ein Geheimerlaß in Kraft gesetzt, der das Vererben griechischer Besitztümer unterband, wobei allen Griechen, die dagegen zu prozessieren versuchten, dies aufgrund des geheimen Charakters der Verordnung verwehrt wurde.

Betrachtet man die Türkei in einer historischen Dimension, so hat das Schicksal der aramäischen bzw. syrisch-orthodoxen Christen eine besondere Tragik: Bevor der Islam kam, gehörten zu ihrer Gemeinschaft, die die Sprache Jesu spricht und sich von der zweitältesten christlichen Kirche der Welt, der um 35 n. Chr. gegründeten Kirche von Antiochien, herleitet, 60 bis 90 Millionen Menschen. Ihr Einflußgebiet erstreckte sich von Palästina über den Irak und Persien bis Aserbaidschan und später sogar bis nach Indien hin. Ihr Oberhaupt, der einem Patriarchen gleich-

gestellte »Kattolikos« residierte in Antiochia, wo zuerst der
Name »Christen« (»christianoi«) aufkam. Immer wieder wurden
die Syrisch-Orthodoxen verfolgt – im persischen Reich als
»Spione der Byzantiner« (unter Shapur II. wurden 60000, nach
anderen Quellen 300000 umgebracht), im byzantinischen Gebiet als »monophysitische Ketzer«. (So wurden z.B. in Edessa
500 Mönche getötet und alle Klöster zerstört.) Nachdem die arabischen Eroberer anfangs die syrisch-orthodoxen Christen relativ gut behandelt hatten, erhöhten sie nach und nach den Druck
auf sie – vor allem durch immer höhere Steuern. Unter den Türken wurden sie weiter entrechtet (Verbot, das Heimatdorf zu
verlassen; Verbot, ein Pferd zu benutzen oder ein Schwert zu tragen; Kennzeichnungspflicht der christlichen Frauen usw.), auch
kam es gelegentlich zu Morden und Übergriffen gegen Mönche
und Laien. Um 1900 lebten noch rund 100000 »Suryani« in der
Osttürkei. Im Ersten Weltkrieg wurden Zehntausende von ihnen
Opfer türkischer Massaker – sie wurden erschlagen oder ver-
hungerten. Die Überlebenden hausten versteckt in Höhlen oder
mußten türkischen Landbesitzern als Sklaven dienen. Trotz aller
Verfolgungen (z. B. Ermordung eines christlichen Soldaten, der
mit Panzerbenzin übergossen und lebendig verbrannt wurde),
trotz aller Diskriminierungen (z. B. trotz der juristischen Gleichheit aller türkischen Bürger in §§ 19 und 24 des Zivilgesetz-
buches faktisches Verbot, Richter, Offizier, Pilot, Journalist usw.
zu werden; Schließung von Klosterschulen und Bibliotheken)
gab es bis etwa 1970 ein sehr lebendiges Gemeindeleben in der
Osttürkei. Eine Wende setzte ein im Zusammenhang mit der
Zypern- und der Libanonkrise: Über 100 Männer und einige
Frauen wurden bei Pogromen von aufgehetzten Muslimen getötet, darunter eine im achten Monat schwangere Frau, die sich ge-
weigert hatte, ihren Goldschmuck abzugeben. Syrische Kirchen
wurden in Moscheen umgewandelt oder in Tierställe der kurdischen Agas, die wie die Celebi in Mizizah als Großgrundbesitzer
10 bis 20 Dörfer als steuerpflichtige Untertanen haben. All dies
führte zu dem bitteren Fazit von Hanna Aydin: »*Heute sehen die
Syrer nur im Ausland eine Zukunft ihrer Kirche*« (*Die syrisch-orthodoxe Kirche von Antiochien*, Glane-Losser NL 1990, S. 137).
Mehr und mehr syrisch-orthodoxe Christen entschlossen sich
zur Auswanderung nach Europa, Nord- und Südamerika. Übriggeblieben sind nach Jahrhunderten der Verfolgung und Ver-

treibung noch etwa drei Millionen – in Gemeinden zwischen Indien und Nordamerika. Rund 50 000 leben im deutschsprachigen Raum. Zwei Drittel der Gläubigen gehören heute zu den indischen Thomas-Christen: Da die Kleriker außerhalb Indiens das daraus entstehende Übergewicht nicht akzeptieren, hat sich seit 1974 eine schrittweise Kirchenspaltung entwickelt, die zur Gründung einer eigenen indischen Kirche führen dürfte.

Lediglich einige Tausend Syrisch-Orthodoxe leben heute noch in der Türkei, überwiegend als Handwerker und Händler in Istanbul – im Tur Abdin, im »Wald der Einsiedler«, dem einstigen religiösen Zentrum der Aramäer, lediglich noch einige hundert, fast ausschließlich Krüppel und Alte. Dörfer, in denen für vielleicht 300 Menschen mehr als ein Dutzend Kirchen existierten, wo oft die einzelnen Großfamilien eigene Gotteshäuser besaßen, sind jetzt zerstört und verödet. Dort, wo Christen seit dem 4. Jahrhundert lebten, sind von über 80 lediglich neun Klöster mit Mönchen und Nonnen und einem einzigen Metropoliten (in Midyat) übriggeblieben. Der Golgathaweg der türkischen Christen wird daran deutlich, daß immer wieder christliche Soldaten in der türkischen Armee schikaniert, malträtiert, ja sogar ermordet werden. Von daher rührt der Brauch, daß alle aramäischen Christen, wenn sie zum Militär eingezogen werden, zuvor in einer kirchlichen Zeremonie die Sterbesakramente erhalten. All dies geschieht in dem Bewußtsein, daß nicht einer derjenigen, die Christen mißhandelten, auch nur vor Gericht gestellt wurde. (Die Nichtbestrafung staatlich erwünschten Mordes kennzeichnet die türkische »Rechtsordnung«: Fünf Polizisten, die den Journalisten Metin Göktepe im Januar 1996 verhafteten und zu Tode prügelten, laufen trotz ihrer Verurteilung weiter frei herum.)

Nachdem die Christen, ob nun Aramäer, Armenier oder Griechen, ebenso wie die Juden fast vollständig aus der Türkei vertrieben wurden, wendet sich der islamische Block immer mehr gegen diejenigen, die als Abweichler in den eigenen Reihen gelten. Dies richtet sich u. a. auch gegen die Lasen (ein kaukasisches Volk, das im 6. Jahrhundert zum orthodoxen Christentum übertrat, gut 1000 Jahre später zwangsislamisiert wurde und heute in der Türkei etwa 25 000 Menschen umfaßt), vor allem aber gegen

die Aleviten, die wie die Lasen versucht haben, als Muslime zu
überleben. Die Aleviten sind lange Jahre mißdeutet worden als
»türkische Schiiten«. Letztlich sind sie von ihrer Geschichte, vom
lange geheimgehaltenen Wesenskern ihrer Überlieferungen und
von ihrer laizistisch-rationalistischen Grundhaltung her keine
Muslime – auch keine Reform-Muslime und keine randständige
muslimische Richtung wie die in Pakistan entstandene Ahmadiyya. Die Aleviten sind über Jahrhunderte hinweg gezwungen
gewesen, sich als Muslime zu maskieren, um überhaupt überleben zu können – das Schicksal der Christen, Zoroastrier, Manichäer, Yeziden vor Augen, also von Religionsgemeinschaften,
die teils blutig bekehrt, teils friedlich ausgezehrt wurden. Die
Aleviten haben fast ein gutes Jahrtausend lang überstanden unter dem Vorzeichen, Muslime zu sein, wenn auch keine richtig
rechtgläubigen – wurden aber immer wieder angefeindet oder
sogar Opfer von Massakern (Kahramanmaras 1978, Sivas 1993).
Der Preis, den sie gezahlt haben, war hoch: Viele ihrer einfachen
Anhänger begriffen sich mehr und mehr als eine spezielle Sorte
Muslime oder gaben unter dem Druck der Re-Islamisierung sogar alle alevitischen Spezifika auf und kehrten in den dunklen
Schoß der Umma zurück. Andererseits hat gerade der General-
angriff des Islamismus ein neues alevitisches Erwachen in Gang
gesetzt. Unter den alevitischen Intellektuellen wächst das Bewußtsein, einer eigenständigen Religion anzugehören, in der
sich das Beste aus dem ursprünglichen Türkentum verkörpert:
die Freiheitsliebe, der Gerechtigkeitssinn und die diesseitsge-
richtete Menschlichkeit der nomadischen Turkvölker, ehe sie der
kulturellen Hegemonie der muslimischen Araber unterworfen
wurden und ihnen ein Islam aufgezwungen wurde, den in seinen
Strukturen und Ausdrucksformen sowohl die rigide und repres-
sive Feudalgesellschaft Arabiens wie deren ebenso despotischer
Widerpart Byzanz geprägt hatten.
Es ist schwer vorhersagbar, zu welchen politischen Entwicklungen ein offenes Sich-Lösen der Aleviten vom Islam führen
könnte. Pogrome und Massaker wie der Völkermord an den Kurden würden dann zumindest wahrscheinlich, wobei am ehesten
ein unabhängiges Kurdistan, das nach Lage der Dinge wohl eine
PKK-Regierung hätte, zur Freistatt der Aleviten in der Nahostregion werden könnte. Wo selbst die Ahmadis, die doch insgesamt gesehen Muslime sind, als »Ungläubige« blutig verfolgt

werden, fällt es schwer, daran zu glauben, daß eine von Erbakan,
Ciller und Konsorten regierte Türkei eine wirklich eigenständige
alevitische Religionsgemeinschaft dulden würde und den sunnitischen Mob von Übergriffen abhielte. Andererseits ist eine weitere Ein- und Unterordnung in der islamischen Volksgemein-
schaft angesichts der islamistischen Flut für die Aleviten nur um
den Preis völliger Selbstaufgabe zu haben. Gefragt ist also eine
kluge, ebenso vorsichtige wie weitsichtige, ebenso realistische
wie mutige Politik der kulturell-religiösen Selbstfindung, der
politisch-gesellschaftlichen Mobilisierung und Organisierung,
um einen Ausweg aus der drohenden Auslöschung und aus der
jahrhundertealten Unterlegenheit und Unterdrücktheit zu finden. Eine Überschätzung der eigenen Kräfte wäre dabei fatal: So
sind von rund 800 000 im europäischen Exil lebenden Aleviten
vielleicht 10000–15000, also 1–2%, in den alevitischen Vereinen
organisiert. In aller Nüchternheit muß man feststellen – so fatal
das ist: Es ist gegenwärtig eher wahrscheinlich, daß der Islamismus in der Türkei die ganze Macht erobert , als daß es Aleviten,
Reform-Sunniten, türkischen und kurdischen Linksparteien
usw. gelingt, das Ruder herumzureißen. Und eine der unmittel-
baren Folgen der momentanen schleichenden, in Kürze vielleicht schon voranstürmenden Islamisierung der Türkei wird
eine Fluchtwelle gerade der Aleviten sein, die aus naheliegenden
Gründen sich vor allem nach Deutschland richten wird. Nicht
nur die türkische, auch die deutsche Bevölkerung würde dann
die Früchte jener ebenso verbissenen wie verrückten Nibelun-
gentreue der Herren Kohl und Kinkel zu ihren türkischen Pendants ernten.

Die Geschichte der Türkei in diesem Jahrhundert ist eine Geschichte des Scheiterns:
– Gescheitert ist der Versuch, aus der Türkei ein europäisches
Land zu machen. Die Parole Atatürks »*Es gibt viele Kulturen, aber
nur eine Zivilisation: Die europäische*« ist nicht nur unhistori-
scher Unfug – sie wurde auch nicht zum Glaubensbekenntnis der
Bevölkerungsmehrheit. Die Ausrottung der Armenier und
Aramäer, die Vertreibung von Griechen und Juden, die Drang-
salierung und Massakrierung der Kurden – all das erwies und
verfestigte die Türkei als ein halbasiatisches Land, als orientalische Despotie. Auch der türkische Chauvinismus (Atatürk: »*Ne*

mutlu Türküm diyene«, »*Wie großartig ist es, ein Türke zu sein*«)
trennte die Türkei von Europa, bereitete dem Bürgerkrieg und
dem religiösen Chauvinismus den Weg. Im Ergebnis zerstörte
der bürgerlich-kleinbürgerliche Nationalismus seine eigene
politische Basis, was Aziz Nesin zu der bitteren Bemerkung veranlaßte: »*Atatürks Ideale existieren nur noch auf dem Papier*« (*Die
Zeit*, 24. 3. 1995).

– Gescheitert ist der Versuch, in der Türkei eine Demokratie
zu errichten. Zwar gibt es seit 1961 ein Mehrparteiensystem, aber
die wahre Macht liegt stets beim offiziell nur beratenden »Nationalen Sicherheitsrat«, sprich bei den Generälen.

– Gescheitert ist die türkische Linke, die heute sehr viel
schwächer ist als in den sechziger Jahren, wo nach der 1961 er-
folgten Gründung der Türkischen Arbeiterpartei (Türkiye Isci
Partisi, TIP) es sogar einige kommunistische Abgeordnete im
Parlament gab. Nach dem Verbot 1971 zerfiel die TIP in mehrere
Splittergruppen, und auch der 1966 von den alten Gewerkschaften abgespaltene »Verband der Gewerkschaften revolutionärer
Arbeiter« (DISK) verlor seine Bedeutung. Inzwischen kommen
in Deutschland immer häufiger – oft unter Vermittlung von Bot-
schafts- und Konsularbeamten – ehemalige türkische Linksradi-
kale mit den Islamisten zu Verbrüderungsfeiern zusammen. Einig ist man sich vor allem im Haß auf Deutschland und die
Demokratie – eine Einigkeit, die auch das teilweise geradezu terroristische Auftreten von türkischen »Demonstranten« aller
politischen Richtungen prägte, mit der man nach der mörderischen Brandstiftung die Bevölkerung von Solingen büßen lassen
wollte für einen Mord, dessen wirkliche politische Hintergründe
immer noch ungeklärt sind. Im Raum steht immer noch der Vorwurf der PKK, der türkische Geheimdienst habe den Anschlag
ausführen lassen, um die Türken in Deutschland unter dem
Banner der verfolgten Minderheit zusammenzuschweißen. Im
Raum steht immer noch die Frage, welche Rolle der vom deutschen Verfassungsschutz gesteuerte Kampfsporttrainer tatsächlich gespielt hat.

– Gescheitert ist der Versuch, den Islam aus der Politik zu
verbannen. Zwar wurde die 1970 gegründete erste islamische
Partei ein Jahr später verboten, aber bereits 1973 erreichten die
neu konstituierten Islamisten mehr als ein Zehntel der Parlamentssitze. Schon bald konnten sie sich an mehreren Koaliti-

onsregierungen beteiligen. Nach dem dritten Militärputsch am
12. 12. 1980 erlebten sie eine neue Blütezeit und näherten sich
Schritt für Schritt – scheinbar unaufhaltsam – der Machtergreifung.

Chauvinismus und Religion sind in der Türkei eine innige Lie-
bes- und Vernunftehe eingegangen. Seit 1970 die Religionsdie-
ner der Moscheen verbeamtet wurden und ein »Ministerium für
Religiöse Angelegenheiten« entstand, ist der Islam faktisch Na-
tional- und Staatsreligion – in vollem Widerspruch zum Laizismus Kemal Atatürks. Die islamischen Orden und Geheimgesell-
schaften, die 1925 verboten wurden, sind trotz des immer noch
geltenden Verbotes seit Mitte der sechziger Jahre wieder aktiv
und haben, da viele Prominente insgeheim bei ihnen Mitglied
sind, die Gesellschaft mit einem subversiven Netz überzogen. Insofern hat der 1997 hochbetagt gestorbene große Führer der
»Grauen Wölfe«, Alparslan Türkes, sein Ziel erreicht – auch
wenn er bei den letzten Wahlen mit seiner Partei aufgrund der
Zehn-Prozent-Klausel nicht mehr ins Parlament gelangte, weil
die große Masse der religiös und chauvinistisch Verhetzten die
Mischung der Refah (viel Islam mit einem Schuß Panturkismus)
der seiner Partei (viel türkischer Rassismus und Größenwahn
mit einer kräftigen Prise Islamismus) vorzogen. Mit großem taktischen Geschick, mit dreisten Lügen und hilfreichen Halbwahr-
heiten, mit Takkye (»Verschweigen«) des momentan Inopportu-
nen hat Erbakan es verstanden, die islamistische Bewegung
Schritt für Schritt der Macht näherzubringen. Erbakan, der in
Deutschland studierte und sehr gut Deutsch spricht, ist ein Musterbeispiel dafür, daß weder Sprachkenntnisse noch Buchwissen aus einem Despotie-Fan einen aufgeklärten Demokraten
machen – und damit eine lebende Warnung vor der fixen Idee,
den Zuwanderern entweder automatisch oder nach dem Absol-
vieren einer simplen Sprachprüfung die deutsche Staatsangehörigkeit zu verleihen. Auch die meisten der vielen Jünger und
Nachbeter Erbakans, die der Bonner Schlafmützenstaat mit
deutschen Pässen ausstattet, werden noch in 50 Jahren einge-
fleischte Türken und erbitterte Gegner der Demokratie sein.

Gerade die USA waren es, die über Jahrzehnte hinweg auf die
Einwanderung von Türken nach Deutschland gedrängt haben –
einerseits, um durch Entdeutschung Deutschlands ihren wich-

tigsten Juniorpartner dem Senior immer ähnlicher zu machen, andererseits um durch die damit entstehende Verflechtung die Einbindung der Türkei in die NATO ökonomisch und politisch abzusichern. Wenn es je das Interesse Washingtons war, die Türkei auf diesem Wege zu europäisieren (wobei Zweifel an diesem Bestreben angebracht sind), so wäre ein solches Kalkül komplett gescheitert: Nicht die asiatisch-islamische Türkei hat sich europäisiert, sondern Westeuropa wird mehr und mehr enteuropäisiert und islamisiert.

Angesichts dieser Entwicklungen kann man es nur als widerwärtig und als Beispiel für die Verkommenheit der politischen Klasse in Deutschland bezeichnen, wenn die von der SPD geführte Stadt Köln (Zweitheimat von gut 80 000 Türken) mit Billigung der CDU-Opposition im März 1997 in Istanbul mit dieser von der islamistischen Refah-Partei regierten Stadt eine Städtepartnerschaft unterzeichnet. Die Tinte unter diesem Vertrag war noch nicht trocken, da erklärte schon der Kölner Oberbürgermeister Norbert Burger gegenüber der Presse, es gehe darum, durch Dialog das Unrecht langfristig zu bekämpfen. Zwar existierten in der Türkei Folter und Menschenrechtsverletzungen, aber das wisse auch die Regierung und gäbe es sogar öffentlich zu. Außerdem habe man schon einen Ausschuß gegründet, und im übrigen seien für die Verbrechen Polizei und Militär verantwortlich, die einen Staat im Staate bildeten. Auf diesen hätten auch die Istanbuler Politiker keinen Einfluß. Ist Herr Burger so naiv, oder tut er nur so? Weiß er wirklich nicht, daß Politiker und Uniformierte in der Türkei seit langem in trauter Arbeitsteilung kooperieren? Die einen morden, die anderen geben wohlklingende Erklärungen ab, um die Weltöffentlichkeit zu beruhigen und zu vertrösten. Erst recht sind die Islamisten trotz mancher Detaildifferenzen mit den uniformierten Killern völlig einig, wenn es gegen die Linke und gegen die Demokratie geht. Der Gipfel ist, daß Burger seinen islamistischen Kollegen Recep-tayyip Erdogan, den Kronprinzen des Refah-Chefs Erbakan, auch noch als einen »*frommen Mann, der auch lernfähig und lernwillig ist*«, bezeichnete. Die Polizei dieses »frommen Mannes«, der provokativ ausgerechnet nahe dem Atatürk-Denkmal am Taksim-Platz eine Moschee errichten will, attackiert immer wieder die »Sonntagsmütter«, also jene mutigen Frauen, die gewaltfrei für ihre verschleppten und gefolterten Kinder demonstrieren. Der fromme Mann revanchierte sich bei der Zeremonie mit bösartigen Angriffen auf die Deutschen, die angeblich die Türken (»unsere Bürger in Deutschland«) rassistisch behandeln, z. B. dadurch, daß sie diese immer noch »Gastarbeiter« nennen. Burger entschuldigte sich für den deutschen Rassismus und verwies darauf, daß ein so schlimmes Wort wie »Gastarbeiter« nicht mehr zum Sprachgebrauch gehöre, zumindest nicht mehr im politisch korrekten Neusprech. Anschließend ließ er dann noch die Katze aus dem Sack, beklagte die mangelnde Präsenz der deutschen Industrie in der Türkei und warb für mehr deutsche Investitionen. Was kümmert es da, wenn gleichzeitig in Istanbul laufend Razzien stattfinden, die Polizei immer wieder die vorgenommenen Verhaftungen abstreitet und Menschen in den Folterkellern für »Terrorismusbekämpfung« in Aksaray verschwinden läßt, wenn »zufällig« Leichen von Polizeiopfern gefunden werden, wie die von Hasan Öcak 1995 und von Metin Göktepe 1996? Was kümmert es einen deutschen Spezialdemokraten, wenn die türkische Geheimpolizei mutige Frauen wie die Istanbulerin Asena Türkoglu nur deshalb verfolgt, weil sie über Monate oder Jahre hinweg nach ihren von der Polizei entführten Angehörigen suchen? Asena Türkoglu, deren Mann am 8. 6. 1996 verschleppt wurde, wurde von Polizisten in Uniform oder Zivil geschlagen, angeschossen, rund um die Uhr überwacht und inhaftiert, ohne daß sie einen Anwalt erhielt. Was kümmert es, wenn Erdogan offen und unverschämt erklärt: »Die Demokratie ist für uns kein Ziel, sondern ein Mittel«?

Als einzige im Kölner Stadtrat vertretene Partei widersetzten sich die GRÜNEN der Städtepartnerschaft mit Istanbul. Andererseits beobachtet man auf höherer (Bundes)Ebene auch in dieser Organisation eine zunehmende Kriecherei vor den islamischen Despotien. Gerd Poppe, als Ossi voll integriert in die Fischer-Gang, legt sich so richtig ins Zeug für die armen mißachteten Diktaturen und Demokraturen dieser Welt. In grün & bündig Nr. 1/1997 dekretiert er (die Abweichler sind eben Niemande – wie in der guten alten DDR!): »Niemand verlangt den Abbruch diplomatischer Beziehungen zu Staaten wie dem Iran, China oder der Türkei. Niemand fordert auch Wirtschaftsembargos. Diese Instrumente sollen extremen Situationen – Aggressionen gegen Nachbarstaaten, drohendem Völkermord und dergleichen – vorbehalten bleiben ...« Kein Völkermord in der Türkei an den

Kurden, keine militärischen Aggressionen gegen den Irak oder gegen Zypern? Gerd Poppe hat den bundesdeutschen Schnellkurs in Wahrnehmungsverweigerung und Wahrheitsverbiegung erfolgreich absolviert.

Natürlich gibt es auch innerhalb des deutschen Staatsapparates genügend denkende und fühlende Menschen, denen bewußt ist, daß es sich bei der Türkei seit den Tagen Kemal Atatürks faktisch um eine Diktatur handelt – einst eine progressistische Entwicklungsdiktatur mit demokratischen Teilbereichen, heute eine ultrareaktionäre Despotie mit dahinschmelzenden Restbeständen an Volkseinfluß. Nur wagen deutsche Politiker es allzu selten, dies auch öffentlich zu sagen. Typisch für den grassierenden Mangel an Zivilcourage und Wahrheitsliebe ist, wie sich die deutschen Offiziellen feige feixend hinter dem auch nicht gerade konsequenten griechischen Veto gegen einen EU-Beitritt der Türkei verstecken. Den Gipfelpunkt der Unverschämtheit erklomm 1991 Außenminister Kinkel, der auf einen Protestbrief gegen die Christenverfolgungen in der Osttürkei antwortete, es existiere in der Türkei, da sie ein demokratischer NATO-Partner sei, keine Verfolgung, überdies gäbe es Streitigkeiten in jedem Land der Welt. Kein Wort über die Massaker, kein Wort gegen die öffentlich verkündete Zielsetzung der Islamischen Weltkonferenz, bis zum Jahr 2000 den Orient christenfrei zu machen. Von derselben Qualität ist die Erklärung des baden-württembergischen Kultusministers gegenüber einem syrisch-orthodoxen Bischof, man könne nicht protestieren und die Türken verärgern, da 80 Prozent der Straßenkehrer in Stuttgart Türken seien und dann die Müllabfuhr zusammenbreche. Und die Gastarbeiter könne man nicht zurückschicken, da gäbe es Verträge ...

Mit starrer, sturer Beharrlichkeit verfolgt die Mehrheit des türkischen Establishments ihre Beitrittspläne zur EU. Trotz aller Absagen seitens der EU-Staatschefs erklärte das Außenministerium in Ankara im März 1997: »*Die Beziehungen der Türkei zur EU basieren auf Abkommen, und die Türkei wird ihre Politik in Richtung EU-Beitritt fortsetzen.*« Mit der offiziellen Geduld kontrastiert allerdings eine verbreitete Gereiztheit und Wut der türkischen Politiker. So lamentierte ein Regierungsbeamter, die Türkei werde »*im Widerspruch zu den Römischen Verträgen und zum Assoziierungsabkommen von 1963*« seit 34 Jahren »*betrogen*

und belogen«. Daraus resultiert in Geschäftswelt und Bürgertum
der Türkei ein Anwachsen des Widerwillens gegen die EU als
»Klub der Christen« und zunehmende Begeisterung für die Idee
einer »Islamischen Wirtschaftsgemeinschaft«. Auch die servile
Nachgiebigkeit der deutschen Politiker gegenüber ihren türkischen Kollegen und die Unterstützung für den türkischen Ver-
nichtungsfeldzug gegen die kurdischen Aufständischen führt
nicht etwa zu Dankbarkeit und Deutschenfreundlichkeit der
offiziellen Türkei. Da hetzt die Zeitung *Millyet* gegen Helmut
Kohl, da spricht der Außenstaatssekretär und ehemalige Botschafter in Deutschland Onur Öymen davon, Bonn habe sich als
»*falscher Freund*« erwiesen. Unter der Hand wird mit Boykott-
maßnahmen gegen deutsche Waren oder einer Verhinderung der
NATO-Osterweiterung gedroht. Der »Sozialdemokrat« Ecevit,
einst als Ministerpräsident Exekutor der Besetzung Nordzyperns
und inzwischen unter Yilmaz stellvertretender Ministerpräsident, droht offen mit der kompletten Annexion des türkisch-zypriotischen Pseudo-Staates, wenn die Republik Zypern in die EU
aufgenommen werde.

Es sind hemmungsloses Profitstreben und blindes Machtden-
ken, die die EU dazu bewegen, der Türkei immer wieder Hoffnung zu machen auf einen Beitritt in näherer Zukunft, statt
klipp und klar zu sagen, daß nur eine europäische Türkei, also
ein demokratischer, laizistischer Staat, der das an Armeniern,
Aramäern, Griechen, Juden und Kurden begangene Unrecht gesühnt und seine Besatzungsstreitmacht aus Kurdistan und
Nordzypern abgezogen hat, einen Platz in Europa hat. Dankens-
werterweise hat der holländische Außenminister Hans van
Mierlo darauf hingewiesen, daß die Türkei erst aufgenommen
werden könne, wenn solche Probleme, zu denen auch die Zy-
pernfrage und der Grenzstreit mit Griechenland gehören, gelöst
seien. Andererseits glänzt der deutsche Bundespräsident durch
Sprüche wie »*Europa ist kein christlicher Club*« oder »*Die Türkei
gehört zu Europa*«. Man kann hier nur dem CSU-Europa-Abge-
ordneten Ingo Friedrich zustimmen, der es »*extrem unfair*«
nennt, der Türkei »*über 20 Jahre die Wurst vor die Nase zu hängen, wo doch alle wissen: Sie kriegen sie nicht.*« Immerhin wand-
ten sich die sechs christdemokratischen Regierungschefs der EU
im März 1997 gegen eine Aufnahme der Türkei. Wilfried Mar-
tens, Vorsitzender der »Europäischen Volkspartei« (EVP), sagte

damals: »*Die Türkei ist nicht akzeptabel als Mitglied.*« In seinem Aufsatz »Zur Lage der orthodoxen Christen in der Türkei« fragt Nikolaus Thon: »*Wie lange will eigentlich die Europäische Union ihrem ›Hoffnungspartner‹ Türkei die permanenten Verletzungen des Lausanner Abkommens als eine Art Kavaliersdelikt nachsehen? Bis man Krokodilstränen weinen kann, wenn der letzte Christ Konstantinopel verlassen hat und das Patriarchat vertrieben worden ist? Oder um es mit den Worten des Vorstehers der Orthodoxen Kirche in Amerika, Erzbischof Theodosius von Washington, zu sagen, der am 1. Oktober an Patriarch Bartholomaios schrieb: ›Religiöser Fundamentalismus ist in sich selbst eine Sünde gegen Gott und die Menschlichkeit. Es ist derselbe religiöse Fundamentalismus, der offensichtlich den türkischen Premierminister dazu führt, die Hagia Sophia in eine funktionierende Moschee umzuwandeln. Dieser letzte Angriff auf das ökumenische Patriarchat sollte ein Alarmsignal für die ganze Welt sein, daß genug Leiden, Bedrängnis und Terror gegen die orthodoxen Christen in Konstantinopel entfaltet worden sind‹*« (*KNA-ÖKI* 49/96, 26. 11. 1996, S. 11-19, hier S. 19).

Vollends grotesk wird die Türkei-Debatte in der EU, wenn Griechenland, das sich einen an Deutschland-Phobie leidenden Außenminister namens Theororos Pangalos leistet, durch dessen Mund erklären läßt, das Fernhalten der Türkei aus der EU sei »*rassistisch*« und Europas Völker seien immer dann, wenn sie sich von der islamischen Welt isoliert hätten, »*in der Dunkelheit versunken*«. Dieser Herr, der einige Wochen vorher Deutschland vorgeworfen hatte, in die Türkei wegen der einstigen Waffenbrüderschaft »verliebt« zu sein, drohte sogar damit, Griechenland könne die EU wieder verlassen. Nur zu, möchte man hier sagen, wenn man nicht wüßte, daß die Griechen Besseres verdient haben als einen solchen populistischen Wirrkopf, der im übrigen letzten Endes die Geschäfte der USA besorgt, die bereits durch ihren Zypern-Beauftragten Carey Cavanaugh erklären ließen, man habe »*Sorge über die Art, wie die EU die Türkei behandelt*«.

Man darf im übrigen nicht vergessen, daß bei aller Konfrontation zwischen Griechen und Türken es zwischen ihnen ebenso wie zwischen Russen und Türken viele sie vom westlichen Europa trennende kulturelle Gemeinsamkeiten gibt, die vor allem auf das latent fortwirkende gemeinsame byzantinisch-orthodoxe Erbe zurückgehen und mit einer Konstellation aus bürokratisch-despotischem Staat und autoritär strukturierter Staatskirche zu tun haben. In keinem der drei Länder gab es eine erfolgreiche oder zumindest einflußreiche religiöse Reformation und eine auf ausgebildete bürgerliche Gesellschaften gestützte bürgerliche Revolution, sondern statt dessen nach einer zwar mehrfach von aufrührerischen Sekten in Frage gestellten, aber nie ernsthaft in ihrem Bestand bedrohten Vorherrschaft des Feudalismus und der einen Nationalreligion einzelne bürgerliche oder proletarische Revolten, die nie zu mehr führten als zu einer Auswechslung des Herrschaftspersonals. Von daher wird alles darauf ankommen, ob in diesen Ländern europäische Demokraten oder asiatische bzw. balkanesische Despoten die Überhand gewinnen werden und ob eine nachholende religiöse Reformation und politische Demokratisierung sich durchsetzen können. Vielleicht wird dann doch noch – wenn auch in einem ganz anderen als dem von ihr intendierten Sinn – ein Satz von Tansu Ciller wahr: »*Die Lösung liegt beim Volk.*«

5. Der Westen als Feind-Phantom – vom Affekt zum Amoklauf

Von den Islamisten aller Länder wird jede, auch die absurdeste Gelegenheit zu antiwestlicher Agitation begierig ergriffen. Da wird bei Chanel Anfang 1994 ein Kleid mit einem Koranvers in arabischer Schrift auf den Laufsteg gebracht. Und schon empören sich, per Telefon, Fax und Internet alarmiert, rund um den Globus die islamischen Ultras, die heuchlerischen Schein-Heiligen und Gotteskrieger in vereintem Chor. Herr Gaddafi zetert, das sei »*das Vorspiel zu einem neuen Kreuzzug des Westens zur Vernichtung der Muslime und des Islams*«. Statt sich dies ruhig anzuhören und zu warten, bis die Karawane berufsmäßig Empörter weiterzieht, formulierte das Haus Chanel alsogleich eine demütige Entschuldigung und ließ die Kleider verbrennen. Ähnlich reagierte der Sportartikelhersteller Nike auf Aufrufe einer islamischen Organisation, die Muslime sollten wegen eines angeblich gotteslästerlichen Phantasiezeichens auf einem bestimmten Turnschuhmodell alle Nike-Produkte boykottieren. Merke: Nicht die Standhaftigkeit ist es, die die Probleme mit dem organisierten Islam erzeugt, sondern das erbärmliche Zurückweichen vor Geschrei und Pressionen, das die Islamisten zu neuen Angriffen und neuen Erpressungen ermutigt.

Um nur eines der deutlichsten Beispiele für westliches Kapitulantentum und islamistische Offensivaggressivität anzusprechen: Längst schon müßten die Beziehungen zum Iran abgebrochen worden sein – allerspätestens, als in bewußter, kühl kalkulierter Provokation im Februar 1997 eine dem geistlichen Staatsoberhaupt Chamenei nahestehende Stiftung die Belohnung für die Ermordung Salman Rushdies um eine weitere halbe Million auf zweieinhalb Millionen Dollar heraufsetzte. Der Kampf gegen den Westen wird vom Iran mit allen Mitteln geführt – legalen und illegalen, karitativen und kriminellen, staatlichen und privaten. So arbeiten in einer Druckerei in der Nähe des Teheraner Flughafens in offiziellem Auftrag Geldfälscher, darunter auch einige mit Stasi-Vergangenheit, an »Super-Dollars«, perfekt gefälschten 100-Dollar-Noten, die mit Hilfe der Iran-Air über Damaskus und den Libanon in Umlauf gebracht werden. Und die Reaktion des Westens: politische Komplizenschaft (Kinkel, Möllemann, Schmidbauer usw.), wortreiche Beschönigung (A. Schimmel, U. Steinbach usw.), aktive Hilfe bei Massenmord und Massenmordvorbereitungen (bestimmte deutsche Unternehmen, die vom Schützenpanzer bis zu chemischen Kampfstoffen ein reiches Angebot an lebensverkürzenden Gerätschaften anbieten).

Wie Syrien und der Irak, der laut dem UN-Beauftragten Rolf Ekeus die Kontrolleure »systematisch getäuscht« hat, arbeitet der Iran an Mittelstreckenraketen, die auch Mitteleuropa erreichen können und mit konventionellen Sprengköpfen bis 770 Kilogramm, Giftgas oder Bakterien bestückbar sein sollen. Die Vorlagen dafür stammen aus Rußland (Scud C) und Nordkorea (Nadong-Raketen). Während die Bevölkerung Not leidet, steckt die Regierung 750 Millionen Mark in dieses Programm. Ein besonderer Skandal ist, wie *Focus* im Dezember 1996 berichtete, daß die Bundesregierung seit Jahren über die Geschäfte der anscheinend als Waffeneinkaufszentrale Teherans in Westeuropa dienenden iranischen Firma Defense Industries Organisation (DIO) in Düsseldorf informiert ist, aber außer Ermittlungsverfahren gegen mehrere Geschäftsführer der DIO nichts unternommen hat. Gleichzeitig spricht der Vorsitzende des Verteidigungsausschusses im Bundestag, Klaus Rose (CSU), von einer »echten Bedrohung« Deutschlands durch den Iran. Warum geschieht dann nichts? Weil bestimmte Politiker auf der Soldliste Teherans stehen, weil man heute abkassieren will und sich keine Skrupel wegen der Kriegstoten des nächsten Jahrzehnts macht? Was wußte Uwe Barschel, der bis über beide Ohren in diese Geschäfte verwickelt war, wußte er zuviel und drohte er damit, auszupacken?.

Von ähnlicher Brisanz ist der Waffenschmuggel von Europa nach Algerien durch FIS-Mitglieder, auf daß das Morden – seit 1991 nach Berechnungen der französischen Zeitung *Libération* über 80 000 Tote – weitergehe und noch ausgeweitet werden kann. Typisch ist, daß die Schweizer Bundesanwaltschaft zwar zugibt, dafür »harte Beweise« zu haben (vgl. *NZZ*, 10. 12. 1996), gleichzeitig aber vier wegen Waffenschmuggels im September

1996 verhaftete Algerier sechs Wochen später wieder freigelassen wurden und einer von ihnen ungehindert das Land verlassen durfte. Der Verdacht einer politisch motivierten Rücksichtnahme, die bis zum Komplizentum reicht, drängt sich hier ebenso auf wie in Deutschland, wo man die Söhne des FIS-Mitbegründers Madani mit lächerlich geringen Strafen davonkommen ließ.

Offener als alle anderen islamischen Organisationen hat die algerische GIA der Demokratie, dem Westen, überhaupt jeder Art von Pluralismus den Krieg erklärt. Das GIA-Programm fordert *»die Eliminierung der Juden, Christen und Ungläubigen von der moslemischen Erde Algeriens«*. Damit solche Mordlust nicht nur Proklamation bleibt, muß jeder neue GIA-Kämpfer vor seiner Aufnahme in die Organisation nachweisen, daß er zwei »Feinde des Islams« getötet hat. Für diese Mörderbande, die innerhalb der Heilsfront FIS die »Salafisten« genannte Richtung um Ali Belhadj unterstützt, sind selbst deren parteiinterne Rivalen, die um Abbasi Madani gescharten »Djazairisten«, todeswürdige Ketzer. Die Madani-Gruppe, zu der auch der Außenpolitiker Rabah Kebir gehört, ist bei all ihrer Begeisterung für einen despotischen Gottesstaat der GIA noch allzu kompromißbereit. Hinzu kommt, daß die Djazairisten (der Name ist abgeleitet von dem arabischen Wort für Algerien) oft bürgerlich-akademische Chauvinisten sind, die zwar ein ultraislamisches Algerien anstreben, aber das von den Salafisten gepredigte islamische Weltreich entweder ablehnen oder nur als ferne Utopie behandelt sehen wollen. Daher droht die GIA in ihrem Kommuniqué vom 5. 1. 1996: »*Im Namen Gottes schleudern wir unsere Blitze gegen die renegate Djazairia ... Die GIA erinnert die Brüder daran, daß die Vernichtung der djazairistischen Sekte eine heilige Aufgabe ist, denn sie will das göttliche Gesetz auf gotteslästerlichen Wegen zur Herrschaft bringen.*« Djamel Zitouni, der sich jetzt Abou Abderrahmane Amine nennt, ein vom Vorstadtganoven zum GIA-Chef aufgestiegener Kleinbürgersohn, machte durch eine Mischung aus Absurditäten (z. B. der Aufforderung an Jacques Chirac, er solle zum Islam übertreten) und handfestem Terror, wie der Ermordung des allzu kompromißbereiten Imams Sahraoui im Juni 1995 in Paris, von sich reden. Ganz offen proklamierte er als seine Strategie, alle westlichen Einflüsse in Algerien auszurotten und zugleich in Europa eine zweite Front zu eröffnen – eine Front der Abgrenzung, des Hasses und der Gewalt, eine Front zur Eroberung Europas für den Islam.

Teil der sich formierenden antiwestlichen und antidemokratischen Internationale des Islamismus sind auch Länder wie Tschetschenien, das gestützt auf das Erdöl und die straff organisierte kaukasische Mafia immer bessere Aussichten hat, eine allenfalls noch lose mit Rußland verbundene »Republik Itschkeria« zu errichten, in der, wie die *Süddeutsche Zeitung* am 28. 8. 1996 schrieb, »*Allah als Steigbügelhalter des tschetschenischen Nationalismus*« eine zentrale Rolle spielt. Der Islam war hier nicht allein ein Mittel, sich von Moskau zu befreien, sondern auch eine willkommene Rechtfertigung, um nach den russischen Soldaten auch die »ungläubigen« russischen Zivilisten zu vertreiben. Nicht umsonst spielte Mutschahed Khatib, ein marokkanischer Afghanistan-Kämpfer, bei der Eroberung Grosnys eine entscheidende Rolle.

»*Die blutende Wunde Afghanistan*« (Michail Gorbatschow) hat sich immer noch nicht geschlossen. Ein perverser Märtyrerkult, der von den Mullahs immer wieder angestachelt wird, beherrscht viele Menschen in diesem nicht nur äußerlich verwüsteten und nicht nur materiell verarmten und auf die unterste Stufe der Subsistenzwirtschaft abgesunkenen Land. Die hirnlosen Barbaren der Taliban, diese sogenannten »Religionsschüler«, die außer dem Mordhandwerk und der Haßpropaganda nichts gelernt haben bei ihren »Glaubensstudien«, verbieten das Musizieren und das Photographieren (»*Photos sind Götzendienst*«), schließen die Kinos und untersagen den Frauen (darunter auch 30.000 mittellosen Kriegerwitwen) das Arbeiten und Studieren, denn es muß ja erstens Unterschiede zwischen den Geschlechtern geben, und zweitens glauben sie in ihrer perversen Phantasie ernsthaft, die Kommunisten hätten mit den arbeitenden Frauen in den Betrieben »sexuelle Spiele« getrieben. Sind für diesen Wahnsinn die 1,5 Millionen Afghanen im Krieg gegen die Sowjetunion gefallen? Dafür, daß nun die Scharia die Grundlage allen öffentlichen Lebens ist und daß die Frauen, die in Kabul vier Zehntel der Studierenden und ein Sechstel der Dozenten stellten, nicht einmal mehr die Moscheen betreten dürfen, denn auch in totaler Vermummung könnten sie ja noch eine Versuchung darstellen für die armen frommen Männer?

Die Taliban-Bewegung unter der Führung von Mullah Muhammad Omar formierte sich – von Pakistan und Saudi-Arabien in Absprache mit deren Großem Bruder, den USA, finanziert – vor allem in den Koranschulen (medrese) des pakistanischen Exils. In Städten wie Peshawar und Quetta wurden dort die Schüler, die oft aus armen Familien kamen, kostenlos unterrichtet, gekleidet und gespeist. Diese Investition, die unter Pakistans islamistischem Diktator Zia ul-Haq 1977 begann, zahlte sich für die Kriegstreiber Mitte der neunziger Jahre aus, als die Taliban innerhalb von zwei Jahren unter der Parole »Frieden und Islam« drei Viertel von Afghanistan eroberten und damit wieder eindeutig das alte Mehrheits- und Herrschervolk der Paschtunen über die Minderheiten der Usbeken, Tadschiken und der schiitischen Hasara triumphieren ließen, zumal sie eine Reihe gegnerischer Militärführer wie die Usbekengeneräle Abdul Malik und Malik Pahlauan kaufen und zum Verrat bewegen konnten. Mit ihrem Kampfgeist, der sich nicht auf Hierarchie, Befehl und Gehorsam, sondern auf Freiwilligkeit und fanatische Überzeugtheit jedes einzelnden gründet, und mit dem von Pakistan überreichlich gelieferten Kriegsgerät waren sie den Söldnern und Zwangsrekrutierten der Mudschahidun-Chefs naturgemäß deutlich überlegen.

Als der damalige pakistanische Innenminister Nasserullah Babar 1994 den Inlandsgeheimdienst Inter Services Intelligence beauftragte, die Taliban bei der Eroberung Kandahars zu unterstützen, flogen pakistanische Piloten die zur Verfügung gestellten Flugzeuge, ohne daß diese eklatante Einmischung in innerafghanische Angelegenheiten international verurteilt wurde. Die Auftraggeber der Taliban achten zugleich darauf, daß diese sich nicht wie die vorige Regierung Indien annähern und daß für eine tiefgreifende Feindschaft mit dem Iran gesorgt ist. Dazu wurde z. B. der wichtigste Vorkämpfer iranischer Interessen in Afghanistan, der Führer der schiitischen Hisb-i Wahdat (Partei der Einheit), Abdul Ali Mazari, von Taliban erschossen.

Pakistan geht es wie den USA und Saudi-Arabien darum, in Kabul ein Marionettenregime zu installieren und über Afghanistan die riesigen Bodenschätze Zentralasiens auszubeuten – darunter die vermutlich größten Öl- und Gasvorkommen der Erde. Dem dient u. a. die riesige Erdgasleitung von Turkmenistan bis zum pakistanischen Hafen Gwadar, gebaut unter Führung der amerikanischen Ölfirma Unocal, die dafür allein zwei Milliarden

Dollar investiert. (Bezeichnenderweise kooperiert diese Firma
seit langem intensiv mit der burmesischen Militärdiktatur.) Kein
Wunder, daß der Unocal-Sprecher den Sieg der Taliban als
»*positive Entwicklung*« bezeichnete und den USA die Aufnahme
von Beziehungen empfahl. Auch die argentinische Bridas und
die saudi-arabische Delta Oil haben bereits Absprachen mit den
Taliban getroffen. Angesichts solcher Perspektiven träumen
auch die Taliban von der »*Herstellung normaler Beziehungen zum
Rest der Welt*«, sprich von der Anerkennung ihrer Gangsterclique
durch Regierungen, denen es nur um das Geld und um Vermei-
dung jedes Konflikts mit den USA und dem islamischen Block
geht. Hinter dem Rauchvorhang dieser Anerkennung will man
dann ungestört den »*neuen islamischen Menschen*« schaffen, was
genauso wie die Großexperimente mit den rassereinen Ariern
und dem kommunistischen Neumenschen Millionen Tote kosten wird.

In der Türkei demonstrierte, aufgeputscht von islamistischen
Hetzsendern wie dem Fernsehkanal *InterStar*, immer wieder der
Mob gegen den angeblichen Verrat des Westens an den bosnischen Muslimen und für das Eingreifen türkischer Truppen in
den Bürgerkrieg, für die Wiedereinführung des Kalifats und der
Scharia. UN-Flaggen und Sternenbanner wurden verbrannt und
nach iranischem Vorbild die Erstürmung der US-Botschaft versucht. Besonderen Haß findet dabei das Andenken an Kemal
Atatürk. Der Refah-Abgeordnete Hasan Mezarci behauptete in
einem 1994 erschienenen Buch, Atatürks Mutter habe als Prosti-
tuierte in einem Bordell gearbeitet. Hinzu kommen die immer
wieder vorgebrachten Attacken, Atatürk habe als verkappter
Jude stets nur die Interessen des Zionismus verfochten.
  Aber nicht allein im fernen Sudan und im etwas näheren
Algerien oder in der Türkei, sondern auch in einem der Herz-
und Kernländer der westlichen Demokratie, in den USA, wächst
der Einfluß eines dezidiert antidemokratischen Steinzeit-Islams.
Der Islam als Religion wie auch der politische Islamismus sind
dort ein gefährliches Bündnis eingegangen mit einem schwarzen
Retourkutschen-Rassismus. Das Ideologiegebräu, das als geistige (besser gesagt: ungeistige) Grundlage dieser Allianz dient,
speist sich aus einer Verherrlichung des eigenen »Blutes« und
einer Verteufelung der Weißen als »*blue-eyed devils*« (blauäugige

Teufel) wie der Christen überhaupt. (Auch im Koran findet sich in S 20, 102 ein rassistisches Vorurteil gegen Menschen mit blauen Augen.) Die ohnehin immense Desintegration der amerikanischen Gesellschaft wird von den farbigen Muslimen nicht als eine zu bekämpfende Bedrohung gesehen, sondern als ein unausweichliches Schicksal bzw. als Glücksfall, der die Verfestigung der Ghettos und deren Umwandlung in befreite Gebiete erleichtert. Louis Farrakhan (geboren 1933, eigentlich L. Wolcott), der große Führer der Schwarzen Muslime, von der Anti-Diffamierungs-Liga zu Recht als »Antisemit« gebrandmarkt, wurde in der zweiten Hälfte der siebziger Jahre zum Erben der Propheten eines afroamerikanischen Islams wie W. D. Fard (geb. 1891, missionierte zwischen Juli 1930 und Juni 1934, verschwand am 30. 6. 1934 spurlos), Elijah Muhammad (Elijah Poole, 1897–1975) und Malcolm X (Malcolm Little, 1925–1965).

Es gehört zu den deutlichsten Kennzeichen der moralisch-kulturellen Dekadenz der westlichen Welt, wie große Teile der Jugend und so mancher hirnlose »Intellektuelle« den heldenhaften Antirassismus eines Martin Luther King verrieten und überschwenkten zu denen, die mit dem Gedankengut eines schwarzen Ku-Klux-Klan Rassismus mit umgekehrtem Vorzeichen predigten. Die von der Musik- und Medienindustrie gepuschte Begeisterung weißer Vorstadtbubis für die dumm-dumpfen Haßausbrüche von Rappern wie »Public Enemy« (»Öffentlicher Feind«), »Ice-T«, »Ice Cube« und »Sister Souljah« und für das Machwerk »Malcolm X« des schwarzen Regisseurs Spike Lee ist eine gloriose Mischung aus Ignoranz, Masochismus und Selbstmordsehnsucht. Völlig zu Recht stellt der amerikanische Wissenschaftler Christopher Lasch zum »Angriff auf allgemeinverbindliche Maßstäbe« fest: »Es ist ernüchternd (oder sollte es sein), über die Wirkung einer Kampagne gegen den Rassismus nachzudenken, die zunehmend auf Versuche zurückgreift, die Medien zu manipulieren: Politik als Rassismus-Theater« (Die blinde Elite. Macht ohne Verantwortung, Hamburg 1995, S. 147 und 156).

Die Anhängerschaft Farrakhans, der bei seinem »Marsch auf Washington« eine Million Menschen mobilisierte, reichte schon in den achtziger Jahren weit in die schwarzen Mittelschichten hinein: 1984 erklärten 65 Prozent der Anhänger des schwarzen Präsidentschaftskandidaten Jesse Jackson, sie hielten viel von

Louis Farrakhan (zum Vergleich: diese Ansicht teilten nur 5 Prozent der Anhänger Mondales) – ebenso wie 47 Prozent der
schwarzen Delegierten vom Parteikonvent der Demokraten.
Diese Stimmungen und Stimmen hatten schon Jahre zuvor den
gnadenlosen Opportunisten Jackson dazu bewogen, Elijah Muhammad als »*Vater des schwarzen Bewußtseins*« zu preisen und
zu salbadern: »*Ich saß zu Füßen des Gesandten Gottes und wurde
von ihm unterwiesen.*«

Der Edelislamist Gilles Kepel, der beschönigend von »*gewissen
sprachlichen Entgleisungen der Sprecher der Black Muslims*« faselt
(*Der Islam im Westen*, München 1996, S. 25), muß selbst zugeben, daß diese nicht nur objektiv ein Gegenstück zum Ku-Klux-
Klan sind, sondern von dort mit Sympathie bedacht werden.
Ähnlich wie die Rechtsextremisten setzen die Farrakhan-Leute
weniger auf Argumente als auf die Stärke der paramilitärischen
Miliz »Fruit of Islam« (FOI, »Frucht des Islams«) zu der u. a. die
»Dopebusters«, eine Art Antidrogenstreife, gehören. In vielen
Bereichen kapituliert der amerikanische Staat bereits vor den
semikriminellen Parallelstrukturen. So schloß das staatliche
Wohnungsamt von Los Angeles einen Vertrag mit einer aus der
FOI hervorgegangenen Wohnungsgesellschaft. Der Polizeichef
der Stadt Washington und der »Stabschef« des »*Islamischen
Volkes*« feierten in einer gemeinsamen Erklärung ihre Zusammenarbeit. Schon Fard sah die Muslime in Amerika nicht als eine
religiöse Minderheit, sondern als »*Lost Found Nation of Islam
in the Wilderness of North America*« (»Verlorene und gefundene
Nation des Islams in der Wildnis von Nordamerika«), die durch
Ernährungs- und Kleidungsregeln, durch Vergabe muslimischer
Namen, durch eigene Fahnen, »Tempel« und Universitäten usw.
strikt abgegrenzt werden sollte von ihrer Umwelt.

Von den 3000 aktiven Mitgliedern, die der 1913 als erste Moschee in den USA gegründete »Moorish Holy Science Temple«
1927 hatte, von den 8000 Anhängern Fards in den frühen dreißiger Jahren bis zur Millionengefolgschaft Farrakhans war es ein
weiter und gewundener Weg. Teils verband der Islam sich mit der
von Marcus Garvey 1914 begründeten Zurück-nach-Afrika-Bewegung (Elijah Muhammad etwa war ein Schüler von Garvey),
teils akzentuierte man eher den Gedanken, Allah habe den
Schwarzen Nordamerika als ihr Land zugewiesen. Perioden der
Siegeszuversicht (»*Amerika bricht zusammen, es ist dem sicheren*

Untergang geweiht«, so Elijah Muhammad 1952 in dem Buch *Message to the Blackman in America*, »Botschaft an den Schwarzen in Amerika«) wechselten mit Zeiten der Resignation und Depression. Immer wieder aber wurden abstruse Theorien ausgebrütet. So erklärte Elijah Muhammad, die Schwarzen seien Nachfahren des »*Stammes der Shabbaz, der vor 66 000 Milliarden Jahren auf der Erde blieb*«, nachdem sein Heimatplanet bei einer Explosion in Erde und Mond geteilt wurde, wohingegen die Weißen von Jakob auf der Insel Patmos aus hellhäutigen Schwarzen gezüchtet worden seien. Immer wieder steht das lächerliche Nachahmen weißer Untugenden (die Familie Elijah Muhammads ließ sich »königliche Familie« nennen) neben einer beeindruckenden Geschäftstüchtigkeit: So wird z. B. eine eigene Bank, die »Guaranty Bank and Trust Company« gegründet, um das Geld der Gläubigen einzusammeln. In all dem gibt es von Fard bis Farrakhan eine eindeutige Kontinuität: die Überzeugung, daß die Absonderung der Farbigen von den Weißen, den »*Kindern der Sklavenhalter*«, möglich und erforderlich ist, und daß irgendwann der Endkampf gegen die weißen Teufel, die Urheber aller Unzucht und allen Elends, anbrechen wird, siegreich bestanden werden und ein Goldenes Zeitalter einläuten wird.

Viele der Führer dieser so gewaltverherrlichenden Bewegung haben selbst Gewalt erlebt: Elijah Muhammad wurde als Kind Zeuge eines Lynchmordes; Malcolm X erlebte, wie seinem Vater, einem Baptistenprediger, das Haus niedergebrannt wurde. Aber die Gewaltspirale wird stets fortgesetzt – auch gegenüber den eigenen Leuten. Wer nicht genug Exemplare von »Mr. Muhammad speaks« (»Herr Muhammad spricht«), der Zeitung des »*Islamischen Volkes*« verkauft, wird gnadenlos verprügelt. Fast immer ist der Haß neurotisch geprägt und kombiniert mit Selbsthaß: Malcolm X, der Sohn eines Weißen und einer Schwarzen, erklärte, »*jeden Tropfen Blutes dieses weißen Vergewaltigers zu hassen*«. Diese Konstellation geistiger Verwirrung und sozialer Deklassierung (Malcolm X erhielt wegen Zuhälterei, Erpressung und Drogenhandel sechs Jahre Gefängnis) ist so bedrängend und bedrückend, daß scheinbar nur noch ein Gott helfen kann. So triumphiert Elijah Muhammad, als er zum ersten Mal W. D. Fard gegenübersteht: »*Ich erkannte, er war Gott – und das sagte er mir auch.*« Aber auch dieser Ersatz-Gott bewahrt nicht vor Wahnideen: Als am 27. April 1962 die Polizei von Los Angeles bei

einer Schlägerei einen Schwarzen tötet und wenig später eine
Maschine der Air France abstürzt, ein Flugzeug »*voller Weißer*«,
jubilierte Malcolm X über die prompte Rache Allahs. In Farrakhans frühem Theaterstück »*Orgena*« (zu lesen als *A negro*, »Ein
Neger«) ist ein Weißer aller Sünden schuldig und wird von
schwarzen Geschworenen zum Tode verurteilt. Es hat etwas Ko-
misches, aber auch viel Tragisches, wenn in Gottes angeblich
eigenem Land politisierende Stadtneurotiker, die besser in einer
psychiatrischen Klinik aufgehoben wären, mit viel Geld aus den
Ölstaaten (allein Libyen gab mehrere Millionen Dollar als »un-
verzinsliches Darlehen«) zu Führern der größten rassischen und
ethnischen Minderheit avancieren.

Schon Elijah Muhammad versuchte in seinen letzten Lebens-
jahren die Konflikte mit dem amerikanischen Staat zu vermeiden bzw. zu begrenzen. Sein Sohn und Nachfolger, Wallace
D. Muhammad (oder Warith Deen Muhammad), im gleichen
Jahr wie Farrakhan geboren und seit 1975 »Supreme Minister«
des »Volkes des Islams«, orientierte noch viel stärker auf eine
zumindest äußere Anpassung an den American way of life und
an das Establishment. Dazu dienten:
– die Einfügung in die islamische Rechtgläubigkeit (arabische
Sprache im Gottesdienst, Verwandlung der »Tempel« in Moscheen, Feiern des Ramadans zu den üblichen Terminen statt wie
vorher zu Weihnachten),
– die Abwendung vom Konzept eines Islams der Schwarzen –
der Islam wird als Religion aller Menschen und aller Rassen
deklariert,
– die Abschaffung der »Fruit-of-Islam«-Miliz (Wallace D. Muhammad: »*eine Bande brutaler Rohlinge*«) und der Verkauf des
Finanzimperiums,
– Gebrauch der amerikanischen Fahne statt der Halbmond-
Fahne,
– die vorsichtige Distanzierung von Gründervätern wie W. D.
Fard,
– die Billigung der Anti-Irak-Koalition 1991 und verstärkte
Kontakte zu den Saudis.

Zur Belohnung für all dies durfte Wallace D. Muhammad 1992
als erster Muslim das Dankgebet zur Sitzungseröffnung des amerikanischen Senats sprechen. Aber dieser symbolträchtige Abschied vom christlichen Erbe Nordamerikas brachte den Herr-

schenden wenig ein. Denn Louis Farrakhan hatte am 21. und
22. 2. 1981 die Wiedererstehung des »*Islamischen Volkes*« unter
seiner Führung inszeniert, wobei er den Tod Elijah Muhammads
1975 als Komplott der amerikanischen Regierung, der Christen,
der Juden und der Araber darstellte (letztere geißelte er als »*Rassisten und Heuchler*« besonders). Im übrigen sei das Grab von
Elijah Muhammad leer wie das Christi – er lebe weiter und seine
Stimme sei Louis Farrakhan bzw. Abdul Hakeem Farrakhan.
(Zum Tod hat Herr Farrakhan, der übrigens eng mit dem Massenmörder Idi Amin befreundet war, ohnehin ein spezielles Verhältnis. Als Malcolm X, der Farrakhan 1955 zum Islam bekehrt
hatte, 1964 die mangelnde Moral Elijah Muhammads kritisierte,
weil dieser seine Sekretärinnen erst schwängerte und dann auf
die Straße warf, drohte Farrakhan ihm: »*Wer weiterleben will, soll
Elijah Muhammad in Ruhe lassen.*« Wenige Monate später wurde
Malcolm X ermordet.)

Der Islam in Amerika marschiert gegenwärtig getrennt, aber
er ist dadurch nicht schwächer geworden, sondern hat sich in
neue gesellschaftliche Sphären ausgebreitet – und er versteht es,
wie der »Marsch auf Washington« bewies, vereint zu schlagen.
Einerseits treten Teile der islamischen Gemeinschaft (teils aus
ehrlicher Überzeugung, teils aus Taktik) friedfertig und gewaltfrei auf, andererseits profitieren die prinzipiell gewaltbereiten
bis akut gewalttätigen islamistischen Banden und Milizen von
der alltäglichen Gewalt in Amerikas Straßen, wo täglich im
Durchschnitt 14 Kinder ermordet werden, wo die Zahl der
Opfer von Gewaltverbrechen zwischen 1980 und 1992 von 597
auf 758 stieg (bezogen auf jeweils 100 000 Einwohner), wo nach
Angaben des FBI über 85 Prozent der Mörder schwarz und ohne
höhere Bildung sind (vgl. *Focus* 45/93, S. 247). Die »*schreckliche
soziale Lage in unserem Land*«, die »*die Brutstätte der Gewalt
in unseren Städten*« ist, so der Politologieprofessor Stuart A.
Scheingold von der University of Washington, treibt dabei dem
Islam immer neue Anhänger zu.

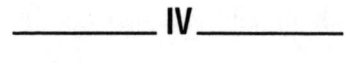

Der Islam im Angriff

1. Rückblick auf alte, Ausblick auf neue Kämpfe

*B*igott, *fanatisch und abergläubisch*«, so kennzeichnete *Der Große Brockhaus* Ende des 19. Jahrhunderts die Bewohner Bosnien-Herzegowinas. Ein Vorurteil, sicher, aber eines, das nicht völlig aus der Luft gegriffen war. Die damals anderthalb Millionen Menschen waren zu 42 Prozent orthodoxe Serben, zu 37 Prozent muslimische Bosniaken, zu 20 Prozent katholische Kroaten. Ethnische und religiöse Identität waren nahezu deckungsgleich – auch noch 1991, vor Beginn des Bürgerkriegs, als die bisher letzte Volkszählung stattfand. Lediglich 5,5 Prozent ordneten sich keinem der drei Lager zu und bezeichneten sich als Jugoslawen. Vergleicht man die 1991 ermittelten Zahlen mit denen der Volkszählung von 1961, so wird deutlich, daß in einem Zeitraum von 30 Jahren sich eine dramatische Verschiebung der quantitativen Gewichte zugunsten der Muslime und zuungunsten der Serben und Kroaten vollzog, während in der ersten Hälfte dieses Jahrhunderts sich kaum Veränderungen ergeben hatten:

Bevölkerungsverteilung in Bosnien-Herzegowina

	1961	1991
Serben	44%	31%
Bosniaken	31%	44%
Kroaten	23%	17%

In 30 Jahren hatten also die Muslime die beiden anderen Bevölkerungsgruppen deutlich überholt und waren auf dem Wege, stärker zu werden als diese zusammen. Die Ursache für diese Entwicklung lag so gut wie gar nicht in einer Zuwanderung. (Schon 1961 lebten 90 Prozent der jugoslawischen Muslime in Bosnien-Herzegowina.) Der wesentliche Faktor war das Auseinanderklaffen zwischen einer weiterhin hohen Fruchtbar-

keit der Muslime und einer Anpassung der serbischen und kroatischen Geburtenraten an das niedrige mitteleuropäische Niveau.

Wenn Machtgleichgewichte und Kräfteverteilungen, die sich über Jahrhunderte hinweg herausgebildet haben, in kurzen historischen Zeiträumen ins Rutschen geraten, dann ist regelmäßig der Krieg nicht weit. Die serbischen Eisenfresser Milosevic, Karadcic und Mladic werden nicht zu Freiheitskämpfern und Unschuldslämmern, wenn man zu den vielen Ursachen des jugoslawischen Bürgerkrieges auch die muslimische Bevölkerungsexplosion und das Aufkommen eines rabiaten Islamismus, zu dessen Protagonisten von Anfang an auch Alia Izetbegovic gehörte, rechnet. Besonders die USA unterstützen das Izetbegovic-Regime als Dominostein in ihrer von Sarajevo bis Djakarta reichenden islamischen Bündnisfront, in der sich alle die Demokraturen und Diktaturen finden, die wie die Türkei, Saudi-Arabien, Pakistan oder Indonesien aus ihren eigenen Interessen heraus sich zeitweilig mit den amerikanischen Weltmachtsstrategen zusammentun – gegen Bares, Waffen, Hilfe bei der Unterdrückung ihrer Völker.

Die serbischen Kriegsverbrechen und die Übergriffe von Kroaten auf Muslime resultierten und resultieren nicht allein aus Mordlust, chauvinistischer Verblendung und schlichter Rückständigkeit. Sie sind auch Reaktionen und Reflexe (allerdings blinde und selbstzerstörerische) auf eine reale Bedrohung. Im Ergebnis haben ohne jeden Zweifel gerade die serbischen Chauvinisten mit ihrer ebenso dummen wie verbrecherischen Politik den Islamismus gestärkt. Statt das berechtigte Unabhängigkeitsstreben der Völker des jugoslawischen Kunststaates zu unterstützen oder jedenfalls ruhig hinzunehmen, wurde ein hirnverbrannter Krieg gegen die Slowenen und später gegen die Kroaten vom Zaun gebrochen. Statt den Bosniaken einen angemessenen Anteil an der Verwaltung eines multiethnischen Bosnien-Herzegowina zuzugestehen, eng mit Reform-Muslimen zusammenzuarbeiten, die einheimischen Islamisten auf Null zu bringen und die ausländischen draußen zu halten, wurden den antieuropäischen, antidemokratischen und antichristlichen Kräften die willkommenen Vorwände geliefert. Da ein Teil der deutschen Medien völlig kritiklos die bosnisch-muslimische Regierungspropaganda übernahm, sei hier daran erinnert, daß in vielen

Fällen Serben und Kroaten aus dem muslimischen Herrschaftsbereich vertrieben und mißliebige muslimische Reformer als
Defätisten und Spione ausgeschaltet wurden. In islamischen
Ländern beschaffte die Izetbegovic-Regierung für den Heiligen
Krieg Geld, Waffen und Gotteskrieger – der Balkankrieg hatte
damit, wie Bassam Tibi schrieb, »*eine globale islamische Dimension erreicht*«. Dies wurde noch verstärkt durch die seit Mitte
des 16. Jahrhunderts in Ägypten, vor allem in Al Arish, ansässige
bosnische Gemeinde, die sich vehement in den bald schon
von der ägyptischen Regierung verbotenen Geldsammlungen
engagierte. Vor der jugoslawischen (sprich serbischen) Botschaft
in Kairo wurde für ein »*islamisches Sarajevo*« demonstriert.
Allzuoft wurde hier unter Parolen wie »*Bosnisches Blut ist islamisches Blut*« oder »*Gott wird uns rächen*« islamistische Propa-
gandabetrieben und Kapital akkumuliert für die hochgerüsteten
iranischen und afghanischen Söldner des Gotteskrieges. Hinzu kam, daß die aus dem westlichen Ausland an die bosnische
Regierung gegebene staatliche oder private Hilfe oft genug
in dunklen Kanälen versickerte. So wird weiterhin den zurück-
kehrenden Flüchtlingen die Rückgabe ihres Eigentums verweigert, oder ihre Häuser werden gesprengt. Bei 70 Prozent
Arbeitslosen und Preisen wie in Deutschland liegt der Durch-
schnittsverdienst bei 260 Mark. 900 000 Menschen lebten Mitte
1997 in Lagern.

Die zahllosen Verbrechen serbischer Tschetniks an muslimischen Zivilisten stellen nicht einfach nur einen versuchten Völkermord dar – sie waren und sind eine willkommene Schützenhilfe für die Islam-Prediger und die Islamisten, die mehr
zweifelnde und verlorene Schäfchen wieder in den dumpfen,
aber zeitweise lebensrettenden Pferch der islamischen Umma
trieben als alle Traktate und Tiraden. Allein unter der eine halbe
Million Menschen zählenden Bevölkerung des zwischen Serbien
und Montenegro liegenden Sandschaks wurden 60 000–80 000
Muslime vertrieben. Morde an Politikern, Sprengstoffanschläge
(auch auf die Hasan-Aga-Moschee in Priboj), Bombenangriffe,
Massenverhaftungen – das waren die Mittel jener großserbischen Chauvinisten, die in den »Weißen Adlern« des Vojislav
Seselj und in den »Tigern« des Zeljko Raznatovic (»Arkan«) ihre
blutigsten Vollstrecker hatten. Eine besonders üble Rolle spielte
die serbisch-orthodoxe Kirche unter ihrem Patriarchen Pavle,

die sich für die Ziele der großserbischen Eroberungspolitik einsetzen ließ, zum Teil sogar von sich aus Öl ins Feuer goß und zur Gewalt aufforderte.

Eine immer noch unbekannte Zahl von Kriegstoten, 1,3 Millionen Flüchtlinge Ende 1995 (davon 320 000 in Deutschland), eine nahezu totale Isolierung Serbiens im Ausland, eine massive internationale Förderung der islamistisch geführten Bosniaken – das war das glorreiche Ergebnis der Politik des stalinistischen Politbürokraten Milosevic und seines Handlangers, des vom Psychiater zum psychiatrischen Fall gewordenen Radovan Karadcic. Absolut nichts haben solche Figuren dazugelernt, was nicht zuletzt deutlich wird an der serbischen Politik im bis 1989 zumindest formal autonomen Kosovo, die auf eine Katastrophe zusteuert. Diese ist nur zu verhindern durch einen geordneten Rückzug, der religiöse und politische Pluralität sowie Minderheitenrechte der fünf bis zehn Prozent Serben im Kosovo und eine dauerhafte Selbständigkeit einer Republik Kosovo (mit ihren zwei Millionen Einwohnern kein ganz kleiner Staat) völkerrechtlich absichert, die laizistisch-säkularistischen Kräfte unter den Albanern und deren christliche Minderheiten stärkt. Neben Islamisten gibt es im Kosovo viele gemäßigte Muslime, die z. B. ganz selbstverständlich eine ihrer humanitären Organisationen nach der aus Albanien gebürtigen Mutter Teresa nannten.

Der Ex-Präsident der autonomen Region Kosovo, Ibrahim Rugova, bekennt sich zum passiven Widerstand. Aber auch er distanziert sich nicht völlig von dem zunehmenden Terrorismus, der z. B. von der ALK, der »Befreiungsarmee des Kosovo«, ausgeht, die bereits mit Morden an serbischen Neusiedlern von sich reden machte. Auch in Albanien selbst rühren sich die Radikalen: Nach einem islamischen Kongreß in der Kleinstadt Voskopoja drangen Fanatiker in die orthodoxe St.-Michaels-Kirche ein und zerstörten oder beschädigten Fresken aus dem 17. Jahrhundert. Einigen Heiligenporträts schlug der aufgehetzte Mob die Augen aus. Auf die Kirchenwand sprühte man »*Allah ist groß*«. Hafiz Sabrik Koci, der Präsident der albanischen Muslime, distanzierte sich zwar unverzüglich und unmißverständlich von diesem barbarischen Akt, aber es ist offenkundig, daß ein gewisser Teil der Muslime mit denen sympathisiert, die einem völlig verarmten, ausgepowerten und desorganisierten Volk das Blaue vom Himmel versprechen, wenn man nur zuvor die Christen massakriere, vertreibe oder islamisiere.

Zwei Drittel der 3,5 Millionen Bürger Albaniens erklären sich nach den Jahren des staatlich verordneten Atheismus inzwischen wieder als Muslime, 19 Prozent rechnen sich zur orthodoxen Kirche (unter ihnen gibt es etwa 150 000 griechischstämmige Albaner), zwölf Prozent zur katholischen Kirche. Von besonderer Gefährlichkeit wäre es, wenn ein islamisch regiertes Albanien sich die fragwürdige Theorie eines albanischen Siedlungsprimats auf dem Balkan zu eigen machen würde mit ihren noch fragwürdigeren Konsequenzen: Schaffung eines Großalbanien mit dem Kosovo, Süd-Montenegro und Nordwest-Mazedonien, Vertreibung aller Südslawen aus diesem Gebiet. Solchen Träumen hatte bereits Enver Hoxha Mitte der vierziger Jahre nachgegangen. Völlig zu Recht karikierte der albanische Journalist Djaber Zhjelahu diese Vorstellungen: »*Mit derselben Logik könnten die Mongolen Anspruch auf Ungarn erheben – Attilas wegen.*«

Rund 400 000 Albaner leben allein in Mazedonien, wo die »Partei der demokratischen Prosperität« (PDP) eine intensive Wühlarbeit für den Anschluß der albanischen Siedlungsgebiete entfaltet. Im Januar 1992 wurde in den albanisch dominierten Gebieten eine »Republik Illirida« ausgerufen. Die Drahtzieher dieser Machenschaften suchen inzwischen nach einem gemeinsamen Komplott mit serbischen und griechischen Chauvinisten zur Aufteilung Mazedoniens – so wie dies unter anderem der griechische Historiker Vakalopoulos fordert (»*Das Geschwür von Skopje muß weg*«). Immer mehr Waffen werden von den Verbündeten der Albaner nach Mazedonien geschmuggelt, und es kam bereits zu ersten Straßenkämpfen mit der mazedonischen Polizei – provoziert von Hetzern, die in ihren Flugblättern Parolen wie »*Keine Gnade und Kampf bis zum Tod!*« verbreiten.

Deutschland hat fast so viele Flüchtlinge aus Bosnien aufgenommen wie alle anderen Staaten außerhalb Ex-Jugoslawiens zusammen – insgesamt im Laufe der Zeit eine gute halbe Million – und dafür bisher mindestens 15 Milliarden Mark aufgebracht. (Die Türkei hat lächerliche 8000 Flüchtlinge aufgenommen. Frankreich und Großbritannien haben sich mit 15 000 bzw. 13 000 ebenfalls vornehm zurückgehalten, erst recht Italien mit etwas über 8000 Flüchtlingen.) Angesichts der großartigen humanitären Leistung Deutschlands ist es undankbar und unakzeptabel, daß ein großer Teil der gegenwärtig über 300 000 Bosnier in Deutschland trotz der Erklärung von Alia Izetbegovic *»Für den Wiederaufbau wird jeder Mann, jede Frau, jedes Kind gebraucht«* (am 24. 8. 1996 in Gelsenkirchen) nicht freiwillig zurückkehrt. Während monatlich rund tausend heimkehren, beantragen andere immer noch Asyl in Deutschland. Insofern gibt es gar keine Alternative zur notfalls zwangsweisen Rückführung ausnahmslos aller, die nicht aufgrund ihrer persönlichen Situation als Asylanten anerkannt worden sind. Geschähe dies nicht, kann von den Deutschen nicht erwartet werden, im nächsten Konfliktfall Kriegs- und Bürgerkriegsflüchtlinge aufzunehmen, da dies dann von vornherein als Hinnahme einer unerwünschten Einwanderung verstanden werden müßte.

Als Arbeitskraft wird angesichts der Massenarbeitslosigkeit hier nicht ein einzige Bosnier benötigt – man bedenke nur beispielsweise, daß es in NRW allein 12 000 arbeitslose Pflegekräfte gibt, die alle durch die Rückkehr bosnischer Krankenschwestern und Pfleger freiwerdenden Stellen einnehmen könnten. Daher besteht kein Anlaß, sich durch das Geschrei berufsmäßig aufgeregter Einwanderungsfanatiker wie der Ausländerbeauftragten Cornelia Schmalz-Jacobsen und durch Attacken auf die Tränendrüsen des Publikums beeinflussen zu lassen, die permanent falsche Hoffnungen auf ein Dauerbleiberecht erzeugen und im Ausland Stimmung gegen angebliche deutsche »Deportationslisten« machen.

Die Grundvoraussetzung für einen Neuanfang ist, daß zunächst einmal das Milosevic-Regime beseitigt wird, ob nach rumänischem Muster oder auf anderem Wege, und daß danach unter den bosnischen Serben und Kroaten blinder Fanatismus und dumpfe Wut ersetzt werden durch ein nüchternes Abwägen der eigenen Interessen und Möglichkeiten. Dies kann nur bedeuten, alle Pläne eines »Heim ins Reich« aufzugeben und für eine bosnische Föderation zu kämpfen, die den Einfluß des Islams einfriert bei vielleicht 40 Prozent und den Einfluß der Islamisten herabdrückt auf 0,4 Prozent. Wenn man dann den Serben ebenfalls 40 und den Kroaten 20 Prozent zubilligte, dann wäre den Muslimen mehr zugestanden, als sie vor 1990 hatten und es wäre grundsätzlich verhindert, daß eine der drei Gruppen die beiden anderen dominiert. Nur darin könnte eine Hoffnung liegen, und es gibt dafür auch eine Chance – nicht zuletzt, weil die muslimischen Bosniaken im Unterschied zu den meisten bulgarischen Muslimen in aller Regel keine Nachkommen der türkischen Eroberer sind, sondern Nachfahren des einheimischen Adels und Bürgertums. Allerdings ist Carl Bildt zuzustimmen, daß der ausländische Druck auf die bosnischen Parteiungen nicht nachlassen darf, wenn sich eine Demokratie entwickeln soll. Die islamistischen Söldner und ihre einheimischen Kompagnons versuchen längst, über zunächst einmal harmlos erscheinende Dinge wie das geforderte Verbot von Schinken und Slibowitz hinaus einen islamischen Staat zu schaffen, die Christen zum Übertritt zu drängen oder zu vertreiben. Es liegt nicht zuletzt auch an den Europäern, ob die pessimistische Äußerung eines amerikanischen Diplomaten sich bewahrheitet: »*Die Menschen dort wollen nicht zusammenleben und sie werden auf lange Zeit nicht zusammenleben, wenn dies überhaupt jemals der Fall sein wird. Sie wissen nichts von Demokratie, und es sieht so aus, als wollten sie nichts davon wissen.*«

2. Glücksfall Menschenverschiebung – von den Paßbesitzern zum neuen Staatsvolk?

Am 31. Oktober 1961 schlossen die BRD und die Türkei das »Abkommen zur Anwerbung türkischer Arbeitskräfte für den deutschen Arbeitsmarkt«. Mit diesem offiziellen Dokument eines staatlich geförderten Exports der Ware Arbeitskraft wurden Hunderttausende vor allem aus dem vernachlässigten und unterentwickelt gehaltenen Osten und Südosten der Türkei, also aus von der türkischen Hauptstadt gut tausend Kilometer entfernten und gegenüber Mitteleuropa kulturell um mindestens 3000 Jahre zurückgebliebenen, agrarisch-feudal strukturierten Gebieten, in eine ihnen vollkommen fremde und noch dazu christlich-laizistisch geprägte Industriegesellschaft katapultiert. Was damals geschah, war nicht einfach nur ein politischer Fehler. Es war ein Verbrechen am deutschen Volk und am türkischen Volk – auch wenn die dafür Verantwortlichen sich in aller Regel als Unschuldslämmer bzw. als Wohltäter der Menschheit fühlen. Andererseits schaffen die Folgen solcher Großverbrechen Fakten, von denen eine ebenso realistische wie humane Politik ausgehen muß – in dem Bewußtsein, daß weder eine kritiklose Hinnahme des Faktischen noch eine Rückkehr zum vorher bestehenden Zustand möglich und wünschenswert ist. Die Deutschen müssen jetzt und in Zukunft mit einer (im übrigen weder quantitativ noch qualitativ statischen) türkischen Minderheit leben – ebenso wie die Türken in Deutschland mit der deutschen Mehrheitsgesellschaft, die letztlich über ihr Wohl oder Wehe entscheidet. Wer es gut mit unseren Türken meint, der kann sie nur warnen vor dem Rückzug in die ethnisch-religiöse Wagenburg und erst recht vor Bevormundungsversuchen und Provokationen. Leider nehmen letztere zu – nicht nur im politischen Sektor, sondern mehr noch auf den Straßen, wo nicht allein die allzu vielen türkischen und kurdischen Drogenhändler, sondern auch Halbstarke, die den Deutschen mit aggressiver Arroganz gegenübertreten, die Atmosphäre vergiften und ultrarechte Ausländerhasser stärken.

Es nützt den Ausländern wenig, wenn etliche Deutsche – nicht zuletzt die Anhänger des alten Denkens und der etablierten Politik – sich die von Selbstüberschätzung, Selbstmitleid und Anspruchsdenken geprägte Weltsicht der Ausländerfunktionäre zu eigen machen. Da behauptet die »Seniorenministerin« Hannelore Rönsch im Juni 1994, die älteren Ausländer hätten »*Deutschland mit aufgebaut*« – ganz so, als hätte es in der Wiederaufbauphase bis 1960 einen nennenswerten Ausländeranteil unter den deutschen Beschäftigten gegeben. In dem Zwischenbericht der Ende 1992 vom Bundestag beschlossenen Kommission »Demographischer Wandel – Herausforderungen unserer älter werdenden Gesellschaft an den einzelnen und an die Politik« vom 14. 6. 1994 wird kommentarlos konstatiert, daß keiner der Experten einen Wiederanstieg der Geburtenhäufigkeit der Deutschen auf das Niveau der fünfziger Jahre vorhergesagt habe und in keiner Weise versucht, Möglichkeiten und Bedingungen einer Trendwende zu diskutieren. Statt dessen wird nahegelegt, daß nur eine weitere Zuwanderung von Millionen Ausländern den sonst für das Jahr 2074 vorhergesagten Rückgang von 80 auf 23 Millionen Menschen in Deutschland vermeiden könnte. Bis zum Jahr 2050 sei die Zuwanderung von 24,1 Millionen Ausländern notwendig, was einen Ausländeranteil von 37,7 Prozent bedeuten würde – mit anderen Worten einen Austausch von gut der Hälfte der Bevölkerung. In keiner Weise wird darüber nachgedacht, ob nicht angesichts des im Zuge der weiteren Technisierung und Globalisierung ohnehin rapide schrumpfenden Bestandes an Arbeitsplätzen, angesichts des noch schnelleren Wegfalls der unqualifizierten und nun einmal für Zuwanderer typischen Arbeitsplätze, angesichts der ökologischen Probleme usw. eine Reduzierung der Bevölkerungsdichte auf das Niveau von Nachbarländern wie Frankreich und Polen anzustreben wäre. (Deutschland hat 223 Einwohner pro Quadratkilometer, Frankreich knapp über 100, Polen 110.) Alois Mitterer hat in seiner Kritik an dem Zwischenbericht, den er als »*Dokumentation des allseitigen politischen Einvernehmens darüber, daß die Deutschen nach und nach ersetzt werden sollen*«, charakterisiert, darauf hingewiesen, daß für die Kommissionäre weder der Gedanke einer verstärkten Familienförderung noch die Interessen der deutschen Stammbevölkerung eine Rolle gespielt haben. In seinem Text, der unter dem Titel »Deutschland oder multikulturelles Siedlungsgebiet?« erschien (*Argumentationspapier Nr. 4 des Friedenskomitees 2000*, Starnberg 1995), schreibt er: »*Enges ethnisches Nebeneinander im selben Staat und dazu auch noch religiöse Rivalitäten können eine zerstörende Barbarei entfesseln. Die Entfaltung friedlicher staatlicher Gemeinschaftsformen mit ghettoisierten fremden Kulturgruppen ist offenbar ein gefährlicher Traum. ... In Deutschlands exponierter Mittellage ohne natürliche Grenzen hat kein Staat aus womöglich achtzig Nationalitäten Bestand, vor allem dann nicht, wenn er von mehreren fundamentalistischen Religionen kulturell bestimmt wird. ... Starke Zuwanderung bedeutet also fremde Landnahme, aber nicht Integration. ... Keine Konzeption für die Bevölkerungs- und Fremdenpolitik zu haben, wie es alle Regierungskoalitionen in Bonn seit Jahrzehnten gehalten haben, ist auch eine Politik. Diese Politik der Untätigkeit hat eine zunächst schleichende, inzwischen aber forcierte Bedrohung des deutschen Volkes und damit Deutschlands geschaffen, wie sie in seiner ganzen Geschichte noch nie eingetreten war.*« Diese Problematik existiert natürlich in verschiedenen anderen Ländern auch, beschränkt sich aber dort, wie z. B. im kanadischen Vancouver, meist auf einzelne Städte und Gebiete. Im Raum Vancouver fürchten »*nicht wenige Einheimische*« angesichts der asiatischen Zuwanderung »*an den Rand gedrängt und bald selbst zu einer Minderheit zu werden*« (*FAZ*, 7. 12. 1996).

Als wollten sie solche theoretischen Überlegungen praktisch unter Beweis stellen, versuchen die meisten in Deutschland lebenden Türken, mit aller Macht auch für die folgenden Generationen ihre türkische Identität und die Bindungen ans Mutterland aufrechtzuerhalten. Dem dient z.B. die sehr beliebte Verheiratung der Kinder mit einem Partner aus dem Heimatdorf der Eltern – in der Regel arrangiert über die Köpfe der Braut hinweg. Hier perpetuiert sich eine archaische Welt:

– Eine dreißigjährige Türkin, seit Jahren in Deutschland lebend und nach Scheidung von ihrem Ehemann in vielem durchaus nicht unselbständig, fährt in die Türkei, um die Zustimmung der Eltern einzuholen, daß sie notfalls auch einen deutschen Mann heiraten darf. Widerstrebend wird diese Zustimmung erteilt, aber sie heiratet dann doch einen in Deutschland lebenden

Türken, der ihre früheren Kontakte zu deutschen Familien unterbindet.
– Sippen- und Dorfidentitäten haben weiterhin eine zentrale Bedeutung. Die beiden islamistischen Wirrköpfe, die im Juni 1997 ein maltesisches Flugzeug nach Köln entführten, um so den Papst-Attentäter Ali Agca freizupressen, stammen aus dessen Heimatort.

Die Islamisten verweisen immer wieder auf das türkische Sprichwort: »*Wer seine Herde verläßt, den schnappt der Wolf.*« In der Tat verhalten sich viele, allzu viele Türken im Sinne dieser Herdenmoral, die die dumpfe Wärme des heimatlichen Stalls zum obersten Wert erklärt und jeden Deutschen als reißenden Wolf ansieht. Verstärkt wird diese Tendenz noch durch die Propaganda der Fundamentalisten. Diese geißeln die westliche Kultur als »*giftige Milch*« (so Ali Belhadj, einer der Führer der algerischen FIS), vor deren Genuß der Muslim gewarnt werden muß.

Blicken wir nach Großbritannien, so gab es 1986 dort 936 000 Muslime. Inzwischen sollen es nach Angaben islamischer Gemeinschaften zwei Millionen sein – eine Verdopplung in einem Jahrzehnt durch Einwanderung, »Familienzusammenführung« und Mission. Über ein Drittel von ihnen stammt aus Pakistan, die meisten anderen aus Indien, Bangladesh, Ostafrika und dem arabischen Raum. Längst hat die Labour Party die Imame als einflußreiche Stimmenlieferanten entdeckt – die Politik der Partei wird pro forma abgestimmt von Parteimitgliedern, nachdem sie zuvor abgestimmt wurde mit den Dunkelmännern in den Moscheen. Zugespitzt, aber nicht überspitzt und nicht übertrieben ist daher, was der Regensburger Altbischof Graber sagt: »*Der Islam setzt nicht auf Gewalt, sondern auf die bevölkerungspolitische Überrumpelung des sterbenden Europas.*« Schon vor 25 Jahren hatte der katholische Sozialphilosoph Oswald von Nell-Breuning SJ eindringlich betont: »*In der Kontinuität auch seine Identität bewahren kann ein Staatsvolk nur dadurch, daß seine Stammbevölkerung sich fortpflanzt und so anstelle der vom Tod dahingerafften immer neue Generationen heranwachsen*« (»*Der Staat und die menschliche Fortpflanzung*« Stimmen der Zeit, 190. Bd., 1972). Nun ist in Deutschland seit langem zu beobachten, daß viele Deutsche das Kinderkriegen und die Opfer für das Aufziehen von Kindern lieber anderen überlassen – ermuntert durch eine unverantwortliche und im wahrsten Sinne asoziale Regierungspolitik, die Kinderreichtum bestraft und Kinderlosigkeit materiell belohnt.

All das führt zu einem verschärften Gegensatz zwischen einem deutschen Staatsvolk, also der »Stammbevölkerung«, und den hinzugekommenen Fremden, ob diese sich nun als Neubürger begreifen oder als definitive Ausländer. Die Deutschen werden weniger, die Ausländer werden mehr – das ist die gegebene Konstellation. Und unter den Ausländern wächst proportional der Anteil der stärksten Gruppe – in religiöser Hinsicht der Muslime, in ethnischer Hinsicht der Türken. Obwohl schon 1975 der damalige Bundeskanzler Helmut Schmidt die zulässige Grenze für den Zuzug von Gastarbeiterangehörigen erreicht oder sogar in manchem überschritten sah (vgl. *Ruhr-Nachrichten*, 13. 2. 1975), ist in den seither vergangenen zwei Jahrzehnten fast nichts geschehen, um den Zustrom dauerhaft einzudämmen und durch eine konsequente Bevölkerungspolitik (Familienförderung, stärkere Besteuerung der Kinderlosen, garantierte Kindergarten- und Ausbildungsplätze, völlige Lernmittelfreiheit usw.) dafür zu sorgen, daß wieder ein Geburtenüberschuß entsteht. Obwohl die Ministerpräsidenten der Länder bereits am 5. März 1982 *»aus Sorge über eine wachsende Ausländerfeindlichkeit«* es für erforderlich hielten, *»den Zustrom von Gastarbeitern und Asylanten weitgehend zu stoppen«*, sind mit Ausnahme der CSU alle Bundestagsparteien sich einig darin, der unkontrollierten Masseneinwanderung zuzusehen oder diese sogar noch zu forcieren, wie es »Pro Asyl« und andere ideologische Schlepperorganisationen empfehlen. Obwohl der Einsatz von Gastarbeitern durch die Unternehmer aus nacktem Profitinteresse betrieben wurde, um der kurzfristig betriebswirtschaftlich sinnvollen, aber langfristig volkswirtschaftlich verheerenden Aufschiebung bzw. Einsparung von technologisch eigentlich erforderlichen Umwälzungen willen, werden Legenden ausgebreitet, die Ausländer seien *»auf unseren Wunsch hin nach Deutschland gekommen, weil wir ihre Arbeitskraft brauchten«* (Rita Süssmuth). Immerhin wehren sich inzwischen auch Gewerkschaftsführer gegen die ungeregelte und unverantwortliche Zuwanderung. So erklärte Klaus Zwickel, der Vorsitzende der Industriegewerkschaft Metall: *»Ich denke sehr wohl, daß wir zu verabredeten Quotierungen im Rahmen eines Einwanderungsgesetzes kommen müs-*

sen, um den deutschen Arbeitsmarkt zu entlasten und den sozialen Sprengsatz zu entschärfen« (*Frankfurter Rundschau,* 15. 3. 1997, S. 1). Allerdings kann man hier fragen, ob nicht ein Rückwanderungsgesetz mit deutlicher materieller Unterstützung für alle, die vor einem bestimmten Stichtag hierher kamen und auf Dauer in ihr Heimatland zurückkehren, sehr viel hilfreicher wäre, zumal es inzwischen in Ländern wie der Türkei für qualifizierte Bewerber durchaus Arbeitsplätze gibt – und dies nicht nur im Touristik-Sektor. Ein großer Teil der »Entwicklungshilfe«-Millionen wäre als privates Startkapital von Rückkehrern hundertmal besser angelegt als in Großprojekten, die Umwelt und Kultur zerstören und außer einigen deutschen Konzernen nur eine korrupte Oberschicht bereichern.

Verfolgte Muslime, gerade aus den von der Orthodoxie nicht als rechtgläubig anerkannten Minderheiten, haben Asyl in Deutschland gefunden. Solange dies durch geschehene oder drohende Verfolgung gerechtfertigt ist, solange das Asyl nicht mißbraucht wird zu Gewaltaktionen, drohnenhaftem Parasitentum und zum Erschleichen einer Einwanderung, ist dies zu akzeptieren. Allerdings muß von allen Asylanten eine Grundeinstellung erwartet werden, wie sie Hamid Ahmad Chaudry, der Vorsitzende des Frankfurter Asylkomitees der »AhmadiyyaMuslim-Jamaat«, zeigt: »*Unser Ziel ist nicht Asyl hier, sondern die diskriminierenden Gesetze in Pakistan abzuschaffen*« (*Frankfurter Rundschau,* 28. 2. 1994). Solchen Asylanten, die ihr zeitweises Exil nur als aufgezwungenes Übel sehen, die lieber heute als morgen in ihre Heimat zurückkehren wollen, die mit dem Freiheitskampf ihrer Landsleute und Glaubensbrüder verbunden bleiben und diese nicht an den Götzen »westlicher Wohlstand« verraten, sollte unsere Unterstützung gelten – und nicht denen, die reich und skrupellos genug sind, um mit der Hilfe von Schlepperbanden und anderen kriminellen Methoden nach Deutschland zu kommen, um auf Kosten der arbeitenden Bevölkerung ein bequemes Leben zu führen.

Auch wenn das Ausländerproblem in Deutschland nur zu einem Teil ein Islamproblem« bzw. ein Türkenproblem ist, so ist es doch nur dann lösbar, wenn eine Lösung für den Islam in Deutschland gefunden wird und – untrennbar damit verbunden – eine Lösung für das deutsch-türkische Verhältnis. Es sei daran erinnert, was 1990 die Instanbuler Tageszeitung *Millyet* schrieb:

»*1970 gab es in Deutschland drei Moscheen. Heute sind es 1500. Die Moscheen sind in den Händen von Vereinigungen mit politischen Zielsetzungen. Das nächste Ziel ist die Gründung einer islamischen Partei, die zur Bundestagswahl antreten wird.*« Auch wenn letzteres bisher nicht gelang – aufgeschoben ist nicht aufgehoben. 1995 wurde bereits von Türken in Berlin die »Demokratische Partei Deutschlands« gegründet, im gleichen Jahr die »Türkische Gemeinde in Deutschland« (TGD, Almanya Türk Toplumu), die Dachorganisation der vielen türkischen Verbände und Vereine (insgesamt existieren über 3000), der auch Moscheen angehören. Der Mitbegründer der TGD, der Hamburger SPD-Bürgerschaftsabgeordnete und Doppelstaatler Hakki Keskin, fordert die Gleichstellung aller Ausländer und eine schnelle Einbürgerung ohne Verlust der alten Staatsangehörigkeit. Keskin sieht voraus, »daß der Einfluß der türkischen Gemeinde um so stärker werden wird, je mehr Türken zum Wahlvolk gehören«. ... Den Türken rät er, die für gut gehaltenen Teile der eigenen Kultur beizubehalten – mit Aufnahme der deutschen Kultur entstehe dann eine neue Identität (*FAZ*, 14. 11. 1995).

70 Prozent der Türken hier (gegenüber unter 40 Prozent der Deutschen) sind Arbeiter. Andererseits gab es aber 1993 bereits 37 000 türkische Selbständige, die ihr Investitionsvolumen binnen drei Jahren von 5,7 auf 8 Milliarden DM gesteigert hatten – bei einem Jahresumsatz von 31 Milliarden Mark. Allein mit dem Fast-Food-Hit Döner Kebap, hergestellt in aller Regel aus minderwertigem Fleisch, werden im Jahr 4,3 Milliarden DM umgesetzt (siehe Eberhard Seidel-Pielen *Aufgespießt: Wie der Döner unter die Deutschen kam*, Berlin 1996). Besonders die islamistischen Organisationen halten viel Geld in der Hinterhand – aus welchen Quellen auch immer. So schickte im Dezember 1994 ein Ali Türkyilmaz, »Koordinator« der AMGT (»Milli Görüs«), ein Rundschreiben an etliche Makler, in dem »*Lagerhallen mit Mehrfamilienhaus*« als Gemeindehaus gesucht wurden. In einer langen Liste wurden gut hundert Orte genannt, von Berlin-Kreuzberg und Berlin-Tiergarten über Köln-Nippes und Köln-Chorweiler bis Wetzlar, von Duisburg-Walsum über Memmingen bis Stuttgart, von Alpstadt und Bad Bierbach bis Todtnau im Schwarzwald. Diese Organisation besitzt bereits mindestens 100 Immobilien im Wert von über 80 Millionen Mark (vgl. *Der Spiegel*, Nr. 16/1997, S. 90).

Eine soziale und politische Integration von Menschen, die jetzt und in absehbarer Zeit die ethnische Integration verweigern, ist dann und nur dann hinnehmbar, wenn eine solche Minderheit auf Dauer den Mehrheitswillen akzeptiert, auf jeden Versuch einer Dominanz oder einer Behinderung freiwilliger Assimilation verzichtet, wenn diese Minderheit nicht zu groß ist und sich gegen jede Einflußnahme aus dem Ausland und vor allem gegen jede Instrumentalisierung durch das einstige Mutterland wehrt. Offenkundig treffen diese Voraussetzungen auf die Einwanderung der Türken nach Deutschland in allen wesentlichen Aspekten nicht zu. Die große Mehrheit der Türken grenzt sich deutlich ab von den Deutschen, bevorzugt das Zusammenleben in Ghettos, forciert die Bildung separater bis separatistischer Einwanderervereinigungen und verhält sich so, daß unwillkürlich Erinnerungen an das Vordringen türkischer Erobererheere nach Westen wach werden. Hinzu kommt, daß der, der sich assimilieren will, ausgestoßen und geächtet wird, und daß die türkische Minderheit sich als Fünfte Kolonne mißbrauchen läßt für die antideutsche Konfrontationspolitik »ihrer« türkischen Regierung. Angesichts dessen ist es eine Zumutung, wenn die Schauspielerin und Autorin Renan Demirkan in ihrem demagogischen Aufsatz »Respekt statt Integration« (*Der Spiegel*, Nr. 16/1997, S. 80 f.) Integration als Unterordnung unter das Ganze »*bei Aufgabe des Eigenen*« definiert und wortreich gegen »*Dressur durch Integration*« hetzt. Die Aufgabe alles Eigenen ist nicht einmal bei einer Assimilation erforderlich oder erwünscht, denn warum sollte ein assimilierter Türke z. B. seine türkischen Sprachkenntnisse vergessen oder seine Eßgewohnheiten ändern? Erst recht verlangt eine Integration nur solches »Eigene« aufzugeben, das wie der Vormachtsanspruch des Islams, die Rechtlosigkeit der Frauen oder die Idee des Gottesstaates unvereinbar ist mit der westlichen Kultur und der demokratischen Rechtsordnung. In grotesker Überzeichnung diffamiert Frau Demirkan die Visumspflicht für türkische Kinder als »*ultimative Demütigung*«, behauptet in totalem Widerspruch zur Realität, alle »*anatolischen Volksgruppen*« in Deutschland, also auch die Kurden, fühlten sich »*mit einem einheitlichen Volksgefühl*« als Türken und seien stolz auf ihr Türkentum und im übrigen hätten erst die bösen »*Integrationspläne*« der bösen Deutschen »*aus den ungebundenen, traditionellen Türken die nationalen, religiö-*

sen Türken gemacht«. Frau Demirkan verlangt vom deutschen Staat für sich die doppelte Staatsangehörigkeit, als *»Zeichen ... in diesem Land gewollt zu sein«,* lehnt es gleichzeitig ab, sich zu integrieren, weist aber auch den Gast-Status als diskriminierend zurück. Wer wie sie zuviel verlangt und zuwenig gibt, wird am Ende mit leeren Händen dastehen.

Die Armut eines Teils der Ausländer ist aufgrund der verfehlten deutschen Ausländerpolitik ein idealer Nährboden für Konservierung der Rückständigkeit, Fundamentalismus, aggressive Gewaltbereitschaft. Die Ghettos werden so zu Zeitbomben – noch dazu zu Zeitbomben, die die deutsche Mehrheitsgesellschaft im Zeichen von Karrieregeilheit, Konsumfanatismus und Spaß-Sucht mit allen mentalen und emotionalen Tricks aus ihrem Bewußtsein verdrängt. Dort, wo bundesdeutsche Sozialpolitiker allenfalls zukünftige Gefahren sehen, sind in vielen Fällen längst Gebiete entstanden, in denen 70 bis 90 Prozent der Bewohner Muslime sind, wobei von diesen wiederum 70 bis 90 Prozent türkische Staatsbürger sind. Viele dieser Menschen sind dauerhaft arbeitslos, haben sich eingestellt auf regelmäßige Sozialhilfezahlungen und sich eingegliedert in eine Schattenwirtschaft, die von unversteuerter und unversicherter Lohnarbeit bis zur organisierten Kriminalität reicht. Der Anteil der Ausländer an den Arbeitslosen beträgt z. B. in Köln mehr als 25 Prozent, in den rechtsrheinischen Bezirken Mülheim und Kalk überschreitet er 30 Prozent. Bundesweit liegt die Arbeitslosenquote bei den Türken bei 25 Prozent – mehr als doppelt so hoch wie bei den Deutschen.

Betrachten wir Frankfurt am Main, die (durch Adenauer) verhinderte Hauptstadt der Rheinischen Republik, die von so manchem Bankmanager erträumte heimliche Euro-Hauptstadt. Unbezweifelbar sind viele soziale und politische Probleme deutscher Gemeinwesen in dieser Stadt früher und deutlicher zu studieren als andernorts. Wie jedes Kind weiß, hat in den letzten Jahren unter Deutschen wie unter Ausländern nicht allein die Zahl der offenkundig Armen und Obdachlosen drastisch zugenommen, sondern auch jenes Potential »armutsnaher Einkommen« (unter 1400 DM pro Monat), das in Frankfurt auf 140 000 Menschen und damit auf das Doppelte der Sozialhilfeempfänger bzw. ein Fünftel der Einwohnerschaft veranschlagt wird. *»Wer es sich leisten kann«,* so Wolfgang Bick, der Leiter des Amtes für Statistik, Wahlen und Einwohnerwesen, »*verläßt Innen- und Alt-stadt.*« Und gerade in diesen Gebieten geht damit der Anteil der Deutschen und des Mittelstandes immer mehr zurück. Inzwischen leben in der Frankfurter Innenstadt mehr Ausländer als Deutsche. In den Jahren 1988 bis 1995 stieg der Anteil der Ausländer in der Altstadt um 64,4 Prozent, in der Innenstadt um 31,9 Prozent, im Gallusviertel um 45,8 Prozent. Im Bahnhofsviertel sind es nach den offiziellen Zahlen, die naturgemäß die vielen illegalen Ausländer aussparen, 77,5 Prozent Ausländer, im Gutleutviertel 58,8 Prozent, die die dort lebenden Deutschen zur Minderheit im eigenen Land machen. Für die Zusammensetzung und die Befindlichkeit dieser deutschen Restbevölkerung charakteristisch ist, daß ein Drittel bis die Hälfte dieser Menschen bei der letzten Kommunalwahl gar nicht erst abstimmten. Die ethnische Fragmentierung verbindet sich mit einem zunehmenden sozialen Auseinanderdriften: Mit 170 Sozialhilfeempfängern pro 1000 Einwohner liegt das Bahnhofsviertel nicht nur stadtweit an der Spitze, sondern erreicht gut den doppelten Anteil der durchschnittlichen ärmeren Stadtviertel. Wen wundert es da, daß Frankfurt die Schulden-Rangliste der deutschen Metropolen unangefochten anführt – mit einer Gesamtverschuldung von 8,8 Milliarden Mark. Die Zinslast liegt bei knapp 20 Prozent der Steuereinnahmen – 683 DM pro Kopf der Bevölkerung.

Gerade ausländische Jugendliche sind von Arbeitslosigkeit betroffen. Peter Bartelheimer, Mitautor des *Frankfurter Sozialberichts*, erklärte bei einer gewerkschaftlichen Diskussionsveranstaltung: »*Ein Drittel von ihnen wird ökonomisch nicht gebraucht.*« Das ist sicher hart und wenig mitleidsvoll ausgedrückt, aber alles Mitleid der Welt kann nicht die Gesetzmäßigkeiten der Ökonomie aufheben und die sehen nun einmal so aus,

– daß der deutsche Staat in den nächsten Jahren gewaltige Anstrengungen und klugen Einsatz dieser Mittel brauchen wird, um die massenhafte Arbeitslosigkeit seiner Bürger zumindest auf ein sozialverträgliches Ausmaß herunterzudrücken,

– daß der deutsche Staat den Bürgern anderer Staaten nur dort Arbeitsplätze geben kann, wo er sie den Einheimischen wegnimmt,

– daß eine zeitlich und finanziell nahezu unbegrenzte Alimentierung weder ökonomisch durchzuhalten ist noch auf die

Dauer die nötige Opferbereitschaft zu finden sein wird, ohne die eine Umverteilungspolitik endgültig jede demokratische Legitimation verlöre und zur offenkundigen Ausplünderung der Deutschen würde. Es darf nicht zu einer Situation kommen, daß Feierabend-Terroristen wie in Schweden 1996 die Gruppe »*Wir, die Schweden gebaut haben*« sich demagogisch zum Sprecher der Schwachen und Armen, der Rentner, Kranken und Arbeitslosen machen können, weil die staatliche Politik nur noch die Interessen der Politiker, der Reichen und der Einwanderer verficht.

Bei jeder zahlenmäßigen Betrachtung der Ausländerproblematik muß berücksichtigt werden, daß nicht allein die Illegalen den realen Ausländeranteil erhöhen, sondern daß inzwischen jeder fünfte Ausländer zusätzlich über einen deutschen Paß verfügt (*Focus*, Nr. 47/1994, S. 108 ff.). Nun gibt es einzelne, die sich in die deutsche Kultur und in das deutsche Volk integriert haben oder doch auf dem Weg dahin sind, ohne einen deutschen Paß zu haben, aber unendlich häufiger ist der umgekehrte Fall, daß eine Politik unbedacht-unkontrollierter Einbürgerung von Menschen, die innerlich nichts mit Deutschland verbindet und denen Deutschland nichts bedeutet, Ausländer aus der Statistik verschwinden läßt, ohne daß damit die mindeste Integration erreicht wäre. Jeder Staat auf dieser Welt, dem die eigene Fortexistenz und der innere Frieden lieb ist, begrenzt die Einwanderung auf ein Ausmaß, das deren Folgen handhabbar macht und das die gesellschaftlichen Kosten unterhalb der gesellschaftlichen Gewinne hält. Jedes Volk, das sich nicht selbst aufgibt und nicht sein eigenes Verschwinden aus der Geschichte oder seine mediokre Fortexistenz in Reservaten und Ethno-Zoos organisiert, erwartet von Einwanderern, daß sie sich in ihrer großen Mehrheit assimilieren und der verbleibende Rest sich zumindest in Gesellschaftsordnung und Rechtssystem integriert.

Assimilation bedeutet Preisgabe der alten nationalen Identität und Annahme einer neuen, also eine ethnische Integration. Alle Einwanderer nach Deutschland haben einen moralischen Anspruch darauf (und das Anrecht auf eine rechtliche Absicherung dieses Anspruchs!), daß sie sich ohne allzugroße Hindernisse assimilieren können, wenn sie dies wollen und persönliche Anstrengungen unternehmen (Erlernen der Sprache, Beteiligung am Leben ihrer deutschen Umgebung u. ä.). Dummfreche Paragraphenreiter, die böswillig ihre bürokratischen Hürden zu-

rechtzimmern, um den neuen Deutschen das Leben schwerzu-
machen, müssen ebenso unzweideutig eine Abfuhr bekommen
wie jener in allen Einkommenskategorien zu findende, gegen alles Neue und Ungewohnte prinzipiell allergische und aggressive
Pöbel, dem es nur um die eigenen Privilegien und die Bewahrung der althergebrachten dumpfen Gemütlichkeit geht. Im
deutschen Interesse unbedingt erforderlich ist es, daß dieses
Land mit offenen Armen zugeht auf Aussiedler, auf andere neue
und zukünftige Deutsche. Erforderlich ist, daß neonazistischen
Glatz- und Hohlköpfen ebenso wie notorischen Aussiedlerfres-
sern die nötigen Lektionen erteilt werden – gleichgültig, ob nun
die einen gegen alles ihnen Fremde hetzen oder die anderen nur
eine Zuwanderung der völlig Fremden wollen.

Es muß endlich eine offene, nüchtern abwägende gesellschaftliche Diskussion geführt werden über die Rolle der ethnischen
Gruppen, die bislang schon eingewandert sind. Wenn man die
vorliegenden Zahlen betrachtet (vgl. *Der Fischer Weltalmanach
1997*, Frankfurt a. M. 1997; Hg. Cornelia Schmalz-Jakobsen und
Georg Hansen, *Kleines Lexikon der ethnischen Minderheiten in
Deutschland*, München 1997), dann fällt auf, daß die Deutschen
ohnehin eine Reihe von Minderheiten integrieren müssen wie
Afro-Deutsche (ca. 200000 Personen), Roma (100000) und Sinti
(50 000) sowie jenen doch sehr beträchtlichen Teil der über 3
Millionen hier lebenden Spätaussiedler, der bislang weder
sprachlich noch kulturell in Deutschland angekommen ist.
Hinzu treten über 10 Millionen Ausländer und Neubürger, wobei von den letzteren bislang nur eine Minderheit sich wirklich
als zum deutschen Volk und zur deutschen Nation gehörig
begreift. Unter den Ausländern sind zwar fast 4 Millionen
Europäer, aber lediglich eine Million haben als West-, Mittel-
und Nordeuropäer eine uns nahe verwandte kulturelle Prägung.
Während die 200000 Österreicher und ein großer Teil der 40000
Schweizer zur deutschen Kulturnation gehören, während die
über 100 000 Niederländer und die fast 100 000 Franzosen sich
von kleineren Reibereien abgesehen sehr schnell integrieren und
in vielen Fällen auch assimilieren, ist schon die Eingliederung
der 300000 Polen und der über 50 000 Tschechen und »Tsche-
choslowaken« angesichts der unbewältigten Vergangenheit keine
leichte Angelegenheit. Erst recht ist es eine nicht zu unterschät-
zende Aufgabe, knapp 600 000 Italiener, über 350 000 Griechen,

130 000 Spanier, in etwa gleichviele Portugiesen, 190 000 Kroaten, 100 000 Rumänen in diese Gesellschaft so einzugliedern, daß die deutschen Interessen gewahrt bleiben. Noch schwieriger wird es mit den über 300 000 Bosniern, die mehrheitlich Muslime sind, und den vielen Muslimen, die sich in dem großen Block der über 800 000 »Jugoslawen«, Albaner und Mazedonier verbergen. Hinzu kommen dann ethnische Gruppen wie die 200 000 Nord- und Südamerikaner (eine heterogene Gruppe, die vom Nachfahren europäischer Auswanderer bis zum Hochlandindio reicht), die gut 300 000 Afrikaner, die 2,3 Million Menschen aus der Nahostregion und Vorderasien (darunter 500 000 Kurden), die 460 000 Zentral- und Ostasiaten. Aus den drei letztgenannten Blöcken rekrutiert sich der größte Teil der 3 Millionen Muslime in Deutschland: jeweils deutliche bis erdrückende Mehrheiten der weit über 2 Millionen türkischen Staatsbürger, 100 000 Iraner, 80 000 Marokkaner, 60 000 Afghanen, 50 000 Libanesen, 40 000 Pakistani, 30 000 Tunesier, 20 000 Ghanaer, 20 000 Syrer, 20 000 Algerier, 15 000 Ägypter, 15 000 Iraker, 10 000 Kasachen, 10 000 Jordanier sind orthodoxe bis radikale Muslime.

Diejenigen, die die Welt und die Gesellschaft als eine Art Modelliermasse sehen, mit der Politiker nach Belieben verfahren können, wollen wie Rita Süssmuth die »*Blutsgemeinschaft*« über Bord werfen und die Staatsbürgerschaft abhängig machen von einem »*Bekenntnis zu unserer Verfassung*«. Nun hat zwar dieses Deutschland strenggenommen keine vom Volk gebilligte Verfassung, sondern nur ein nach 1990 kosmetisch aufgebessertes Nachkriegsgrundgesetz, nun wird bislang einem Einbürgerungskandidaten keineswegs wie in den USA üblich ein feierlicher Eid auf diese Ersatz-Verfassung abverlangt, aber selbst wenn es eine deutsche Verfassung gäbe und eine entsprechende Zeremonie – wer will hier verhindern, daß dabei massenhaft gelogen wird bzw. sich jeder nach Gutdünken sein eigenes Wunschbild von der Verfassung zurechtlegen kann? Auch Rita Süssmuth orakelt über die Gefahr der »*Überforderung*« und eines Überschreitens der »*Grenze der Belastbarkeit*«. Nur sagt sie niemals und nirgends, wo denn diese Grenze anzusiedeln ist und stellt nicht im entferntesten in Frage, ob denn in diesem Bereich nicht das geschichtlich Gewachsene und organisch Entstandene ungleich wichtiger ist als das kurzfristig auf Politikerwunsch Machbare.

Maßstablos und größenwahnsinnig sieht sie als alleinigen Maßstab: »*Was können wir innerhalb eines oder mehrerer Jahre an in-
tegrativen Leistungen vollbringen?*« Daß diese Leistungen weder
vom deutschen Volk noch von den damit beglückten Ausländern
gewünscht und gebilligt sind, wird dezent verschwiegen.

Im übrigen zeigt das deutsche Volk mehr Problembewußtsein
als seine Politiker: Seit Jahren folgen auf das erstrangige Problem
Arbeitslosigkeit in allen Umfragen in etwa gleichauf die Asyl-
und Ausländerproblematik sowie der Umweltschutz und das
Rentenproblem. Dies bedeutet auch keineswegs, daß Deutschland besonders ausländerfeindlich sei. Dieses haltlose Gerede
wird durch die Tatsachen widerlegt, wie Ruud Koopmanns, der
Autor einer Studie des Berliner Wissenschaftszentrums für So-
zialforschung, nachweisen konnte (vgl. *Süddeutsche Zeitung*,
13. 6. 1996). Etwa in Großbritannien oder der Schweiz ist
mehr ausländerfeindliche Gewalt nachgewiesen worden als in
Deutschland.

Viele Länder der Welt orientieren sich in ihrer Ausländerpolitik mehr und mehr auf ein realistisches, die Zuwanderung be-
grenzendes Vorgehen. Die Türkei schickt zehntausende Türken
mit bulgarischer Staatsangehörigkeit nach Bulgarien zurück,
also Angehörige des eigenen Volkes – und lamentiert, wenn
Deutschland den einen oder anderen türkischen Drogenhändler
abschiebt. Das islamische Malaysia, unter dessen 20 Millionen
Einwohnern 10 Prozent Immigranten sind, hat im Januar 1997
begonnen, die rund eine Million illegalen Einwanderer abzu-
schieben, nachdem zuvor fünf Monate Zeit war, eine legale Ar-
beits- und Aufenthaltsgenehmigung zu erreichen. Mehrere tausend Illegale befinden sich in Abschiebehaft. Unter dem
Eindruck der FPÖ-Wahlerfolge haben in Österreich SPÖ und
ÖVP das Ausländerrecht drastisch verschärft. Wer mit dem Gesetz in Konflikt kommt und dadurch seinen mangelnden Inte-
grationswillen zeigt, erhält seine Aufnahmegenehmigung nicht
verlängert. Nur noch weniger als 10 000 Nicht-EU-Bürger, wobei Ehepartner mitgerechnet werden, sollen pro Jahr zuziehen
dürfen. Aus der ÖVP und der SPÖ kamen Vorschläge, arbeitslosen Ausländern im Rahmen einer freiwilligen Rückkehraktion
jeweils einige tausend Mark Starthilfe zu bieten.

3. Opferlegenden und Machtanspruch

Das herrliche, ebenso tragikomische wie lebenswahre Theaterstück *Biedermann und die Brandstifter* von Max Frisch aus dem Jahr 1958 kann geradezu als Parabel genommen werden für die heutige deutsche Situation – auch wenn kaum einer der Brandstifter noch Willi oder Sepp heißt. Was Willi Schmitz und Sepp Eisenring auf der Bühne exerzieren – das geschickte Lamento über die eigene Opfer-Rolle als Köhlerkind, frierender Landstreicher oder armer Ex-Knastinsasse ebenso wie (im sicheren Gefühl, daß nichts nachgewiesen werden kann und nichts geschehen wird) die brutale Offenlegung aller Absichten – das ist alltägliche Praxis in unseren Städten. Ebenso alltäglich ist die von Frisch eindrücklich dargestellte Geistesverwirrung der Biedermänner: diese Spitzenleistung an Verdrängung, diese Mischung aus Gerissenheit im Kleinen und Dummheit im Großen, dieser Selbstbetrug des Wohltäter- und Gutmenschentums.

Nicht der Angreifer ist schuldig, sondern der Angegriffene – nach diesem Strickmuster basteln sich die in Europa präsenten islamischen Fundamentalisten ein heiles Weltbild, in dem sie zunächst die armen Opfer westlicher Arroganz sind, um dann im Endeffekt, wenn das Gute siegt, über die Ungläubigen zu triumphieren. Diese krause Selbstrechtfertigung demonstriert z. B. der englische Muslimführer Shabbir Akhtar im *Guardian* vom 5. 3. 1989, wenn er behauptet, angesichts der »*Verschwörung des Westens*« sei es außer Zweifel, »*wer sich das nächste Mal, wenn es Gaskammern in Europa gibt, darin befinden wird*«: Die Muslime! In dieser pervers-paranoiden Phantasiewelt ist es nur allzu logisch, daß die bösen Westler den wahren Gläubigen nichts als die Wahl zwischen Märtyrertod, Flucht und Heiligem Krieg lassen. Und man muß nicht lange mutmaßen, wozu der islamische Ehrenkodex den guten Muslim verpflichtet. So infam die Gleichsetzung der europäischen Völker mit den faschistischen Judenmördern ist (allein schon angesichts der großen Sympathien vieler Islamisten für Hitler, angesichts der Verfolgungen jüdischer

Minderheiten in vielen islamischen Ländern und angesichts islamistischer Aktivitäten zur Vernichtung Israels!) – dieser Unsinn wird noch einmal bestätigt und bestärkt durch Yasmin Alibhai-Brown im *Independent* vom 14. 2. 1994: »*Überall in Europa sind mit der Verbreitung des weißen Tribalismus und Nationalismus die Muslime das Hauptobjekt von Haß und Gewalt geworden. Und dann noch die Schrecken von Bosnien! Selbst der bedächtigste Muslim durchschaut nun die Sophisterei und Heuchelei der ›Neuen Weltordnung‹ und stellt Verbindungen zwischen Bradford und Bosnien her. Was damals, als der Akademiker Shabbir Akhtar von den Muslimen als potentiellen Holocaust-Opfern sprach, eine absurd apokalyptische Äußerung zu sein schien, ist innerhalb von vier Jahren zu einer realen Möglichkeit geworden.*« (Mit »Bradford« spielt sie darauf an, daß in dieser englischen Stadt 1989 Islamisten die *Satanischen Verse* Rushdies öffentlich verbrannt hatten. Verkehrte Welt: Neufaschistische Bücherverbrenner dekorieren sich je nach Bedarf mit dem gelben Stern und der Uniform der KZ-Häftlinge und jammern, das britische Establishment werde erst dann Ruhe geben, wenn es alle Muslime zu Christen gemacht oder ausgerottet habe.)

Auch kritisch-selbstkritischen Beobachtern in den islamischen Ländern fällt auf, wie absurd und paranoid solche Welt-Zerrbilder sind. So schrieb die in Ankara erscheinende Boulevardzeitung *Sabah* am 5. 4. 1997: »*Innenministerin Meral Aksener beschuldigte Deutschland des Rassismus und meinte, die verbrennen uns, weil sie uns nicht rausschmeißen können. Eine Regierung, die der Nazi-Vergangenheit Deutschlands abgeschworen hat, mit diesen Worten zu beschuldigen, riecht über Ungerechtigkeit hinaus übel nach Rassismus. Nach der Katastrophe von Solingen ist in der Türkei niemand marschiert. Die Deutschen aber, allen voran der ehemalige Bundespräsident Richard von Weizsäcker, haben damals zu Tausenden mit einer beachtlichen Demonstration in Berlin den Rassismus in ihrem Lande verurteilt. Der letzte Akt der Schande ist, daß der Brandanschlag von Krefeld nichts mit deutschem Rassismus zu tun hat und der Familienvater als Täter ermittelt wurde.*« Am gleichen Tage stellte in der türkischen Hauptstadt die Zeitung *Radikal* ihren Landsleuten einige unangenehme Fragen: »*Ist es kein Rassismus, die Türen gegen alle Sitten und Bräuche des Landes, in dem man sich aufhält, zu versperren, die Landessprache nicht zu lernen und die Integration abzulehnen? Ist es kein Rassis-*

mus, im eigenen Lande aus Kirchen Tierställe zu machen, in dem Lande aber, in das man zum Arbeiten gegangen ist, Moscheen zu bauen? Welche Gefühle werden in den Menschen des christlichen Landes erweckt, wenn für die Religion, für die Ehre Morde begangen werden, PKK, Linke und Rechte sich auf den Straßen prügeln? Haben wir überhaupt keine Schuld daran, daß Deutsche und Franzosen sich heute unserer nicht annehmen?«

Während 1991 der offizielle Ausländeranteil in Deutschland erst 7,3 Prozent betrug (5,9 Millionen), stieg dieser Anteil innerhalb von nur fünf Jahren auf 8,9 Prozent (7,3 von 82 Millionen). Ein Viertel lebt seit mehr als 20 Jahren in Deutschland, die Hälfte seit mehr als zehn Jahren. Mit 2,5 Millionen stehen die türkischen Staatsangehörigen deutlich an der Spitze – vor den als Jugoslawen geführten Personen (745 000; 10,3 Prozent der Ausländer), zu denen noch die 340 000 Bosnier, Serben und Kroaten aus Bosnien-Herzegowina und 200 000 Kroaten kommen. Unter den 19,7 Millionen Ehepaaren in Deutschland sind ein knappes Zehntel ausländische Paare, drei Prozent binationale Paare. Bei all diesen Zahlen darf man natürlich nie vergessen, daß erstens die Illegalen außen vor bleiben und daß zweitens viele Inhaber eines deutschen Passes nur auf dem Papier Deutsche sind, sich selbst aber einer anderen Nationalität zuordnen. Dies ist natürlich ihr gutes Recht. Allerdings wäre es auch das gute Recht eines die Interessen des deutschen Volkes wahrenden Staates, ihnen einen Paß zu verweigern, dessen Grundvoraussetzung sie nicht erfüllen. Von 1990 bis 1995 hat sich die Zahl der eingebürgerten Türken fast verzehnfacht und von 1995 auf 1996 noch einmal verdoppelt. Sechs Prozent der Türken in Deutschland haben bereits einen deutschen Paß. Wie viele von ihnen fühlen sich als Deutsche mit türkischen Eltern? Sechs Prozent? Oder vielleicht doch mehr? Über 90 Prozent wollen für immer in Deutschland bleiben – so die Ergebnisse einer Umfrage des Essener »Zentrums für Türkeistudien« (ZfT). Von den 21 000 türkischen Studentinnen und Studenten (nach den Deutschen die größte ethnische Gruppe an den Universitäten!) hat kaum jemand einen deutschen Freund bzw. eine deutsche Freundin – in NRW sind es laut ZfT nur drei Prozent von 8000 türkischen Studierenden.

Gerade die Türken halten verbissen an ihrem Türkentum fest. Zwar gab bei einer Umfrage des ZfT knapp die Hälfte an, neben einem der fünf türkischen auch deutsche Fernsehsender zu nutzen, aber dies bezog sich überwiegend auf dort gesendete Spielfilme, während für 75 Prozent der Befragten im türkischen Fernsehen Nachrichten- und Informationssendungen an erster Stelle sehen. Vereinfacht gesagt: Auch jener Teil der Türken, der sich zusätzlich von deutschen Medien unterhalten läßt, bezieht in aller Regel nicht aus diesen, sondern aus türkischen Quellen seine politischen Meinungen. Dies wird dadurch erleichtert, daß über 70 Prozent der türkischen Haushalte eine jener Satelliten-Salatschüsseln besitzen, die so manches Haus verschandeln. Bei den Zeitungen lesen lediglich 38 Prozent neben den türkischen Zeitungen (9 verschiedene mit über 200 000 in Deutschland verkauften Exemplaren) auch deutsche, wobei hier Anzeigenblättchen mitgerechnet sein dürften. Selbst die 60 000 in Deutschland lebenden Rentner sollen nach den Vorstellungen von Faruk Sen, dem Chef des ZfT, religiös und ethnisch abgeschottet von den Deutschen in islamischen Altersheimen leben und auf islamischen Friedhöfen bestattet werden. Auf allen Gebieten ertönt der Ruf nach reinrassig türkischer Betreuung – verbunden mit dem Anspruch, daß den Türken vor allen Ausländern eine besondere und bevorzugte Behandlung zu widerfahren habe. Da gibt ein Mehmet Z. Toker eine beeindruckend lange Liste *Türkischsprachige Psychotherapieangebote im deutschsprachigen Raum* heraus (Freiburg 1997) und klagt gleichzeitig darüber (S. 15), daß, während auf einen organisierten deutschen Psychotherapeuten 7273 Bürger kämen, sich für die *»2 Millionen Menschen aus der Türkei«* eine *»Relation von nur 1:25000«* ergäbe! Gleichzeitig hat Faruk Sen die Stirn, von *»enormen Anstrengungen im Bereich der Integration«* zu reden, die angeblich die Türken in Deutschland vollzogen hätten (*schrägstrich*, Nr. 7–8/1997, S. 28) und kolportiert das Märchen, die türkischen Jugendlichen unterhielten sich *»bei türkischer Popmusik auf deutsch miteinander«*. Wie seltsam, daß man als Deutscher fast immer auf junge Türken stößt, die auf türkisch diskutieren und nur gelegentlich ein paar deutsche Brocken einstreuen.

Mit den verschiedensten Lobby-Organisationen wie dem türkisch-deutschen Unternehmerverband »Tiduf« machen die Türkei und die in unserem Lande lebenden Türken munter Politik. Da gelobt der damalige türkische Ministerpräsident Mesut Yilmaz am 19. Mai 1996 auf einer Tagung in Essen vor rund 650 Vertretern türkischer Organisationen, sich auch weiterhin für die Türken einzusetzen, die deutsche Staatsbürger sind, und klagt Deutschland an, es verweigere den doch so viel hier investierenden Türken das politische Mitspracherecht. Während die Mehrheit der Türken in Deutschland sich immer noch nicht auf Deutschland zubewegt, kommt der deutsche Staat gerade den Türken auf allen Gebieten weit entgegen. So entschied beispielsweise im Juni 1997 das Bremer Landessozialgericht, daß jungen Türken nach ihrer Ausbildung selbst dann Arbeitslosengeld zustehe, wenn sie keine Aufenthaltsgenehmigung der Ausländerbehörde und keine Arbeitserlaubnis des Arbeitsamtes hätten. Wenn das keine Einladung ist ...

Die über 3 Millionen Muslime in Deutschland beten in 1500–2000 Moscheen und lassen einen großen Teil ihres Lebens organisieren von den über 1000 islamischen Vereinen und ihrem Netzwerk aus Läden, Teestuben, Lebens- und Rechtsberatung, Lohnsteuerhilfe, Sportclubs, Heiratsinstituten. Es gibt sogar spezielle muslimische Versicherungen über die von Saudis gegründete »Islamische Solidaritätsgesellschaft«. Zur Metropole islamischer Präsenz und islamistischer Propaganda ist Köln geworden – nicht zuletzt wegen des massiven Imports türkischer Arbeitskräfte durch den amerikanischen Multi Ford in den sechziger Jahren, als man im Kölner Werk besonders in der Endmontage rein türkische Arbeitskolonnen zum Einsatz brachte. Fast alle großen islamistischen Organisationen haben in Köln ihre Zentrale, darunter die schlagkräftigste, die VIKZ, und die größte, die IGMG mit ihren rund 100 000 Mitgliedern. Von Köln aus werden in ganz Westeuropa 2000 Gemeinden mit mehr als vier Millionen Gläubigen inspiriert und dirigiert.

An den verschiedensten Punkten geraten christlich-säkulares und islamisches Wertsystem in Konflikt – nicht allein im Leben, sondern auch noch im Sterben bei der vom Islam verbotenen Neubelegung von Friedhofsgräbern, wobei die islamische Form naturnah überwachsender, aber gleichwohl »ewiger« Gräberfelder sehr viel mehr Würde und Frömmigkeit zeigt als die spießigzwanghafte und strikt nach amtlichen Richtlinien ausgezirkelte Kleingärtner-Idylle auf den deutschen Friedhöfen, die nach dem Absterben der großbürgerlich-repräsentativen Friedhofsgestaltung zunehmend zu einem Durchgangsstadium in eine teils profitable, teils kostenminimierende vorgestanzte Leichenbeseitigungsmaschinerie wird. Aber auch wenn man sich an die biblische Botschaft hält, daß die Toten ihre Toten begraben sollen – an Konflikten ist kein Mangel. Dies gilt vor allem im Hinblick auf die ausländischen Jugendlichen. Noch bedrohlicher als Jugendkriminalität, Bandenbildung und Vandalismus (und zugleich eng mit diesen Phänomenen verbunden) ist eine zunehmende islamische Radikalisierung. Mindestens 450 000 Jugendliche mit türkischer Staatsbürgerschaft im Alter zwischen 15 und 21 Jahren leben in Deutschland. Hinzurechnen muß man Illegale und jene eingebürgerten jungen Türken, die sich weiterhin als Türken mit deutschem Paß definieren. Viele dieser jungen Menschen flüchten vor dem schwierigen Prozeß der Assimilation und Einpassung in die deutsche Gesellschaft zunehmend in einen rigorosen Fundamentalismus, in Abgrenzung und Haß gegenüber allem Unislamischen. Gerade die Koranschulen spielen hier eine verhängnisvolle Rolle. Wie Wilhelm Heitmeyer, Helmut Schröder und Joachim Müller in ihrer Studie »Desintegration und islamischer Fundamentalismus« (in: *Aus Politik und Zeitgeschichte* B 7-8/97, 7. 2. 1997, S. 17–31) nach Befragung von über 1000 dieser Jugendlichen betonen, haben diese eine deutlich andere Wertorientierung als ihre deutschen Altersgenossen (vgl. auch dazu W. Heitmeyer, J. Müller, H. Schröder, *Verlockender Fundamentalismus*, Frankfurt a. M. 1997). Sie stimmen sehr viel stärker mit den eigenen Eltern überein als mit gleichaltrigen Deutschen. Ihre Bevorzugung traditioneller Werte betont vor allem Gehorsam und Leistungsbereitschaft und weniger jene Vorstellungen, ohne die demokratisches Denken undenkbar ist. Ein Viertel bis ein Drittel der türkischen Jugendlichen ist als desintegriert und integrationsfeindlich anzusehen (30,7% verbringen ihre Freizeit nur in der eigenen Bevölkerungsgruppe; 24,8% sehen regelmäßig den islamischen Sender TGRT; ein Viertel besucht häufig die Moschee).

Zehn bis dreißig Prozent lösen sich aus dem türkischen Milieu:

– ein Zehntel der Befragten erklärte z. B., nie eine Moschee oder ein Bethaus aufzusuchen;

– je nach Bereich fühlen sich 21,5 bis 32 Prozent nicht diskriminiert;

– ein Drittel fühlt sich unter deutschen Jugendlichen wohler als unter türkischen.

Ein gutes Drittel der Befragten bewegt sich zwischen diesen

Fronten. Viele Jugendliche aus dieser Mittelgruppe zeigen durchaus eine latente Anfälligkeit für islamistische Parolen. Die folgenden vier Fragen beantworten 49 bis 56 Prozent mit »stimmt völlig« und »stimmt«, wobei in drei der vier Fälle der Anteil der Voten für »stimmt völlig« höher lag als der für »stimmt«:

– »*Man sollte sein Leben nach dem Koran ausrichten. Reform und Modernisierung des Glaubens sollte man ablehnen und für eine göttliche Ordnung eintreten.*« (49,1%)

– »*Nach dem Ende des Kommunismus geht es mit dem Kapitalismus bergab. Die Zukunft gehört dem Islam.*« (50,2%)

– »*Auch wenn man hier lebt, sollte man sich nicht zu stark an die westliche Lebensweise anpassen, sondern sich eher nach den Lehren des Islam richten.*« (56%)

– »*Jeder Gläubige muß wissen, daß die Religionen anderer Nationen nichtig und falsch sind und ihre Angehörigen Ungläubige sind. Der Islam ist die einzig rechtgläubige Religion.*« (55,9%)

Betrachtet man diese Ergebnisse, so kann man nur festhalten, daß anscheinend die Hälfte der türkischen Jugendlichen in Deutschland Auffassungen anhängt, die unvereinbar sind mit einem friedlichen Zusammenleben und mit der für den inneren Frieden notwendigen Akzeptanz der Tatsache, Gäste zu sein in diesem Land und – ob als Gäste oder als Eingebürgerte – auf Dauer eine kleine Minderheit zu sein. Die islamistische Verhetztheit und Arroganz, die sich hier offenbart, ist die emotionale Basis, auf der Massen sich verführen lassen zu Haß, Gewalt und Bürgerkrieg. Kennzeichnend ist auch, daß bei Hauptschülern die islamistische Verdummung sehr viel erfolgreicher durchgesetzt worden ist als bei Gymnasiasten. Heitmeyer, Schröder und Müller betonen, es bestehe ein überaus starker Zusammenhang zwischen den eben genannten traditionellen Ideen einer einzigartigen Überlegenheit des Islams und der komplementären islamistischen Gewaltbereitschaft. Hier sind es 23 bis 35 Prozent der Jugendlichen, die folgende Aussagen mit »stimme voll zu« und »stimme zu« beantworten:

– »*Wenn es der islamischen Gemeinschaft dient, bin ich bereit, mich mit körperlicher Gewalt gegen Ungläubige durchzusetzen.*« (35,7%)

– »*Wenn es der islamischen Gemeinschaft dient, bin ich bereit, andere zu erniedrigen.*« (24,3%)

– »*Gewalt ist gerechtfertigt, wenn es um die Durchsetzung des islamischen Glaubens geht.*« (28,5%)

– »*Wenn jemand gegen den Islam kämpft, muß man ihn töten.*« (23,2%)

Ein Viertel der türkischen Jugend in Deutschland befürwortet also den religiösen Mord, ein Drittel die religiös bemäntelte Gewalt – und hier muß man immer berücksichtigen, daß wie bei allen Befragungen eine gewisse Dunkelziffer hinzuzurechnen ist, gerade aus jenen zehn bis 15 Prozent, die eine Antwort verweigerten. Wichtig ist auch, daß die Autoren der Studie Befürworter der multikulturellen Gesellschaft sind, also allen Grund hätten, die Probleme eher herunterzuspielen. Hinzu kommt, daß im religiösen Bereich die männlichen Jugendlichen, also die potentiellen Straßenkämpfer, deutlich dominieren über die Mädchen, deren Aufbegehren gegen die familiären Repressionen und die gesellschaftsspezifische Benachteiligung auch in dieser Studie deutlich wird.

Als danach gefragt wurde, wie man sich durch die islamistischen Organisationen ADÜTDF (die »Grauen Wölfe« von Türkes' MHP-Partei) und durch die AMGT (heute IGMG, »Islamische Gemeinschaft Milli Görüs«) vertreten fühle, stieg der Anteil der Auskunftsverweigerer von sonst 10 bis 15 auf 25 Prozent. 21,3 Prozent fühlten ihre Interessen durch die Grauen Wölfe gut vertreten, 16 Prozent durch die AMGT. 14,4 Prozent (»Graue Wölfe«) bzw. 17,4 Prozent (AMGT) sahen sich zumindest teilweise durch diese Politgangster vertreten. Lediglich 20,7 Prozent (»Graue Wölfe«) bzw. 22,5 Prozent (AMGT) distanzierten sich total, jeweils gut 18 Prozent gaben an, die beiden Vereine nicht zu kennen.

Ein wichtiger Umstand ist auch, daß nicht allein ungebildete und schwer vermittelbare Unterschicht-Arbeitslose zu den Islamisten stoßen, sondern auch Hochqualifizierte und Erfolgreiche. Der Kölner Lehrer Reinhard Hocker berichtet, daß von 50 türkischen Jugendlichen, die sich den »Grauen Wölfen« angeschlossen hatten, nicht einer als sozial erfolglos zu bezeichnen war. Die Botschaft des Alparslan Türkes »*Das Türkentum ist unser Körper, der Islam unsere Seele*« fällt gerade auch bei jenen Halbgebildeten, die sich als potentielle Führungsschicht sehen, auf fruchtbaren Boden. Gerade diese Pseudo-Intelligenz ist empfänglich für Haß- und Gewaltparolen. Reinhard Hocker zitiert z. B. die Äußerung eines Jugendlichen über Aziz Nesin: »*Wenn er wirklich gegen den Islam kämpft, muß man ihn töten*«. Wer hat den Mut, solchen verführten jungen Menschen klipp und klar zu sagen, daß sie entweder sich ändern oder dieses Land verlassen müssen, daß sie mit solchen Ansichten und Handlungen gegen die Pflichten des Gastes verstoßen und erst recht eine Einbürgerung unmöglich machen? Was ist davon zu halten, wenn nach einer Befragung unter 500 Jugendlichen mehr als die Hälfte erklärt, man wolle sich einbürgern lassen, gleichzeitig 76 Prozent nicht daran glauben, daß dadurch ihre individuelle Lage sich positiv verändern kann? Steckt hier bei vielen die Idee dahinter, Türke mit deutschem Paß bleiben und weiter über angebliche oder tatsächliche Diskriminierungen lamentieren zu können?

Vollmundig hat Heiner Geißler vor einigen Jahren erklärt: »*Diskriminierung von Frauen, Terror und Blutfehden bleiben Verletzungen der Menschenrechte, gleichgültig, ob sie im Namen Allahs oder der Weltrevolution praktiziert werden.*« Gut gebrüllt, möchte man sagen – allein, wo bleiben die Konsequenzen? Wie kann es dann sein, daß gerade der sozialliberale Flügel der Union sich derartig blind und taub stellt, wenn es um den zunehmenden Einfluß islamistischer Überzeugungstäter, Profi-Diskriminierer und Psycho-Terroristen geht? Mit einer Mischung aus unglaublicher Naivität, Zynismus und Korrumpiertheit ermöglichten es deutsche Behörden, daß beispielsweise der verstorbene iranische Islamist Falatouri über 30 Jahre an deutschen Universitäten lehren konnte, zuletzt als Professor und Institutsleiter in Köln – jemand, der daheim den »*Dienstgrad eines Ajatollahs*« einnahm (so Karl Binswanger). Aber all das verwundert schon weniger, wenn man in den *Blättern für deutsche und internationale Politik* – jahrzehntelang ein Sprachrohr der sowjetischen »Friedenspolitik« und inzwischen für eine große antifaschistische Koalition von PDS, Grünen und SPD plädierend – Heiner Geißler in seinem Aufsatz »Der Irrweg des Nationalismus« (Heft 10/94, S. 1195–1204) all seinen Haß gegen den angeblich für Auschwitz verantwortlichen Nationalstaat und gegen die deutsche Nation austoben und für die Liquidierung Deutschlands durch »*Aufbau einer europäischen, toleranten, offenen, republikanischen Ordnung*« (S. 1198) Reklame machen sieht. (War nicht übrigens vor einigen Jahren die Friedensbewe-

gung der dreißiger Jahre laut Geißler schuld an Auschwitz?)
Geißlers »*offene europäische Republik*« ist die für alle Einwande-
rerströme, alle Religionen und Ideologien offene Multi-Kulti-
Gesellschaft, in der angesichts einer atomisierten, kulturlosen
und gegeneinander auszuspielenden Masse das Kapital ideale
Verwertungsbedingungen und die Bürokratie ideale Herr-
schaftsbedingungen zu finden hofft.

Wie lange werden wir noch brauchen, bis wir in Deutschland
Stadtviertel haben in denen kaum noch Deutsch gesprochen
wird und in denen statt der Kirchenglocken nur noch der Ruf des
Muezzins zu hören ist? Wann wird die erste Moschee vis-à-vis
vom Bundeskanzleramt oder gegenüber der DGB-Zentrale eingerichtet werden? In Frankreich ist man bereits weiter: In Paris
haben wir bereits große Gebiete, in denen man fast nur noch
Arabisch hört. Und gegenüber dem Hauptquartier der Metaller-
Gewerkschaft erhebt sich die »Moschee Ibn al Khatab«. Zwar ist
auch Deutschland ein bevorzugter Ruheraum für Islam-Terroristen. Aber auf diesem Gebiet marschiert Frankreich an der Spitze
des Fortschritts rückwärts: Lediglich durch gelegentliche Razzien und Festnahmen ein wenig geniert, kann die legale Fassade
der algerischen Heilsfront, die FAF (»Fraternité des Algériens en
France«), die pikanterweise eines der drei zentralen Losungs-
worte der Revolution von 1789 in ihrem Namen trägt, frische
Kämpfer rekrutieren und neue Waffen besorgen. Bei dem FAF-
Vorsitzenden Moussa Kraouche wurde Material der Mörderbanden GIA und CSFAI (»Oberster Rat der Islamischen Streit-
kräfte«) gefunden. Bei dem Gründer der FAF, Dyafar al Houari,
fand sich die Nummer jenes Fax-Gerätes, mit dem die GIA sich
der Ermordung von sechs französischen Landvermessern
gerühmt hatte. Aber all dies hatte keine Konsequenzen. So ermutigt man feige Mörder. Als 1989, also im Jahr des Teheraner
Todesurteils gegen Salman Rushdie, in der französischen Stadt
Creil Islamisten einige muslimische Mädchen dazu mißbrauchten, das Menschenrecht auf Vermummung im Schulunterricht
durchzusetzen, kapitulierte das oberste Verwaltungsgericht, der
Conseil d'Etat, mit der Erklärung, das Kopftuch in der Schule
stehe als eines der »*Zeichen, mit denen die Schüler ihre Zugehörigkeit zu einer Religion demonstrieren wollen*«, nicht im
Widerspruch zum Laizismus. Als einer der von dieser erbärmli-
chen Feigheit und Selbstaufgabe des französischen Staates un-

mittelbar Betroffenen legte damals der Rektor der Oberschule, ein Farbiger von den Antillen, sein Amt nieder und ging als gaullistischer Abgeordneter in die Politik. Im Oktober 1993 resümierte er die seitherige Entwicklung: *»1989 und 1990 haben wir die Kapitulation vor den islamischen Kopftüchern abgelehnt, aber der Dschihad wird fortgesetzt. Heute wollen mehr als siebenhundert junge Musliminnen, von ihren Familien angetrieben, den sichtbaren Ausdruck ihres Engagements durchsetzen.«* Das ist jenen deutschen Pseudo-Liberalen geradezu ins Stammbuch geschrieben, die über ein *»dumpfes Unbehagen«* zetern, daß selbst unter liberalen Geistern wegen der islamischen Kopftuch-Brigaden ausgebrochen sei.

Es hat inzwischen Methode, daß gerade gesellschaftliche Gruppen, die systematisch Menschen bedrohen, unterdrücken und quälen wie die Scientology Church sich als die wahren Opfer hinstellen und dann wegen angeblicher Diskriminierung vor Gericht gehen. Wenn Mißstände angeprangert werden, wie es im Juni 1997 die große dänische Zeitung »Ekstra Bladet« im Falle von durch Sozialhilfe reich gewordenen somalischen Großfamilien tat, gibt es ein Geschrei über Rassismus. Dabei sind es gerade die wirklichen politischen Flüchtlinge, die die Abkassiermentalität ihrer Landsleute empört. So waren es bosnische Kriegsflüchtlinge, die den Schwindel einiger bosnischer Roma-Familien auffliegen ließen, die schon seit den siebziger Jahren im österreichischen Weinviertel lebten, gleichwohl aber in den letzten Jahren dort und in Deutschland bei mehreren Ämtern weit über 20 Millionen Mark erschwindelten, die u. a. in Ferraris und Grundstücken angelegt wurden.

Bertolt Brecht ernennt in den »Flüchtlingsgesprächen« den Paß zum »edelsten Teil von einem Menschen«. Eine Generation nach dem Tod des großen Spötters gibt es in der sogenannten »Migrationsarbeit« zahlreiche mehr oder weniger wohltätige Organisationen, die ihren Lebenszweck darin sehen, möglichst vielen Ausländern zu diesem »edelsten Teil« zu verhelfen. Mit dankenswerter Offenheit erklärte beispielsweise Professor Dieter Sengling, Vorsitzender des Paritätischen Wohlfahrtsverbandes-Gesamtverband e.V., am 15. 5. 1995: *»Wir sind dabei allerdings nicht der Meinung, daß die Einbürgerung der gelungene Abschluß eines wie auch immer gearteten Integrationsprozesses ist.«* Mit anderen Worten: Es ist diesen Wohlfahrtsbürokraten

völlig egal, wie die »*wie auch immer geartete Integration*« aus-
schaut. Ob Integration in die deutsche Verfassungsordnung und
die deutsche Kultur oder Integration in die Hängematten- und
Versorgungsmentalität oder ins kriminelle Milieu – die Damen
und Herren Einwanderer sollen es sich aussuchen nach dem
postmodernen Motto »Macht, was ihr wollt«. Und wenn schon
ein bißchen Integration, dann aber erst, wenn man den deutschen Paß in der Tasche hat und man mit diesem Druckmittel
Forderungen an den deutschen Staat und das deutsche Volk stellen kann.

Im übrigen lamentiert der »Große Vorsitzende« Sengling, für
Ausländer sei die Einbürgerung »*zur Zeit leider noch der einzig
mögliche Weg ... gleiche Rechte wie Deutsche zu erhalten.*« Ob nun
aus heilloser Dummheit oder aus grenzenlosem Haß auf alles
Deutsche – hier wird die deutsche Staatsangehörigkeit zum
Nulltarif verscherbelt: An jeden, der kommt und den Multi-
Kulti-Ideologen genehm ist. Gleichzeitig wird eine doppelte
Strategie verfolgt:

– Das Maximalziel bleiben die offenen Grenzen – jeder Ausländer soll in Deutschland alle Rechte eines Staatsbürgers erhalten.

– Als Zwischenziel wird die doppelte Staatsbürgerschaft proklamiert. Ganz munter fabuliert Herr Sengling, man könne »*das
politisch am meisten strapazierte Argument*« der Loyalitätskon-
flikte nicht nachvollziehen. Wer auch nur ein wenig nachdenkt,
stellt fest, wie sehr Deutschland und die Türkei auf Kollisions-
kurs liegen – im Hinblick auf Menschenrechte, Islamismus,
EU-Erweiterung, Kurdenfrage usw. Hier wird den Türken in
Deutschland in den nächsten Jahren eine definitive Entscheidung für oder gegen den deutschen Standpunkt abverlangt werden – mit allen Konsequenzen für die eigene Perspektive in
Deutschland.

– Gleichzeitig versucht man, möglichst viele Fremde mit einem deutschen Paß zu versehen, um anschließend, gestützt auf
eine aufgeputschte Masse und unter Ausnutzung des Opportunismus der auf Wählerstimmen schielenden deutschen Politiker,
Machtpositionen und Pfründen zu erobern.

Die »Wohltäter« der armen, ohne deutschen Paß geradezu un-
terprivilegierten Ausländer sind in vielem eine gehobene Kategorie von Menschenhändlern. Während sich die Schlepper in der

Dritten Welt und den ehemaligen Ostblockländern zufriedengeben mit den Eintrittsgeldern für das Gelobte Land, gieren diese
Propagandisten der Völkerwanderung nach Höherem. Sie wollen die Ehre für sich, das lange beklagte Gefälle zwischen reichen
und armen Ländern einzuebnen durch konsequente Ausplünderung und Ruinierung Deutschlands. Deshalb betonen sie auch
als gute Paten ihren Klienten gegenüber, die Staatsbürgerschaft
biete den großen Vorteil, »*Arbeitslosen- und Sozialhilfe zu beziehen, ohne eine Ausweisung befürchten zu müssen*« und man sei so
»*vor Auslieferung sicher*«, wenn man sich in seinem Heimatland
etwas zuschulden kommen ließ. Was verfolgte Freiheitskämpfer
freut, freut hier auch den Kriminellen, der so einen Ablaß auf alle
Taten in der alten Heimat erhält (Vgl. *Der Weg zum deutschen
Paß*, hg. vom Paritätischen Wohlfahrtsverband mit Unterstützung der EU-Kommission – ein echtes Multi-Kulti-Produkt:
Text von Sabine Kriechhammer-Yagnur vom »Verband binatio-
naler Familien und Partnerschaften«, Fotos von Avinash Fandey,
Druck vom Druckservice Mortazavi).

Aber auch für die folgenden Gründe gegen eine deutsche
Staatsbürgerschaft haben die Paritätler Verständnis:

– »*Sie wären lieber Doppelstaatler.*«

– »*Sie können sich als Paar nicht gemeinsam darauf verständigen, sich einbürgern zu lassen.*«

– »*Sie sind unsicher, ob das Rechtssystem der Bundesrepublik
Deutschland sie gerecht behandeln wird.*«

– »*Sie fürchten um Besitz- und Erbansprüche im Herkunftsland
ihrer Familie.*«

– »*Sie wissen, daß auch ein deutscher Paß sie nicht vor Ablehnung, Vorurteilen, Ausländerfeindlichkeit und Rassismus schützen
kann*« (ebd., S. 7).

Dann sollte man es doch lieber bleiben lassen, möchte man einem solchen verhinderten Neubürger zurufen. Wer Deutschland
und den Deutschen nicht über den Weg traut – warum sollte der
Deutscher werden? Wem sein Besitz über alles geht, wer keine
Opfer bringen will für sein neues Vaterland, auf den können wir
guten Gewissens verzichten. Und ein Paar, das nicht einmal in
solch einer elementaren Frage zueinanderfindet, das sollte lieber
gleich auseinandergehen.

Immer noch gibt es im Staatsbürgerschafts- und Ausländerrecht einige Sicherungen, die aber allzuoft von korrupten Beam-

ten oder ideologisch verblendeten Katastrophen-Fans ausgeschaltet werden. So kann nach § 46 Ausländergesetz die Einbürgerung versagt werden, wenn ein Ausländer
– bei der Verfolgung politischer Ziele Gewalt ausübt, zur Gewaltanwendung aufruft oder mit Gewaltanwendung droht,
– erheblich vorbestraft ist,
– drogenabhängig ist.

Es wäre zu wünschen, daß hier einmal untersucht würde, welche Neubürger durch die Maschen dieses Gesetzes geschlüpft sind. Hilfreich wäre es auch, eine provisorische Staatsbürgerschaft auf fünf oder zehn Jahre hin zu verleihen, die beim Auftreten von Gegengründen wieder entzogen wird. Rechtsanspruch auf Einbürgerung nach § 85 Ausländergesetz hat, wer zwischen 16 und 23 Jahren alt ist, seit 8 Jahren in Deutschland lebt, eine Aufenthaltserlaubnis oder -berechtigung besitzt, sechs Jahre eine Schule besucht hat (davon mindestens vier eine allgemeinbildende), straffrei geblieben ist oder maximal zu sechs Monaten auf Bewährung verurteilt wurde und seine bisherige Staatsbürgerschaft aufgibt oder verliert. Nach § 86 hat Rechtsanspruch auf Einbürgerung, wer mindestens seit 15 Jahren rechtmäßig in Deutschland lebt, die bisherige Staatsbürgerschaft aufgibt oder verliert, nicht erheblich vorbestraft ist, den Lebensunterhalt für sich und seine Familie bestreiten kann. Absurderweise muß auch eingebürgert werden, wer »unverschuldet« Sozialhilfe bezieht.

Es kommt aber noch schlimmer, denn nach § 87 ist die Hinnahme einer Mehr- oder Doppelstaatlichkeit bei der Einbürgerung möglich, wenn
– das Ausscheiden aus der bisherigen Staatsbürgerschaft nicht möglich ist (z.B. Algerien, Marokko, Tunesien),
– der Herkunftsstaat regelmäßig die Ausbürgerung verweigert oder nicht in angemessener Frist (höchstens 2 Jahre) entscheidet,
– die Forderung der Aufgabe der alten Staatsangehörigkeit eine »unzumutbare Härte« bedeutet.

Hinzu kommen die großen Möglichkeiten, die eine Ermessenseinbürgerung nach §§ 8 und 9 Reichs- und Staatsangehörigkeitsgesetz (RuStaG) bietet. Auch hier zetern die Einbürgerungsbetreiber, die (viel zu wenigen) Hürden seien zu hoch (angemessene Sprachkenntnisse, Bekenntnis zur freiheitlich-de-

mokratischen Grundordnung, keine Vorstrafen, Unterhalts-
fähigkeit, keine Obdachlosigkeit und kein Entzug der Geschäfts-
fähigkeit). Man sieht, das deutsche »Ausländerrecht« kennt viele
Rechte und wenig Pflichten der Ausländer – und viele Hintertürchen für Trickser und Winkeladvokaten. Es berücksichtigt vor
allem die Interessen derer, die die Ausländer ökonomisch oder
politisch ausbeuten wollen – vom Gastgewerbe bis zum organisierten Gutmenschentum. Dies wird auch daran deutlich,
  – daß nichteheliche Kinder eines Deutschen und einer Aus-
länderin, die vor dem 1. 7. 1993 geboren und nicht älter als
23 sind, selbst dann eingebürgert werden müssen, wenn sie
außer der Abkunft nichts mit Deutschland verbindet,
  – daß ausländische Flüchtlinge nach sieben Jahren rechtmäßi-
gen Aufenthalts in Deutschland und Eingliederung in die deutsche Lebensumwelt (was immer das heißen mag) auch dann
noch eingebürgert werden können, wenn sie Sozialhilfe beziehen
und damit dokumentieren, was sie von Deutschland erwarten.

Zunehmend versuchen türkische Gruppen Einfluß zu gewinnen
auf die deutschen Parteien. Zwar waren in der CDU 1990 nur
0,6% der Mitglieder, rund 4000 Personen, Ausländer, andererseits wächst aber der Einfluß von türkischen Rechtsauslegern
aus Hür-Türk, IGMG und ADÜTDF. In der SPD sind über
27 000 Mitglieder Türken, also gut die Hälfte der 62 000 ausländischen Mitglieder. In den GRÜNEN wirkt diskret und wirksam
der Verein »Yesiller«. 1994 wurde der Grüne Cem Özdemir als
erster deutscher Staatsbürger mit türkischer Abstammung – mit
16 besorgte er sich den deutschen Paß, um dem türkischen
Wehrdienst zu entgehen – in den Bundestag gewählt. Seither firmiert er je nach Kontext mal als Deutscher, mal als Türke. Gerade an seinem Fall läßt sich exemplifizieren, wo hier der Hase
im Pfeffer liegt: Für die Rechtsradikalen ist es undenkbar, daß einer, dessen Eltern Türken sind, Deutscher ist; für ihre feindlichen Brüder im Ungeist, die Gemeinde der Multi-Kulti-Fans, ist
jeder automatisch Deutscher, wenn er in Deutschland geboren
ist (die ultraradikale Variante) bzw. wenn er – wie auch immer –
einen deutschen Paß erwirbt (die gemäßigte Variante).
  Meine Position ist diametral all diesen fixen Patentlösungen
entgegengesetzt. Sie lautet, auf eine Formel gebracht: Jeder kann
Deutscher werden, wenn er bestimmte Voraussetzungen erfüllt,

die zu tun haben mit der Gesamtsituation Deutschlands, den deutschen Interessen an Einbürgerung Fremder, der von ihm bereits geleisteten bzw. zu erwartenden Einpassung in die deutsche Kultur und Gesellschaft. Allein durch die deutsche Staatsbürgerschaft ist man ebensowenig wie allein durch die Beherrschung der deutschen Sprache im ethnischen Sinn Deutscher. Es gibt deutsche Staatsbürger, die definitiv keine Deutschen sein wollen. Bei den Angehörigen von traditionell mit den Deutschen in Deutschland lebenden Völkern (Sorben, Sinti, Dänen), die sich selbst so definieren, ist das zu akzeptieren. Auch bei in den letzten Jahren eingewanderten Volksgruppen ist eine solche Selbst-Bestimmung hinzunehmen, wenn sie mit Integration verbunden ist, wenn sie nur von einem nicht allzugroßen Teil der jeweiligen Minderheit vollzogen wird und wenn sie nicht für politische Zwecke im Sinne des Separatismus bzw. antidemokratischer Zielsetzungen mißbraucht wird.

Betrachtet man, welche Politik der Abgeordnete Cem Özdemir betreibt, wofür er steht, so präsentiert er sich eindeutig als Lobbyist der Türken in Deutschland – nicht als deutscher Politiker, der diesen die deutschen Lebensinteressen nahebringt und dies aufgrund seiner Kenntnis der türkischen Sprache und Mentalität erfolgreicher tun kann als andere. Özdemir könnte so unendlich viel positiv bewegen und verändern, wenn er ein anderer wäre, wenn er der Versuchung zu einer kurzsichtigen und letztlich selbstmörderischen Klientel-Fürsorge widerstehen würde und wenn er den Mut hätte, sich gegen den Islamismus und die offizielle türkische Politik zu stellen. Statt dessen macht er sich zum Sachwalter einer permanenten Verschärfung des Konflikts zwischen Ausländern und Deutschen, zum Türöffner für den Zustrom angeblich »billiger«, in Wirklichkeit immense materielle und immaterielle Kosten für die Gemeinschaft verursachender Arbeitskräfte. Man nehme nur den von ihm im April 1997 für die Bündnisgrünen präsentierten Entwurf eines »Einwanderungsgesetzes«: Jährlich sollen bis zu 440 000 legale Einwanderer ins Land kommen plus unbegrenztem Familiennachzug plus offizielle Flüchtlinge plus illegale Flüchtlinge – also Jahr für Jahr annähernd eine Million Menschen oder sogar mehr. Das soll Politik von Deutschen für Deutsche sein?

Willi Brandt, doch wohl trotz allem der beste Kanzler, den die

Deutschen in der Bonner Republik hatten (und der einzige
Patriot an der Regierungsspitze zwischen zwei Kanzlern der Alliierten sowie dem »Vergangenheitsentsorger« Kiesinger einerseits und zwei Nachfolgern andererseits, deren Lebensziel darin
bestand und besteht, Deutschland in Europa auf- und untergehen zu lassen) hatte mit viel Mut und Entschiedenheit in einer
Regierungserklärung vom Januar 1973 vor weiterer Ausländerzuwanderung gewarnt: »*Es ist aber notwendig geworden, daß wir
sehr sorgsam überlegen, wo die Aufnahmefähigkeit unserer Gesellschaft erschöpft ist und wo soziale Vernunft und Verantwortung
Halt gebieten.*«

Gegen jeden Ansatz einer rationalen, auf gerechten Ausgleich
bedachten, das Erstgeburtsrecht der deutschen Stammbevölkerung wahrenden Politik agitiert eine bunte Koalition aus natio-
nal-masochistischen Aposteln eines deutschen Selbsthasses und
aus ausländischen Selbstversorgern, die mit fröhlicher Unge-
hemmtheit ihre allerengsten Privatinteressen und ihre nationalistische Selbstliebe ausleben. Da gibt es bei den Grünen Mi-
grantInnen-Arbeitskreise oder den Verein »Immigrün« – Leute
»*aus aller Herren Länder*«, die »*gemeinsam Migrationspolitik und
Bürgerrechte in Partei und Gesellschaft verankern*« wollen. Sich
selbst nennen sie nicht Ausländer, sondern »*neue Inländer-
Innen*«. Als bösen Feind haben sie eine »*Politik der Ethnisierung*«
ausgemacht – also die bislang noch viel zu schwache selbstver-
ständliche Selbstverteidigung der Deutschen gegen Versuche,
ihnen ihre Heimat und ihren Nationalstaat zu nehmen. Die
»*neuen InländerInnen*« werden aufgeputscht von Pseudo-Wis-
senschaftlern wie dem »Islam-Fachmann« der Stiftung Wissenschaft und Politik in Ebenhausen, Johannes Reissner, der als
Gastautor in der *FAZ* sogar der SPD und den GRÜNEN vorwirft,
»*sich auf dem Pfad jenes neuen ›Kalten Krieges‹ zu bewegen, der
unter dem kultur-rassistischen Slogan des Zusammenstoßes der Zivilisationen im Gange ist*« (*FAZ*, 14. 11. 1995) – nur weil Verheu-
gen und Fischer sich empört hatten über den Kommentar des
iranischen Staatschefs Rafsandschani, die Ermordung Jizchak
Rabins sei »*eine Strafe Gottes*«.

Auch die Rechtssprechung bewegt sich in manchem in Richtung auf eine Diskriminierung der Inländer und eine Privilegie-
rung der Ausländer. Um ein Beispiel zu nehmen: Besteht ein Ka-
belanschluß, dürfen Vermieter deutschsprachigen Mietern eine

eigene Parabolantenne verweigern, wie mehrfach Oberlandesgerichte und das Bundesverfassungsgericht (1 BvR 1192/92) entschieden haben. Handelt es sich bei den Mietern um Ausländer, haben sie laut demselben Bundesverfassungsgericht (1 BvR 1687/92) einen Rechtsanspruch darauf, mit einer Parabolantenne die Fassade zu verschandeln und sich von heimatlichen Programmen – in aller Regel mit antidemokratischer Stoßrichtung – berieseln zu lassen. Die Verfassungsrichter sehen hier keinen Verstoß gegen den Gleichheitsgrundsatz – und ob die Integration der Ausländer gefördert oder behindert wird, ist den Herren Juristen in ihren noblen Dienstvillen egal. Mit massiv antideutscher Tendenz entschieden die Verfassungsrichter auch, als sie für zulässig erklärten, daß EU-Ausländer in Hessen neben dem Kommunalwahlrecht auch noch das aktive und passive Wahlrecht zu den Ausländerbeiräten in Anspruch nehmen können und in Baden-Württemberg von Amts wegen (und nicht nur auf eigenen Antrag) in die Wählerlisten eingetragen werden (AZ. 2 BvR 2862/95 und 2 BvR 2621/95).

Mit brachialer rhetorischer Gewalt, unter Einsatz aller verfügbaren Phrasenwerfer und Worthülsen-Kanonen ackern die Strategen eines mit neuen Menschen bevölkerten Neudeutschlands dafür, daß die letzten Dämme der Zuwanderungsbegrenzung unterminiert werden. Da wird die »*Liberalisierung des Staatsangehörigkeitsrechts*« angepriesen als »*wichtigstes Integrationsangebot*« an die Zuwanderer, da werden die Hundertausende, die eine Integration in die deutsche Kultur und die deutsche Rechtsordnung verweigern, verniedlicht als »*kleine Minderheit*« – und diese von jedem Vorwurf freigesprochen durch Schuldzuweisung an die sich angeblich abgrenzenden und abschottenden Deutschen. Da wird verlangt, die Einbürgerungsrichtlinien »*von völkischem und bürokratischem Müll*« zu entrümpeln (Cem Özdemir in *grün & bündig*, 3/96), da wird die vermehrte Hinnahme der doppelten Staatsbürgerschaft gefordert, während man gleichzeitig weiter »*die generelle Option der Doppelstaatsbürgerschaft*« (ebd.) durchzudrücken versucht. Man ergreift also den kleinen Finger, um an die ganze Hand zu kommen. Da wird verlangt, daß jugendliche ausländische Kriminelle nicht mehr nach Verbüßung der Strafe in ihr Herkunftsland abgeschoben werden, sondern als Deutsche betrachtet werden, nur weil sie hier geboren sind – und jene Grüne, die doch mit der SPD zusammen an die Fleischtröge der Macht wollen, wettern gegen Gerhard Schröders berechtigte Forderung, daß derjenige, der das Gastrecht mißbraucht, »*raus muß und zwar schnell*«. Ganz locker behauptet man, das früher vertretene Konzept der »*offenen Grenzen*«, sei »*mittlerweile einem Konzept gewichen, das eine gesteuerte Zuwanderung vorsieht*«, obwohl man in Wirklichkeit unter diesem Etikettenschwindel mit leicht abgebremstem Tempo weiterhin das alte Ziel erreichen will: die grenzenlose Zuwanderung, die Liquidierung Deutschlands als Land der Deutschen. Deshalb sind ausdrücklich alle Flüchtlinge ausgenommen von Begrenzungen der Zuwanderung. Sie sind keiner Quote unterworfen – auch wenn sie zu Millionen kommen, was z. B. bei einem Sieg der Islamisten in Algerien oder in der Türkei durchaus im Bereich des Möglichen liegt. Auch in einer solchen Situation wünschen sich Özdemir & Co. noch eine zusätzliche Zuwanderung von Wirtschaftsflüchtlingen, die ihre Heimat im Stich lassen, um in Deutschland dem Geld nachzujagen.

Unterstützt von der unsäglichen Barbara John (CDU) ist es den Ausländerlobbyisten in Berlin gelungen, daß binnen Jahresfrist 40 000 Anträge auf Einbürgerung eingereicht wurden. Zum Teil marschieren ganze Trupps ins Rathaus, füllen die Anträge aus und geben sie ab. Wie sagt doch Cem Özdemir: »*Wir hoffen, mit unserem Schneeball eine Lawine loszutreten und die EinwanderInnen politisch zu mobilisieren.*« Nun, manchmal überrollen die Lawinen auch die frohgemuten Lostreter. Die »*irrationalen Ängste*«, die Cem Özdemir bei den Deutschen walten sieht, könnten am Ende zu durchaus rationalem, (selbst)bewußtem Handeln führen: Vielleicht sind die Deutschen doch nicht die Schafe, die willenlos zur Schlachtbank traben, vielleicht erkennt unser Volk, daß es etwas Besseres als seinen nationalen Tod und die Fortexistenz in Museumsdörfern verdient hat.

4. Niedrige Beweggründe – hohe Politik

Muslime, Juden und Christen feierten am 2. Oktober 1994 in Köln in einer Moschee ein »Fest der Begegnung«. Eine Sache, die jeder anständige Mensch nur unterstützen kann? Man möchte mit einem fröhlichen und uneingeschränkten »Ja« antworten, wären da nicht die näheren Umstände gewesen. Denn Gastgeber dieses Festes »*am Vorabend des Tages der deutschen Einheit*«, wie es ausdrücklich in der Einladung hieß, war neben der »Kölnischen Gesellschaft für Christlich-Jüdische Zusammenarbeit e.V.« ein türkischer Verein, der den schönen Namen »Verband der islamischen Kulturzentren e.V.« (VIKZ, Islam Kültür Merkezleri Birligi) trägt. Dieser Verband ist eine hundertprozentige Filiale der geheimbundartig aufgebauten und militant antidemokratisch ausgerichteten Süleymanli-Sekte. Nun wäre es schon schlimm genug, wenn irgendwelche naiven oder desorientierten Betschwestern, Presbyter und Rabbiner den Heiligen Kriegern Allahs auf den Leim gekrochen wären, aber hier ging es um eine ganz andere Dimension – um hohe Politik. Die »Kölnische Gesellschaft« ist eine durchaus ernstzunehmende und einflußreiche Organisation. Und Festrednerin am 2. 10. 1994 war niemand anderes als die Präsidentin des Deutschen Bundestages, Rita Süssmuth, der die Ehre zuteil wurde, nach Yakub Memis, dem Präsidenten des VIKZ, und dessen Generalsekretär Ibrahim Cavdar sowie dem jüdischen Publizisten Günter B. Ginzel, dem Vorsitzenden der »Kölnischen Gesellschaft«, zu reden, ehe ein Koranschul-Kinderchor sang, aus dem Koran rezitiert wurde und »Gesänge aus der Hebräischen Bibel« ertönten.

Angesichts des üblichen Vorgehens in solchen Fällen, daß vorab der Verfassungsschutz und u. U. auch das Außenministerium befragt werden, wer denn hinter einem Verein wie dem VIKZ steht, ist Ahnungslosigkeit der beteiligten Politiker ausgeschlossen – zumal das programmatische Datum zeigte, um wen es ging: um das geplante neue halbislamische Staatsvolk, das sich die Multi-Kulti-Propagandisten heranzüchten wollen. Auch die »Kölnische Gesellschaft« wußte, mit wem sie es zu tun hat. Eines ihrer Mitglieder, die Journalistin Hildegard Becker, die in *Publik-Forum* Nr. 17 vom 9. 9. 1994 das »Fest der Begegnung« unter dem Titel »Ein anderer ›Tag der deutschen Einheit‹« anpries, ist eine ausgewiesene Expertin in Sachen islamischer Fundamentalismus. Sie schreibt in dem erwähnten Artikel, G. B. Ginzel warne davor, »*daß türkischer Religionsunterricht von einigen Gruppen als Rekrutierungsfeld für die Islamisierung beziehungsweise für die Errichtung einer nationalistisch-islamistischen Diktatur in der Türkei mißbraucht werde*«. H. Becker hat in der Vergangenheit faktenreiche und scharfzüngige Artikel über die zur islamistischen Wohlfahrtspartei Erbakans gehörende AMGT/IGMG und deren Finanzierung aus saudischen Ölprofit-Quellen veröffentlicht. Soll also versucht werden, den Teufel AMGT/IGMG mit dem Beelzebub VIKZ auszutreiben? Dies wäre verheerend für das ohnehin schwache und immer mehr marginalisierte demokratische Element im türkischen Ghetto-Islam. Denn AMGT/IGMG, VIKZ oder die Sturmabteilungen der Kaplan-Nachfahren sind Strömungen und Fraktionen ein und derselben Bewegung, die lediglich der Konkurrenzkampf um Macht und Pfründe zeitweise trennt und die, wie Karl Binswanger hervorhebt, einen zusammenhängenden »*Fundamentalisten-Filz*« bilden. Sie marschieren getrennt und schlagen vereint zu. (Wer das nicht glauben mag, sei verwiesen auf zwei grundlegende Werke: Bahman Nirumand (Hg.) *Im Namen Allahs*, Köln 1990; Metin Gür, *Türkisch-islamische Vereinigungen in der Bundesrepublik Deutschland*, Frankfurt a. M. 1993).

Der VIKZ, 1973 in Köln gegründet, ist »*als Organisation der Süleyman-Bewegung in Deutschland bekannt*« (Metin Gür, ebd., S. 50). Dem von seinen Anhängern als übermenschliches Wesen verehrten Gründer dieser ultrareaktionären, strikt antiparlamentarisch-antidemokratischen Bewegung, Süleyman Hilmi Tunahan (1884–1959), wird in der Türkei wegen seiner Hetztiraden 1947 die Predigerlizenz entzogen. Einige Jahre vorher wirkt er daran mit, daß viele seiner Anhänger illegal das Land verlassen und sich den in Jugoslawien von der SS aufgestellten islamischen Einheiten anschließen – in der Überzeugung, Hitler sei ein heimlicher Muslim und werde das gottlose demokratische System der Türkei beseitigen. Die Kaderorganisation des Süleymanli-Ordens ist auf totalen und blinden Gehorsam ausgerichtet. Das türkische Religionsministerium (Akte Nr. 389) wirft der Süleymanli-Bewegung u. a. vor, gegen die Republik und den laizistischen Staat gerichtet eine obskure und gesetzwidrige religiöse Erziehung zu betreiben und alle Andersdenkenden als Ungläubige zu diffamieren. Die Süleymancilar erkennen nämlich staatliches Recht nur insoweit an, wie es mit dem Koran bzw. ihrer speziellen Interpretation übereinstimmt. Religion wird von ihnen mit Politik gleichgesetzt. Gehirnwäscheartige Methoden der »Einswerdung« dienen dazu, um den Verstand der Gläubigen abzuschalten. Die Frauen zum Beispiel sollen daran gehindert werden, etwas anderes als den Koran zu lesen.

1977 betreibt der VIKZ gegenüber den deutschen Behörden die staatliche Anerkennung des Islams als Religion und des eigenen Verbandes als Quasi-Kirche bzw. öffentlich-rechtliche Körperschaft. Vor allem Interventionen des DGB lassen damals dieses Manöver scheitern. Vor fast 20 Jahren, am 22. 10. 1979, protestierte der DGB-Ausländerbeauftragte Karl Schwab bereits bei Johannes Rau gegen die Versuche des VIKZ, einen »islamischen Staat in unserem Staat« zu bilden und »offenen religiösen Terror« vorzubereiten. Wenige Monate vorher hatte der NRW-Kultusminister Girgensohn per Rundschreiben alle Schulen aufgefordert, in Fragen des Islams sich nur an den VIKZ zu wenden. Wie man sieht, hatte der Kölner Islamistenklüngel schon damals mächtige Protektoren – allerdings auch entschlossene Gegner! Wird es heute den islamistischen Wölfen gelingen, nur weil sie zeitweise ein wenig Kreide gefressen haben, sich den christlichen und jüdischen Schäfchen als guter Hirte anzudienen?

Ausschließlich um »*Freund und Feind zu kennen*«, um Verbündete (bzw. nützliche Idioten) für die Eroberung der Macht zu gewinnen und Gegner eliminieren zu können, sucht der VIKZ laut Statut »*das Gespräch mit allen nicht-moslemischen religiösen Verbänden*«. Hinter dem Phrasen-Rauchvorhang werden selbst die Muslime, die keine Süleymanli-Anhänger sind, als »*Verlorene*« bezeichnet, die boykottiert werden müssen – wobei natürlich alle Nicht-Muslime erst recht als Feinde gesehen werden, die zu gegebener Zeit an die Reihe kommen. Im übrigen hat der VIKZ eine völlig undemokratische innere Struktur: Nach § 4 des ohnehin eher als seriöse Fassade benutzten Statuts' werden alle Ortsvorstände von oben, vom Kölner Hauptvorstand eingesetzt – ein offener Verstoß gegen das deutsche Vereinsgesetz.

Objektiv gefördert von deutschen Zuwanderungspropagandisten, die zu 98 Prozent selbst keine bekennenden Muslime sind und doch zu 100 Prozent diesen den Weg bahnen, versuchen die Islamisten, sich in den Ausländerbeiräten zu verankern. Diese sind alles andere als repräsentativ für die Ausländer. 1995 lag die Wahlbeteiligung in den NRW-Großstädten so niedrig, daß zwei Drittel bis acht Zehntel der Ausländer gar nicht an der Wahl teilnahmen (Wahlbeteiligung: 15,9% in Düsseldorf und Dortmund; 22,5% in Köln, 30,9% in Bochum; 33,7% in Duisburg). Dies erleichterte es den Islamisten, mit ihrer gut organisierten, disziplinierten Anhängerschaft einen überproportional starken Einfluß zu nehmen. In Köln erhielten die islamistischen Listen »Mevlana« (19,8%, 7 Sitze) und »Güven« (17,4%, 6 Sitze) 1995 zusammen 37,2% der Stimmen. Die »Mevlana«-Leute, alles Männer, sehen ihren Schwerpunkt darin, für mehr Islam-Unterricht und für die muslimischen Frauen zu kämpfen, z. B. für deren Befreiung vom Anblick halbnackter männlicher Wesen in den Schwimmbädern. Die sechs »Güven«-Männer wollen darüber hinaus für die doppelte Staatsangehörigkeit eintreten – also für etwas, das den Beifall der nicht-islamistischen Beiratsmitglieder findet. Interessant ist, daß einigen schon der Begriff »Ausländerbeirat« zuwider ist. So erklärte Selahattin Toprakci, das Gremium solle »*Immigrantenbeirat*« heißen, denn ein Ausländer sei »*jemand, der woanders in Urlaub ist, nicht jemand, der seit 30 Jahren hier arbeitet*«. Man will also – einer alten Taktik folgend – über Worte das Bewußtsein ändern. Nun, diese Taktik wirkt nur dann, wenn es keine nennenswerten Gegenkräfte gibt – was in diesem Falle bedeuten würde, daß den Deutschen Deutschland gleichgültig sein müßte, daß sie nicht mehr fragen dürften, ob einer hier geboren ist und was er über das Steuerzahlen hinaus für dieses Land getan hat, ob er sich als Deutscher fühlt und ob er Deutschland als sein Vaterland begreift, es liebt und verteidigt.

Nicht allein, daß die Immigrationslobbyisten die Visumspflicht für ausländische Kinder und Jugendliche geißeln als »*Schlag ins Gesicht all derer, die sich um die Integration bemühen*« (die Ex-Ministerin Katharina Focke, SPD) – mit massiven Protestkundgebungen wurde am 27. Februar 1997 versucht, diese

Entscheidung des deutschen Staates zu kippen. Rechtswidrig schickten vor allem türkische Eltern ihre Kinder nicht in die Schule und mißbrauchten die Sprößlinge als Plakatträger für so sinnige Sprüche wie »*Mama, was ist ein Visum?*«.

Untrennbar ist mit dieser Entwicklung verbunden, daß die Fundamentalisten weiter ermutigt werden. Österreich hat schon vor Jahren den organisierten Islam staatlich anerkannt. Seit 1982 findet an den Schulen islamischer Religionsunterricht statt. Aber es wurden nicht etwa die den Reformislam vertretenden Gemeinschaften berücksichtigt, sondern die islamistische »Islamische Glaubensgemeinschaft«. Deren Präsident, der Afghane Dr. Ahmad Abdelrahimsai, kann sich mit einigem Recht als »Führer der mehr als 300000 Muslime in Österreich« präsentieren, denn jede islamische Gruppe ist auf seine Unterstützung angewiesen, will sie Zugang zu staatlichen Geldern bekommen. Eine solche staatlich sanktionierte Alleinvertretung von Islamisten für den Islam ist kaum sonst irgendwo in der westlichen Welt zu finden – sie ist ein Symptom für jenen staatstragenden Filz aus SPÖ und ÖVP, der die Alpenrepublik seit Jahrzehnten mehr und mehr in Richtung Balkan hat verkommen lassen.

Dr. Abdelrahimsai, inzwischen österreichischer Staatsbürger, ist ein älterer Herr vom Typ »strenger, aber gütiger Großvater«. Freundlich und höflich erklärte der Jurist und Scharia-Spezialist vor laufender Kamera, als er mir 1995 in einer Fernsehdiskussion in Saarbrücken gegenübersaß, er habe zwar die Bücher von Salman Rushdie und Taslima Nasreen nicht gelesen, aber wenn das stimme, was man ihnen nachsage, dann seien sie des Todes. Ebenso gleichmütig und unbeteiligt verkündete er, daß die Scharia nun einmal bei Ehebruch die Steinigung vorsehe. (Diese Positionsbestimmung wurde in der anschließenden Diskussion von einem mit mehreren stummen Frauen gekommenen Iraner noch garniert mit der rührenden Geschichte einer Ehebrecherin, die unbedingt für ihre Sünde so bestraft werden wollte.) Anfang 1995 erteilte derselbe Abdelrahimsai die Weisung an alle islamischen Religionslehrer in Österreich, von ihren Schülerinnen zu verlangen, nur noch mit Kopftuch zum Religionsunterricht zu erscheinen. Nicht allein Jörg Haider kritisierte diese »*Diskriminierung der Frauen*«, auch die Bundesfrauensekretärin der SPÖ, Irmtraud Karlsson, sprach von einer »*Erniedrigung der Frauen*« und attackierte ihren Parteifreund, den Wiener Stadtschulrat

Kurt Schulz, der mit dem Hinweis auf die Kippah als Kopfbe-
deckung orthodox-jüdischer Schüler das Kopftuch verteidigt
hatte. Kennzeichnend auch, wer den Islamisten beisprang:
  – der Pöltener Bischof Kurt Krenn, Symbolfigur für einen ultrareaktionären und menschenverachtenden katholischen Fundamentalismus,
  – die Liberalen-Chefin Heide Schmidt, Symbolfigur für dyna-
misches Laisser-faire und Opportunismus als Programmprin-
zip. Unnachahmlich bewies Frau Schmidt, daß die Gegner des Islamismus heimliche Rassisten seien: »*Wenn wir das Tragen des
Kopftuches verbieten, dann machen wir Tür und Tor auf zu Ag-
gression, Ausgrenzung und offenem Rassismus.*«

V

Die Ausbreitung des Islams und die Ghettos

1. Dawa heißt Mission

Die geistige Wurzel der weltweiten islamischen Missionstätigkeit ist ein in vielem unbewußtes bzw. vorbewußtes Selbstbewußtsein, das der syrische Philosoph Sadik Al-Azm in einem Interview mit der österreichischen Zeitung *Der Standard* am 5. 2. 1994 so beschrieb: »*Die Vorstellung: Gott auf der Seite der Muslime, die im Besitz der absoluten Wahrheit sind; Machtbewußtsein; der Glaube, Geschichte zu machen, im Mittelpunkt der Welt zu stehen, eine Eroberungszivilisation zu sein.*« Dieses ursprünglich in der arabischen Kultur entstandene selbstsüchtig-selbstgewisse Bild der Welt und der eigenen geschichtlichen Rolle ist so wirkungsmächtig und in seiner Bedienung elementarer narzißtischer Bedürfnisse so verlockend, daß es von Menschen ganz unterschiedlicher Ethnien und Zivilisationen angenommen und mit Lokalkolorit versehen wurde. Immer aber blieben die Grundzüge erhalten:

– Vermenschlichung Gottes bzw. seine Herabwürdigung zum Verbündeten und Kriegswerkzeug der Menschen,

– Verabsolutierung einzelner Elemente des Weltprozesses und deren Versteinerung zu »ewigen Wahrheiten«,

– Ersetzung lebendiger und damit notwendig relativer und widersprüchlicher Erkenntnisse durch ein Wiederkäuen toter und inhaltsleerer Formeln,

– Machtfixiertheit und wahnhafter Glaube an die eigene schicksalshafte Sendung,

– groteske autistisch-egozentrische Selbstüberschätzung,

– Gewaltsucht und Eroberungssucht.

Die Barbarisierung und Bestialisierung, die von diesem falschen Prophetentum ausgeht und die ihr höchstes Glück im Aufstacheln des analphabetischen Pöbels zu Mord und Totschlag findet, tritt kaum irgendwo so deutlich zu Tage wie im Testament Chomeinis. Dort heißt es: »*Ihr Muslime der Welt, ihr Entrechteten der Erde, erhebt Euch. Erkämpft mit Zähnen und Klauen Euer Recht! Jagd Eure tyrannischen Herrscher davon! Einigt Euch unter*

dem stolzen Banner des Islams und errichtet seine Herrschaft!
Damit werdet Ihr alle Mächtigen der Erde bezwingen, und die Bar-
füßigen werden Herren und Erbe der Welt sein.« Die Herrscher
dieser »Barfüßigen« investieren Milliarden, um Millionen Menschen weiter im Bann einer Religion zu halten, die so vortrefflich
zu ihren Herrschaftsinteressen paßt. Für 850 Millionen DM ließ
Hassan II. von Marroko in Casablanca eine Moschee errichten,
deren Turm 200 Meter hoch ist und in der 20000 Menschen Platz
finden. Auf dem Areal davor können weitere 80000 den Predigern zuhören. Dieses Monument einer bis ins Mark verlogenen
Pseudofrömmigkeit mit seinen riesigen Türen aus massivem
Titan, seinen zahllosen Marmor- und Onyxmosaiken steht in
einem Land, das täglich eine Million Dollar dafür ausgibt, um
die Rückgabe seiner Westsahara-Kolonie an die Saharauis hin-
auszuzögern, in einem Land, in dem Millionen Menschen in
Slums leben und Kinder auf den Straßen betteln.

All diese Aktivitäten folgen über die Befriedigung herrscherli-
cher Eitelkeiten und nationalistischen Größenwahns hinaus
dem Bestreben, entsprechend dem koranischen Auftrag dem
Weltislam eine möglichst starke politisch-ökonomische Gemeinschaft zu geben. Schon in den sechziger Jahren hatten der
Türke Erbakan und der Indonesier B. J. Habibi, der inzwischen
als »Architekt« der indonesischen Wirtschaft gilt, während ihres
Studiums in Aachen die Vision einer solchen muslimischen
Union entworfen. Es hat seine tiefe Symbolik, daß sie es in jener
Stadt taten, in der vor 1200 Jahren mit der Kaiserkrönung Karls
des Großen nach den dunklen Jahrhunderten jenes Abendland
seinen Anfang nahm, das nun in Gegen-Kreuzzügen und durch
die stille Eroberung per Einwanderung beseitigt werden soll. Gerade weil man, wie Erbakan erklärte, dem Westen nicht ganz un-
berechtigterweise unterstellt, er erzeuge »*in der islamischen Welt*
künstliche Spannungen, um sie zu beherrschen«, will man sich zu-
sammenrotten und seinerseits den Westen auseinanderdividie-
ren. Diese »Developing 8« (»D 8«, »sich entwickelnde 8«), dieser
»*Klub der Armen*«, wie ihn die türkische Zeitung *Yeni Yüzyil*
nannte, behauptet in dreistem Größenwahn, die Entwicklungs-
länder seien in Asien und Afrika mit der islamischen Welt identisch (vgl. *NZZ*, 6. 1. 1997) – als nähme man die geplante Islamisierung Äthiopiens, Kameruns, der Philippinen usw. schon
vorweg.

Die islamische Mission, vorangetrieben mit dem Geld der Ölländer, von islamistischen Organisationen, den Diplomaten islamischer Länder und internationalen Gemeinschaften (»Tablighi« u. a.), den inzwischen rund 50, sich seit 1969 jährlich zu Weltkonferenzen versammelnden islamischen Staaten, hat auch in Europa zu beträchtlichen Erfolgen geführt. Selbst in einem Land wie der Schweiz sind inzwischen über 100 000 Muslime aktiv. Eine ihrer Organisationen ist die ASSUM, die »Vereinigung der Schweizer Musliminnen«, mit Sitz in Lausanne. Die dort vereinten Konvertitinnen sind derart rigoros auf Abgrenzung und fanatische Orthodoxie bedacht, daß nach Interviews mit ihnen die algerische Journalistin Houda Bouchaib vom Oppositionsblatt *El Watan* voller Entsetzen über das Geschehene und Gehörte berichtete – nicht zuletzt über das paranoide Konvertitenvokabular im Stil von »*Verirrung*« und »rechter Weg«. Man spricht in diesen Kreisen von den »anderen« nur noch verächtlich, fordert spezielle Schulen (nach jüdischem Vorbild!) und besondere Turnkurse für muslimische Mädchen in staatlichen Schulen. Man ist stolz, alle früheren Freundinnen verloren zu haben, und untersagt den Kindern Kontakte zu »Ungläubigen«: »*Sie könnten Dinge lernen, die nicht gut sind für sie.*« Im übrigen erhalten diese konvertierten Schweizer Damen reichlich Heiratsanträge aus dem Maghreb-Ländern – so können sie noch zusätzlich einen Beitrag leisten zur Einwanderung radikaler Muslime.

Im Mittelpunkt der Strategie des organisierten Islams in Deutschland stehen gegenwärtig die Forderung nach Einführung des Koran-Unterrichts an staatlichen Schulen und nach verstärktem Bau von Moscheen und sogenannten »islamischen Kulturzentren«. Bislang sind in Deutschland bereits weit über anderthalbtausend Moscheen errichtet worden. Unter anderem in Bremen, wo man sich der aktiven Schützenhilfe des grünrosaroten Szene-Sumpfes sicher weiß, sind aus dem Dunstkreis der IGMG weitere große Moscheen geplant. In Köln-Mülheim ist es dem VIKZ bzw. der Süleymanli-Geheimgesellschaft gelungen, die riesige historische Industriellen-Villa »Hahnenburg« mitsamt Parkgrundstück von der Stadt zu kaufen. Mit der Fronarbeit von weit über 100 Sektenanhängern wurde dieses Gebäude unter Mißachtung von Auflagen des Denkmalschutzes umgebaut zu einem »Islamischen Kulturzentrum« mit Übernachtungssälen für Reise-Kader und Wanderprediger, in dem in stumpfsinniger Paukerei von Koransuren sich eine »Kultur« entfaltet, die eher Assoziationen zum medizinischen Kulturbegriff hervorruft. Obwohl u. a. ein ungenehmigter Anbau errichtet wurde, erklärte der Leiter der Unteren Denkmalsbehörde, ein Herr Krings: »*Die baulichen Veränderungen an der Villa Hahnenburg hat der Eigentümer mit der Stadt abgesprochen.*« Die Bezirksvertretung, die zu Recht eine »*Kaderschmiede moslemischer Fundamentalisten*« befürchtet, wurde wie üblich von den Stadtoberen nicht gefragt. Der Sekretär des VIKZ, Ibrahim Cavdar, der genau weiß, mit welchen Phrasen man christliche und lieb-liberale Biedermänner im Tiefschlaf hält, verspricht (bzw. droht an) »Seminare zum Thema Islam auch für Christen«, Korankurse für Jugendliche, »Beratung bei Schulproblemen« und »Freizeitaktivitäten«, sprich Kickboxen, Karate, Scheibenschießen und ähnliche Trainingsmaßnahmen für den Nachwuchs-Glaubenskrieger.

Seit mehr als 40 Jahren versuchen islamische Gruppierungen in mehreren deutschen Bundesländern die Anerkennung als Körperschaft des öffentlichen Rechts zu erreichen – bislang ohne Erfolg. Die seit langem in Berlin exemplarisch betriebene Anerkennung der pseudochristlichen Sekte der »Zeugen Jehovas« als Körperschaft des Öffentlichen Rechtes würde auch die islamischen Organisationen ihrem Ziel, als Kirche staatliche Anerkennung und Förderung zu erreichen, ein Stück näher bringen. Zwar ist man damit zunächst vor Gericht gescheitert, aber Wachturmleute und islamische Glaubenswächter lauern weiter auf die nächste günstige Gelegenheit. Natürlich haben die Islamisten im Laufe der Zeit einige Niederlagen einstecken müssen, so z. B. bei der Ablehnung des Antrages, ausgerechnet in Aachen ein Islamisches Zentrum mit europaweiter Ausstrahlung zu errichten. Aufgegeben haben sie deshalb nicht. Sie sind ihrem Ziel, sich in der deutschen Gesellschaft festzusetzen und diese von den Rändern her aufzurollen, ein gutes Stück näher gekommen. Über die Anerkennung islamischer Quasi-Kirchen als Körperschaft des öffentlichen Rechts sagt Bashir Ahmad Dultz, der in Bonn residierende Chef der »Deutschen Muslim-Liga«: »*Uns geht es dabei ja noch nicht um die Erhaltung von gewachsenen Strukturen, sondern erst einmal um den dringend notwendigen Bau solcher.*« Diese »Strukturen« bedeuten Einnahmequellen aus staatlichen

Fonds, Machtpositionen im Staatsapparat und den Medien, Stützpunkte für ein mafioses Netz zur Beeinflussung und Beherrschung großer Segmente der deutschen Gesellschaft. Dem Aufbau dieser Strukturen dient es auch, wenn sich staatliche Stellen islamischer Länder ungefragt einschalten, falls etwas nicht strikt nach Plan verläuft. Da wird 1994 in Bielefeld ein Türke vom Friedhofsamt irrtümlich nicht nach moslemischem Ritus bestattet. Prompt reist der türkische Generalkonsul an, verlangt ultimativ ein Gespräch mit dem Dezernenten, macht aus dem ebenso bedauerlichen wie banalen Vorfall eine politische Affäre und verlangt einen Kotau der kommunalen Behörden. Selbst im Sport, dieser wunderschönen Nebensächlichkeit, müssen wir in Zukunft auch in Deutschland damit rechnen, daß Muslime alle möglichen Großereignisse zur Verbreitung ihres Glaubens benutzen – wie heute schon in England bei der »Rallye for Islam«.

An allen Ecken und Enden der Republik entstehen Moscheen. In der Münchener Landwehrstraße gibt es alleine fünf davon. Mit dem nach 1974 einsetzenden Familiennachzug vollzog sich in Deutschland eine Wandlung von provisorischen Gebetsräumen zu Gemeinschaftmoscheen (mescid) und Freitagsmoscheen (cami) mit fester organisatorischer Struktur – oft mit Bibliotheken, Videotheken, Lebensmittelgeschäften, Teestuben, mit Ausbildungsprogrammen vom Nähkurs bis zum Kampfsport. In diesem Prozeß verschwanden die meisten unabhängigen Moscheen oder schlossen sich einem der Dachverbände an. Diese sind übrigens in der Türkei – abgesehen von der Filiale des staatlichen Ministeriums für Religiöse Angelegenheiten – illegal.

Die Zahl der zum Islam übergewechselten Deutschen dürfte über 100000 Personen umfassen – die vom Islam-Archiv Soest genannte Zahl von »mindestens 50000« ist eindeutig zu niedrig. Da es keine Registrierung gibt, da jeder durch das in Gegenwart von zwei erwachsenen Zeugen abgelegte Glaubensbekenntnis ins Lager des Islams wechseln kann, vollzieht sich dessen Anwachsen unter den Deutschen ebenso unkontrolliert wie unkompliziert. Kennzeichnend ist, daß die für den Islam missionierenden Deutschen oft aus christlichen Verkündigungsgruppen stammen wie Hartmut Mohammed Herzog, Vorsitzender der Berliner »Islamischen Gemeinschaft deutschsprachiger

Muslime«, ehedem Jugenddiakon und Mitarbeiter der Billy-Graham-Kampagne. Ein weiteres Reservoir sind anscheinend solche an sozialem Engagement und Machtausübung interessierte Menschen, die die von ihnen gesuchte Verbindung von Politik und Religion in den deutschen Parteien nicht finden. Hierher gehört nicht nur der ehemalige Botschafter Wilfried (Murad) Hofmann, sondern auch Christian Hoffmann, ehemaliger Sprecher der Bonner CDU-Bundesgeschäftsstelle und 1988 durch »*blitzhafte Erkenntnis an einem Sonntag*« zum Muslim geworden. Auch Peter Schütt, vom DKP-Barden und Parteivorstandsmitglied ins Lager der Islam-Verehrer gewechselt, gehört weitgehend in diese Rubrik. Inzwischen verbellt ausgerechnet er die Kritiker des Islamismus als Antidemokraten. So schreibt er, ohne auch nur den mindesten Beweis für seine Behauptungen anzuführen, im *Rheinischen Merkur* (18. 4. 1997) über mich, ich hätte eine »*riskante Wanderung über den schmalen Grat von ganz links nach ganz rechts*« vollzogen und »begründet« dies wie folgt: »*Früher sah er Deutschland vom internationalen Großkapital bedroht, heute von den ›Mullahs am Rhein‹, den islamischen Fundamentalisten, deren subversive Netzwerke bereits das halbe Vaterland überspannen.*«

Sogar die Drogenszene dient als Rekrutierungsbasis für Neubekehrte. So machte Uwe Wagishauser, 1968 einer der Führer des Liberalen Studentenbundes Deutschlands (LSD), 1972 den Islam ebenso zu seiner Ersatzdroge wie Oliver Kruschinski (»Hussain Altaib«), der nach neun Jahren Drogenkarriere die Therapieorganisation Isdoh in München gründete, weil nun einmal der Islam »*die beste Therapie*« für jeden Abhängigen sei. In diesem Kontext bewegt sich auch der Schriftsteller P. G. Hübsch, der nach einem drogengespeisten »*Ritt durch die Hölle*« 1970 als Hayatullah H. bei den Ahmadiyya-Muslimen absattelte. Das Phänomen, daß Menschen eine alte Abhängigkeit durch eine neue ersetzen, ist altbekannt: Heilung von der einen Krankheit wird erkauft mit totaler innerer Abhängigkeit von einer anderen, die der Kranke zu seiner Medizin erklärt. Selbst Terrororganisationen wie die Hamas, die in einem Hospiz am »Mosesgrab« (Nebi Musa) Drogensüchtige kurirt, versuchen sich dies zunutze zu machen. Man vergesse dabei nicht, wie Amina Erbakan, Schwägerin des »Großen Führers« und Chefin der »Interessengemeinschaft Deutschsprachiger Islamischer Frauen«, mit drohendem Unterton die Methode andeutet, mit denen die Islamisten letzten Endes das Drogenproblem beseitigen wollen: »*Mit bloßen Almosen, guten Worten und Koranzitaten ist das Problem nicht gelöst.*« Auch auf diesem Gebiet ist die Scharia das Mittel der Wahl, wenn man erst einmal die Macht hat und nach geleisteter Schützenhilfe die liberalen Biedermänner abservieren kann. Dann werden die Drogentherapeuten abgelöst von Religionswächtern und Milizionären.

Was bewegt Deutsche, die als überzeugte Christen engagiert waren oder lediglich zur trägen Masse der Taufschein- und Kirchensteuer-Christen rechneten, zum Übertritt, was verlockt dezidierte Atheisten dazu, all ihre Hoffnungen auf den Islam zu setzen?

Greifen wir einige Gründe heraus:

– Das Christentum hat eine einfache klare Botschaft der Liebe zu allen Menschen und zum Göttlichen. Über Jahrhunderte hinweg haben zahllose einfache Menschen aller Völker sich an diesen Kern der christlichen Lehre gehalten, an ihn geglaubt, auf ihn vertraut. Überschreitet man die Grenzen dieser Elementargesetze des Glaubens, wird es schwierig und unübersichtlich. Die Widersprüche, die tiefen Welträtsel, denen man dabei begegnet, reizen den, der nach Erkenntnis sucht und geistig unterwegs sein will. Sie ängstigen den Halbgebildeten, den dummen Besserwisser, der alles sofort wissen will und simple Gleichungen verlangt, die ohne Rest aufgehen und ihm auf die allerbequemste Weise unmittelbar zugänglich sind. Wunderbar tiefe Ideen wie die der Dreifaltigkeit oder der Feindesliebe sind solchen Leuten ein Greuel. Man vergleiche nur, wie nach eigener Erklärung für Christian Hoffmann »*alle Probleme, die ich immer mit dem Christentum hatte*«, verschwanden, als er zum Islam überwechselte und sich in dem schönen Gefühl sonnte, mit einer Milliarde Muslimen verbunden zu sein. Man betrachte Hartmut Mohammed Herzogs Aussage, »*die Trinität hatte mir nicht recht eingeleuchtet*«, um dieses Gemisch aus geistiger Mediokrität, Bequemlichkeit, Angst vor Unerklärlichem und vor Mehrdeutigem, aus Sehnsucht nach Gebrauchsanweisungen und Lebensrezepten nachvollziehen zu können.

– Der Islam deckt einerseits Bedürfnisse ab, zu einer auserwählten und gegen den Strom schwimmenden Minderheit zu gehören, und erfüllt andererseits Wünsche nach sozialer Beheimatung und Einbettung. Er bietet in seinen Moscheen auch für Deutsche ein buntes Potpourri aus Lebenshilfe, Freizeitgestaltung und Regelung von Alltagsangelegenheiten. Der Islam vermittelt mit sozialfürsorgerischen Ansätzen wie dem Zakat (»Armensteuer«) seinen Anhängern den Eindruck, die Welt zum Besseren zu verändern und für Gerechtigkeit einzutreten.

– Für Menschen, die aus dem Protestantismus stammen oder die sich als Katholiken aus dem tradierten Verständnis gelöst haben, daß es ohne die Vermittlung durch die Kirche keinen Glauben gibt, betont der Islam seine Unkirchlichkeit, seinen Verzicht auf Mittler zwischen Gott und den Menschen. Für Antiautoritäre und sozialistisch Orientierte wird die Platte aufgelegt, es gäbe im Islam keine Hierarchien. Für diese Zielgruppe verkündet der Berliner Obermuslim Yahja Schülzke, dessen Verein auf merkwürdige Weise aus transferiertem ehemaligem SED-Parteivermögen alimentiert wurde, er sei jemand, »*der die Tradition bekämpft*«. Dieser ehemalige Postbeamte, der 1974 konvertierte und 1976 mit seiner Frau zur Hochzeitsreise nach Mekka aufbrach, behauptet ganz locker, der Islam sei eine »*Lebensphilosophie*«, frei von allem Fanatismus. Es gäbe zwar ein paar Fanatiker unter den Muslimen in Deutschland, aber das seien eben Deutsche und schuld daran seien deutsche Untugenden: »*Sie wissen ja, wie die Deutschen sind.*«

Auch in Deutschland ist immer mal wieder Geld im Spiel, wenn ein Christ oder Jude zum Islam konvertiert. Zum Teil werden billige Kredite angeboten oder es wird handwerkliche Hilfe beim Hausbau zugesagt. Noch stärker kommen solche Methoden dort zum Einsatz, wo viele kaum genug zum Leben haben – vor allem in Afrika. Im Sudan werden Massenhochzeiten nach islamischem Recht mit gleichzeitigem Übertritt zum Islam vollzogen. Jedes Paar erhält dabei eine Summe, für die ein durchschnittlicher sudanesischer Arbeiter zwei Jahre lang schuften müßte. Misson durch Heirat ist im Islam seit den Tagen Mohammeds extensiv praktiziert worden, wobei stets galt, daß die Frauen aus den Schriftreligionen ihren Glauben zur Not behalten, aber auf keinen Fall an die Kinder weitergeben durften, während die Heidinnen zunächst einmal den Islam annehmen mußten. Mohammed spricht hier euphemisch davon, daß die

Heidinnen gläubig geworden sind (vgl. S 2, 220) – in Wirklichkeit dürfte es sich meist um eine aufgezwungene rein äußerliche Übernahme von Riten und Verhaltensweisen gehandelt haben. An Missionierung durch islamische Frauen ist im übrigen nicht gedacht – man traut dem schwachen Geschlecht nicht zu, ihre andersgläubigen oder ungläubigen Ehemänner zum Islam zu verführen. Für die islamischen Töchter Evas darf daher nur ein richtiger Gläubiger der Richtige sein.

2. Von Kindesbeinen an

Es ist ein beispielloser Zynismus, wenn heute, wie Hannah Ah-
rendt einmal polemisch anmerkte, »es die Kinder sind, die
aufgefordert werden, die Welt zu verändern oder zu verbessern«,
weil allzu viele Erwachsene dazu zu faul und zu feige sind. Daß
in Berlin bei einem allgemeinen Ausländeranteil von 13 Prozent
in vielen Schulen 40 bis 50 Prozent der Kinder Deutsch nicht als
Muttersprache sprechen, gibt in der Tat allen Anlaß zu der
Bemerkung von Horst Seidel, einem Mitarbeiter der Senats-
schulverwaltung: »Wer soll hier eigentlich wen integrieren? Integration ist ein Prozeß, der voraussetzt, daß sich die Beteiligten
miteinander verständigen können, deshalb muß zunächst Sprach-
kompetenz erworben werden.« In Kreuzberger Schulen, wo teilweise bis zu 80 Prozent der Schüler Ausländer sind, kommen
viele abgeschottet aufgewachsene türkische Schüler erst in der
ersten Klasse mit der deutschen Sprache in Berührung – teils weil
sie bewußt nicht in Kindergärten geschickt werden, die nicht von
den Islampredigern kontrolliert werden, teils weil selbst in vielen »deutschen« Kindergärten 80 Prozent der Kleinen Ausländer
sind. Irgendwann wird es dann vielleicht mit dem türkisch-deutschen Sprach-Mischmasch soweit sein wie in den USA, wo »Ebo-
nics«, das Kauderwelsch der Schwarzen, von der Schulaufsichts-
behörde im kalifornischen Oakland bereits als eigenständige
Sprache anerkannt wurde. Besonders bedenklich ist es, wenn
dann die von sogenannten Links-Katholiken um die Zeitschrift
Publik-Forum herausgegebene Jugendzeitschrift *Provo* (Nr.
7/97) unter dem Titel »Koran auf dem Kiez« vom »Multi-Kulti-
Flair« Kreuzbergs schwärmt und nach altbekannter Manier der
bourgeoisen Sozialromantiker das Elend als Hinterhof-Idylle
verklärt.

In einer Weddinger Grundschule kamen die 23 Schüler einer
ersten Klasse aus 17 Nationen, wobei aber nur 4 Kinder als Ausländer galten, während die Eltern der anderen Ausländerkinder
längst im Besitz eines deutschen Passes waren. Als man 1996 be-

gann, auch »Kinder nichtdeutscher Herkunftssprache« zu zählen, stieg der statistische Ausländeranteil um 20 Prozent (vgl. *Der Tagesspiegel*, 26. 1. 1997). Kennzeichnend ist, daß, während die griechischen Kinder sogar im Durchschnitt erfolgreicher sind als die deutschen, die türkischen und arabischen Kinder sehr viel schlechter abschneiden – mit einer Schulabbrecherquote, die mindestens doppelt so hoch liegt wie unter Deutschen. Generell gelingt es in vielen staatlichen Schulen nicht mehr, die ausländischen Kinder zu integrieren und ihre Einpassung in die deutsche Gesellschaft voranzubringen. Obwohl inzwischen die meisten ausländischen Kinder in Deutschland geboren sind, übernehmen sie oft vom deutschen Nachwuchs nur Laxheit und Disziplinlosigkeit.

Seit langem versuchen islamistische Vereinigungen in allen Bundesländern wie in NRW einen muslimischen Religionsunterricht durchzusetzen. Solange dies nicht gelungen ist, konzentriert man sich auf Korankurse, die in der Regel täglich zwischen drei und sechs Uhr nachmittags stattfinden und – Unterschiede müssen ja sein – für Mädchen zwei Jahre, für Jungen drei Jahre dauern. Ein Unterschied ist auch, daß bei den Jungen Jeans geduldet werden, bei Mädchen nicht. Sie haben gefälligst im langen Mantel und im Kopftuch zu erscheinen. Während die Prediger der offen fundamentalistischen Organisationen sich in aller Regel dazu bekennen, hier eine Gegenwelt zu dem Sündenpfuhl draußen zu schaffen, befleißigen sich die Hodschas der staatlichen türkischen Religionsanstalt DITIB gewisser Sprachregelungen, die den wackeren deutschen Liberalen alsbald wieder in den gewohnten beruhigten Dämmerschlaf gleiten lassen. So sülzte der Berliner DITIB-Hodscha Ismail Ozun herum: »*Wir vermitteln den jungen Leuten natürlich konservative Werte, aber wir erziehen auch zur freien Entscheidung darüber, ob sie die islamischen Gesetze befolgen.*« Wie es mit der Freiheit aussieht, sieht man schon daran, daß auch bei der DITIB die Schüler nicht etwa den Koran übersetzt erhalten, sondern Verse auswendig lernen müssen, deren Sinn sie nicht verstehen. Herr Ozun hält das auch nicht für so wichtig, denn »*das Verstehen kommt später*«.

All dies verbindet sich mit einer Umwelt in den Ausländerghettos, die davon geprägt ist, daß die Arbeitslosigkeit zum Teil dreimal so hoch liegt wie bei den Deutschen und die Zahl der So-

zialhilfeempfänger sich wie in Berlin in den letzten Jahren ver-
sechsfacht hat oder wie in München bei einem Ausländeranteil
von um die 20 Prozent so hoch liegt wie die der deutschen So-
zialhilfebezieher, wobei einem Anstieg von 80 Prozent bei den
Deutschen zwischen 1980 und 1995 in derselben Zeit ein Anstieg
bei den Ausländern um 690 Prozent gegenübersteht! Rosi Wolf-
Almanasreh, die Leiterin des »Amtes für multikulturelle Angelegenheiten der Stadt Frankfurt«, wies darauf hin, daß, wenn man
zu den 30 Prozent Nichtdeutschen in der Mainmetropole die
Aussiedler und die Eingebürgerten zähle, man für die Mainmetropole auf einen Anteil von 45 Prozent der Bevölkerung mit
Integrationsbedarf komme und daß es Schulen gäbe, in denen
dieser Teil der Bevölkerung 95 Prozent der Schüler stelle (Deutscher Bundestag, Enquête-Kommission *Demographischer Wandel* ..., Protokoll Nr. 13). Dieser fortgeschrittene Zustand der
Entdeutschung in den Metropolen, der sich, wenn nichts geschieht, wie ein Mehltau auf das ganze Land verbreiten wird, ver-
deutlicht die Gefahr, in der das deutsche Volk schwebt – die Gefahr, zur Minderheit, zum Fremdling im eigenen Land zu werden
und über schrumpfende Reservate immer mehr in Richtung Abgrund zurückgedrängt zu werden.

Mit zahllosen Prozessen ist es den organisierten Muslimen
gelungen, den Segen deutscher Gerichte für eine immer weitergehende Entrechtung und Diskriminierung muslimischer
Mädchen zu erhalten. So setzten fanatisch-ignorante Eltern vor
dem Oberverwaltungsgericht Münster durch, daß ihre acht-
jährige Tochter nicht am Schwimmunterricht teilnehmen
mußte. Elternrecht hat Vorrang vor dem Erziehungsauftrag, entschieden die verblendeten Richter, statt klipp und klar festzustellen, daß die hier lebenden Muslime entweder die Grundlagen
dieser Gesellschaft (und damit das Verbot von Diskriminierung
aufgrund des Geschlechtes) zu akzeptieren haben oder, wenn sie
dadurch in »Gewissensnot« geraten, immer noch in ihre Hei-
matländer zurückkehren können. Aber die furchtbaren Juristen
sind eben furchtbar feige: Einem der Bhagwan-Sekte an-
gehörenden Lehrer verbot das Kultusministerium erfolgreich,
sich von Kopf bis Fuß in roten Stoff zu hüllen, muslimischen
Lehrerinnen wird dagegen sogar der Tschador gestattet. Beispielsweise erlaubte das Stuttgarter Kultusministerium der aus

Afghanistan stammenden eingebürgerten Referendarin Ferestha Ludin 1997 das demonstrative Tragen des Kopftuchs in der Schule, obwohl sie wie alle Lehramtsanwärter bei der Einstellung in den Vorbereitungsdienst auf weltanschauliche Neutralität und Zurückhaltung in ihrem gesamten Auftreten vereidigt worden war. Kultusministerin Schavan vertrat hierbei die Auffassung, da der Staat für Referendare ein Ausbildungsmonopol habe, dürfe man keine Bewerber ausschließen und *»weitergehende Entscheidungen, z. B. über eine generelle Zulassung in den Schuldienst«* seien damit nicht vorweggenommen. Aber demnächst kommt diese Entscheidung in Fall Ludin und etlichen anderen – und dann muß Farbe bekannt werden!

Kein Wunder, daß inzwischen in vielen Städten die Hälfte der türkischen Mädchen mit Kopftuch zum Unterricht erscheint, einige sogar in Komplettmaskierung. Das sind die Lieblingsschülerinnen der Koranschulen, die dann Weisheiten verbreiten wie die Sündhaftigkeit von Freundschaften mit »Ungläubigen«, von Schminken, Parfüm, Leggins und Badeanzügen. Als Kostprobe die in der türkischen Zeitung *Cumhuriyet* abgedruckte Prüfungsfrage einer Hamburger Koranschule: *»Wann müssen heutige Muslime auswandern? Antwort: Die heutigen Muslime müssen aus einem Land, in dem der Islam nicht gelebt wird, in ein ganz und gar islamisches Land auswandern. Nach der Auswanderung ist ihre erste Aufgabe, sich um die Bildung eines islamischen Staates zu bemühen.«* Da hat es die Türkei doch immer noch besser – jedenfalls ein Teil der Islamisten ist ausgewandert und macht jetzt aus Deutschland *»ein ganz und gar islamisches Land«*. Bloß gehen den in den letzten Jahren verwöhnt und übermütig gewordenen Islam-Funktionären in Deutschland alle Zugeständnisse noch nicht weit genug. Mohammed Salim Abdullah (alias Krahwinkel) jammert, daß man gegenüber den Christen benachteiligt sei: *»Wir bezahlen Steuern und davon werden christliche Kindergärten finanziert.«* Und schon beeilen sich die deutschen Behörden zu versichern, daß man selbstverständlich auch muslimische Kindergärten finanzieren werde und so den staatlichen Beitrag zur Vervollkommnung der islamischen *»Parallelgesellschaft«* (Karl Binswanger) leisten werde.

Die Schulversuche mit islamischen Grundschulen in München und Berlin sind ebenso verheerend wie das Islam-Curriculum im nordrhein-westfälischen Religionsunterricht. Hier wird, was in den über 1000 Koranschulen mit circa 100 000 Kindern praktiziert wird, nämlich das Katastrophenexperiment der totalen Islamisierung, mit dem Segen des Staates und dem Geld aller Steuerzahler öffentlich abgesichert und gefördert. Man kann in diesem Zusammenhang nur daran erinnern, wie die linke ägyptische Wochenzeitung *El-Ahali* die eigene Regierung kritisierte, weil sie sich der Einsicht verweigerte, *»daß die religiös verhetzte Brut eine ernste Gefahr, nicht nur für das Leben einzelner, sondern für die Existenz unserer Gesellschaft darstellt«.*

Die Auswirkungen der Koranschulen beobachtet ein Rektor einer Essener Grundschule unter seinen türkischen Schülerinnen: Kinder, die *»übermüdet, kaputt und völlig fertig sind«.* Das liegt kaum an der zusätzlichen zeitlichen Belastung, sondern an den dort grassierenden Prügelstrafen und an teils subtil, teils holzhammerartig eingesetztem Psychoterror (*»Wir schneiden dir die Haare ab«*, *»Der Teufel wird kommen und dich holen.«* usw.). Die nordrhein-westfälische SPD-Landtagsabgeordnete Jarka Padziora-Merk kritisiert diese Sonderschulen für Volksverdummung mit äußerster Schärfe: *»Eine fundamentalistische Mafia steckt dahinter. Ganze Familien werden unter Druck gesetzt. Ihnen bleibt nichts anderes übrig, als die Kinder in den Koranunterricht zu schicken. Die Mafia beobachtet genau, wer sich wie verhält. ...Die Fundamentalisten versuchen, über die Religion politischen Einfluß zu nehmen. Die Betroffenen merken nicht, worum es geht. Es ist wie bei einer Sekte.«*

Es ist verlogen und allzu fadenscheinig, wenn das Kultusministerium in Düsseldorf sich darauf zurückzieht, es sei nicht zuständig, da die Koranschulen nicht der Schulaufsicht unterlägen, es keine *»zuverlässigen Angaben über Verletzungen der Menschenwürde«* gäbe und eine strafrechtliche Verfolgung von Züchtigung als Mittel zur Durchsetzung von Glaubensinhalten auf erhebliche Probleme stoßen würde. Nein, solche Probleme sind nicht etwa da, um gelöst zu werden – man kapituliert lieber gleich und sülzt herum von *»Glaubensfreiheit«.* Selbst Hasan Özdogan, einer der IGMG-Spitzenfunktionäre, muß zugeben, daß es *»Einzelfälle«* von Prügelstrafen in Koranschulen gegeben habe. Vollmundig erklärt Özdogan, körperliche Bestrafung sei verboten, und wer prügele, fliege. Leider sieht es in der Praxis ganz anders aus. Zu den besonderen Absurditäten in dieser Sache gehört, daß

Koranschulen in der Türkei immer noch verboten sind und Koranunterricht erst nach der Schulzeit in Kursen des staatlichen Religionsministeriums erteilt wird!

Über die Bearbeitung muslimischer Kinder in den Koranschulen hinaus versucht der Islam auch, das christliche Umfeld zu bestellen. So erschien von Annemarie Schimmel ausgerechnet im christlichen Patmos-Verlag 1996 ein Buch *Der Islam. Im Namen Allahs des Allbarmherzigen*, das sich – ein Kind auf dem Titelblatt – mit seinen hagiographischen Verherrlichungen des Islams vor allem an größere Kinder wendet. Wenn so etwas von Deutschen in deutschen Verlagen erscheint, dann darf man sich nicht über die Unzahl islamischer Bücher und Video-Kassetten wundern, die angeblich hochmoralisch, »ohne Blut und Gewalt« sind, in Wirklichkeit aber nur zur Ab- und Ausgrenzung bestimmt sind und teilweise – wie das türkische Video »*Kücük Mücahid*« (»*Kleiner Mudschahid*«) – offen die barbarischen Glaubenskämpfer mit Koran und Maschinengewehr verherrlichen. Wenn nicht derart plump Kindersoldaten für den Heiligen Krieg geworben werden, wird zumindest nach einem Strickmuster gearbeitet, das Wilhelm Heitmeyer folgendermaßen beschrieb: Ein türkischer Junge wächst im Westen in einer Hölle aus Sittenlosigkeit, Drogen, Kriminalität, Rassismus, Diskriminierung auf, er gerät in Schwierigkeiten und oft auch auf die schiefe Bahn, da retten ihn selbstlos-solidarische Muslime und geben ihm endlich emotionale Wärme und eine religiöse Heimat.

Eine zentrale Bedeutung für die Indoktrinierung der muslimischen Jugendlichen haben die Ferienlager der islamistischen Organisationen, in denen mit Methoden der Gehirnwäsche gearbeitet wird. Darüber hinaus setzen die Strategen darauf, daß, wenn man erst einmal junge Menschen durch Kleidung und Verhalten abgegrenzt hat gegenüber der deutschen Mehrheitsgesellschaft, man jede negative Reaktion darauf dazu benutzen kann, um die Deutschen als »ausländerfeindlich«, »rassistisch« und »anti-islamisch« diffamieren zu können. Wenn sich Mädchen und Frauen in Kopftuchvermummung als Bewerberinnen um eine Lehre oder einen Arbeitsplatz vorstellen und sie aus völlig verständlichen und berechtigten Gründen nicht berücksichtigt werden, dann nutzen die islamischen Rattenfänger die unberechtigte, aber nicht unverständliche Frustration der jungen Damen dazu aus, sie in einer trotzigen Abwehrhaltung zu bestärken

– und darin, sich jetzt erst recht nicht zu assimilieren, sondern mitzuhelfen, daß sich demnächst die Deutschen unterwerfen und an den Islam anpassen müssen. Um das abzusichern, dürfen die Jung-Fundamentalistinnen im Rahmen der Kleiderordnung durchaus Plateauschuhe, enge knöchellange Kleider, hochgeschlossene Seidenoberteile tragen.

3. Kampfsport im Kulturverein

Immer stärker gehen im Dunstkreis von Moscheen und islamistischen »Kulturzentren« operierende Banden zu Gewaltaktionen über. Diese werden zum Teil wie in den USA oder Südafrika gerechtfertigt als »Abwehr von Kriminellen« oder als »Selbstverteidigung gegen Ausländerfeinde«. An den Gesetzesbrechern stört die Islamisten nicht, daß sie kriminell sind, sondern daß sie nicht zum eigenen Clan gehören. So sind etwa die Wilhelmsburger »Türkenboys« alles andere als Unschuldslämmer: Daß sie unter anderem kurdische Drogendealer aus »ihrem« Stadtteil herausprügelten, hatte damit zu tun, daß es Gelegenheit zu Randale und Macho-Ritualen bot, daß es gegen Kurden ging, gegen Atheisten und Aleviten. Wer solchen »Saubermännern« das Feld überläßt, wer zuläßt, daß solche Gangs existieren, sich bewaffnen und ihre Waffen einsetzen, der kapituliert vor einer unheiligen Allianz aus neureichen Mafiosi, korrupten Lokalgrößen und kriminellem Pöbel. Es ist unbegreiflich, daß der Schriftsteller Peter Schütt die Billstedter »Türkenboys«, die zum großen Teil mit der Sultan-Ahmet-Moschee in Verbindung stehen und die in Erinnerung an den schwarzen Rassisten Malcolm X ihre schwarzen Jacken mit einem silbergrauen X und natürlich dem türkischen Halbmond versehen, hochjubelt zu einem Hoffnungssymbol. Der friedfertige Eppendorfer Intellektuelle als Befürworter »paramilitärischer Patrouillen und Bürgerwehren, um den Dealern das Handwerk zu legen« – welch eine Groteske! Da patrouillieren eben keine edelmütigen Jungtürken, die aus »Selbsthilfe« und aus »Rückbesinnung auf die eigenen Kräfte und Werte« handeln. Und der Islamismus ist eben auch nicht der »Versuch, ... das Zusammengehörigkeitsgefühl in der Fremde und die Verbindungen zum Herkunftsland zu festigen.« Man könnte hier fragen, ob nicht eine baldige Rückkehr ins »Herkunftsland« diese Verbindungen am wirksamsten festigen würde.

Wollen die Deutschen auf die Dauer Menschen in ihrem Land

dulden, die die allerminimalste Rücksichtnahme und Rechts-
treue verweigern? Wollen wir Gesetze haben, deren offenkundi-
ges Ergebnis Unrecht ist? Da lebt seit 1987 eine libanesische
Familie namens Mahmut im norddeutschen Wiesmoor, die 1990
durch einen Erlaß der rosa-grünen Landesregierung ein »dauer-
haftes Bleiberecht« erhielt. Diese Familie terrorisiert, wie im einzelnen u. a. in einem Bericht der *Welt am Sonntag* vom 22. 6. 1997
dargelegt und wie sowohl von den Behörden als auch von zahllosen Zeugen bestätigt, seit zehn Jahren ihre Umgebung. Zur Belohnung wurde ihr von der Gemeinde ein Zweifamilienhaus zur
Verfügung gestellt, in dem die zweite Wohnung freibleibt, weil
man niemandem eine unmittelbare Nachbarschaft zumuten
könne. Drei saubere Söhne dieser Familie – elf, dreizehn und
sechzehn Jahre alt – sind immer wieder wegen Erpressung, Körperverletzung, Ladendiebstahl und Sachbeschädigung aufgefallen, ohne daß sie ernsthafte Konsequenzen zu spüren bekamen.
Auf Vorladungen reagierten sie gar nicht erst. Auf einer Protest-
versammlung, zu der 300 Bürger kamen, erklärte Bürgermeister
Eilert Schmidt: »*Wiesdorf ist nicht ausländerfeindlich, aber die
jetzige Situation ist nicht tragbar.*« Die Polizei resigniert, da die
Libanesen jedes Gespräch verweigern und nur der Sechzehnjährige in Untersuchungshaft gesteckt werden konnte. Wenn die
Behörden hier weiter versagen und nicht endlich durchgreifen,
sprich die rechtlichen und materiellen Voraussetzungen schaffen, um solche Rechtsbrecher abschieben zu können, dann wird
ein Klima erzeugt, in dem Teile der Bevölkerung aus Verzweiflung zur Selbsthilfe – womöglich sogar mit gewaltsamen Mitteln
– greifen. Gerade aus den Erfahrungen unserer Geschichte heraus sollten wir alle mit allen gebotenen gewaltfreien Mitteln
dafür sorgen, daß es nicht soweit kommen muß.

Teilweise zeigen gerade die türkischen Banden eine deutliche
chauvinistische Frontstellung. Entweder geht es gegen alle Deutschen oder gegen bestimmte deutsche Volksgruppen wie die
Aussiedler aus Rußland. Mehr als ein Jahr lang überfielen in Köln
die »Bad Boys Stammheim« mit Baseballschlägern, Messern und
Gaspistolen immer wieder junge Aussiedler. Die Namensgebung
der türkischen Vorstadtrambos offenbart jene spezifische Mischung aus kindischem Kriegsspiel, pubertären Provokationen,
krampfhaft auf modern und modisch getrimmter Wurzellosig-
keit, die ebenso lächerlich wie gefährlich ist. Erst entschlossene

Gegenwehr der Rußlanddeutschen, massive Polizeipräsenz und »Friedensgespräche« in einem Jugendheim beendeten zumindest vorläufig die offenen Auseinandersetzungen – ohne daß damit natürlich auch nur eine der Ursachen beseitigt wäre. *»Gerade bei Gewaltdelikten sind junge Türken überproportional vertreten«*, heißt es im linksliberalen *Kölner Stadt-Anzeiger* (14. 5. 1997). Vor allem geht es gegen Rußlanddeutsche, denen die Türken vorwerfen, es werde ihnen vom Staat *»alles hinterhergeschmissen«.* Natürlich ist Jugendkriminalität *»ein Schrei nach Aufmerksamkeit«* (*Süddeutsche Zeitung*, 7. 5. 1997). Dieser Schrei muß von Staat und Gesellschaft gehört und es muß angemessen reagiert werden – nicht durch Feigheit und Erfüllung unberechtigter Forderungen, sondern durch ein bei allem Verständnis entschlossenes und konsequentes Verhalten. Geschieht dies nicht, dann werden wir Verhältnisse bekommen wie in den USA, wo die kleine Gruppe der Schwarzen zwischen 14 und 24 Jahren (1,1 Prozent der Bevölkerung) inzwischen 30 Prozent aller Mörder stellt, und wo ein Drittel der Schwarzen zwischen 20 und 30 Jahren entweder im Gefängnis sitzt oder nur auf Bewährung in Freiheit lebt (vgl. *Welt am Sonntag*, 5. 7. 1996). 1996 hat in Deutschland die Kriminalität von Kindern um 12,3 Prozent zugenommen – über 130 000 Kinder wurden straffällig. Zu Recht stellte Thomas Hirschbiegel in der *Hamburger Morgenpost* am 12. 11. 1996 fest: *»Eine Mitschuld an solchen Taten trägt zu großen Teilen aber die Justiz. Wenn Richter minderjährige Dealer entlassen, obwohl sie mit einem Kilogramm Heroin erwischt werden. Wenn Gewalttäter nach Schießereien mit Bewährungsstrafen davonkommen. Wenn der Besitz einer 16schüssigen Neun-Millimeter-Killer-Pistole mit einer Arbeitsauflage oder einer Geldstrafe ›gesühnt‹ wird – dann ist das eine Aufforderung zu Verbrechen. Die Gangster, sie kommen vor allem aus der Türkei, aus Albanien oder aus Rußland, lachen sich halbtot über unsere Polizei, unsere Justiz und auch über uns. Zu viele Meinungsmacher in diesem Land haben jahrelang das Lied gespielt: Der Deutsche an sich ist böse und gemein und die Ausländer sind grundsätzlich gut. Im Sinne der übergroßen Mehrheit rechtschaffener ausländischer Mitbürger kann es gegen diese rücksichtslosen Straftäter jetzt nur noch eins geben: Härte. Menschen, die hier vom Drogenhandel leben, Gewalttaten begehen oder organisierte Raubzüge starten, haben ihr Gastrecht verwirkt. Das ist in jedem Land der Welt so. Wenn dieses* *vernünftige Prinzip nicht schnellstens angewandt wird, bekommen Rassisten mehr und mehr Auftrieb. Ihnen gelingt es nämlich vortrefflich, aus dem wachsenden Unmut über diese Schwerverbrecher ihr braunes Süppchen zu kochen.«*

Sollen hier in Deutschland nicht Verhältnisse wie in Miami oder Tirana Einzug halten, dann muß ruhig, freundlich und nachdrücklich signalisiert werden:

– Verhalten Ausländer sich nicht friedlich, müssen sie mit Konsequenzen – bis hin zur Abschiebung notorischer und gemeingefährlicher Gewalttäter – rechnen.

– Gleiche Rechte mit Deutschen können sie nur dort erwarten, wo sie aufhören Ausländer zu sein, d.h. nachdem sie sich unwiderruflich assimiliert haben. (Natürlich schließt dies auch diejenigen Aussiedler ein, die mit einem deutschen Paß versehen wurden, ohne sich als Deutsche zu begreifen und ohne sich um die (Wieder)Aneignung der deutschen Sprache und Kultur zu bemühen.)

Auf die im ganzen westlichen Europa in den Eliten wie in den kleinbürgerlichen Massen grassierende Anbetung alles Fremden, auf die besonders von einem Teil der Deutschen ins Extreme übersteigerte Abwertung alles Eigenen antworten viele zugewanderte Türken mit einer hysterisch aufgeheizten Überbetonung ihres eigenen Nationalbewußtseins und einer haßerfüllten Ablehnung aller Werte, die als untürkisch und unislamisch angesehen werden. Gleichzeitig verlieren gerade die Jugendlichen aus islamischen Ländern immer mehr die innere Verbindung zum islamischen Rechts- und Normensystem. Zwei extreme, aber nicht untypische Fälle sollen diese in kulturelle Heimatlosigkeit, Nihilismus, ja Kulturlosigkeit mündende Entwicklung illustrieren:

– Der dreiundzwanzigjährige Ibrahim A., Sohn eines ehemaligen U-Boot-Kommandanten der türkischen Armee, verschleppt und ermordet 1993 in Köln mit zwei Helfern seinen Landsmann Mustafa A. und verbrennt anschließend die Leiche. Alle Beteiligten gehören zur türkischen Drogenmafia. (Kennzeichnend für die Hilflosigkeit und Erbärmlichkeit der deutschen Justiz: Zweimal wird Ibrahim A. lediglich wegen Totschlags und Freiheitsberaubung zu neun Jahren Haft verurteilt, ehe das Bonner Schwurgericht 1997 eine lebenslängliche Strafe

verhängt. Kennzeichnend für die Verkommenheit deutscher
Winkeladvokaten: Der Münchener Staranwalt Bossi behauptet,
Ibrahim A. habe nur getötet, um sich von seiner Kokainabhän-
gigkeit zu befreien ...)

– Der sechzehnjährige pakistanische Schüler Arman Butt aus
dem englischen Oldham bedroht mehrfach Mädchen im Alter
von acht bis dreizehn Jahren mit dem Tode und vergewaltigt sie.
In der Schule gilt er als höflich und fleißig, sein Vater ist ein an-
gesehener Mann. Die Familie war wenige Monate zuvor über
Dubai eingewandert. Der Richter in dem dreiwöchigen Prozeß,
der laut *Daily Mail* vom 2. 11. 1996 den Steuerzahler 250 000
Pfund kostet, erklärte: »*Ich bin fest davon überzeugt, daß dieser
junge Mann eine Gefahr für die Öffentlichkeit darstellt.*«

Drogenhandel und Ausländer aus islamischen Ländern – ein für-
wahr heißes Tabu-Thema. Da werden von einem einzigen Hamburger Postamt in einem Monat mehrere 100 000 Mark in kurdische Gebiete der Türkei geschickt, da wird der kurdische
Sänger Sivan Perwer in Berlin mit Eiern und Steinen beworfen,
weil er einen Zusammenhang zwischen Drogenhandel und bestimmten PKK-Aktivitäten andeutet. Da schreibt *Der Spiegel*
(Nr. 4/1996, S. 108) unter der Überschrift »Drogen unter dem
Minarett«: »*Drogenhändler aus islamischen Ländern drängen zunehmend in die moslemischen Gemeinden zwischen Vlissingen
und Groningen. Schon die Hälfte aller großen niederländischen
Moscheen sind in illegalen Drogenhandel und Geldwäscherei ver-
strickt. Nach einem Bericht für eine parlamentarische Untersu-
chungskommission versuchen vor allem marokkanische und türkische Drogenhändler, mit großzügigen Spenden oder gar durch die
Finanzierung neuer Moscheen Einfluß auf die moslemische
Gemeinschaft zu nehmen, um im Schutz der Minarette ihren Ge-
schäften nachzugehen. Außerdem rekrutiere speziell die marokkanische Drogenmafia immer öfter ihren Nachwuchs in staatlich subventionierten Jugendzentren für die jungen Nordafrikaner. ... Die
Erkenntnis, daß in Holland die Drogenhändler oft ihren Platz in
der ersten Reihe der Moscheen haben, deckt sich mit den Ergebnissen einer Studie der EU.*«

Soll man, wie es die Rechtsradikalen tun, die Ursache für solche Fehlentwicklungen in »Abartigkeit« oder »rassischer Min-
derwertigkeit« suchen, soll man nach dem Vorbild der alles ver-

stehenden und alles zerredenden Liberalen der bösen hartherzigen Mehrheitsgesellschaft alle Schuld für abweichendes Verhalten der Randgruppen zuschieben? Oder soll man sich der unbequemen Wahrheit stellen, daß alle diese Dinge wie das gesamte Phänomen der Ausländerkriminalität letzten Endes verursacht sind einerseits von den Profiteuren der Menschenverpflanzung und des Arbeitskräfteimports und andererseits von den politischen Exekutoren und den intellektuellen Handlangern der Umvolkung und Enteuropäisierung?

Es ist geradezu absurd, daß Islam-Laienprediger wie Peter Schütt uns zu grenzenloser Toleranz aufrufen gegenüber dem Sumpf der (Ausländer)Kriminalität. Peter Schütt setzt in der *Welt* unter dem Titel »Meine sehr kurze kriminelle Karriere« (28. 6. 1997) die organisierte Kriminalität der Drogendealer, Mädchen- und Menschenhändler gleich mit den von ihm selbst erlebten und von unmittelbarer Not verursachten kleinen Diebereien und Schiebereien der Nachkriegszeit. Wer sich bewußt ist, daß die Drogendealer nach Angaben des Internationalen Drogenkontrollprogramms der Vereinten Nationen weltweit jedes Jahr mindestens 400 Milliarden Dollar umsetzen – mehr als der gesamte Autoexport und der gesamte Weltexport an Eisen und Stahl – und damit das Leben von Millionen Drogenabhängigen zerstören, der kann die Schüttschen Verharmlosungen nur als intellektuelle Unredlichkeit sehen, die dazu dient, jene Eltern »*aus anderen Verhältnissen, Kulturen und Regionen*«, die ihre Kinder »*zum Klauen und zum Dealen*« anstiften (ebd.) und die leider allzuoft Muslime sind, reinzuwaschen. Wenn in Deutschland 700 000 Menschen die Techno-Droge Ecstasy nehmen, 300 000 harte Drogen konsumieren (davon 120 000 Heroin) und zwei Millionen Menschen Cannabis-Produkte, wenn in diesem Land im vergangenen Jahr – bei einer großen Dunkelziffer – offiziell 1712 Menschen an ihrer Drogensucht starben, dann besteht ohne allen Zweifel ein gesellschaftlicher Handlungsbedarf und damit auch die Notwendigkeit, die notorischen Vernebler und Herunterspieler zu entlarven.

Die organisierte Gewalt aus dem Türkenmilieu, ob ohne Rechtfertigungsideologie ausgetragen oder mit einem Wust von fiktiven und tatsächlichen Gründen gerechtfertigt, bedroht eindeutig den inneren Frieden. Den Moscheen kommt dabei eine Schlüsselstellung zu: »*Taekwondo-Kurse finden sich im Freizeit-*

*angebot fast aller neunzehn türkischen Moscheen in Hamburg.
Nach den Morden von Mölln und Solingen ist das Interesse junger
Türken an sportlichen Selbstverteidigungsübungen sprunghaft ge-
stiegen.«* (*FAZ,* 2. 5. 1994). Genau dieser schleichenden Vorbe-
reitung bürgerkriegsähnlicher Zustände à la Bronx arbeitet die
Hamburger Behörde für Arbeit, Gesundheit und Soziales in die
Hände: 1991 erschien dort eine Broschüre für Türken, die die
Adressen der Moscheen auflistet und hervorhebt, *»welche Bedeutung der Besuch von islamischen Gotteshäusern und Koran-
kursen für die Identitätsfindung junger Türken haben kann, auch
wenn sie sich selbst gar nicht religiös gebunden fühlen«.* Der deutsche Staat unternahm nicht einmal gegen die offenkundig
verfassungsfeindlichen und volksverhetzenden Tiraden eines
Cemalettin Kaplan etwas, z. B. gegen seine vom Fernsehen auf-
gezeichnete Erklärung von 1987 (*»Die Macht im Staat gehört
Allah. Der Koran ist unsere Verfassung und die Scharia unser
Gesetz«*) – auch nicht gegen die öffentliche Ankündigung bei
einer Großkundgebung in der Deutzer Sporthalle in Köln: *»Mit
einem Vorschlaghammer werden wir auf die Köpfe der Ungläubigen schlagen, bis ihr Gehirn herausspritzt.«*

Gerade in den türkischen Jugendbanden bzw. in den häufig
von jungen Türken dominierten multi-ethnischen Banden setzen sich traditionelle und längst anachronistische Werte einer
zwischen nomadischer und agrarischer Existenzform oszillie-
renden Männergesellschaft durch. Allein für Frankfurt am Main
rechnet man mit etwa 500 gewaltbereiten Jugendlichen in diesem Milieu. Wie Hermann Tertilt in *Turkish Power Boys – Eth-
nographie einer Jugendbande* (Frankfurt a. M. 1996) darstellt,
entwickelte sich innerhalb kurzer Zeit aus einer Viererbande
türkischer Schüler eine Gang, der rund 50 Türken zwischen 13
und 18 Jahren angehörten. Alle Überfälle richteten sich gegen
deutsche Jugendliche und hatten immer auch das Ziel, eine
Demütigung der Opfer zu erreichen: *»Das Kriterium der nationalen Zugehörigkeit«* wurde dazu benutzt, *»deutsche Jugendliche
in einer erniedrigenden Weise zu behandeln«.* Tertilt macht auch
deutlich, daß die angebliche Abwehr rechtsextremer Übergriffe
lediglich ein Vorwand und ein Rechtfertigungsmuster war, um
aggressiv Geltungs- und Selbstwertgefühle zu befriedigen.
Natürlich ist solchen Jungtürken nicht bewußt, wohin mit hoher
Wahrscheinlichkeit die Gewaltspirale führen wird, die sie in

Gang setzen. In 90 von 100 Fällen ist es nun einmal die drang-
salierte Mehrheit, die irgendwann ihre Schafsgeduld und Feigheit überwindet und sich zur Wehr setzt – und dabei leider
allzuoft zum Gegenangriff übergeht und sich Rache- und Ver-
nichtungsgelüsten hingibt.

Für das Verhältnis zwischen Deutschen und Ausländern, zwischen Christen und Muslimen ist es fatal, daß unter jugendlichen
Straftätern und Antisozialen eine übergroße Zahl junger Muslime zu finden ist. *Die Hannoversche Allgemeine Zeitung* berichtete am 22. Mai 1997 minutiös über eine von dem sechzehn-
jährigen Schüler Özcan K. angeführte Gruppe, die auf der
»Schule am Schloßpark« in Stadthagen eine »*Atmosphäre des
Terrors*« verbreitete. Özcan K. fiel über Jahre hinweg wegen Dieb-
stählen bei Mitschülern, Erpressungen, Prügeleien und Schul-
schwänzen auf. Weil seine Eltern nicht dafür sorgten, daß er der
Schulpflicht nachkam, drohte der Landkreis »*ausländerrechtli-
che Konsequenzen*« an, ohne daß es tatsächlich dazu kam. Nach
zahlreichen Vorkommnissen wurde er zu einer Jugendstrafe verurteilt und tauchte unter. Obwohl solche Vorkommnisse überall
in Deutschland sich häufen, weigern sich die Politiker weiterhin,
die Schulgesetze zu reformieren.

In England hat sich in den muslimischen Ghettos pakistani-
scher und indischer Einwanderer längst ein bedrohliches Potential eines mordbereiten Fanatismus entwickelt. Eine der Hoch-
burgen des Fundamentalismus ist das nordenglische Bradford.
1988 ließ der »Rat der Moscheen« das Buch »*Die satanischen
Verse*« öffentlich verbrennen, ohne daß die Beteiligten angemessen bestraft wurden. *Der Spiegel* schrieb über diese Stadt: »*Viele
der Einwanderer haben sich fern von zu Hause ihre eigene Welt erschaffen, nicht selten im Widerspruch zu den Gesetzen ihrer Wahl-
heimat. Daß dabei vor allem die Rechte der Frauen beschnitten
werden, wagen selbst Sozialarbeiter aus falsch verstandenem
Respekt vor der anderen Kultur nicht zu kritisieren*« (Nr. 9, 1996,
S. 172 ff.). Solche »*Toleranz gegenüber der Intoleranz*« hatte in
Bradford für die Pakistanerin Taslim Begum Sadiq tödliche Folgen. Diese junge Frau wurde wegen »Verletzung der Familien-
ehre« von ihrer eigenen Familie zum Tode verurteilt, als sie sich
der Zwangsverheiratung mit einem Pakistaner widersetzte. Sie
wurde regelrecht exekutiert, indem ein auf ihren Bruder zuge-
lassenes Auto sie mehrmals überrollte. Am Steuer saß wahr-

scheinlich ihr eigener Schwager. Kennzeichnend ist, daß es ihrem
Bruder bei der geplanten Zwangsverheiratung nicht zuletzt
darum gegangen war, die eigene Ehre im fernen Pakistan dadurch zu mehren, daß dem von ihm Auserwählten, einem
entfernten Verwandten, per Heirat die Einbürgerung in Großbritannien ermöglicht wurde. Wo der Forschungs- und Bil-
dungsreisende in Pakistan die rigorose Männergesellschaft, etwa
der Pathanen mit ihrem Ehrenkodex des »pukhtunwali«, also der
unbedingten Notwendigkeit, jede Ehrverletzung zu rächen,
voller Interesse mit Bewunderung oder Abscheu betrachten
kann, entsteht unter den Bedingungen einer modernen westlich-
christlichen Gesellschaft ein lebensgefährlicher sozialer Sprengstoff, wenn solche Menschen in allzu großer Zahl und mit allzu
großer Narrenfreiheit einwandern können. Man mag wie André
Singer (*Wächter des pakistanischen Hochlands: Die Pathan*, Am-
sterdam 1982) die »*allumfassende Gläubigkeit*« (S. 126) dieser
Menschen bewundern, sollte aber nicht vergessen, daß diese sich
zwar ihrem Gott, aber schon daheim keinem Menschen und erst
recht nicht den Gesetzen europäischer Demokratien unterwerfen. Und die Kosten der Männerehre zahlen hier wie dort die
Frauen, die »*ein Leben hinter Schleiern*« verbringen (S. 72) – hinter hohen Mauern eingesperrt in das »purdah«, in die völlige
Abgeschiedenheit von allen fremden Männern. Singer berichtet,
daß von einem Pathanen zwei Vettern seiner Frau und diese
selbst erschossen wurden – nur weil sie sich ihr angeblich
genähert hätten. Dies wird als »*tor*« betrachtet, als Ehrverletzung, die nur durch den Tod zu sühnen ist, wobei es durchaus
vorkommt, daß der Vater den eigenen Sohn tötet, nur um diesem Ehrwahn Genüge zu tun.

4. Eine separate Welt

Roman Herzog, der mit seinen dumpfen Grabreden auf den angeblich so überholten und angeblich so gefährlichen Nationalstaat sich weidlich Mühe gibt, statt eines Präsidenten aller Deutschen ein spätes Leitfossil der verflossenen Rheinischen Republik zu werden, grüßte am Ende des Ramadans 1997 ganz offiziell die lieben muslimischen Mitbürger. Und auch von amtskatholischer Seite kommen Gratulationen zum Fest des Fastenbrechens. Der Kölner Kardinal Joachim Meißner schreibt den Muslimen, sie würden »*zum Wohl unserer Gesellschaft beitragen*«, und er schätze »*die muslimische Gastfreundschaft und Frömmigkeit*«. Immerhin läßt Meißner durch die Blume anklingen, daß in vielen muslimischen Ländern die christliche Minderheit vom offiziellen Islam weder gastfreundlich noch fromm behandelt wird, sondern bespitzelt, verfolgt und zum Teil sogar massakriert wird. Aber selbst diese Klage wird in verblümter Sklavensprache vorgebracht und bleibt politisch völlig folgenlos. Auch sogenannte »Konservative« wie Meißner stecken eben bis über beide Ohren im Sumpf eines chimärenhaften »christlich-islamischen Dialoges«, der zu nichts als Konfusion, geistiger Korruption und Selbstbeschwindelung führt. Dem entspricht es auch, daß das Erzbistum Köln mit einer Sondererlaubnis des Papstes einen türkischen Muslim als Sozialarbeiter einstellte – einen Menschen, der mit rigorosem Fanatismus mehr als 80 Jahre nach der Ermordung von 1,5 Millionen Armeniern diesen Völkermord leugnet und als Hirngespinst armenischer Terroristen abtut.

Etliche deutsche Meinungsmacher spielen ein sehr gefährliches Spiel, wenn sie mit gut gemeinten manipulativen Tricks versuchen, Teilen der Bevölkerung deren tatsächliche oder angebliche Fremdenfeindlichkeit auszutreiben und als Gegengift Fremdenfreundlichkeit einzuimpfen. Allzu viele Kampagnen, allzu dick aufgetragenes Gutmenschentum können sehr schnell die gegenteilige Wirkung erreichen: Von der Wunderwaffe bis

zum Rohrkrepierer ist der Weg nicht weit. Wenn ständig und
überall die Schalmeien der Multikulti-Traumwelt erklingen,
dann kann das sehr schnell gegen diese Ideologie immunisieren.
Dem Anliegen einer Annäherung aller Menschen dieser Welt
leistet man einen Bärendienst, wenn man systematisch versucht,
über farbige Fernsehmoderatoren, Ansager, Schauspieler, Mo-
delle usw. unterschwellige optische Reize zu setzen. Für sich
genommen und als Einzelfall ist nichts dagegen zu sagen – wo
man ein Programm und eine Weltanschauung daraus macht,
wird daraus falsche Politik, die die Abwehrreaktionen, die
sie abzubauen vorgibt, erst erzeugt. Man frage sich doch einmal,
wie es auf einen unvoreingenommenen, ganz und gar nicht
von rassistischem Hochmut geprägten Engländer wirken muß,
wenn er heute in seiner Heimat an allen Ecken und Enden
Aufkleber zu lesen bekommt wie »*A black future is a bright
future*« (»*Eine schwarze Zukunft ist eine lichte Zukunft*«), d. h.
ihm ganz offiziell mitgeteilt wird, daß man dafür sorgen werde,
die einheimische Bevölkerung durch farbige Einwanderer zu
ersetzen.

Die leuchtenden Beispiele, die in unseren Medien als Belege
für gelungene Integration von Muslimen in die deutsche Gesellschaft herausgestellt werden, überzeugen nicht gerade: Da ist, im
Bonner Generalanzeiger vom 8. 3. 1994 vorgestellt, die in Bad Go-
desberg lebende iranische Arztfamilie Alsamawi, die im Ramadan täglich über einen Fernsehsender aus Dubai sich eine Stunde
lang die islamischen Gebete ins Haus holt und die Kinder in einer arabischen Schule Arabisch lernen läßt, damit sie »*Kontakt
zu unserer Gesellschaft bekommen*«. Ein solches Verhalten und ein
solches Lebensgefühl ist angemessen, wenn man die baldige
Rückkehr in den Orient plant – sie helfen nicht weiter, wenn man
in Deutschland bleiben und Wurzeln schlagen will. Kennzeichnend für die große Mehrheit der Muslime ist die importierte eigene Welt, die auf Fiktionen und Wahnvorstellungen gegründete
Gegen-Welt zur ungeliebten deutschen Umgebung: Vom türkischen Supermarkt bis zum mit den Moscheen verbundenen Kin-
dergarten, Jugendclub oder Sportverein, von der Steuer- und
Rechtsberatung bis zum türkischen Reisebüro, das auch Pilger-
reisen nach Mekka anbietet, sind die muslimischen Familien eingebettet und eingesperrt in ein islamisches Netzwerk.

Unter den gut sieben Millionen Ausländern in Deutschland

finden sich anderthalb Millionen Angehörige von Staaten der Europäischen Union, die – nicht nur beim Wahlrecht – in vielem den Deutschen rechtlich gleichgestellt sind. Nun gibt es ein großes Lamento, daß auch die anderen Ausländer die gleichen Rechte bekommen müßten. Von »Zwei-Klassen-Wahlrecht« ist die Rede, vor allem, wenn es um die zweieinhalb Millionen türkischen Staatsbürger geht. Die Zeitschrift *Focus* titelte 1993, die Ausländerbeauftragte Cornelia Schmalz-Jacobsen wittere hier »*Sprengstoff*« und zitierte sie mit der Frage: »*Wie erklären wir einem hier geborenen volljährigen Türken, daß er bei der nächsten Kommunalwahl wieder nur zuschauen darf, während sein spanischer Kollege, der seit einem Jahr hier in Deutschland lebt, wählen und gewählt werden kann?*« Der Dame, die hier weniger Sprengstoff wittert, als diesen durch Herbeireden erzeugen will, kann geholfen werden: Man kann diesem Türken klipp und klar sagen, daß er ja durchaus wählen kann. Er kann wählen zwischen Deutschland, einem unzweifelhaft europäischen Land, und der Türkei, die ihre unter Atatürk von oben her begonnenen Schritte in Richtung Europa und in Richtung Demokratie nicht nur nicht fortsetzt, sondern die sich unter den Generälen, den Demirels und Erbakans, wieder eindeutig in Richtung auf eine Art neudekoriertes Kalifat bewegt. Es gibt nicht den mindesten Anlaß, den Bürgern einer solchen asiatischen Despotie einen Einfluß auf die Geschicke Deutschlands und der deutschen Demokratie einzuräumen. Da man im übrigen solche elementaren Rechte in einem Rechtsstaat per Gesetz nie an einzelne, sondern immer nur an ethnische oder soziale Gruppen vergeben kann, sind auch demokratische Türken, die in Deutschland leben, von dem Weg betroffen, den ihre Nation einschlägt, und dieser Weg führt auf absehbare Zeit aus Europa heraus. Die Abschaffung der Folter und des Polizeistaates, die erneute strikte Verbannung des Islams aus dem öffentlichen Leben, das Verbot aller islamistischen Aktivitäten, die reale Gleichberechtigung der Nicht-Muslime, der Rückzug aus den besetzten Kurdengebieten und aus Nordzypern, der Abschied von allen pantürkischen Machenschaften – das wären Voraussetzungen, um die Türkei als ein Land zu betrachten, das nach Europa will und zumindest in Zukunft zu Europa gehört. Dann wäre auch an eine Gleichstellung der hier lebenden türkischen Staatsbürger mit den hier lebenden Griechen, Portugiesen usw. zu denken. Da das nicht in Sicht ist, darf es für hier lebende Türken auf absehbare Zeit nur eine Möglichkeit geben, wenn sie gefragt werden wollen und mitbestimmen wollen: der endgültige Verzicht auf die türkische Staatsangehörigkeit und anschließend die Erlangung der deutschen (und sofortige Ausweisung bei dem jetzt häufig praktizierten Betrugsmanöver, sich nach Erlangung der deutschen zusätzlich wieder die türkische Staatsbürgerschaft zu besorgen).

Wer als deutscher Politiker anderes will, der rekrutiert gewollt oder ungewollt die Sturmtruppen für eine antieuropäische und antidemokratische Offensive. Daß dies nicht übertrieben ist, wird an den Ergebnissen einer repräsentativen Umfrage des im übrigen sehr liberalen Bielefelder Jugendforschers Wilhelm Heitmeyer deutlich (vgl. *Der Spiegel* Nr. 41/1996). 68 Prozent der oft schon hier geborenen türkischen Jugendlichen halten eine *»starke türkische Nation«* für wichtiger als eine demokratische Staatsform. Knapp 70 Prozent orientieren sich überwiegend an den Werten des Islams, jeder dritte zeigt Sympathie für die Fanatiker von Milli Görüs (IGMG), jeder vierte äußert Gewaltbejahung. Diese harten nüchternen Zahlen sollten sich gerade diejenigen hinter die Ohren schreiben, die, wie Alain Finkielkraut in *La défaite de la pensée (Die Niederlage des Denkens)* schreibt, eine *»gesinnungsethische Fremdenliebe«* zeigen, die *»Deutschland am liebsten als Flüchtlingslager für alle Verfolgten und Verelendeten dieser Welt sehen möchte«*. Natürlich darf man den türkischen Jugendlichen sowenig die Schuld an ihren Vorurteilen und ihrer Verblendung zuschieben, wie daran, daß viele von ihnen in Asozialität und Kriminalität abgleiten. Zu Recht stellt der türkische Sozialarbeiter Ali Cakir aus Köln fest: *»Schuld sind die Politiker. Die haben die Eltern dieser Jugendlichen ins Land geholt, ohne an die Konsequenzen zu denken. ... In den Familien gelten nach wie vor türkische Normen und islamisch-religiöse Gesetze, aber draußen ganz andere. Wie soll ein Kind das verkraften?«* (*K. St.-A.,* 28. 5. 1996). Wenn Ali Cakir in diesem Zusammenhang von einer *»Zeitbombe«* spricht, dann kann man ihm nur zustimmen – zumal er wie viele andere, die im sozialen Bereich das gesellschaftliche Elend jedenfalls verringern wollen, miterlebt hat, daß eine antisoziale Politik in den letzten 15 Jahren immer am falschen Ende gespart hat – koste es, was es wolle. Man muß sich nur einmal anschauen, mit welchen Fragen Güzin Sayar, die Kummerkasten-Frau der Istanbuler Zeitung *Hür-*

riyet, von in Deutschland lebenden Türken und Türkinnen be-
stürmt wird. Da geht es um das Kopftuch-Tragen und darum,
wie man dies der deutschen Umwelt vermitteln kann, um
Beschneidung und von den Kindern abgelehnte Verheiratung durch die Eltern. Güzin Sayar zum Inhalt der rund
20 Briefe, die sie jeden Tag aus Deutschland erhält, wo *Hürriyet*
150 000 Exemplare absetzt: »*Der Konflikt zwischen traditionellen
islamischen Werten der Türkei und einem modernen Leben des
arbeitgebenden Gastlandes eskaliert. Frauen und Männer, Junge
und Alte sind gleichermaßen betroffen.*« Als ihre Aufgabe sieht sie
dabei, das ins Wanken geratene Wertesystem der Auslandstürken
zu stabilisieren. Ob dies im Sinne der Gastländer ist, ob dies der
Integration förderlich ist, kann mit Fug und Recht bezweifelt
werden.

Im Juni 1997 fand das bisher größte Fundamentalisten-Tref-
fen Deutschlands in der Dortmunder Westfalenhalle statt, organisiert von der IGMG (Milli Görüs). Nicht allein, daß der deutsche Staat einen derartigen antidemokratischen Kampfverband
duldet, statt ihn zu verbieten – man gibt ihm auch noch die Möglichkeit, im Herzen des Ruhrgebiets 40 000 Anhänger und Sympathisanten aufmarschieren zu lassen und einzuschwören auf
die Korandiktatur und den Umsturz. Und dies, obwohl der Verfassungsschutzbericht überdeutlich darauf hinweist, daß die
IGMG »*islamistisch-extremistisch*« ist, die »*Ablösung der laizistischen Staatsordnung in der Türkei*« durch einen »*islamischen
Gottesstaat*« zum Ziel hat und inzwischen mit ihren Parolen zwischen einem Fünftel und einem Drittel der Türken in Deutschland hinter sich weiß. Die IGMG hat reichlich Geld, kontrolliert
in Deutschland ein gutes Drittel der Moscheen; ihre Mutterpar-
tei Refah Partisi hat auch nach der Ausbootung Erbakans aus der
Regierung eine große Zahl von Provinz- und Kommunalfürsten
in ihrem Schlepptau. Sie ist also hundertmal stärker und gefährlicher als irgendwelche kurdischen Oppositionsgruppen, die
vom deutschen Staatsapparat mit stumpfsinniger Verbissenheit
verfolgt werden.

Strikt nach Männern und Frauen getrennt, so schon optisch
reaktionäre Gesinnung und Verfassungsfeindlichkeit demon-
strierend, wurde in der Westfalenhalle in aller Offenheit und Unverschämtheit auf einem Transparent proklamiert »*Wir sind
Einwanderer*«. Diejenigen, die dort so zynisch darauf hinwiesen,

daß viele (allzu viele) in ihren dicht geschlossenen Reihen momentan die deutsche Staatsangehörigkeit besitzen, sollten nicht zu laut schreien und nicht zu früh triumphieren, um nicht vom unerwünschten Einwanderer zum ungewollten Auswanderer zu werden. Glauben sie, daß es auf die Dauer gutgeht, wie bei dem IGMG-Festival lauthals das Lied »*Mein geliebtes Vaterland Türkei*« zu singen und gleichzeitig den Anspruch zu erheben, als Pseudo-Deutscher Einfluß zu nehmen auf die Lebensfragen unseres Landes? Wer alles will, der riskiert, nichts zu bekommen und alles zu verlieren. Selbst die weiß Gott um ein Übermaß von Verständnis und um Toleranz bemühte *Zeit* (20. 6. 1997) konnte keine Antwort finden auf die Frage, »*warum junge Inländer in ein Stadion gehen, um im Namen des Islam die Hymne des elterlichen Heimatlandes mitzusingen*«. So wenig Toleranz angebracht ist in Sachen der islamistischen Uniformierung, so wenig dürfen wir zulassen, daß sich religiöse Parteien bilden. Immerhin ist dies auch in Ländern wie Tunesien, Algerien, Jordanien, Syrien und Ägypten verboten. Nordirland oder Israel sind warnende Beispiele, daß in jeder solchen Parteiorganisation der Keim der Konfrontation und des Bürgerkrieges steckt.

Diejenigen, die als Muslime vor dem Terror des Islamismus und der islamischen Despotien nach Deutschland geflohen sind, sehen sich konfrontiert damit, daß die Komplizen ihrer Peiniger auch in unserem Land ihr Unwesen treiben – als Asylanten, als Diplomaten, zum Teil sogar als Pseudo-Deutsche, die auf die eine oder andere Weise in den Besitz eines deutschen Passes gelangt sind. Nicht allein, daß sie von hier aus Geld für die Mörderbanden sammeln, Waffentransporte und Verschwörungen organisieren – sie bespitzeln auch ihre bei uns lebenden Landsleute, bedrohen und attackieren sie. In noch weitaus zugespitzterer Form gilt dies für Christen und Juden, die aus islamischen Ländern stammen. Noch einmal gesteigert finden wir diese Problematik im Schicksal jener Muslime, die sich vom Islam abgewandt haben und entweder Freigeister oder Christen geworden sind. Hier die Erfahrungen des im Ruhrgebiet lebenden arabischen Lehrers E., der nach seinem Übertritt vom Islam zum Christentum in seinem Heimatland verfolgt und mit dem Tode bedroht wurde, in Deutschland Asyl erhielt und darauf vertraute, hier in Frieden und Sicherheit leben zu können:

– Von arabischen Muslimen wurde er immer wieder beschimpft, in aller Öffentlichkeit körperlich angegriffen und mit dem Tode bedroht. Leute, die als Sozialschmarotzer sich auf Kosten des deutschen Volkes ihren Lebensunterhalt durch das Sozialamt bestreiten lassen – darunter auch arabische Studenten – erklärten ganz offen, sie seien nach Deutschland gekommen, um die »Sch...-Christen« zum Islam zu bekehren und alle Gottesleugner zu liquidieren.

– Versuche, mit Hilfe von Polizei und Justiz etwas gegen diese üblen Elemente zu unternehmen, scheiterten. Polizisten lehnten ein präventives Eingreifen ab, obwohl durch ärztliches Attest die Körperverletzung nachgewiesen werden konnte. Als bei einem Überfall in einem Bus der Täter flüchtete, lehnten es die vom Fahrer gerufenen Polizisten ab, die Personalien eines mit dem Täter gekommenen und zurückgebliebenen Arabers festzustellen, um so an den Täter heranzukommen. Kommunalpolitiker ließen sich verleugnen und flüchteten sich in die (rein formal betrachtet natürlich gegebene) »Unzuständigkeit«.

Daß Gegenwehr möglich ist, beweist eine erfolgreiche Initiative, die von Muslimen angestoßen wurde, die vor dem islamistischen Terror nach Europa geflohen waren und nun erleben mußten, daß die Zwillingsbrüder ihrer Peiniger auch in Deutschland aktiv sind. In Kirchheimbolanden wollte der VIKZ ein Grundstück mitten in der Stadt kaufen, um dort ein »Moschee- und Kulturzentrum« zu errichten, obwohl die dortigen Muslime längst eine ausreichend große Moschee besitzen. Es gelang, eine ganze Reihe Unterschriften zu sammeln und eine große, von einem evangelischen Pfarrer moderierte Veranstaltung durchzuführen, bei der ich über den VIKZ und seiner Ziele informierte. Die Zeitung *Rheinpfalz* berichtete mehrfach und angesichts vieler Proteste verweigerte der Stadtrat den Verkauf. Symptomatisch ist, daß viele Deutsche eine Unterschrift ablehnten aus Furcht vor Repressalien der Islamisten. Soweit sind wir schon gekommen!

Eine der gefährlichsten Taktiken des Islams ist es, in vielen schwierigen Situationen Takiya (türkisch Takkye; Vorsicht, Furcht; synonym gebraucht: kitman = Verhüllen) zu üben, d. h. auf einen in der islamischen Tradition verankerten und von allen Glaubenslehrern gebilligten Dispens von den Forderungen

der Religion zurückzugreifen, der bei (angedrohtem) Zwang
oder bei drohendem Schaden das Verschweigen oder Verfälschen
der eigenen religiösen Überzeugung erlaubt. Während in der
christlichen Tradition von dem wahren Gläubigen das Martyrium erwartet wird und bis auf unsere Tage viele tausende Christen diesem Ruf zu unbedingter Glaubenstreue Folge leisteten,
ist schon Mohammed stets dem Opfergang ausgewichen – siehe
die Hedschra, die Auswanderung von Mekka nach Jathrib (Medina) – und hat an vielen Stellen des Korans Flucht und Verstel-
lung als Mittel der Wahl empfohlen. Sure 16, Vers 108 erlaubt für
den Notfall die äußere Verleugnung des Glaubens; Sure 3, Vers
27 die Freundschaft mit Ungläubigen (eine herrliche »Freundschaft« – aus Angst vor dem »Freunde«!); Sure 5, Vers 5 und Sure
6, Vers 119 den Genuß von ansonsten verbotenen Speisen. Die
Takiya, die selbst auf dem radikalsten Flügel der äußerst sitten-
strengen und buchstabengläubigen Kharidschiten bzw. Ibaditen
nicht verworfen wurde und die eines der Sunniten und Schiiten
verbindenden Prinzipien ist, ist von einem Teil der Glaubens-
lehrer als regelrechte religiöse Pflicht behandelt worden. So erklärten die Ibaditen: »*Die Takiya ist eine Decke für die Gläubigen;
der hat keine Religion, welcher keine Takiya hat.*« Ein anderer alter Ratschlag lautet: »*Gott hat den Gläubigen Bewegungsfreiheit
geschenkt durch die Takiya; darum verbirg dich!*« Für die Schiiten,
die aufgrund ihrer von Opposition und in aller Regel auch von
Unterlegenheit gegenüber den Sunniten bestimmten Lage sich
noch mehr auf Takiya angewiesen glaubten als andere Muslime,
hat Ali, der vierte Kalif und Schwiegersohn Mohammeds, verfügt: »*Der am meisten von Euch verehrte ist der Gottesfürchtigste,
derjenige, der am meisten die Takiya anwendet.*« Ein solches von
der Religion gebilligtes oder sogar gefordertes, frei von allen Ge-
wissensbissen verinnerlichtes Denken und Verhalten hat verheerende Konsequenzen für die Möglichkeit, Muslime als ehrliche,
berechenbare Partner zu betrachten. Wenn es nur wichtig ist,
was jemand in seinem Herzen glaubt und er aus diesem mit al-
lerhöchster Billigung eine Mördergrube machen und seine
Mitmenschen hintergehen kann, dann ist ein unbedingtes
Mißtrauen gegenüber solchen Schönschwätzern und Ein-
schmeichlern nicht nur verständlich, sondern unerläßlich.

Andererseits operieren Islamisten teilweise mit offenen
Haßparolen. So zeigt Necmettin Erbakan je nach Publikum ent-

weder Verständnis für den »*Aufstand gegen Ausbeutung*« oder präsentiert sich den bürgerlichen Kreisen und dem Ausland als moderat-rationaler Führer, der als einziger der Radikalisierung die Spitze abbrechen kann. Gleichzeitig wird aber der Machtelite mit dem Umsturz und der Massengewalt gedroht, wenn Erbakan offen erklärt: »*60 Millionen Menschen werden entscheiden, ob der Übergang blutig sein wird oder nicht*« (vgl. *Turkish Daily News*, Ankara, 14. 4. 1994).

Selbst eines der Symbole für europäischen Pluralismus und Meinungsfreiheit, die »Speakers Corner« im Londoner Hyde Park ist, wie die *Welt* am 14. 5. 1996 berichtete, zu einem Instrument der Islamisten geworden. Islamistische Prediger, von Muskelmännern abgeschirmt, hetzen dort gegen alle Anders- und Ungläubigen. Ein irakischer Fundamentalist ging Anfang 1996 mit einem Messer auf einen libanesischen Christen los und wurde wegen Körperverletzung verhaftet. Ein anderes Mal provozierte er einen Krawall, der mit vier verletzten Polizisten endete. Immer wieder hält er an dieser Stelle seine Ansprachen: In Militäruniform unter der irakischen Flagge preist er den Islam, Saddam Hussein, die Hisbollah und die Hamas. Diese Sorte Menschen benutzt ganz bewußt und ganz offen die Meinungsfreiheit, um sie abzuschaffen. Zu den Arabesken gehört, daß ausgerechnet an der »Speakers Corner« ein zum Islam konvertierter Weißer verkündete: »*Ich glaube nicht, daß uneingeschränkte Redefreiheit etwas Gutes ist.*« Mit denen, die nur ihre eigenen Obsessionen und Fiktionen gelten lassen, ist selbst eine schlichte Diskussion über Meinungsfreiheit und gegensätzliche Standpunkte unmöglich. Solche Menschen weigern sich hartnäckig, Gesichtspunkte der Gegenseite überhaupt nur zur Kenntnis zu nehmen. So erklärte der islamistische indische Abgeordnete Syed Shahabuddin laut der *Times of India* vom 13. 10. 1988, nachdem es ihm gelungen war, in seinem Land ein Verbot der *Satanischen Verse* von Salman Rushdie durchzusetzen: »*Ich habe ihn nicht gelesen und habe keineswegs die Absicht, ihn zu lesen. Ich brauche nicht durch eine Kloake zu waten, um zu wissen, daß darin nichts als Dreck und Unrat ist.*«

Was die grundsätzliche Mentalität betrifft, so zeigen solche Islamisten Parallelen zu jenen Pseudo-Antifaschisten, die z. B. die rechtskonservative Zeitung *Junge Freiheit* als »Nazi-Zeitung« diffamieren, Anschläge auf ihre Redaktion und Druckerei ausführen und Zeitungshändler mit gezielten Übergriffen daran hindern wollen, sie zu verkaufen, oder die wie der Lübecker SPD-Fraktionsgeschäftsführer Thomas Rother den Mitbegründer der GRÜNEN Baldur Springmann als »*einen der prominentesten Nazis der Umgebung*« und »*geistigen Brandstifter der St.-Vicelin-Kirche und der Lübecker Synagoge*« attackieren (vgl. *Lübecker Nachrichten*, 18. 6. 1997). Sogenannte »Linke« und sogenannte »demokratische Politiker« sind ein wenig vorbildliches Vorbild, nicht zuletzt für ausländische Jugendliche, deren antisoziales Verhalten dann viele Menschen in die Arme der Ultrarechten treibt. So zitiert *Der Spiegel* (Nr. 37/1996) in einem Bericht über das Anwachsen des Rechtsradikalismus in Frankreich einen jungen Polizisten: »*Zehnjährige Algerier spucken mich an und nennen mich schwul; wenn ich sie packe, bin ich Rassist.*«

Man sollte sich von der Illusion freimachen, die Islamisten seien eine schon durch Äußerlichkeiten leicht erkennbare isolierte Randgruppe aus frömmelnden Spinnern und konfusen Randalierern. Das gibt es auch, aber sehr viel häufiger stößt man auf relativ gut ausgebildete, geschulte Taktiker, die mit honigsüßer Phraseologie ihren menschenfeindlichen Unsinn vertreten, sich aller Mittel der modernen Technik bedienen und in untergeordneten Dingen durchaus flexibel sind. Im *Spiegel* Nr. 9/1997 (S. 182 ff.) beschreibt Alexander Smoltczyk, wie 1995 ein islamistisches Kommando aus fünf Jugendlichen in Algier entdeckt wird. Als Sondereinheiten die konspirative Wohnung stürmen wollen, erklärt sich, um ein Blutbad zu verhindern, ein Offizier bereit, unbewaffnet zu verhandeln. Ein blondes Mädchen im Minirock öffnet die Tür und erschießt ihn. Eine algerische Journalistin, die wenig später vor den Leichen der fünf Nachwuchsterroristen stand, beschrieb die Toten so: »*Sie sahen aus wie moderne Jugendliche. Völlig europäisch. Ich dachte, wenn dieses Mädchen Terroristin ist, dann kann es jeder sein, dann hat die Gefahr kein Gesicht mehr.*« In einem Bericht des *ZEIT-Magazins* unter dem Titel »*Die Selbstmord-Bomber*« schreibt Kenneth Miller über die palästinensische Hamas: »*Die Ausbildung eines Attentäters beginnt in der Pubertät, wenn vielversprechende Jugendliche in geheime Gruppen eingeführt werden, deren Alltag von der Moschee bestimmt wird. Die Rekruten werden in einer unbarmherzigen Version des Islam unterwiesen. Der Koran verbietet*

Selbstmord und Mord, doch diese Passagen werden einfach nicht beachtet; statt dessen lernen die Jungen, wer für Gott sterbe, komme direkt in den Himmel, einen fruchtbaren Ort, wo jedem Märtyrer siebzig jungfräuliche Bräute zuteil werden. ... Nicht jeder kann Selbstmordattentäter werden, und wer diesen Status erreicht, gilt als Star – sein Gesicht erscheint auf Plakaten, Schlüsselanhängern und Sammelkärtchen. Popgruppen – wie die militärisch gekleideten ›Märtyrer‹ – preisen die Aktionen der Attentäter.«

5. Neubürger, Dauergäste, Rückkehrer

Hochgradig problematisch ist es, wenn – unterstützt von den Regierungen der »Entsendeländer« – Ausländerorganisationen, Ausländerparteien, offene oder verdeckte Klüngel von Ausländern in den deutschen Parteien und die jeweilige deutsche Sympathisantenszene versuchen, dem deutschen Volk dessen Selbstmord schmackhaft zu machen. Auf nichts anderes läuft es hinaus, wenn unter dem Motto »*Wir pfeifen auf diese Regierung*« man Sturm läuft gegen die ohnehin ausgesprochen löcherige Visumspflicht für einen Teil der ausländischen Kinder und Jugendlichen. Ganz so, als gäbe es nicht die tausende von Kindern, die von Asylschlepperbanden und Drogenhändlern unbegleitet nach Deutschland geschickt werden. Es ist lächerlich und infam, von »Diskriminierung« zu reden, wenn die Deutschen nicht freiwillig das Bürgerrecht an all die verteilen, die aus egoistisch-ökonomischen Gründen nach Deutschland strömen. Geradezu zynisch mutet es an, wenn die Initiatoren dieser Proteste den deutschen Eltern empfehlen, als »Eulenspiegel-Aktion« für ihre eigenen Kinder Visa zu beantragen, da diese genauso hier geboren seien wie viele Ausländerkinder. Hinter solchen Vorschlägen steckt ein Denken, das jede Unterscheidung zwischen Inländern und Ausländern, Einheimischen und Fremden, erwünschten und unerwünschten Gästen als bösartig und ungerecht verbieten will. Damit wird aber zugleich die Grundlage einer gemeinsamen nationalen Identität, ohne die kein Staat Solidarität der Individuen einfordern und Freiheiten verteidigen kann, zerstört. Durch die fiktive Gleichsetzung von Gastgeber und Gast wird die mentale Voraussetzung gastlichen Verhaltens und damit auch die bewußte Bevorzugung des Gastes beseitigt. Wer die unterschiedslose sofortige Einbürgerung aller Ausländer fordert, der erzeugt in der deutschen Bevölkerung nur zu verständliche Angst- und Abwehrreaktionen, der schafft das Gefühl, hier wollten Politiker ein Volk nach ihrem Bilde formen – ohne nationales Selbstbewußtsein, aufgesplittert in zahllose Ethnien und Subkulturen, nach der Methode des »teile und herrsche« leicht zu manipulieren und zu beherrschen.

In diese Richtung zielen auch die zahllosen Versuche, das seit 1913 gültige und auf dem »ius sanguinis« (Recht des Blutes, also der Abstammung) beruhende deutsche Staatsbürgerrecht in Richtung Mittelalter (»ius soli«, Recht des Bodens, sprich nach dem Geburtsort)) zu »reformieren«. Eine verheerende Rolle spielt dabei die FDP, die von der Partei der großen Patrioten Thomas Dehler und Reinhold Maier verkommen ist zu einer Klientelpartei, die für freien Drogenhandel, Verhinderung der Geldwäsche-Kontrolle, Schonung der Organisierten Schwerkriminalität und schamlose staatliche Bezuschussung der Großvermögen steht. Daß diese Partei ein verschämtes bis unverschämtes Interesse am Zustrom billiger Arbeitskräfte, an der Ausbreitung der Schattenwirtschaft, an der Verwandlung Deutschlands in eine für das globale Spekulationskapital hochprofitable »Sonderwirtschaftszone BRD« hat, verwundert nicht. Erstaunlich ist nur, mit welcher lemminghaften Hirnlosigkeit Politiker anderer Parteien, von der CDU über die SPD bis hin zu Grünen und PDS, (darunter auch solche, die lauthals erschreckende Rückwärtsbewegungen zum islamischen Fundamentalismus beklagen), den dezidiert antinationalen Ultraliberalismus der Pünktchen-Partei nachbeten. Da äußert beispielsweise die nordrhein-westfälische Wissenschaftsministerin Anke Brunn am 16. 3. 1997 zur Visumspflicht: »*Um diese Menschen hier zu halten, müssen wir sie einbürgern, das wäre die richtige Antwort*« – geradeso, als lebten bisher keine oder zu wenige Fremde in Deutschland, und als gäbe es nichts Dringenderes, als diese mit aller Gewalt hierherzuholen und hierzubehalten.

Um das Asylrecht zu verteidigen, um die Möglichkeit einer zeitweisen Aufnahme von Bürgerkriegsflüchtlingen zu erhalten, muß die Zahl der aus wirtschaftlichen Gründen Einwandernden zumindest auf einige Jahre hin reduziert werden auf den Anteil, der im unbedingten nationalen Interesse Deutschlands liegt: Künstler, Wissenschaftler, technische Spezialisten, investierende Unternehmer. Eine deutsche Politik muß klare Ziele und Prioritäten setzen:

– Zuerst die Verteidigung und Sicherung des Eigenen, das Vorrang vor allem Fremden hat, wie ja auch die Solidarität mit unseren deutschen Brüdern und Schwestern der Solidarität mit

unseren europäischen Nachbarn und mit Freunden außerhalb
Europas vorangehen muß,
– dann die Assimilation der Assimilierbaren, also derjenigen,
die bereit sind, als Neubürger, als gute Deutsche, für dieses Land
und seine Freiheit einzustehen,
– dann die Integration der zwar nicht Assimilationsbereiten,
aber Integrierbaren, also derjenigen, die auf Dauer Gäste und
national wie gesellschaftlich eher für sich bleiben wollen, aber
zumindest nicht gegen die Rechtsordnung, gegen den elementaren Grundkonsens und die Lebensinteressen der deutschen Nation verstoßen,
– dann durch Rückkehrprämien, Zurückführung und Verhinderung illegaler Einreisen die Reduzierung der Nicht-Integrier-
baren auf ein gesellschaftlich verantwortbares Maß.

Der schlimmste Feind eines Menschen ist der Schmeichler. Also
jener Zeitgenosse, der uns über den grünen Klee lobt, der uns
stets nach dem Munde redet, der uns in allen Eseleien recht gibt.
Boileau sagt in seinen *Satiren* sehr schön: »Macht euch Feinde,
die prompt euch kritisieren.« Daher sind jene Pseudolinken und
Superliberalen, die aus Prinzip alle Ausländer anhimmeln und
vergöttern, objektiv betrachtet die gefährlichsten Ausländerfeinde. Gegen jene, die aus Arroganz und Minderwertigkeitsgefühlen alle Ausländer hassen und vertreiben, wird man als Be-
troffener auf der Hut sein und sich wehren. Aber es gehört einige
politisch-soziale Intelligenz, einige Selbstkritik und Lebenser-
fahrung dazu, um das üble Spiel der fanatischen »Ausländer-
freunde« zu durchschauen und zu begreifen: Wer sich als
Ausländer mit diesen teutonischen Gemütskranken und Selbst-
mordenthusiasten einläßt, wer ihren Einflüsterungen folgt, der
sorgt mit einer sehr hohen Wahrscheinlichkeit dafür, nicht nur
im politischen Abseits zu landen, sondern auch der eigenen Existenz in Deutschland die Grundlage zu entziehen. Denn letztlich
garantiert kein papierener Vertrag, keine Sonntagsrede, kein
Solidaritätsgeschrei, daß Fremde frei und friedlich in Deutschland leben können. Solidarität, jene stets begrenzte und relative
Sicherheit, die das Äußerste des politisch Machbaren ist, entsteht
immer nur aus der Akzeptanz des Volkes und aus der Zustimmung einer Staatsmacht, die die Bedingungen festsetzt (die
Rechte und Pflichten der Ausländer) und dafür sorgt, daß die

unvermeidlichen Konflikte mit den Einheimischen entschärft werden.

Daher sollten die Repräsentanten der Ausländer in Deutschland (gewählte und legitime Vertreter, nicht jene selbsternannten Groß-Sprecher, die nur für sich selbst und ihren Klüngel das Wort ergreifen) endlich den Dialog mit denen suchen, die in Zukunft als Deutsche für das deutsche Volk handeln und verhandeln können. Was nützt es den in unserem Land lebenden Ausländern, immer nur mit denen zu monologisieren, die in Ermangelung einer eigenen Identität, eigener Gedanken und eines eigenen Standpunkts zu allem ja und amen sagen? Was nützt es, sich von Politikern den Ausverkauf deutscher Positionen und die Preisgabe Deutschlands versprechen zu lassen, wenn diese Politiker im Volk Tag für Tag mehr den Rückhalt verlieren? Was nützt es, die Podien mit politischen Mumien und Totgeburten zu füllen, mit Quislingen und Prostitutionsexperten, statt sich an die zu wenden, die die Zukunft dieses Landes sein werden, wenn es denn eine hat? Diejenigen, die das bessere, das künftige Deutschland vertreten, also alle, die sich zu der vielgestaltigen neuen Deutschland-Bewegung rechnen, können den Ausländern in unserem Land eines garantieren: Wir werden weniger versprechen als die Repräsentanten des ancien régime. Wir werden klar und eindeutig und ehrlich sagen, was wir von denen erwarten, die mit uns leben wollen und was wir unsererseits ihnen zugestehen. Und was wir sagen, werden wir halten – Wort für Wort.

Immer wieder geschehen Zeichen und Wunder – auch, daß ein notorischer Antidemokrat sich wandelt und sich bekehren läßt. Insofern sollte man die Hoffnung nicht aufgeben, daß der eine oder andere aus dem Sumpf wieder herauskommt, und man sollte neben der abwehrbereiten Faust stets eine ausgestreckte Hand zeigen. Wenn jemand beginnt, zu denken und sich zu schämen, so darf man ihn nicht zurückstoßen, wenn man nicht riskieren will, daß er sich als endgültig ausgestoßen erlebt und sich in einen verzweifelten Trotz verrennt. Aber man sollte auch nicht allzu rosige Erwartungen haben. Wer angesichts der antifaschistischen Anschläge auf Kirchen und der Morddrohungen gegen Geistliche immer noch das ultrarechte Gesindel in Schutz nimmt, wer die notwendigen Maßnahmen gegen diese Leute, deren Vorbilder und (un)geistige Vorväter Deutschland in die größte Katastrophe seiner Geschichte verführt haben, verschleppen will, dem ist wohl kaum noch zu helfen. Auch wenn mit hoher Wahrscheinlichkeit das eine oder andere Vorkommnis von Provokateuren aus heimischen oder ausländischen Geheimdienstkreisen, von Linksradikalen und von unpolitischen Psychopathen inszeniert wurde, auch wenn die Kritik an so mancher pharisäerhaften Moralpredigt von Priestern des Multi-Kulti-Staatskults nur allzu berechtigt ist, darf nicht hingenommen werden, daß der Anpreisung des kulturellen Selbstmords und der grenzenlosen Völkerwanderung anders als politisch entgegengetreten wird. Wer hier die Grenze der friedlichen und friedfertigen Debatte überschreitet, wer ihm mißliebige Menschen und in einem die ihm verhaßten Religionen des Christentums und des Judentums vernichten will, der muß die ganze Schärfe des Gesetzes und die entschlossene Härte demokratischer Selbstverteidigung zu spüren bekommen.

Die Demokratie in Deutschland ist nicht dadurch gefährdet, daß Stoßtrupps von Lernbehinderten und raffinierten Gangstern mit Nazisymbolen oder Allahs grüner Fahne durch die Wälder strolchen oder irgendwo in der Republik randalieren – die langfristige Gefährdung der Freiheit liegt in der Blindheit, Tatenlosigkeit und Gleichgültigkeit, mit der die Staatsorgane und große Teile der Bevölkerung diesem Treiben zuschauen, das in unterschiedlicher Kostümierung, aber mit gleichbleibender Grundstruktur und vergleichbaren Ergebnissen von pseudoreligiösen Fundamentalisten, Politsekten wie der Scientology-»Kirche«, neonazistischen oder autonomen Banden veranstaltet wird. Schon in der Summierung dieser für sich genommen erst einmal arg minoritären Haßpropagandisten, Terror- und Diktaturliebhaber liegt ein Risiko, erst recht in den längst schon ansatzweise hergestellten Aktionsbündnissen und Ein-Punkt-Einigungen, aber noch bedrohlicher ist, daß all diese Rinnsale einem großen zerstörerischen Strom den Weg bahnen könnten. Jeder einzelne Erregerstamm aus diesem Arsenal politischer Seuchen ist zunächst einmal nicht tödlich für den gesellschaftlichen Organismus. Im Gegenteil, die aktive Auseinandersetzung mit solchen destruktiven Faktoren kann sogar im Ergebnis die Abwehrkräfte stärken. Aber sie muß gewollt, sie muß begonnen und durchgestanden werden. Sonst wird irgendwann eine Erkrankung ausbrechen, gegen die nichts mehr hilft als eine politische

Radikal- und Roßkur, die erstens gravierende Nebenwirkungen
und Schäden hervorruft (siehe Algerien), zweitens in ihrem
Erfolg unsicher ist und drittens allzuleicht aus verständlichen
Ängsten heraus ganz verweigert wird oder nur halbherzig exekutiert wird.

Mit allen möglichen Negativ-Etiketten versehen die bundesdeutschen Meinungsmacher jeden Versuch, der illegalen bis
halblegalen Völkerwanderung Einhalt zu gebieten, die zunehmend Deutschland erreicht. In 30 Jahren werden vor Europas
Haustür statt 150 Millionen 300 Millionen Menschen leben –
und die meisten von ihnen werden aller Voraussicht nach so arm
sein wie heute oder sogar noch ärmer. Allein Afrika wird dann
zwei Milliarden Einwohner haben. Schon heute wird das Wan-
derungspotential in Richtung Norden auf 200 Millionen Menschen geschätzt – ohne daß auch nur im entferntesten irgendwo
auf der Welt ein Wirtschaftsaufschwung mit Massenbeschäfti-
gung in personalintensiven Sektoren wie in den fünfziger Jahren
in Sicht wäre. Angesichts dessen hat ein Land nur die Wahl zwischen einer Politik offener Grenzen, die zur Einwanderung ein-
lädt und den Einheimischen alle Kosten aufbürdet, und einer
Politik bewußter Grenzkontrolle, die zugleich die Zustimmung
der Mehrheit zu einer begrenzten und geplanten Zuwanderung
sichern kann.

Die Zahl der deutschen Grenzschutzbeamten stieg zwischen
1989 und heute von 24000 auf über 40000. Immerhin gelang es
so, 1995 125000 Ausländer ohne gültige Papiere an der Einreise
zu hindern und 30000 Illegale aufzugreifen. 36000 Menschen,
meist abgelehnte Asylbewerber, wurden 1995 abgeschoben –
mehr als doppelt soviel wie in Frankreich. Österreich schob
15000 Flüchtlinge ab. Allein dort sitzen 10000 Ausländer in Abschiebehaft. Nun ist eine Abschiebung alles andere als ein
Schicksal, das man einem Menschen wünschen sollte. Und wenn
die von der Flüchtlingsvereinigung UNITED genannte Zahl
stimmt, daß zwischen 1993 und 1996 über 200 illegale Flüchtlinge erschossen wurden, so ist diese Zahl erschreckend hoch.
Andererseits muß man aber auch sehen, welche Mitschuld diejenigen trifft, die ohne Gefahr für Leib und Leben in ihrer Heimat hätten bleiben können – und vor allem jene, die aus Profitgier oder aus ideologischer Verranntheit den Exodus ins reiche

Europa organisieren. Und es muß möglich sein zu fragen: Wie
viele Menschen sind von illegal eingereisten Kriminellen ermordet worden? Wie soll ein Staat mit einem Massenzustrom von
Menschen fertig werden, die zu einem großen Teil völlig anders
als die einheimische Bevölkerung und noch dazu auf deren Kosten leben wollen? Es ist infam, wenn die linke Szene jede Kritik
an den kriminellen Schlepperbanden als »rassistisch« abstem-
pelt und die heutige Flüchtlingspolitik demokratischer Länder
gleichsetzt mit der faschistischen Judenverfolgung.

Kennzeichnend für die Situation in Deutschland ist, daß § 92
des Ausländergesetzes den Illegalen »Freiheitsstrafe bis zu einem
Jahr oder Geldstrafe« androht, dieses Vergehen aber in aller Regel ebensowenig juristisch geahndet wird wie die Anstiftung oder
Hilfeleistung von Deutschen, denen bei Wiederholung oder bei
Hilfe für mehr als fünf Illegale »Freiheitsstrafe bis zu drei Jahren
oder Geldstrafe« droht. Hier ist ein rechtsfreier Raum entstanden, in dem sich unter Pro-Asyl-Firmierungen obskure Schlep-
pervereine ebenso tummeln wie Gottesmänner, die sich souverän
über Gesetz und Recht hinwegsetzen. Allein die Schweizer
Gruppe AaA *»Aktion abgelehnte Asylbewerber«* hat geholfen,
30 000 Menschen in die Alpenrepublik einzuschleusen. Offen
und öffentlich erklärt Heidi Zuber, die Gründerin der AaA, daß
man den Flüchtlingen gefälschte Papiere vermittele. In einem
Unrechtsstaat wäre dies in der Tat eine mutige und großherzige
Sache. In einem Rechtsstaat ist es eine ganz gewöhnliche kriminelle Aktion. Ein Staat, der dem untätig zusieht, hat sich selbst
aufgegeben. Um so mehr, wenn, wie nach seinem Rücktritt bekannt wurde, der Direktor des schweizerischen Bundesamtes für
Flüchtlinge zu den heimlichen Unterstützern der AaA gehörte.

Man kann einem illegalen Zuwanderer keinen Vorwurf daraus
machen, daß er mit allen guten und weniger guten Argumenten,
mit allen fairen und weniger fairen Tricks sein Fell so teuer wie
möglich verkauft. Da werden der Kapitalismus und der »politische Kampf« bemüht, da wird vom »Recht auf Freizügigkeit«
schwadroniert und versucht, den Deutschen mit Hinweis auf die
Vergangenheit, den Wohlstand usw. ein schlechtes Gewissen ein-
zureden, da wird auf den Bauch und die Tränendrüsen spekuliert.
Nur: Kaum jemand von uns würde sich, in die gleiche Klemme
gebracht, anders verhalten. Ganz etwas anderes ist es mit der Beurteilung jener Pseudolinken und Ultraliberalen, die in den hun-

derttausenden von Illegalen die idealen billigen Lohnsklaven sehen, ohne die das süße Leben weniger süß wäre, bzw. die sie mißbrauchen als politisch-ideologische Manövriermasse.

Während in Deutschland immer noch eine obskure Debatte geführt wird, ob man nicht doch ein klein wenig die Zuwanderung an den realen Möglichkeiten und den Wünschen derjenigen, die alle Folgen zu bezahlen und auszubaden haben, ausrichten dürfe, stellte bereits 1994 Meles Zenawi, Staatschef Äthiopiens, in aller Nüchternheit fest: »*Schon bald werden die Flüchtlinge aus den untergegangenen Staaten* [Afrikas – R. S.] *vor Ihrer Haustür stehen. Selbstverständlich hat Europa das Recht, diese Menschen nicht hereinzulassen.*« Völlig zu Recht bestand Zenawi darauf, daß der Westen helfe, »*unsere Länder bewohnbar zu machen*«. Dieser Afrikaner begreift die Interessen Europas weitaus besser als die allermeisten europäischen Politiker – und er hat den Mut, unerwünschte Wahrheiten und Notwendigkeiten auszusprechen. In der Tat muß, wenn das Abendland nicht in den »Eve of destruction«, den Abend seiner Zerstörung, geraten will, konsequent die Hilfe zur Selbsthilfe für die Zweite und Dritte Welt verbunden werden mit Selbstschutz und Selbstverteidigung.

Nicht zuletzt der russische Raum steht vor neuen Risiken: Irgendwann im nächsten Jahrhundert werden bei gleichbleibender demographischer Entwicklung Muslime, vor allem aus den Turkvölkern, die Mehrheit in der »Gemeinschaft unabhängiger Staaten« bilden und selbst in der Russischen Föderation eine sehr starke und fordernde Minderheit stellen. Die daraus entstehenden Gefahren werden noch dadurch verstärkt, daß Teile der orthodoxen Kirche mit dem Islam kooperieren, um Missionierungsversuche protestantischer Kirchen abzuwehren und daß zum Beispiel in Moskau »liberale« und »ökumenische« Priester die Muslime bei ihrem Kampf für weitere Moscheen unterstützen. Noch gefährlicher ist, daß vor allem unter der Ultrarechten offen mit dem Islamismus geliebäugelt wird, weil man in ihm einen Verbündeten gegen den »Materialismus«, die »jüdische Weltverschwörung« und den »Internationalismus« sieht. Alexander Dugin, einer der Sprecher der sich als »Eurasier« definierenden russischen Neofaschisten, erklärte vor einigen Jahren: »*Der einzige geopolitische Feind von Russen und Muslimen sind die Vereinigten Staaten mit ihrem liberalen, kosmopolitischen, antire-*

ligiösen und antitraditionalistischen System.« Angesichts dieser
Konstellation ist die Einschätzung einer Expertengruppe der
Unesco sicher richtig, die in *Rettet die Weltkulturen. Der multikulturelle Planet* (Hg. von Ervin Laszlo, Stuttgart 1993) schreibt:
»*Das bedeutet, daß die russische Seele ihre bisherige Unentschiedenheit aufgeben und ihre Stellung zwischen Europa und Asien neu
wird überprüfen müssen. Besonders die russische Orthodoxie wird
sich entscheiden müssen, wem sie sich verwandter fühlt: den westlichen christlichen Konfessionen oder den fundamentalistisch-
theokratischen Tendenzen im Islam.*« (S. 214)

Betrachtet man die voraussichtliche Entwicklung der Weltbevölkerung in den nächsten Jahren und Jahrzehnten, so wird
schon bei kurzfristiger Betrachtungsweise deutlich, daß Europa
und Nordamerika sich einem immer größeren zahlenmäßigen
Übergewicht der übrigen Weltregionen gegenübersehen. Ähnliches gilt für die Industrieländer insgesamt gegenüber dem
ROW, dem »rest of the world« (»Rest der Welt«), wie die Öko-
nomen ebenso zynisch wie dumm den überwiegend agrarisch-
frühindustriellen Süden der Welt nennen. Von dort ist unausweichlich Einwanderungsdruck zu erwarten – von Süd nach
Nord, von Ost nach West, vom Dorf in die Stadt, von den rand-
ständigen Armutszonen in die reichen Wirtschaftszentren. Die
Zahlen sprechen eine deutliche Sprache:

Trends und Prognosen der Weltbevölkerung 1995–2005

	1995	2000	2005
Europa	727	731	730
Afrika	728	832	945
Nordamerika	293	306	319
Lateinamerika	482	525	564
Asien	3458	3737	4003
Australien u. Ozeanien	28	31	33
Gesamt	5716	6162	6594
davon:			
Industrieländer	1166	1185	1200
Entwicklungsländer	4550	4977	5394

(Quelle: Vereinte Nationen, Abt. für Ökonomische und Soziale Information »World Po-
pulation Prospects«, New York 1995)

Den Europäern bleibt angesichts der Gefahren einer neuen Völkerwanderung nur die Wahl zwischen drei Wegen:

– der totalen, auch militärisch-polizeilich durchgesetzten Abschottung (mit dem hohen Risiko, zuerst die Demokratie, danach die eigene Menschenwürde und schließlich auch noch den Krieg gegen die Welle für Welle vorrückenden Eindringlinge zu verlieren),

– der totalen Selbstaufgabe, die sehr schnell dazu führen würde, für 90 Prozent der Europäer das Lebensniveau der chinesischen Bauern oder brasilianischer Slumbewohner abzusenken und eine Bürgerkriegsgesellschaft zu produzieren, in der die Einheimischen nur noch eine Randexistenz fristen und als ideales Opfer bzw. als willkommenes Haßobjekt für die verschiedenen eingewanderten Ethnien dienen, die gegeneinander die Machtfrage auskämpfen (ganz abgesehen davon, daß selbst wenn jährlich anderthalb Millionen Menschen aus der Dritten Welt nach Europa einwandern würden, dies dort nichts bessern könnte, weil es gerade dem dortigen Bevölkerungszuwachs einer Woche entsprechen würde),

– einer bewußten, rational-humanistischen Politik der Selbstverteidigung und demokratisch kontrollierter, verantwortbarer Zuwanderung.

Wenig hilfreich sind phrasenhafte Erklärungen der Kirchen, Europa müsse offenbleiben für Hilfsbedürftige und dürfe sich nicht abschotten. So notwendig Toleranz und Solidarität sind – die Toleranz darf niemals bedeuten, daß, wie Bassam Tibi in *Der Islam und die Menschenrechte* schreibt, »*unter dem Deckmantel der multi-kulturellen Toleranz*« in Europa die Scharia und damit die straffreie Tötung des Apostaten zugelassen wird, denn »*wer nach meinem Leben greift, dem kann ich keine Freiheit gewähren*«. Und Solidarität ist keine Einbahnstraße: Sie muß verlangen, daß jeder nur im äußersten Notfall in ein anderes Land flüchtet, und sie muß erwarten können, daß jedem, der in seiner Heimat bleibt, geholfen wird, dort zu überleben.

Die ohnehin gegebenen Gefahren werden noch verstärkt durch Tendenzen im Islam, wieder anzuknüpfen an das »Goldene Zeitalter« des Frühislams und des siegreichen Heiligen Krieges, als ein arabisch-islamisches Weltreich entstand. Auf dem riesigen Gebiet, auf dem heute mehrheitlich Araber leben (14 Millionen qkm), aufgeteilt auf zwanzig zwischen 600 qkm

(Bahrain) und 2,5 Millionen qkm (Sudan) große Staaten, aber sprachlich und religiös sehr homogen (zu 85 Prozent arabischsprachig, zu 90 Prozent muslimisch), herrscht immer noch bei der Mehrheit der Menschen die Vorstellung vor, einer einzigen arabischen Nation anzugehören. Bei Umfragen in zehn arabischen Ländern schlossen sich zwischen 65 und 90 Prozent der erwachsenen Bevölkerung dieser Ansicht an. Gelänge es dem radikalen Islam, dieses latente Potential für seine Zwecke zu mobilisieren und politisch zu organisieren, dann könnte dies sehr schnell in einen neuen Weltkrieg münden.

VI

Auswege vor dem Abgrund

1. Geheimorden und Geheimdienstler

Die Geschichte des organisierten Islams in Deutschland beginnt 1922 mit der Gründung der »Islamischen Gemeinde zu Berlin e. V.«, der ersten Errichtung einer Moschee in Berlin 1925 und der Bildung einer deutschen Sektion des »Islamischen Weltkongresses« 1932. 1942 konstituierte sich unter Federführung des berühmt-berüchtigten Großmuftis von Jerusalem und Hitlerfreundes Mohammed Said Amin al-Hussaini (1895–1974) das 1927 gegründete Berliner Islam-Institut neu als »Islamisches Zentralinstitut«. (Al-Hussaini, Chef der »Arabischen Legion«, erhielt 1945 wie mancher andere Faschist in Ägypten Asyl und wurde 1951 sogar Sprecher der »Islamischen Weltkonferenz«.) Waren die islamischen Gemeinden bis in die fünfziger Jahre kleine Clubs aus arabischen Diplomaten und Studenten, garniert mit einigen deutschen Konvertiten, so setzte am Ende der fünfziger Jahre mit dem Zustrom jugoslawischer, türkischer und schließlich auch arabischer Gastarbeiter ein grundsätzlicher Wandel ein. Die anfangs eher unpolitisch-folkloristischen und in religiösen Fragen eher indifferenten und diffusen Ausländervereine der Türken, Bosnier, Albaner, Araber und Iraner politisierten und islamisierten sich am Ende der siebziger Jahre zusehends. Der Fanatismus, diese »*hochexplosive Mischung von Engstirnigkeit und Phantasie*« (H. v. Karajan), wurde zur Epidemie. Äußere Faktoren wie die Verhängung des Kriegsrechts in der Türkei, der Beginn der Intifada, schließlich der zweite Golfkrieg wirkten sich hierbei ebenso aus wie eine zunehmende Selbstisolation, chauvinistische Verhetzung und religiöse Aufheizung vor allem der türkischen Muslime. Hinzu kam, daß im Laufe der achtziger Jahre sowohl einzelne rechtsradikale Parteien wie die Partei des »großen Führers« Alparslan Türkes (»Nationale Aktionspartei«, MHP, später MCP) als auch etliche Ultralinke ins Lager des Islamismus drifteten. In dem sogenannten »Intellektuellenclub«, der die Debatte über eine »türkisch-islamische Synthese« (Türk-islam sentezi) organisierte, trafen sich islamisch-chauvinistische »Konservative« wie Turgut Özal und Süleyman Demirel mit den offenen Faschisten wie Alparslan Türkes.

– Wichtigste islamistische Gruppierung in Deutschland mit rund 100 000 Anhängern ist nach wie vor die 1976 gegründete »Milli Görüs«, die »Neue Weltsicht« (seit 1995 »Islamische Gemeinschaft Milli Görüs«, IGMG; zwischen 1985 und 1995 AMGT, »Avrupa Milli Görüs Teskilatlari«), die Frontorganisation der Wohlfahrtspartei des zeitweisen türkischen Premiers Necmettin Erbakan (RP, Refah Partisi, hervorgegangen aus der »Nationalen Heilspartei«, MSP). Die IGMG hat unter dem Einfluß der Deutschen Hannah (jetzt Amine) Erbakan, der verwitweten Schwägerin Erbakans, eine bemerkenswerte taktische Wandlung vollzogen von den offenen Haßparolen der siebziger und frühen achtziger Jahre zu einer auf juristische Feldzüge, Unterwanderung, als »christlich-islamischer Dialog« getarnte Dauerpropaganda und Gehirnwäsche ausgerichteten Strategie. Hieß es früher noch in AMGT-Flugblättern: »*Der Europäer ist ein Atheist und Götzenanbeter, ein Wucherer, Kapitalist, Sozialist, Zionist, Kommunist und Imperialist, ständig brünstig und betrunken, ehebrecherisch und materialistisch*«, so werden solche Predigten nur noch für die interne Schulung verwendet – nach außen posieren die Brandstifter als Biedermann. All das macht den türkischen Lehrer Celalettin Kestim nicht wieder lebendig, der am 5. 1. 1980 von einer Hundertschaft Islamisten, die aus der Berliner Mevlana-Moschee, einem Zentrum der AMGT, stürmten, überfallen und erstochen wurde, weil er fortschrittliche Flugblätter verteilte.

– Nicht ganz so groß wie die IGMG, bislang ohne feste Stütze im türkischen Parteienspektrum, aber aufgrund ihrer die Kader mit der Massenarbeit verbindenden ausgeprägten Organisiertheit, ihrer Förderung durch den deutschen Staat und des reichlichen Zuflusses von Ölgeldern und anderen dubiosen Zuwendungen eher noch gefährlicher ist der VIKZ (»Verband der islamischen Kulturzentren Europa«, Avrupa Islam Kültür Merkezleri Birligi, früher IKZ). Rückgrat und Hirn dieser Vereinigung ist der von Süleyman Hilmi Tunahan (1888–1959) in der Türkei gegründete diktatorisch-mystizistische Geheimorden der Süleymancilar.

– Neben den großen islamistischen Organisationen spielen in

Deutschland die beiden Islam-Zentren in Aachen und Münster, die von syrischen und ägyptischen Muslimbrüdern geführt werden, und das vom Iran gesteuerte Hamburger Zentrum eine besondere Rolle. Der »Islamische Bund Palästina« unterstützt die Terroristen der Hamas. Auch die ähnlich gewaltorientierte libanesische Hisbollah hat immerhin 700 Mitglieder in Deutschland. Gut 200 Funktionäre der algerischen »Heilsfront« (FIS), darunter drei Söhne des FIS-Führers Abassi Madani und der für gutwettermachen im Ausland zuständige Rabah Kebir treiben in Deutschland ihr Unwesen. Die in der Türkei aktiven Terrorgruppen »Front der Soldaten des Islamischen Großen Ostens« (Islami Büyük Dogu Akincilar-Cephe; IBDA-C) und die türkische Hisbollah wirken in Deutschland bisher fast nur im Verborgenen, wobei die Hisbollah sich sehr oft aus türkischen Militärs und Geheimdienstlern rekrutiert, die sich im schmutzigen Krieg gegen das kurdische Volk ihre Sporen verdient haben.

– Eine wichtige Funktion im Hintergrund von IGMG und VIKZ und in deren Führungsspitzen hat der 1928 in Ägypten gegründete Männerbund der »Muslimbrüder«. Der bekannte irakische Muslimbruder Dr. Yusuf Zeyn al-Abidin war sowohl Mitbegründer der AMGT als auch 1973 der IKZ, der Vorläuferorganisation der VIKZ. In praktisch allen Landesvorständen der IGMG finden sich Muslimbrüder, ebenso besitzen sie einen maßgeblichen Einfluß auf die Bilal-Moschee (»Islamisches Zentrum Aachen«, IZA) in Aachen, die sie für viele Millionen Mark zur größten Moschee Mitteleuropas ausbauen wollen – angeblich finanziert von »*gläubigen Muslimen aus dem Großraum Aachen*«, der anscheinend bis Riad und Teheran reicht. In diesem Zentrum der Subversion und Verdummung hält der afghanische Schlächter Hekmatyar Vorträge oder es wird per Fernstudium in »Islamwissenschaften« geschult. Dr. Nadeem Elyas vom IZA wurde übrigens von der VIKZ an die Spitze des unter ihrer Adresse residierenden Dachverbandes »Islamischer Arbeitskreis in Deutschland« gehievt.

– Neben den von der Türkes-Partei aufgezogenen »Idealistenvereinen« (ADÜTDF), der 1987 von diesen abgespaltenen TIDKB (»Union der türkisch-islamischen Vereine«, Türk-Islam Dernekleri Birligi) und den verschiedenen von dem 1995 verstorbenen Kalifatsprediger Cemalettin Kaplan (dem »Chomeini von Köln«) gegründeten und jetzt von seinem Sohn geleiteten

Vereinen (u. a. »Verband der Islamischen Vereinigungen und Gemeinden e. V.«, Islam Cemaatleri ve Cemiyetleri Birligi, ICCB, mit circa 70 Vereinen und mehreren tausend Mitgliedern) ist noch eine zahlenmäßig bedeutende Organisation zu nennen, die aber in vielem ein Papiertiger ist: die vom türkischen Staat 1982 gegründete DITIB (»Türkisch-islamische Union der Anstalt für Religion«, Diyanet Isleri Türk-Islam Birligi). Seit die jahrelange Bezahlung türkischer Religionslehrer durch Saudi-Arabien bzw. die Islamische Weltliga ruchbar wurde, seit die jahrzehntelange Unterwanderung des türkischen Staates und seiner Armee in einem islamistischen Ministerpräsidenten ihren ersten großen Durchbruch erreichte, entscheiden sich immer mehr Anhänger der religiösen Reaktion für die radikalen Originale und nicht für die halbherzige Kopie. Andererseits ist es nicht zu unterschätzen, daß die staatliche Behörde Diyanet, mit ihren mehr als 80 000 Mitarbeitern und 72 000 Moscheen, davon 700 in Deutschland, mit ihren zahlreichen religiösen Buchhandlungen und 350 entsprechenden Verlagen, mit ihren zahllosen Hetzschriften gegen alle Arten von »Ungläubigen«, mit ihren aus türkischen Steuergeldern, Ölmillionen und zusammengesammelten Gastarbeiterüberweisungen stets wohlgefüllten Kassen der islamistischen Massenpropaganda ausgesprochen dienlich ist. Allein für die DITIB in Deutschland stellt das Diyanet rund ein halbes tausend Hauptamtliche bereit, die sich – ähnlich wie in Zentralasien – gleichzeitig als Botschafter des Islams wie des Türkentums begreifen sollen.

– Alle anderen Organisationen des Islamismus sind kleine Sekten wie die Naksbendi-Derwische und die von Said Nursi (1873–1960) begründeten Nurcular oder aber begrenzt auf spezielle Aufgaben bzw. ein begrenztes nationales oder soziales Spektrum wie die »Muslim Studenten Vereinigung« (M. S. V.). Daneben existieren noch Dachverbände wie der »Islamische Arbeitskreis« oder der von dem deutschen Muslim und Exekutivratsmitglied des Islamischen Weltkongresses und Leiter des Soester Islam-Archivs Mohammed Salim Abdullah gegründete »Islamrat für die Bundesrepublik Deutschland«, der sich die Einheit aller Muslime in Deutschland auf die Fahnen geschrieben hat – der demokratischen wie der antidemokratischen, der friedlichen wie der gewaltbereiten und terroristischen. Im Falle von M. S. Abdullah verbirgt sich hinter dem schönen Pseudonym und der geraunten Legende, er sei ein bosnischer Muslim, ein Deutscher mit dem eher unpoetischen Namen Herbert Krahwinkel, der im übrigen auch noch Erster Meister vom Stuhl der Freimaurerloge »Brüderlichkeit in der Börde« in Bad Sassendorf und Mitbegründer der Mönchengladbacher Loge »Brüderlichkeit« ist (vgl. *Humanität*, Das deutsche Freimaurermagazin, März 1988). Nun werden ja über Freimaurerlogen in rechten Kreisen alle möglichen Schauermärchen kolportiert (bis zu einer angeblich allseits praktizierten geheimen Gebärdensprache), andererseits weiß man aber nicht erst seit der Enttarnung der italienischen Loge P 2, daß Teile des Logenmilieus innig mit der politischen und der gewöhnlichen Kriminalität verbunden sind bzw. es dieser gelungen ist, die Freimaurerei als willkommene Tarnung für ihre Machenschaften und als Kontaktgewinnungsnetz zu benutzen. Daher erhebt sich hier die Frage, ob gewisse lichtscheue Kreise einen Logenbruder im Islam-Netz plaziert haben oder ob umgekehrt sich der Islam der Logenverbindungen bedient, um hinter dem Rauchvorhang von »Brüderlichkeit«, »Ökumene« und »Toleranz« die eigenen Ziele zu fördern. Offenkundig ist jedenfalls, daß M. S. Abdullah Protektion genießt – seine Bücher erscheinen im Bertelsmann-Konzern und werden nicht zuletzt über kirchliche Verteiler verbreitet.

Wer wird sich etwas Böses dabei denken, wenn sich Bashir Ahmad Dultz, Vorsitzender der Deutschen Muslim-Liga Bonn e.V. und für den deutschsprachigen Raum zuständiger Scheich der Sufi-Tariqah As-Safinah, bei dem Bonner Superintendenten Burkhard Müller und bei Joachim P. Walther, dem Beauftragten des Diakonischen Werkes der EKD am Sitz der Bundesregierung, ausdrücklich bedankt *»für so manche Hilfestellung«*? Der Herr Müller ist ein besonders großzügiger Christenmensch, der all die, die das Christentum beerben und verdrängen wollen, nach folgender Devise fördert: *»Wir dürfen als christliche Kirche keine Sonderrechte beanspruchen, die nicht grundsätzlich auch anderen Religionsgemeinschaften gewährt werden.«*

Anhänger der IGMG Erbakans (»Milli Görüs« oder »Neue Weltsicht«) und der »Grauen Wölfe« unterwandern systematisch die CDU. Unter der Überschrift »Mit Kohl und Koran« berichtete *Der Spiegel* (Nr. 41/1996) über IGMGler wie den Techniker Erdan Taskiran, der es in Berlin bis zum Vorstandsmitglied seines CDU-Ortsverbandes und zum Landesdelegierten brachte. Bezeichnenderweise hat der Berliner CDU-Landesgeschäftsführer *»von einer Organisation Milli Görüs ... nie etwas gehört«* – entweder ein Eingeständnis der totalen Unfähigkeit oder der totalen Verlogenheit. Ideologisch mausgrau auftretend, lavierend und taktierend versuchen Edel-Islamisten so schnell wie möglich Führungsfunktionen zu erreichen. Für die türkische Parallelgesellschaft soll eine parteipolitische Lobby aufgebaut werden, deren Einfluß weit über die Zahl der eigenen Anhänger oder den türkischen Bevölkerungsanteil hinausreicht. Dem dient es auch, wenn Hasan Özdogan, stellvertretender Generalsekretär der IGMG, seinem Umfeld empfiehlt, *»so bald wie möglich die hiesige Staatsbürgerschaft zu erwerben«*. Diese Leute verbindet mit Deutschland geistig und gefühlsmäßig nichts – sie sehen dieses Land nur als momentane Operationsbasis, als ihre potentielle Machtbasis, als auszuplünderndes Reservoir materieller Ressourcen. Die wenigsten von ihnen sind im Alltagssinn Kriminelle, aber was sie politisch heute schon treiben und für morgen vorhaben, fällt in den Bereich der organisierten politischen Kriminalität. Hier wird nicht Einzelmenschen die Börse geraubt, hier soll einem ganzen Volk sein Land geraubt werden – das von seinen Vätern und Vorvätern erarbeitete Erbe, die Herzenssache Heimat. Der Gipfel dabei ist, wenn das Bundesamt für Verfassungsschutz, so sein Sprecher Hans-Gert Lange, zu den Unterwanderungsversuchen nichts sagen kann, denn – man höre und staune – *»die CDU ist für uns schließlich kein Beobachtungsobjekt«*. Hier möge man sich einen Moment vorstellen, es ginge um deutsche Neonazis in der CDU und nicht um deren türkische Pendants. Welch ein Aufschrei würde die Medien durchgellen, wenn die Schlapphüte sich so äußern und verhalten würden!

Die IGMG/AMGT ist nicht deshalb so gefährlich, weil sie im Verfassungsschutzbericht immer wieder unter der Rubrik »extremistisch-islamistisch« aufgeführt wird. Andere Vereinigungen, die dort nicht (mehr) aufgeführt sind, müssen ebenfalls als Bedrohung der Demokratie betrachtet werden – gerade weil sie dank mächtiger Protektion aus dem Ausland und von eingekauften deutschen Funktionsträgern noch ungestörter als die IGMG operieren können. Die IGMG hat das Pech, das sowohl die Amerikaner als auch die Deutschen noch etliche Vorleistungen von der Erbakan-Clique erwarten (im Sinne einer Einordnung in die westliche Globalstrategie), ehe man bereit wäre, sie aufzunehmen in die Westliche Wertegemeinschaft und ihnen das Prüfsiegel »auf dem Boden der freiheitlich-demokratischen Grundordnung stehend« zu verleihen. Würde dies geschehen, würde unverzüglich die liebreizende Bundestagspräsidentin Rita S. der IGMG in ihrer Zentrale in Köln-Nippes ihre Aufwartung machen – so wie sie dies bereits 1994 bei der Konkurrenz vom VIKZ in Köln-Ehrenfeld tat. Im Zuge einer solchen Entwicklung würde die IGMG dann vielleicht nur noch im allerinternsten Material die Juden eine »*vom Koran verfluchte Nation*« nennen und die probaten Hand-ab-Kopf-ab-Mittel der Scharia nur noch in philosophisch-allgemeiner Form preisen.

Auch wenn man wie ich der Idee einer christlichen Partei kritisch gegenübersteht, hat man damit nicht das Recht verwirkt, den bewußten und gezielten Volksbetrug zu kritisieren, den eine Partei begeht, die wie die CDU sich als »christlich« deklariert, ohne eine christliche Politik auch nur zu versuchen. Dieser abgeschmackte Schwindel wird noch dadurch verstärkt, daß die CDU Muslime in Parteifunktionen duldet, ja sogar dafür die Trommel rührt, daß türkische Muslime ihr beitreten. Natürlich ziehen sich die grauen oder schwarzen Wölfe dann einen schicken Schafspelz an und verkünden wie der zum Islam konvertierte CDUler Christian Hoffmann, man könne das »*christliche Menschenbild*« akzeptieren. Solche wohlfeilen Phrasen haben ungefähr soviel Wahrheitsgehalt wie die Beteuerungen unverbesserlicher Stalinisten, auch sie seien für die Demokratie – es fragt sich nur, wie diese dann definiert wird. Was der Vorsitzende der »Deutsch-Türkischen Union« (DTU) Ertugrul Uzun als offizielle Zielsetzung seiner konservativen Vereinigung türkischstämmiger deutscher Staatsbürger vorbringt (vgl. *Junge Freiheit*, Nr. 42/96, 11. 10. 1996), ist durchaus vernünftig (Anerkennung der Dominanz der deutschen Sprache und Kultur, Ablehnung der multikulturellen Gesellschaft usw.), aber man muß hier sehr kritisch beobachten, wie glaubwürdig diese Gruppierung sich verhält, ob sie tatsächlich sich vom Islamismus kompromißlos abgrenzt und wieviel Einfluß sie unter den Türkischstämmigen erreicht.

2. Die (un)heimlichen Freunde des Islamismus

Es gibt mehrere Ursachen, warum die politischen Parteien und Bewegungen Westeuropas die Geschehnisse in Nordafrika, im Nahen Osten und in Zentralasien teils gelangweilt, desinteressiert und gleichgültig verfolgen, teils heimlich oder sogar offen Sympathien für die Islamisten äußern. Diejenigen, die in Westeuropa bewußt oder unbewußt, gewollt oder ungewollt den Islamisten Schützenhilfe leisten, haben bei allen Detailunterschieden deutliche Gemeinsamkeiten: Ignoranz gegenüber der Wirklichkeit, Verdrängen der Probleme, Feigheit gegenüber den Feinden der Demokratie, Verweigerung der Solidarität mit dem einfachen Volk. Die Ursachen für solche Haltungen liegen vor allem in vier Faktoren:

– Viele Menschen in den reichen Ländern Europas sind bewußt oder unbewußt verbunden mit jenen Interessen, die die Freiheit und die Menschenrechte opfern auf dem Altar maximaler Profite. Ob es um Ölimporte aus Saudi-Arabien und dem Iran geht oder um den Export von Technologie und Waffen in diese Länder – immer fällt dabei etwas ab für bestimmte Politiker, für bestimmte Journalisten, für bestimmte Klientengruppen. Und einige Brocken erhalten auch die Arbeiter und Angestellten in jenen Wirtschaftssektoren, die Öl verarbeiten oder Waffen und Technologie exportieren.

– Viele gutwillige, aber naive Menschen, gerade in Deutschland, vertrauen blind auf die Dauerpropaganda der »fellow travellers« des islamischen Fundamentalismus und glauben ernsthaft, Terrorbanden wie die algerische FIS seien das, was sie behaupten zu sein, also Freiheitsbewegungen besonders gläubiger Menschen.

– Eine bestimmte Sorte von Pseudoliberalen und Pseudolinken vertritt eine Politik des Laufenlassens und der unbegrenzten Duldung antidemokratischer Kräfte unter den Exilanten. Dies verbindet sich mit der Auffassung, jeder Ausländer sei ein armer Verfolgter und ein guter Mensch. Statt daß die Prediger des Hasses und der Unterdrückung umgehend ausgewiesen oder zumindest an jeder politischen Aktivität gehindert werden, können diese Leute von Westeuropa aus ihre Kumpane mit Nachschub für den Bürgerkrieg versorgen. Wie Bassam Tibi beklagt, sind andererseits arabische Intellektuelle wie er in Deutschland »*der deutschen Gesinnungsethik ausgesetzt*« und bestimmte Deutsche spielten »*auf diese Weise, ohne sich dessen bewußt zu sein, dieser fundamentalistischen Propaganda als nützliche Idioten in die Hände*« (Leserbrief an die *FAZ*, 23. 11. 1993).

– Die meisten Mitglieder und Anhänger der demokratischen Parteien in Westeuropa haben nicht begriffen, daß eine tödliche Bedrohung schnelles und entschlossenes Handeln erfordert. Wenn die Mittel gewaltfreien Überzeugens ergebnislos bleiben, dann muß als letztes Mittel eine staatliche und gesellschaftliche Selbstverteidigung einsetzen, die die terroristischen Gewalttäter entwaffnet und zur Friedfertigkeit zwingt.

Einige Beispiele für Hilfsaktionen im Dunstkreis des Islamismus:

– Schon 1979 wurde von Politikern der CDU und der türkischen AP, türkischen Unternehmern und Islamisten, darunter dem gleich in den Vorstand gewählten Generalsekretär der IKZ, Abdulkadir Polat, in Bonn HÜR-TÜRK gegründet, die »Freiheitliche deutsch-türkische Freundschaftsgesellschaft e. V.«. Seither finden sich zahllose Liebesdienste deutscher Politiker nach dem Vorbild ihrer amerikanischen Lehrmeister, deren glorreiche Leistungen von der Förderung der afghanischen Exil-Islamisten und vom Irangate-Skandal bis hin zur Ersetzung des prowestlichen Massenmörders und Schah-inschah Reza Pahlevi durch den antiwestlichen Massenmörder und »Fahki« (Führer) Ruhollah Mussawi Chomeini und bis zur Installierung des Taliban-Regimes in Kabul reichen.

– Da treffen sich am 22. 10. 1996 in Osnabrück hochrangige Vertreter der evangelischen und katholischen Kirche mit etlichen Oberislamisten wie dem geistlichen Oberhaupt des Islamrates Sükrü Bulut und dem Vorsitzenden dieses Gremiums Beshir Say. Dabei wurde zum »*vertieften Dialog*« aufgerufen, und es wurden »*Schmerzpunkte*« wie die angebliche Diskriminierung muslimischer Kinder in Schulen und Kindergärten beklagt. Die wahren Schmerzpunkte wie die Dominanz der türkischen Muslime in den Schulen der staatlich subventionierten Ausländerghettos (Frankfurt a. M. 1996: Ausländeranteil im Bahnhofsviertel 77,5% bei 17% Sozialhilfeempfängern, Gutleutviertel 58,8%/15,4%, Innenstadt 50,5%/12,1%; vgl. *Frankfurter Rundschau*, 24. 10. 1996), massive Aufhetzung der muslimischen Kinder gegen ihre deutschen Altersgenossen, Abgrenzungsfanatismus per Koedukationsverbot, Kopftuchtragen der Mädchen und Verweigerung der Teilnahme am Sportunterricht usw. wurden dabei natürlich mit keinem Wort erwähnt. Der Gipfel war, daß die Herren Islamprediger gegen das angeblich »*einseitige Islam-Bild in den deutschen Medien*« geiferten und implizit für Pressezensur plädierten.

– Nach Niederlagen am Ende der siebziger Jahre haben daher VIKZ und IGMG erneut begonnen, die Anerkennung einer islamischen Quasi-Kirche als Körperschaft des Öffentlichen Rechts zu betreiben, um so z. B. in die Medienbeiräte zu gelangen. Um ihre besondere Verbundenheit mit den lieben islamischen Freunden und ihre zweihundertprozentige Korrektheit zu beweisen, attackieren verschiedene Kirchenmänner jeden, der sich der Islamisierung Deutschlands entgegenstellt, als verkappten Nazi. So erklärte am Holocaust-Gedenktag der Sprecher der Bremer Evangelischen Kirche, Pastor Peter Bick, es sei eine »*unerträgliche Heuchelei*«, wenn Minister Kinkel den Rassismus kritisiere und Minister Kanther gleichzeitig die Visumspflicht einführe. Dieser Wahnsinn, Unvergleichbares zu vergleichen und dem Gegner die braune Schelle anzuhängen, hat bei solchen professionellen Brunnenvergiftern Methode.

– In christlichen Kirchen wie dem Kölner Dom erhalten Muslime Gebetsnischen, was aus Sicht der Schriftgelehrten dazu führt, daß ein solches Gebäude ab sofort zur Moschee geworden ist. Bereits 1966 machte der Kölner Kardinal Frings den Muslimen das Tor seiner Kathedrale weit auf. Aus der muslimischen Welt gibt es kein einziges Beispiel, daß islamische Prediger den Christen Moscheen zur Verfügung stellen. Im Mai 1979 erklärte Papst Johannes Paul II. vor nordafrikanischen Bischöfen: »*Der öffentliche und gemeinschaftliche Charakter des Zeugnisses, das die muslimische Gemeinschaft für Gott, den Schöpfer, ablegt, ist ein Aufruf an die Christen.*« Sollte das heißen: Der Islam sei euer Vorbild?! Einer solchen stillen Kapitulation vor dem Islam entspricht es auch, daß der Papst im Mai 1997 bei seinem Libanon-

Besuch alle möglichen christlichen und islamischen Religions-
vertreter zu seiner Begrüßung auf dem Beiruter Flughafen ein-
laden ließ, aber nicht Bhajat Ghaith, das Oberhaupt der mehrere
hunderttausend Menschen zählenden und den islamischen
Autoritäten als Ketzer verhaßten Religionsgemeinschaft der
Drusen, die um das Jahr 1000 sich vom Islam abspaltete und weder den Koran noch die Scharia anerkennt.

– Da engagiert der evangelische Pfarrer Gerhard Jasper, Leiter
der »Evangelischen Beratungsstelle für Islamfragen« in Wupper-
tal, sich dafür, daß die islamistische IGMG im westfälischen
Löhne gegen den Widerstand des Gemeinderates eine Moschee
errichten darf. Er argumentiert, diese Vereinigung möge zwar
früher gefährlich gewesen sein, sei es aber jetzt nicht mehr, denn
schließlich suche sie jetzt »*intensiv das Gespräch mit der Kirche*«.
Dieselbe IGMG, die in Antwerpen zu ihren Jahreskongressen
mehrere zehntausend Anhänger versammelt, verficht weiterhin
in ihrer *Nationalzeitung* (»Milli Gazete«) einen rabiaten Antise-
mitismus und strikte Feindschaft gegen »Westler« und Demokraten. Ziel ist »*die Befreiung vom westlichen, sehr aggressiven
Säkularismus*«, zur Not zeitweise auch in einem Bündnis mit jenen Christen, die sich, wie ein Azis Alkazas fordert, für die »*gemeinsame Front gegen den westlichen und den östlichen Atheismus*« begeistern lassen und als gesellschaftliche Türöffner den
Islamisten den Weg bereiten.

– Ähnlich wie Herr Jasper die IGMG sieht Rita Süssmuth, Präsidentin des Deutschen Bundestages und Top-Frau der Bonner
Republik, wahrscheinlich den VIKZ, den Verband der Islamischen Kulturzentren, in dessen Kölner Zentrale sie am 2. 10. 1994
bei einem »Fest der Begegnung« die Festansprache hielt. Früher
wurde dieser Verband, der als legale Fassade für den in der Türkei lange verbotenen radikal antidemokratischen Süleymanli-
Orden dient, im Verfassungsschutzbericht als verfassungsfeind-
liche Gruppierung erwähnt. Aber inzwischen bemüht man sich
auf diskreten Hinweis hochwohlmögender Gönner (Saudi-Arabien, Iran, einzelne Wirtschaftsführer) sehr darum, dem VIKZ
Reputation zu verschaffen.

– Sicher nicht ohne Intervention in- und ausländischer Förderer wurde die nach ihren eigenen Worten angeblich »*absolut
unpolitische*« Orientalistikprofessorin Annemarie Schimmel von
bestimmten Politikern wie dem Oberkatholiken Hans Maier

1995 mit dem Friedenspreis des Deutschen Buchhandels geschmückt – eine Frau mit dubioser Vergangenheit im Auswärtigen Amt Hitlers und in den Nachkriegs-Orient-Aktivitäten der Amerikaner, eine Frau, die ihre in Aachen vor Zeugen geäußerte Rechtfertigung der Fatwa gegen Salman Rushdie stets nur halb widerrufen hat.

– Angesichts so frommer und bedeutender Vorbilder will natürlich auch das pseudolinke und liberale Lager nicht zurückstehen. Claus Leggewie gibt in seinem Buch *Alhambra – der Islam im Westen*, die Parole aus: *»Eine gewisse Islamisierung des christlichen Abendlandes, das nach dem Tod Gottes den Glauben an sich selbst verloren hat, kann nicht nur den modernen Muslimen aufhelfen, sondern auch Europa nachhelfen.«* Wundersame Nachhilfe, bei der die kulturellen Defizite Europas sich dadurch beheben, daß der Staat beginnt, *»in islamische Universitäten und Kirchen zu investieren«*. Die alte Geschichte von dem Gehängten, der seinen Strick auch noch bezahlen soll, kommt einem in den Sinn.

Der bundesdeutsche Außenminister. Klaus Kinkel, berühmtberüchtigt für seine Willfährigkeit gegenüber den Wünschen und Zumutungen unserer amerikanischen Freunde, der Iran-Händler und der iranischen Machthaber, behauptet dreist, in der Türkei gebe es keine Verfolgung, denn diese sei eine Demokratie und im übrigen gäbe es in jedem Land irgendwelche Streitereien. Diese Ignoranz ist nicht durch Unwissenheit und Naivität verursacht, sondern eine bewußte Lüge, profitabler Machtpolitik zuliebe. Hier handelt es sich noch nicht einmal um Feigheit, sondern um willentliches Komplizentum. So bedenkenlos, wie Klaus Kinkel als Chef des Bundesnachrichtendienstes (BND) seit 1978 den Kollegen vom israelischen Mossad per Geheimvertrag vom Mai 1979 die Akten aller palästinensischen Asylbewerber auslieferte, so frei von allen Skrupeln leistet er der türkischen Demokratur Schützenhilfe bei der Unterdrückung der Kurden. Die von Horst Ehmke 1969 aufgelöste Dienststelle 906 des BND, die Drehscheibe für illegalen Waffenhandel, lebte unter Kinkel in neuer Form wieder auf. Hans-Dietrich Genscher, dessen Ziehsohn Kinkel war und dessen Nachfolger im Außenamt er wurde, hatte 1976 bereits dafür gesorgt, daß die italienische Firma Telemit unter die Kontrolle libyscher Strohmänner kam und fortan Rüstungsgüter nach Nordafrika und dem Nahen Osten exportierte. Ein Teil der Profite schlug sich, wie man sagt, als warmer

Geldregen in den Spendenkassen der FDP nieder. Im übrigen kam ein profitabler Wirtschaftsaustausch in Gang, in dessen Ergebnis Libyen 1996 mit 12,2 Millionen Tonnen deutlich mehr als zehn Prozent der deutschen Rohöleinfuhr bestritt und damit fast soviel Öl nach Deutschland lieferte wie alle anderen arabischen Länder zusammen.

Kinkel, der zunächst auf den Irak setzte und dessen Geheimdienst mit Dossiers über Oppositionelle versorgte, wechselte in den achtziger Jahren über zu den Promotoren jener »special relationship«, jener Sonderbeziehungen zu den Mullahs, die unter dem Schwindeletikett »kritischer Dialog« so typisch sind für eine amoralische Machtpolitik. Es sei hier daran erinnert, daß, wie der Friedensforscher Erich Schmidt-Eenboom betont, »*die Partnerbeziehungen zu allen ausländischen Geheimdiensten, die vielerorts zu den schlimmsten Stützen von Folterregimes zählen*«, im BND wie im Außenamt stets »Chefsache« gewesen sind. Nebenbei ernteten die bundesdeutschen Politiker als Lohn ihrer Liebedienerei und Kriecherei vor Staatsterroristen wie dem iranischen Geheimdienstminister Fallahian nicht etwa Wohlverhalten und Dankbarkeit. Im Gegenteil – im November 1996 beispielsweise forderten rund 1000 Mullahs und Koranschüler im persischen Ghom die Ermordung der Bundesanwälte, die den Mykonos-Attentätern gerade den Prozeß bereiteten.

Aber die freiheitsfeindlichen Pseudo-Liberalen stehen nicht allein. Ihnen sekundieren Parteibuchchristen, deren Partei, wenn sie ein Minimum an Selbstkritik und Werthaltung hätte, längst schon dem Appell des Kölner Bischofs Meißner gefolgt wäre und das allzuhohe »C« aus ihrem Namen gestrichen hätte. Die Kommunalpolitiker dieser Partei in Bebra, die gegen den geplanten Bau einer syrisch-orthodoxen Kirche hetzten, sind keine Einzel- und Ausnahmefälle. Immer wieder rotten sich »christliche« Politiker mit Islamisten zusammen, immer wieder beugen sie sich den Wünschen bestimmter Unternehmer nach Einfuhr ausländischer und vor allem außereuropäischer Arbeitskräfte. All das zeigt, daß das Christliche nur Fassade der CDU ist. Als in Bebra die CDU »*aus Angst vor Überfremdung*« zusammen mit der »Freien Wählergemeinschaft« im Dezember 1995 gegen den geplanten Bau einer syrisch-orthodoxen Kirche und eines Gemeindezentrums für die rund 600 Aramäer stimmte, schrieb *Kolo Suryoyo*, die Zeitschrift der Syrisch-Orthodoxen Diözese von Mitteleuropa, völlig zu Recht: »*Diese Partei* [die CDU] *tut gut daran, sich zu überlegen, wo sie stehen will bzw. – wenn sie eine christliche Partei sein oder bleiben will – sich auf die christlichen Werte und Normen zu besinnen*« (Nr. 113, Jan/Febr. 1997). Auf einer Protestveranstaltung in Dortmund gegen die Bebraer Vorfälle wunderte sich übrigens eine Muslimin: »*Wieso gestatten sie den Moslems, ihre Moscheen zu bauen, aber den Christen nicht, ihre Kirchen zu bauen?*«

Kaum irgendwo anders in Deutschland wird gegenwärtig von Kirchenoberen so rigoros der Islamismus hofiert und hoffähig gemacht wie in Duisburg. In einer ausgerechnet am 30. Januar 1997 verbreiteten Erklärung (vgl. *epd-wochenspiegel* 6/1997) attackierten der dortige »Evangelische Kirchenkreis Duisburg-Nord« und der Superintendent Wolfgang Brandt in übelster Weise den Duisburger Pfarrer Dietrich Reuter, der sich gemeinsam mit seinem Presbyterium gegen den öffentlichen, lautsprecherverstärkten Gebetsruf der Muezzine ausgesprochen hatte. In bewährter Manier giftete man, Reuter vertrete nicht die Kirche, er stifte Unfrieden und Feindschaft, dies sei verantwortungslos und »unvereinbar« mit dem Auftrag der Kirche. Nun, was haben die kirchenamtlichen Friedensstifter für ein Verständnis vom kirchlichen Auftrag? Sie erklären, die Deutschen sollten sich um des Friedens in der Stadt willen nicht vor dem Wunsch der Muslime zum öffentlichen Ausüben ihres Glaubens verschließen. Mit anderen Worten: Die Erpressungs- und Drohmanöver der Islamisten wirken, die Amtschristen kapitulieren präventiv. Des weiteren werden die Muslime höflichst um Verständnis gebeten, daß ihre Gebräuche und Lebensformen auf viele Deutsche immer noch befremdlich wirken. Man entschuldigt sich also bei den angeblichen Neubürgern für jene dumm-dumpfen Eingeborenen, die noch nicht ganz angekommen sind in der schönen neuen Multikulti-Welt. Solch feiger Hyper-Opportunismus steht – insofern paßt das Datum 30. Januar – in einer ungebrochenen Tradition der Rückgratlosigkeit und unbewußter Nachfolge gegenüber jenen Kirchenfürsten, die Hitler ab dem 30. Januar 1933 zujubelten.

Schlimmere Feinde des Christentums kann es gar nicht geben als die trojanischen Esel, die von innen heraus die Kirche zerstören. Es ist eben mehr als eine »*recht ungewohnte akustische*

Unterbrechung des Alltags« (*Evangelisches Sonntagsblatt – Die Kirche* Nr. 5, 2. 2. 1997), wenn in Berlin-Neukölln demnächst, wie von der DITIB, der Organisation der türkischen staatlichen Religionsbehörde, geplant, von zwei fast 50 Meter hohen Minaretten fünfmal am Tag der Muezzin zum Gebet ruft – es ist ein Symptom und ein Symbol für die schleichende Islamisierung Deutschlands, für die Zerstörung unserer Kultur. Es ist alles andere als »*blanker Rassismus*« (so das *Evangelische Sonntagsblatt*, ebd.), wenn deutsche Anwohner verlangen, daß die Türken sich an deutsche Sitten anpassen und daran erinnern, daß wir Deutsche in der Türkei auch nicht machen können, was wir wollen. Hier zeigt sich, daß der Mann und die Frau auf der Straße in aller Regel sich ihr Urteilsvermögen und Wertgefühl bewahrt haben, während die Spitzen der Kirche wie der Politik auf allen Ebenen in dem edlen Wettstreit wetteifern, wer sich am weitesten vom Volk, von der Vernunft und der europäischen Kulturtradition entfernen kann. Auch in Berlin-Neukölln sind es die (von wem nur und warum nur?) »gewählten Volkszertreter«, die schon vor zwei Jahren der DITIB die Baugenehmigung erteilten. Einer dieser C-Parteiler, der CDU-Bürgermeister Bodo Mangold, entdeckte ausgerechnet in diesem Zusammenhang das Gleichheitsprinzip: »*Die sechzigtausend Muslime im Bezirk müssen die gleichen Möglichkeiten haben, ihren Glauben zu praktizieren, wie die Christen.*« Für solche Leute ist das christlich geprägte Abendland eine unangenehme diffuse Erinnerung oder allenfalls eine lästige, auf Abbruch stehende Ruine. In diesem Unisono-Konzept darf auch der Superintendent Wolfgang Gerbheit nicht fehlen, der es kaum erwarten kann, daß »*ein bißchen Konkurrenz*« kommt und ihm hilft, das »*eigene Profil*« der Kirche zu schärfen (durch den akustischen Wettstreit von Kirchenglocken und Moscheelautsprechern?!), um so den »*christlich-islamischen Dialog mit den muslimischen Mitbürgern*« voranzubringen.

Wenn, wie zeitweise in der katholischen Kapelle des Kinderkrankenhauses in Köln-Niehl, in christlichen Kirchen muslimische Gebetsecken eingerichtet werden, so ist dies ein alarmierendes Symptom für die schleichende Selbstaufgabe des organisierten Christentums. Daß in einem Krankenhaus Muslime einen Gebetsraum erhalten, ist durchaus akzeptabel. Was aber nicht hinzunehmen ist, ist eine Vermischung der Religionen, die keiner Seite gerecht wird und zu einem abstrusen

Mischmasch führt. Wer als Muslim gelegentlich in einer christlichen Kirche beten oder dem Gottesdienst folgen will, der sollte dies tun können – als einzelner, zurückhaltend und unprovozierend – wie es auch einem Christen möglich sein müßte, unter Respektierung islamischer Vorschriften in einer Moschee zu beten. (Genau dies ist aber nicht gegeben: In einigen islamischen Ländern wie Tunesien oder Libyen können Nicht-Muslime zumindest bestimmte Moscheen betreten – in anderen wie in Saudi-Arabien oder Marokko ist dies kategorisch verboten.) Auch Joachim Keden, der Beauftragte der Evangelischen Kirche für Weltanschauungsfragen im Rheinland, betrachtet die muslimische Gebetsecke in einer christlichen Kirche als »wenig geschickt« und geeignet, »fundamentalistische Gruppen beider Seiten zu provozieren«. Mehr noch, hier gibt eine Religion kampflos ihr ureigenstes Terrain und die Grundlagen ihrer Identität auf, hier unterwirft sie sich einer anderen Religion. Ob man, wie es die »Internationale Widerstandsbewegung Anti-Islam« und die mit ihr verbundene Partei »Christliche Mitte« tun, den Allah des Islams als Götzen sieht, oder ihn als ein anderes Bild Gottes akzeptiert – es geht bei Christentum und Islam um zwei grundverschiedene Glaubensbekenntnisse, Weltsichten und Lebensformen, die jede für sich ihr Existenzrecht haben, aber auch die Verpflichtung, separat und souverän ihre so unterschiedlichen Wege der Weltsicht und Daseinsbewältigung dem Suchenden offenzuhalten. Das Wegsehen und Verdrängen, wie es gerade die Kirchenoberen der katholischen Kirche anwenden, hilft nicht weiter. Da wird dann als offizielle Bestätigung und Absegnung der erwähnten Gebetsecke kolportiert, der Kölner Kardinal Meißner habe sie bei einem Besuch im Krankenhaus »zur Kenntnis genommen« (so Beatrice Tomasetti, Sprecherin des Erzbistums Köln). Und weil man im heiligen Köln notorisch feige ist, tritt man nach einigen Protestbriefen, Schmierereien und einer Bombendrohung den Rückzug an, beseitigt die Gebetsecke wieder, liefert damit endgültig den Islamisten die nötige propagandistische Munition und ereifert sich im übrigen über den unchristlichen Anti-Islamismus der »Christlichen Mitte«, der man mit dem Verfassungsschutz droht.

In dasselbe Horn stößt auch Peter Gauweiler, dem seine populistische Gefallsucht und seine unstillbare Sehnsucht nach Medienecho immer wieder herzzerreißend naive Absonderlichkeiten eingeben. So entdeckt er im Mai 1997 in *Bild*, der türkische Ministerpräsident Erbakan sei doch ein frommer Mann, der *»seine religiöse Weltanschauung zur Grundlage seiner Politik«* mache – und eigentlich könne man als christlicher Politiker ihm darin nur nacheifern. Welch ein geistiger Abstieg für einen Politiker, der immer mal wieder durch eigene Meinungen auffiel, aber diese stets alsbald konterkarierte durch haarsträubende Eseleien wie das großzügige Angebot, Rußland möge doch die Beutekunst bitte behalten.

Die Handlanger des Islams sorgen immer wieder dafür, daß von christlicher Seite Islamisten als Referenten oder Dialogpartner eingeladen wurden, mit denen jeder Dialogversuch zwangsläufig in eine monologisierende Bekehrungsattacke mündet. Hinzu kommt die Orientierung nicht allein der schiitischen Islamisten an dem ursprünglich in der Schia entstandenen Leitbild der »Takiya«, (»Vorsicht«, »Furcht«, »Verhüllen«), einer religiösen Schweigeerlaubnis unter allen Bedingungen, die ein offenes Bekenntnis zum Islam entweder nicht zulassen oder nicht geraten erscheinen lassen. Vor dem christlichen Gegner wird die wahre Überzeugung verborgen – es werden Scheingefechte geführt, Ablenkungs- und Täuschungsmanöver inszeniert. Angesichts solcher ideologisch überhöhter Notlügen läuft jede philosophisch-religiöse Auseinandersetzung mit dem missionierenden Islam, die sich auf Argumente und Beweisversuche stützt und den wechselseitigen Willen zur Wahrheit voraussetzt, ins Leere.

An Helfern und Helfershelfern hat der Islamismus in Deutschland keinen Mangel – an raffinierten Überzeugungstätern, an gerissenen Achtgroschenjungen, an zur Mitarbeit Erpreßten, an naiven gutgläubig-ahnungslosen Unterstützern wider Willen. Zu der letzten Kategorie gehört anscheinend der evangelische Pfarrer Gerhard Williges aus Braunschweig, der mit dem Vorschlag von sich reden machte, deutsche Frauen sollten *»aus Solidarität mit den Türkinnen«* an einem Tag im Monat ein Kopftuch tragen. Wie müssen sich christliche oder laizistische Türkinnen fühlen, wenn man ihrem Widerstand gegen die islamischen Kostümierungspflichten derartig in den Rücken fällt? Ursula Ott traf in der Zeitschrift *Emma* den Nagel auf den Kopf, als sie fragte: *»Wie wär's mit einer symbolischen Klitorisbeschneidung,* *aus Solidarität mit den Ägypterinnen?*« Im übrigen ist der Herr Pfarrer auch noch ein Hasenfuß: Nachdem ihm einige Kritik entgegenschlug, distanzierte er sich von seinem Vorschlag!

Sehr aktiv in Sachen Islamreinwaschung ist auch der vor allem in der *Woche* publizierende Journalist Reinhard Hesse. In der Ausgabe dieser Zeitung vom 25. April 1997 durfte er gleich auf Seite 1 gegen das »*Feindbild Islam*« wettern und behaupten, »*die überwältigende Mehrheit der Muslime*« verstehe und praktiziere »*ihren Glauben als Religion des Friedens und der Toleranz*«. Das ist ungefähr so aussagekräftig wie die unbezweifelbare Tatsache, daß die überwältigende Mehrheit der Deutschen unter Hitler keinem Juden ein Leid zugefügt hat und zufügen wollte! Die islamische Zivilisation wird bei Hesse zur »*multikulturellen, auch multireligiösen Heimat der Menschlichkeit*«, der Koran geradezu zur Bibel des Rationalismus, denn er preise ja die Vernunft als »*Gottesgabe*«. Die mittelalterlichen Regeln des Islams sind natürlich nur »*scheinbar mittelalterliche Regeln*«, das »*Gerede vom Kampf der Kulturen*« ist natürlich »*hundertfach widerlegt*« und der Beginn der »*rückwärts gewandten Orthodoxie*« im Islam läßt sich »*für die Neuzeit recht präzise datieren*« – auf 1798, auf die Landung der napoleonischen Truppen in Ägypten. Der Schuldige ist eben immer der Westen – wenn die Muslime reaktionär werden, dann ist dies von den Europäern verursacht.

Eine besonders gefährliche Entwicklung zeigt sich in den Versuchen politischer und pseudoreligiöser Sekten, mit dem Islamismus und anderen interessierten Kreisen ein Bündnis gegen die »Ungläubigen«, gegen die Moderne, gegen die Aufklärung, gegen die laizistisch-pluralistische Demokratie zuwege zu bringen. Einige Beispiele hierfür:
– In Bielefeld bildeten 1995 Opus-Dei-Anhänger, bestimmte protestantische Evangelikale und der rosa-grüne Stadtrat eine Einheitsfront für islamischen Religionsunterricht und eine islamische Grundschule. Bärtige Lehrer, die kleinen Mädchen mit Zöpfen den Koran einpauken, zur Not einprügeln – welch multikulturelle Idylle!
– Im Frühjahr 1994 begann die als »Europäische Arbeiterpartei« (EAP), »Schiller-Institut« etc. firmierende Fan-Gemeinde des amerikanischen Verschwörungsspezialisten Lyndon LaRouche mit ihrem Ableger »Bürgerrechtsbewegung Solidarität« einen »Christlich-Islamischen Dialog« zwischen solchen Zele-

britäten wie Anno Hellenbroich, (EAP -Vorständler und Bruder eines Ex-Verfassungsschutz-Chefs) und Sahib Mustaqim Bleher, Generalsekretär der Islamischen Partei Englands. Schon 1993 hatte die EAP-Vorsitzende Helga Zepp-LaRouche im Sudan mit der dort regierenden Mörderbande gemeinsam sinniert, wie man »*allen Menschen*« (auch den zwei Millionen ermordeten Südsudanesen, Nuba, arabischen Oppositionellen??) »*das Recht auf individuelle Entwicklung durch eine wirtschaftliche Aufbaupolitik*« garantieren könne. Auf einer Veranstaltung in Köln erwies mir Mr. Bleher die Ehre, mich wegen meines Buches *Die Mullahs am Rhein* gleich nach Samuel Huntington als Organisator einer »*Hetzkampagne gegen den Islam*« zu attackieren. Im Bericht darüber präsentierte die EAP-Zeitung *Neue Solidarität* (20. 4. 1994, S. 4) noch eine weitere Erfindung: »*Nach diesen Tönen könnte man meinen, das Buch wäre von einem Vertreter der Deutschen Liga für Volk und Heimat geschrieben, aber Rolf Stolz war Gründungsmitglied der GRÜNEN und ist heute Mitglied der linken Liste PDS.*« (Ich muß die EAP enttäuschen: Ich war nie Mitglied oder Sympathisant der PDS und bin weiterhin Mitglied von BÜNDNIS 90/DIE GRÜNEN.)

– Seit längerem kooperieren nach Erkenntnissen des nordrhein-westfälischen Verfassungsschutzes (vgl. *K. St.-A.*, 24. 5. 1997) Scientologen und türkische Islamisten der IGMG. Die IGMG nutzt dabei die wirtschaftlichen Verbindungen und die Solvenz der Scientologen (allein in Luxemburg sollen sie drei Milliarden Mark auf Bankkonten gebunkert haben) und liefert diesen im Gegenzug Möglichkeiten, unter der einen Million türkischer Staatsbürger in NRW neue Anhänger zu werben und sich als ausländerfreundliche Vorkämpfer der multikulturellen Paradiesgesellschaft zu präsentieren.

Stellt man sich die Frage, wie der Islam zu manchen seiner Schützenhelfer kommt bzw. diese zum Islam, so sind unter den verschiedenen Möglichkeiten weder Korruption noch Bedrohung auszuschließen. Man betrachte die nicht immer erfolglosen Versuche der Scientologen, prominente Unterstützer als »celebrities« (»Berühmtheiten«) zu gewinnen, Kritiker durch Prozesse und Drohungen mundtot zu machen und die, die den Machenschaften der Sekte als Polizeikommissare, Finanzbeamte und Journalisten gefährlich werden könnten, mit einer Mischung aus Bestechung und Erpressung gefügig zu machen. Nur

so gelang es der Scientology-»Kirche«, bei der obersten amerikanischen Steuerbehörde nach vielen Anläufen die steuerspa-
rende und statusverleihende Anerkennung als Religionsgemeinschaft durchzudrücken.

Im Dunstkreis der christlichen Kirchen ist eine ganze Subkultur
von fest vernetzten Islam-Freundeskreisen entstanden. Auf der
christlichen Seite stehen da, wie *Publik Forum* schreibt, »*wohl-
meinend engagierte Lehrerinnen, Pfarrer, Sozialarbeiter*« bereit,
die sich dann wundern, daß ihre muslimischen »Partner« beispielsweise zu den »Grauen Wölfen« des Alparslan Türkes
gehören. Eine dieser Initiativen ist die von dem Hauptschulleh-
rer Klaus Holz 1989 gegründete »Christlich-islamische Gesellschaft Pforzheim e.V.«, deren halbes hundert Mitglieder zur
Hälfte Muslime sind. Alle Treffen des Vereins beginnen mit einem christlichen Gebet und enden mit einem islamischen. Gür-
kan Ercelic, Student und Vorstandsmitglied der türkisch-islamischen Gemeinde, sieht als Ergebnis des Wirkens dieses Vereins:
»*Vorher wußten sie wenig über ihren Glauben – nun gehen viele
freitags in die Moschee und sonntags dann in den Gottesdienst.*«
Wohl als Beitrag zu dieser Idylle, in der die Muslime bei den
Christen und die Christen bei den Muslimen die Gotteshäuser
mitbevölkern, schenkten die katholischen und die evangelischen
Gemeinden in Pforzheim nach einer Kollekte in allen Kirchen
1992 zur Einweihung der Moschee einen Leuchter im Wert von
8000 Mark. Der Imam dieser Moschee darf in Schulgottesdien-
sten zum Schuljahresbeginn zelebrieren. Cui bono, wem nützt es
– das ist hier die Frage. So ehrenwert es ist, wenn ein Verein bereits tausend Bürger durch die Moschee geführt hat oder christlich-islamische Hochzeiten gefördert werden, beantwortet das
nicht die Frage, was denn in Moscheen wie der Pforzheimer
gepredigt wird und wie man sich dort verhält gegenüber dem
koranischen Verbot für Musliminnen, christliche Männer zu
heiraten, oder gegenüber dem Verbot, Kinder aus der Ehe eines
Muslims mit einer Christin christlich zu erziehen. Hier bewegt
sich der offizielle Islam keinen Millimeter vorwärts – und wenn
er sich bewegt, dann mit großen Schritten rückwärts. So wurde
von der türkischen Regierungsbehörde Diyanet in den letzten
Jahren bereits zweimal der Imam der Pforzheimer Moschee ab-
gesetzt, weil er angeblich zu kompromißbereit sei.

Auch außerhalb des kirchlich-christlichen Kontextes wird etwas für die getan, an die man über die religiöse Schiene nicht herankommt. 1994 wurde in Köln »*gegen das Gespenst einer islamischen Bedrohung*« mit aktiver Unterstützung des Kulturamtes der von Martina Sabra geleitete Verein »Dialog Orient-Okzident« gegründet. Entsprechend der Zielsetzung, einen Softie-Islam in mundgerechten kleinen Bissen zu verabreichen, startete man die öffentliche Arbeit mit einer Veranstaltung in der Volkshochschule, auf der Sabine Kebir sprach – prominente Vertreterin einer Politik, die (leicht verklausuliert) dafür eintrat, Mörderbanden wie die FIS in Koalitionsregierungen einzubinden.

Zu den Islam-Förderern kann man auch den französischen Politologen Gilles Kepel rechnen, Professor am Institut für politische Studien in Paris. Für ihn ist der Islamismus eine »*andere Identität*«, die sich »*gegen ein entmenschlichtes oder feindseliges soziales Umfeld*« verteidigt – mit einem moralisch sensiblen und solidarischen Kommunitarismus. Mit anderen Worten: Die bösen und reichen Westler zwingen die guten und armen Orientalen dazu, ihren reinen Glauben zu verteidigen gegen infame Versuche, ihnen ihre Unschuld zu rauben. Was Maxime Rodinson in *Die Araber* (Frankfurt a. M. 1981) als ein ebenso narzißtisches wie lähmendes Selbstbild der arabischen Nationalbewegungen beschrieb, nämlich »*stets das unschuldige Opfer der Bösartigkeit anderer Völker*« gewesen zu sein, wird hier ganz ernsthaft als zutreffende Realitätswiedergabe angeboten. Triumphierend verkündet Kepel, die Islamisierungsbewegungen Europas und Amerikas seien »*die Vorhut der Ausbreitung dieses Glaubens über die ganze Welt*«. Daß dies, wenn es denn ernsthaft versucht werden sollte, viel Blut kosten wird, dürfte diesem intellektuellen Zündeler durchaus bewußt sein. Noch um eine Umdrehung weiter geht John L. Esposito in *The Islamic Threat. Myth or Reality?* (New York 1992 und 1994): »*In den letzten Jahren vertreten die meisten islamischen Bewegungen eine populistische Position und engagieren sich für Demokratisierung, Menschenrechte und Wirtschaftsreformen.*«

Entlarvend ist, wie die Vertreter der momentanen Mehrheitsmeinung bei den Bündnisgrünen sich ganz besonders ins Zeug legen für die Einbürgerung der Islamisten. In einer der vielen Veröffentlichungen zu diesem Thema (»Ausländer werden Inländer«, in *grün & bündig*, Nr. 3/96) wird ein Artikel von Cem Özdemir, dem »einwanderungspolitischen Sprecher der Bundestagsfraktion«, dekoriert mit dem Bild einer islamisch vermummten jungen Frau. Darunter steht: »*Sie ist hier geboren und aufgewachsen. Durch aktive Integrationsangebote wollen wir das Zugehörigkeitsgefühl ihrer Generation zur zweiten Heimat Deutschland stärken.*« Kein Wort davon, daß hier erst einmal ein aktives Integrationsangebot der abgebildeten jungen Dame an die deutsche Gesellschaft gefragt ist – sprich die Bereitschaft, die religiöse Maskerade an den Nagel und in den Schrank zu hängen, um sie den Motten zu überlassen – und danach eine eindeutige innere Entscheidung zwischen der Heimat der Eltern und der möglichen neuen Heimat Deutschland.

Zu denen, die in vollem Bewußtsein (wenn auch oft zwischen den Zeilen und knapp unterhalb der Wahrnehmungsschwelle) predigen, dem Islam Tür und Tor zu öffnen, gehört der Schweizer Publizist Arnold Hottinger, langjähriger Nahostkorrespondent der *Neuen Zürcher Zeitung*. Hottinger plädiert als rechter Biedermann dafür, dem Islam »*einen Raum zu schaffen, innerhalb dessen er bei uns leben kann*« (*NZZ*, 22. 3. 1997). Von der Notwendigkeit einer islamischen Reformation, von einer Wandlung zu einem Euro-Islam, von politisch-sozialen Pflichten der Muslime spricht Hottinger mit keinem Wort – es sind die Europäer, die sich gefälligst ändern und den Neuankömmlingen anpassen sollen. Hottinger besitzt die Stirn, von dem »*unbestreitbar auch als europäische Religion zu betrachtenden Islam*« zu faseln. Dann sind, bitte schön, der Buddhismus auch eine europäische, das Judentum auch eine lateinamerikanische, der Hinduismus auch eine afrikanische und das Christentum auch eine ostasiatische Religion, nur weil es Buddhisten auf Island, Juden in Rio, Hindus in Kapstadt und Christen in Tokio gibt. In aller Deutlichkeit: Dadurch, daß in zwei europäischen Kleinstaaten (Bosnien und Albanien) aufgrund der jahrhundertelangen türkischen Fremdherrschaft die Bevölkerungsmehrheit muslimisch ist und eine begrenzte Zahl Muslime seit einiger Zeit und zum Teil noch für einige Zeit, zum Teil wohl auf Dauer, in verschiedenen europäischen Ländern leben (alles in allem – unter Einschluß der Russischen Föderation – vielleicht 25 von über 700 Millionen Menschen!), wird der Islam als primär asiatisch-afrikanische Religion nicht zu einer europäischen. Jede der Weltreligionen hat ihren kulturell-spirituellen Kosmos, in dem sie in unterschiedlichen Formen und Spielarten existiert, und dieser Raum umfaßt niemals alle Kulturen der Welt, auch wenn die großen Religionen inzwischen fast überall ein paar Anhänger gefunden haben. Es gibt ein vorderasiatisch-orientalisches, ein europäisches, ein afrikanisches, ein nordamerikanisches, ein lateinamerikanisch-indianisches, ein indisches, ein pazifisches, ein koreanisches Christentum. Es gibt als kulturelle Größe kein zentralasiatisches, kein chinesisches, kein japanisch-ostasiatisches Christentum – zumindest bisher nicht. Es existiert ein vorderasiatisch-orientalischer, ein afrikanischer, ein zentralasiatischer, ein indischer, ein indonesisch-malayischer Islam – aber bislang gibt es trotz der Einwanderer und Konvertiten und trotz der Utopie eines Euro-Islams keinen Islam, der zur Kultur Europas gehörte und mit ihr vereinbar wäre. (Etwas Vergleichbares gilt für den nordamerikanischen, den lateinamerikanisch-indianischen, den pazifischen Kulturraum – auch wenn dort der Islam sich durch eine rassisch-rassistisch unterfütterte Bekehrung der Farbigen zu verankern versucht.)

Eine besonders perfide Methode ist es, daß Hottinger den Europäern, die ihre politische Freiheit und ihre Kultur verteidigen, die Schuld in die Schuhe schiebt für das Anwachsen des Fundamentalismus. Die Fundamentalisten in den Ghettos europäischer Städte stellt Hottinger hin als sich »unverstanden, ausgeschlossen und angefeindet« vorkommende, »nach bitteren Erfahrungen nicht mehr integrationswillige« arme Opfer europäischer Überheblichkeit und Zurückweisung, als durch die »unbedachte und manchmal rücksichtslose, ja gelegentlich unflätige Kritik an der Religiosität ihrer muslimischen Mitbürger« Erniedrigte und Beleidigte. Ausdrücklich spricht Hottinger pauschal von »schwer arbeitenden Gästen«, als gäbe es nicht auch unter den hier lebenden Muslimen wie unter den Europäern eine reiche Auswahl von Tagedieben, Nassauern, Klein- und Großkriminellen. Die islamistische Verhetzung und Uniformierung durch Abgrenzungssymbole wie das Kopftuch verharmlost er als brave Erfüllung religiöser Pflichten. Mit intensivem Haß registriert er, daß »Säkularisten ein Aktionsbündnis mit den konservativen Rechtgläubigen schließen«, wie er die Christen tituliert, die nicht kampflos das Feld räumen. Für unseren Schweizer Soft-Islamisten hat der böse Feind zwei Köpfe, die es abzuschlagen gilt: Da

ist einmal der »*zur Routine gewordene Säkularismus*«, der nicht
bereit ist, fröhlich zu akzeptieren, daß der Islam keinen Säkularismus kennt und gleichwohl in Europa »*Bürgerrecht*« bean-
sprucht. Und da sind die Christen und Juden mit ihrem »*Mono-
polanspruch der alteingesessenen Religionen*«.

Spricht man mit politisch aktiven Muslimen, so hört man immer
wieder eine vielstimmige Klage, die bösen westlichen Orientalisten würden den Islam mißdeuten, verfälschen, verleumden.
Diese Aussagen, die in einer solchen Verallgemeinerung weder
für das 19. Jahrhundert noch für die Gegenwart zutreffen, zeigen
durchaus Wirkung – nicht zuletzt bei den Orientalisten selbst.
Dort wächst die Bereitschaft, durch vorauseilende Willfährigkeit
jeder Kritik von vornherein die Spitze abzubrechen. Einer der
wissenschaftlichen Vorbeter dieser Strömung ideologischer Is-
lamverherrlichung ist Professor Udo Steinbach, der Direktor des
1960 gegründeten und von der Hansestadt sowie dem Auswärtigen Amt finanzierten Deutschen Orient-Instituts in Hamburg.
Seit 1995 befaßt sich das Institut mit seinen sechs Mitarbeitern
auch mit der Entwicklung des Islams in Deutschland. Daß Professor Steinbach hier nicht ein neutraler, unvoreingenommener
Beobachter ist, macht er immer wieder deutlich. So zetert er darüber, es ginge nicht an, wenn es bei jedem Moschee- und Mina-
rettbau »*zu einem Aufstand*« oder »*zu gewaltätigen Diskussionen*«
komme, denn schließlich hätten die Muslime ein »*berechtigtes
Interesse*« daran, sich öffentlich zu artikulieren. Im übrigen propagiert Professor Steinbach den islamischen Religionsunterricht
an allen staatlichen Schulen, Erleichterungen bei der Einbürgerung und das kommunale Wahlrecht für Ausländer. Zugleich
drängt er die Muslime in Deutschland, einen allgemein anerkannten Dachverband zu bilden, der wie der Zentralrat der Juden Einfluß nehmen könne und dann auch den Bau von Moscheen oder das rituelle Schächten von Tieren durchsetzen und
die Richtlinien für den Islamunterricht mitgestalten könne. Und
natürlich entdeckte Professor Steinbach auch, daß der »*Auslän-
derhaß*« und »*Vorurteile*« der Deutschen das eigentliche Problem
seien – die Deutschen sähen »*einfach nur den Macho oder den
Fundamentalisten*«, statt durch die rosarote Brille politischer
Korrektheit lauter liebe, fromme muslimische Mitbürger wahrzunehmen.

Steinbach ist sich nicht zu schade, mit offenkundigen Lügen die Islamisten reinzuwaschen und dem real existierenden Islam ein dekoratives Schwindelmäntelchen umzuhängen. Er will in *Die Türkei im 20. Jahrhundert. Schwieriger Partner Europas* (Bergisch Gladbach 1996, hier S. 375) seinen Lesern weismachen, bei dem Massaker von Sivas im Juli 1993 hätten die *»zaudernden Sicherheitskräfte«* leider zu spät eingegriffen, während doch in Wirklichkeit bei den mehrere Stunden dauernden Angriffen des aufgehetzten Mobs die Uniformierten teils bewußt wegschauten, teils sogar, soweit es sich um Refah-Anhänger handelte, an den Ausschreitungen mitwirkten, wie ja auch damals die in Ankara alarmierten Politiker und Generäle nichts Nennenswertes unternahmen – aus Angst vor einer offenen Konfrontation mit der sunnitischen Orthodoxie, wo es doch nur Aleviten und Atheisten waren, die man umbrachte. Bei der Refah-Partei Erbakans, so orakelt Steinbach, würden *»Beobachter«* eine Entwicklung nicht ausschließen, *»die in Parallele zur Christlich-Demokratischen Union in Deutschland eine Islamisch Demokratische Union entstehen läßt. Darin wäre das ›Islamische‹ dann bald in ähnlicher Weise bedeutsam oder eben nicht wie das ›Christliche‹ der CDU/CSU.«* Während er sich für das *»moderne Gesicht«* der Refah begeistert und behauptet, der gesamte islamische Fundamentalismus respektiere *»in der Türkei die demokratischen Spielregeln«* (ebd., S. 323), steht für Steinbach der Kemalismus *»einem notwendigen politischen Umbau der politischen Ordnung in der Türkei im Wege«* und wird von ihm Aziz Nesin abgetan als *»jemand, der mit einem rigiden Kemalismus herausfordernd und polarisierend wirkte«* (ebd., S. 325 ff.).

Die deutsche Orientalistik, die zu Beginn des 19. Jahrhunderts eine führende Rolle bei der Vermittlung der orientalischen Geisteswelt gespielt hat, ist – von wenigen Ausnahmen abgesehen – herabgesunken zu wissenschaftlicher Mediokrität, politischer Ignoranz und gesellschaftlicher Bedeutungslosigkeit. Kennzeichnend dafür ist, daß die älteste und größte Orientalistenvereinigung Deutschlands, die Deutsche Morgenländische Gesellschaft (DMG), 1995 auf dem Kongreß zu ihrem hundertfünfzigjährigen Jubiläum ausgerechnet Annemarie Schimmel den Festvortrag halten ließ. Also jene Frau, die an der Todesdrohung gegen Salman Rushdie allenfalls den Umstand kritisierte, daß so dieses *»gotteslästerliche«* Buch zusätzlich bekanntgemacht

worden sei. An keiner Stelle hat Annemarie Schimmel einen Beitrag dazu geleistet, die vielen Merkwürdigkeiten ihres Lebens-
weges aufzuklären. Beispielhaft sei nur herausgegriffen, daß sie
laut dem in ihrer Dissertation enthaltenen Lebenslauf im November 1939 begann, Naturwissenschaften zu studieren, im
Frühjahr 1940 zur Orientalistik wechselte, im November 1941
ihre Doktorarbeit abgab und im Frühjahr 1942 ihr Studium mit
dem Rigorosum erfolgreich abschloß. Sie absolvierte damit in
vier Semestern ein Studium, für das damals eine Mindestdauer
von acht Semestern vorgeschrieben war. Sofort anschließend
nahm sie eine bis Kriegsende andauernde Tätigkeit im Berliner
Außenministerium auf, angeblich als »Übersetzerin«. Welche
Faktoren waren hier wirksam – angesichts des Mißtrauens der
Nazis gegen jede Beschäftigung mit semitischen Kulturen und
angesichts der gleichzeitigen Versuche, von Berlin aus die Araber
gegen die Engländer und die Juden zu mobilisieren?

Generell sind in der Sympathisantenszenerie die Übergänge
fließend zwischen denen, die aus Überzeugung, und denen, die
für Bares agieren – aber auch zwischen Handlangern des Islamismus und Zuarbeitern einzelner arabischer Regime. Die französische Zeitschrift *Express* beispielsweise hat im Februar 1997
(Nr. 2380, S. 82-84) einige Zentralfiguren der proirakischen
Lobby aufgeführt, darunter den General Jeannou Lacaze, Le Pen
nahestehende Unternehmer wie Jean-Michel Dubois, den Gaul-
listen Georges Gorse. Auch der ehemalige sozialistische Verteidi-
gungsminister Jean-Pierre Chevènement gehörte schon Mitte
der achtziger Jahre zu den Promotoren der irakischen Sache,
ebenso der ehemalige Chef des Geheimdienstes DST, Yves Bon-
net. Wie eine Spinne im Netz schwebt über allem der wegen be-
trügerischen Diebstahls sechs Monate inhaftierte marokkanische Geschäftsmann Ahmed Chaker. Zum Wohl des eigenen
Kontos und zur Machtstärkung Frankreichs beherbergte er in
seinen Pariser Besitztümern ein ganzes Jahr lang den General
Lacaze – eine Hand wäscht eben auch in diesen Kreisen die andere.

Gerade in Frankreich gab und gibt es in großer Zahl offizielle Erklärungen gegen den Vormarsch des Islamismus. So äußerte
1993 der damalige Innenminister Charles Pasqua: »*Es kommt
nicht in Frage, daß wir hinnehmen, daß Vereine, die behaupten,*

kulturelle Aufgaben wahrzunehmen, ihre Organisation dazu benutzen, auf unserem Staatsgebiet Auffangstellungen für integristische Gruppen einzurichten, die andernorts oder sogar auf unserem Boden Terroraktionen ausführen können« (FAZ, 13. 11. 1993). Allerdings ist die französische Politik durch Unentschiedenheit, Halbheit, Lauheit gekennzeichnet und hat gerade der französische Staat immer wieder trotz aller verbalen Distanzierung vom Islamismus diesem vehement Schützenhilfe geleistet. So schob man Ende 1993 die beiden iranischen Polit-Killer Mohsen Scharif Esfahani und Achmed Taheri *»aus Gründen des nationalen Interesses«,* so Premier Balladur, nach Teheran ab, obwohl man kurz zuvor einem schweizerischen Auslieferungsbegehren *»grundsätzlich«* zugestimmt hatte. Die Schweiz suchte die beiden, weil sie zu einem dreizehnköpfigen, mit iranischen Dienstpässen ausgestatteten Mordkommando gehörten, das am 24. 9. 1990 Kazem Radschawi, den in Genf lebenden Bruder des Führers der oppositionellen Volksmudjaheddin, mit Maschinenpistolen-Salven ermordete. Auf der gleichen Linie der Liebedienerei gegenüber dem Iran bewegte sich die französische Regierung, als sie im Juni 1986 Massud und Mariam Radschawi zwang, mit dutzenden ihrer Anhänger Frankreich zu verlassen. Dies hinderte die iranischen Staatsterroristen im übrigen nicht, am 23. 10. 1990 den Exilpolitiker Cyrus Elahi in Paris zu ermorden. Andererseits: Kaum durfte Mariam Radschawi im November 1993 nach Frankreich zurückkehren, drohte der Iran bereits mit blutiger Vergeltung.

In ganz Europa hat der Iran ein Netz »schlafender Agenten« aufgebaut, die auf ihre Stunde und den entsprechenden Befehl warten. Viele von ihnen sind den Behörden bekannt, aber es geschieht nichts Ernsthaftes. So wurde z. B. 1992 in Frankreich ein mutmaßlicher iranischer Terroristenkoordinator verhaftet, aber schon bald wieder auf Anweisung des Justizministeriums auf freien Fuß gesetzt. Wer der Mullah-Diktatur treu gedient hat, darf auf Karriere in Teheran hoffen: So leitet der am 27. 11. 1987 aus Frankreich abgeschobene Botschaftsdolmetscher und Führungsoffizier Wahid Gordschi heute die Westeuropa-Abteilung des Teheraner Außenministeriums. Sein enger Mitarbeiter Mohammed Muhadscher besitzt als Direktor eines Fundamentalistenzentrums im Libanon sogar die französische Staatsbürgerschaft. Die wenigen verurteilten Terroristen dürfen zudem auf Milde rechnen. So wurden der Palästinenser Anis Nakkasch und vier Spießgesellen bereits nach zehn Jahren Haft von Mitterrand begnadigt. Sie hatten bei einem gescheiterten Mordanschlag auf den iranischen Exilpolitiker Shahpur Bachtiar am 18. 7. 1980 einen Polizisten und einen Nachbarn umgebracht. Bachtiar selbst fiel am 6. 8. 1991 einem iranischen Mordkommando zum Opfer.

3. Wölfe, die Kreide fressen, beißen auch

Im Hinblick auf die Entwicklungen im islamischen Milieu sind die Erfahrungen und Gedanken eines Priesters aufschlußreich, der als orthodoxer Mönch in den achtziger Jahren in Berlin lebte:

>»Wir haben als kleine Gemeinschaft mit drei Personen in Berlin-Tiergarten ein christliches monastisches Leben in einer Gegend versucht, in welcher überwiegend Ausländer und sozial minderprivilegierte Einheimische lebten. Es war eine Art Hinterhofkloster, ähnlich wie die Gemeinschaften der ›kleinen Brüder und Schwestern Jesu‹ nach Foucauld, derer es in Berlin einige gab (gibt?). Gerade mit den Moslems waren wir zunächst gut zurechtgekommen; es gab eine gegenseitige Achtung, sogar Respekt, nachbarschaftliche Kontakte usw. Das änderte sich allerdings in der Zeit um 1987 – 1988. Plötzlich legten die Frauen ihre Tücher um, die Männer standen in Gruppen auf der Straße und drehten sich weg, wenn einer von uns vorbeikam – kurz, wir wurden unmißverständlich geschnitten. Die Kinder hatten Verbot, mit uns zu sprechen – während sie vorher gerade zu uns gerne kamen. In derselben Zeit eskalierten die Zusammenstöße mit einem Wechsel in der Leitung der Hinterhofmoschee, wo deutlich eine fundamentalistische Richtung nun den Ton angab. Als wir später (1994) in derselben Straße eine Kapelle in einem ehemaligen Weinkeller einrichten wollten, wurde uns gesagt, daß das ›nicht mehr im sozialen Umfeld akzeptiert würde‹. Jetzt stelle ich mir vor, irgendwo in Bayern würde sich eine römisch-katholische Bevölkerung oder gar ein Priester gegen die Einrichtung oder Umverlegung einer Moschee wenden – es gäbe gewiß einen Presseskandal wegen Ausländerhaß und Nationalismus.

>Bei einer Taxifahrt sprach mich der Fahrer, ein türkischer Moslem, an, was mein schwarzes Gewand solle. Auf meine Antwort, ich sei orthodoxer christlicher Mönch, meinte er, ich solle schleunigst zum Islam konvertieren, denn ›Wenn wir erstmal hier das Sagen haben, fangen wir bei euch zuerst an‹ – wobei er eine deutliche Geste mit der Hand vor dem Hals machte. Es war keineswegs spaßig.

Er sprach übrigens ausgezeichnet Deutsch, und seine Bekehrungs-
bemühungen waren nicht von der Art, mit der man Menschen ge-
winnt – eher auf Einschüchterung aus.

In ›unserem‹ Haus wurde eine halbwegs integrierte türkische
Familie öfters nachts belagert und tätlich angegriffen, weil sie ihrer
Tochter den Kontakt zu einem jungen deutschen Mann gestattete.
Oft mußte die Polizei kommen und wütend spuckende und mes-
serschwingende Fundamentalisten abführen, um sie sogleich wie-
der freizulassen. Ich weiß von einem Bekannten, der in leitender
Position bei der Berliner Polizei arbeitete, daß es eine strikte interne
Anweisung gibt, derartige Vorkommnisse nicht an die Öffentlich-
keit kommen zu lassen, um keinen deutschen Nationalismus zu
provozieren. Man liest zwar in den Zeitungen immer wieder ›Deut-
sche haben Ausländer angefallen‹, aber niemals umgekehrt. Natür-
lich ist jede solche Ausschreitung eine Schande, aber das müßte
doch wohl für alle Nationalitäten gelten.

In einer Moabiter Schule hatten eines Tages die türkischen Kin-
der ihr Deutsch ›vergessen‹. Wer von der deutschen Minderheit nicht
Türkisch sprechen wollte, wurde ausgegrenzt oder tätlich belästigt.
Viele Eltern nahmen ihre Kinder von der Schule und schickten sie
nach Dahlem, Wilmersdorf usw. Dort wurden die Kinder von den
anderen herablassend behandelt, weil sie aus Moabit kamen, ›wo
die Türken und Alkoholiker wohnen‹. Derselbe Musikschüler, der
mir das berichtete (und kurz darauf ebenfalls jene Schule verließ),
berichtete mir von einer islamischen Ordensgemeinschaft, die we-
sentlich unter deutschen Studenten missioniert und von Gruppen
aus den islamischen Ländern finanziert wird. ... Schon in den acht-
ziger Jahren war mir in Moabiter Polizeistellen und Ämtern der
Stadtverwaltung usw. aufgefallen, daß alle offiziellen Bekanntma-
chungen zweisprachig sind. Nicht etwa deutsch, spanisch, portugie-
sisch, griechisch, türkisch usw., sondern nur türkisch und deutsch.
Auch von Bekannten und Gemeindemitgliedern, die in Fabriken
arbeiten, weiß ich, daß alle Nationalitäten sich gut integrieren, al-
lein die muslimischen zusehends nicht. ... Es ist gut, daß das Mon-
ster des deutschen Nationalismus hierzulande sehr wach verfolgt
und kurz gehalten wird, es hat uns schon einmal in den Untergang
gerissen. Aber jeder Nationalismus und jeder Fundamentalismus ist
ein solches Monster, und es ist fatal, durch die Fixierung auf die Ver-
hinderung des deutschen Nationalismus jeden anderen Fanatismus
zu ignorieren. Unsere deutsche, extrem offene Haltung dem Islam

gegenüber wird gerade von den fundamentalistisch affizierten Moslems als Schwäche und Charakterlosigkeit mißverstanden. Das führt neben anderen Faktoren zu einer Verachtung unserer Menschen und unserer Kultur und verschärft die Tendenzen gerade der konservativen einwandernden Moslems, sich nicht mit den ›Eingeborenen‹ zu vermischen. Dies wiederum fördert jene Entwicklung, die man längst nicht mehr als ›Ghettoisierung‹ bezeichnen kann, sondern vielmehr als die Bildung einer Art Staat im Staate, einer in sich intakten und unabhängigen Antikultur.

Die historischen Erfahrungen der christlichen Länder des Orients mit dem Islam (vom Maghreb über Ägypten, Irak, bis weit hinter Persien sowie Kleinasien und Kaukasusregion) sollten uns darüber belehren, daß es kein Zusammenleben mit dem Islam gibt, wie es uns die multikulturelle Ideologie weismachen will. ... Meine Befürchtungen gehen indes dahin, daß unsere Regierenden einerseits in ihren abgeschotteten gesellschaftlichen Sonderregionen die Problematik nicht am eigenen Leibe wahrnehmen, und daß sie zudem nach der offiziellen Abschaffung der deutschen Kulturnation keine Verantwortung für unsere Sprache, Kultur und geistigen Traditionen mehr wahrnehmen (siehe auch den selbstmörderischen Abbau schulischer und universitärer Ausbildung und der Jugendarbeit generell). Sie sind eigentlich blind für die Gefahren, die mit den komplexen Fragen von Religion/religiöser Indifferentismus, Sprachkultur/Sprachverlust, Identität/deutsche Negatividentität (z. B. ›Der Spiegel‹: alles was ›deutsch‹ ist, ist bestenfalls ›doof‹ oder ›provinziell‹, schlimmstenfalls ›faschistisch‹ – wer will dann schon noch ›deutsch‹ sein?), kurz der ideologischen und geistigen Kräfte, verflochten sind. Gerade in der Auseinandersetzung mit dem religiös erwachten, missionarischen und von großem Selbstbewußtsein getragenen Islam dürfte eine kritische Selbstanfrage an unsere deutsche/europäische Geisteskultur und religiöse Identität und Praxis gestattet und geboten sein.«*

Selbst eine Terroristenorganisation wie die palästinensische Hamas versucht inzwischen, sich als »vernünftig« und »berechenbar« hinzustellen. Dazu läßt der Hamas-Führer Ismael Abu Saneb sich zu dem Zugeständnis herab, Anschläge wie der Ende März 1997 auf ein Café in Tel Aviv (drei getötete Frauen), seien zwar *»Ausdruck des Volkszorns«*, aber *»strategisch«* sei *»der Zeitpunkt unpassend«* gewesen. Und Ibrahim Makadmeh, einer der Häuptlinge der Izzedin-el-Kassem-Brigaden, des bewaffneten

Armes der Hamas, versichert treuherzig, die Attentate seiner Kämpfer hätten niemals das Ziel gehabt, »*der palästinensischen Regierung zu schaden oder sie zu stürzen*«. Vielleicht wird man einmal im Rückblick feststellen, daß der ehrliche, offenherzig-unverschämte und terroristische Islamismus eines Cemaleddin Kaplan weitaus ungefährlicher war als jener auf Unterwanderung und stilles Erobern von Schlüsselpositionen ausgerichtete und auf leisen Sohlen des Multikulturalismus daherkommende Edel-Islamismus, der seine eiserne Faust einstweilen unter diplomatischen Glacéhandschuhen verbirgt. Kaplan, der im Mai 1995 in Köln an Krebs starb, hatte sehr fotogen vor laufender Kamera das Schwert erhoben, sich 1989 zum »Staatsoberhaupt und Kalifen« der »Islamischen Republik Türkei« ausrufen lassen und im Juni 1992 sogar eine Exilregierung gebildet. Bei ihm, der 1983 nach Deutschland kam, ein Jahr später in Köln die »Föderation der Islamischen Gemeinden und Gemeinschaften« (ICCB) gründete (mit damals rund 50 Moscheen im Schlepptau) und der trotz eines 1987 erlassenen Verbots politischer Betätigung und einiger lächerlicher Geldstrafen permanent konspirierte und agitierte, wußte auch der naivste Deutsche, woran er war. Eben deshalb galt Kaplan auch unter Islamisten mehr und mehr als Außenseiter und Auslaufmodell. Hinzu kam, daß dieser Mufti und Hodscha bei allem Haß gegen Ungläubige Deutschland lediglich als zeitweises Exilland ansah – nicht als eigentliche Operationsbasis, nicht als Objekt seiner Begierde. Ihm ging es stets nur darum, von hier aus wie Chomeini aufzubrechen zur Rückkehr in die Heimat. Als er im Zinksarg heimkehrte, war seine große Zeit längst vorbei, die seinem Sohn vererbte Organisation auf dem absteigenden Ast und längst nur noch insofern von Bedeutung, daß in Kontrast zu ihr andere Islamistencliquen sich als »vernünftige, moderate Muslime« präsentieren können, und den deutschen Behörden mit dem Kaplan-Verein ein Popanz zur Verfügung steht, auf den man mit der Papp-Peitsche einprügeln kann, um sich so elegant um die Bekämpfung der wirklich gefährlichen Gruppierungen herumzudrücken.

Nun beweist das Beispiel Chomeinis, daß alte bösartige Männer nicht unbedingt als obskure Exilexistenz ihr Leben beschließen müssen. Auch ein Kaplan, wäre er in der Türkei an die Macht gekommen, hätte das Schreckensregime seines 1988 gewaltsam geräumten Kölner Internates im Maßstab eines ganzen

Landes exekutiert. Nur sollte man dabei nicht vergessen, daß all jene islamistischen Organisationen, die sowohl in Westeuropa als auch in ihren Ursprungsländern an die Macht wollen, noch gefährlicher sind als die weitgehend abgekapselten reinen Exilgruppen. Man verstehe dies aber nicht falsch als Aufruf zur Untätigkeit gegenüber denen, die wie Rabah Kebir, der Auslandsrepräsentant der »Islamischen Heilsfront«, vollmundig erklären, sie würden ihren Kampf »*nie auf deutschem Boden austragen*«. Erstens ist es ein Gebot internationalistischer Solidarität, Figuren wie Kebir, die direkt für Mord und Elend in ihrem Heimatland verantwortlich sind, um jede Wirkungsmöglichkeit zu bringen. Zweitens sind die langfristigen außenpolitischen Interessen Deutschlands und Europas den Intentionen der Islamisten diametral entgegengesetzt. Drittens ist es nahezu unmöglich, im Exil Politik ohne Auswirkungen auf das Exilland zu machen. Viertens verlangt es die Selbstachtung eines souveränen Staates, sich weder von den in Deutschland residierenden algerischen oder iranischen Terroristenchefs noch von Iran-Lobbyisten wie Kinkel, Schmidbauer oder Möllemann auf der Nase herumtanzen zu lassen. Kebir hatte ein politisches Betätigungsverbot – gleichwohl sprach er unaufhörlich hochoffiziell mit der Presse. Er hatte die Verpflichtung, den Landkreis Euskirchen nicht zu verlassen – dennoch reiste er herum und wohnte u. a. in Köln. Nicht ohne Grund wies die Presse darauf hin, daß die Freundlichkeiten des Herrn Kebir und die Tatsache, daß unter den vielen ermordeten Ausländern in Algerien bisher kein einziger Deutscher war, »*nach geheimen Abmachungen zwischen Bonn und der FIS riechen*«. Daher reagierte auch die Bundesregierung zunächst überhaupt nicht auf die vielen Dokumente, die den lebhaften Schmuggel von Waffen über Deutschland belegten – Waffen, mit denen die FIS in Algerien Frauen und Kinder ermordet und die Macht zu erobern versucht. Als es sich gar nicht mehr vermeiden ließ – durch etliche gut dokumentierte Berichte war die Öffentlichkeit hellhörig geworden – verhängt man einige lächerlich geringe Bewährungsstrafen gegen zwei Madani-Söhne und ihre Komplizen.

So von ihren heimlichen Freunden und der Feigheit vieler ihrer Gegner gestärkt, fordert die FIS inzwischen den Westen auf, im Sinne jener Konferenz von Islamisten und Opportunisten aller Schattierungen (bis hin zu trotzkistischen Freunden des

Kollektivselbstmords), die in der römischen Kirchengemeinde von Sant' Egidio stattfand, von der algerischen Regierung deren totale Kapitulation zu verlangen. Dieses Ansinnen überrascht nicht – was trotz aller schlimmen Erfahrungen mit Kurzsichtigkeit und Charakterlosigkeit des deutschen Liberalismus immer wieder überrascht, ist die unglaubliche Ignoranz, mit der ein Kebir (z. B. von Peter Scholl-Latour) als Bollwerk gegen die islamistischen Ultras und als gemäßigter, vernünftiger Politiker gesehen wird. So wie ihre geistigen Väter in den bürgerlichen Parteien 1933 trotz aller Borniertheiten und Idiotien der KPD-Führer hundertmal schuldiger waren an der Machtergreifung Hitlers als diese, so tragen heute die Führungen der etablierten Parteien 90 Prozent der Verantwortung dafür, daß die Islam-Faschisten nicht bekämpft und in vielem sogar noch staatlicherseits begünstigt werden. Wer sich mit dem organisierten politischen Massenmord einläßt, der hat sich dieser Sache mit Haut und Haaren verschrieben – auch, wenn er ein distinguierter Diplomat ist wie der irakische Pseudo-Christ Tarik Asis, der als Vizepremier Saddam Husseins keinen Anlaß sieht, sich zu entschuldigen, *»weder für mein Land noch für meinen Führer«* und der zur Scharia, zum Abschneiden von Händen, Füßen und Ohren, zum Tätowieren der Stirn bei Straftätern, dreist erklärt: *»Was ist denn daran falsch?«* (*Stern* 15/1995, S. 192 f.).

Unvergessen ist der Bombenanschlag von islamistischen Terroristen auf das New Yorker World Trade Center. Sechs Menschen starben damals, 1042 wurden verletzt. Zu Recht stellte die UNO fest: *»Wir fürchten, daß terroristische Gewalt in Zukunft dazu führt, daß bei einzelnen Anschlägen mehr Opfer zu beklagen sind als bei bisherigen Fällen. Der Anschlag auf das World Trade Center ist ein Beispiel, denn wären die Türme des Gebäudes eingestürzt, hätte es bis zu 50 000 Tote geben können.«* Angesichts dessen ist es blanker Zynismus, wenn ein Jakob Augstein in der *Süddeutschen Zeitung* vom 21. 1. 1995 einen *»nahtlosen Feindbildwechsel«* feststellt: *»Kaum ist der Kommunismus ausgetrieben, hat der Westen mit dem Islam seinen neuen Dämon. Im World Trade Center fliegt die Tiefgarage in die Luft, algerische Terroristen planen zu Weihnachten die Explosion einer Air-France-Maschine über Paris.«* Die Mordtaten – auch das erwähnte algerische Islamistenkommando tötete drei Menschen – werden verharmlost zu Plänen und Knallkörper-Bagatellen.

4. Von der Multikultur zum Gottesstaat – Pläne und erste Konturen

Peter Beier, der verstorbene Präses der Evangelischen Kirche im Rheinland, schreibt in seinem Buch *Am Morgen der Freiheit* (Neukirchen-Vluyn 1995): »*Multikultur als Form des Mit- und Nebeneinanders in gegenseitigem Respekt tolerierter kultureller Herkünfte ist eine Illusion. Das Volk ist in diesem Fall ahnungsvoller als seine selbsternannten Präzeptoren.*« Am Horizont sieht Beier »*das Dilemma eines bloßen Nebeneinanders von Herkünften, das irgendwann psychisch, sozial und politisch explodiert*«. So hellsichtig diese Diagnose war, so nebulös und artifiziell blieb, was Peter Beier als Ausweg vorschlug: die Schaffung einer neuen Kultur durch »*Assimilation aller an alles*«. Es gibt in der Geschichte der Zivilisationen kein einziges Beispiel dafür, daß eine Kultur in einem kurzen Zeitraum auf Befehl von Machthabern oder auf Wunsch einflußreicher Kreise entstanden wäre – noch dazu in unterschiedsloser Durchmischung. Auch synkretistische Mischkulturen wie die griechisch-römische der Antike haben stets die von außen kommenden Elemente (orientalische Kulte, keltische und germanische Glaubensformen usw.) auf ihre Vereinbarkeit mit der eigenen Kultur hin abgefragt, in ihrer Menge und in ihrem Einfluß begrenzt und sie in die vorgegebenen Strukturen des eigenen Pantheons und in den eigenen Wertekanon einzubauen versucht.

Selbst die »Bundesarbeitsgemeinschaft Christinnen und Christen bei BÜNDNIS 90/DIE GRÜNEN« zitiert in einem Grundsatzpapier »Christliche und GRÜNE Perspektiven für eine soziale und ökologische Zukunft« zustimmend das bündnisgrüne Programm zur Bundestagswahl 1994 mit dem wunderbaren Bekenntnis: »*Wir sagen ja zur multikulturellen und multiethnischen Gesellschaft und sehen diese Vielfalt als Bereicherung.*« Die grünen Ja-Sager, die sich einer einfältigen Begeisterung für eine multikriminelle Katastrophenvielfalt hingeben, mögen sich bereichert fühlen vom ach so spannenden Chaos. Die wahre, sprich hand-

fest in Bargeld bzw. Wahlerfolge umzumünzende Bereicherung
erfahren andere:
– die ökonomischen Profiteure einer Schwemme an billigen
Arbeitskräften und willigen Konsumenten,
– diejenigen, die die Stimmen organisierter Ausländergrup-
pen mit vom deutschen Volk zu bezahlenden Wahlgeschenken
kaufen,
– jene Demagogen, die von Überfremdung bedrohte Deutsche
für eine Politik rechtsradikaler Ausgrenzung begeistern können.

Die völlig einseitige Bejubelung der Ausländerzuwanderung
ist ebenso falsch wie eine undifferenzierte Ablehnung jeder Einwanderung. Behörden machen sich lächerlich, die wie die Stadt
Köln in ihrer bunten Broschüre vom Dezember 1994 *Wenn die
Kölner ihre Ausländern nicht hätten* der Bevölkerung weismachen wollen, ohne viele Ausländer gäbe es bald kein Geld mehr
für neue Altenheime, Bürgerzentren und Kindergärten, würde
die Stadt im Dreck ersticken, der neue Kleinwagen ein ganzes
Jahresgehalt kosten und die Arbeitslosigkeit wegen des Wegfalls
von Kaufkraft drastisch ansteigen. Hier soll das Volk für dumm
verkauft werden, hier wird abgelenkt von den gewaltigen Kosten,
die die Steuerzahler in Deutschland (und die sind nun einmal zu
über 90 Prozent Deutsche!) aufbringen für Sozialhilfe, Kranken-
versorgung und Kriminalitätskosten bei jenen Ausländern, die
nicht für sich selbst und ihre Angehörigen aufkommen können
oder wollen. Ähnlich manipulativ sind Aktionen wie die des
WDR und der Ausländerbeauftragten, zur Verleihung eines
CIVIS-Preises 10 000 Kinder, die natürlich »Kids« genannt werden, in der Essener Gruga-Halle unter konstanter Musikbe-
schallung *Flagge zeigen zu lassen gegen Rassismus und Gewalt,
gegen Intoleranz und Schubladen-Denken, für ein Miteinander
und die Neugier am Anderssein«* (vgl. WDRprint, Dezember
1996). Früher nannte man so etwas »Fahnenappell«. Der emo-
tional-kollektive Charakter solcher Veranstaltungen wird dann
benutzt, um, während die »Multi-Kulti-Trommler«und die »Po-
wer-Girls« aufspielen, den tumben Toren *»die Sache mit dem
Schleier«* zu verklickern. Man muß an der sachlichen Berechtigung und der rationalen Nachvollziehbarkeit der Multi-Kulti-
Ideologie selbst starke Zweifel haben, wenn man seine Zuflucht
nimmt zu solchen Bauernfänger-Methoden. Jeden in Deutschland lebenden Ausländer, der dieses Land liebt und der lautere

Absichten hat, wird es empören, wenn das gute Zusammenleben
mit den Deutschen statt über ehrliches Überzeugen erreicht werden soll mittels faulen Verführungs- und Überredungstricks.

Wirklich verfolgte Ausländer erkennen vorbehaltlos an, daß
Deutschland doppelt so viele Asylbewerber aufgenommen
hat wie alle anderen Staaten in Europa zusammen – und zusätzlich die Eingliederung der Aussiedler und die innerdeutschen
Wanderungsbewegungen bewältigen mußte (vgl. *Die Welt*
30. 6. 1997) und jetzt eine Phase stark reduzierter Zuwanderung
und der Konzentration aller Kräfte auf die Integration der bisher Gekommenen verdient hat. Bei fünf Prozent Anerkennungs-
quote der Asylanten darf man getrost davon ausgehen, daß
unter Berücksichtigung aller möglichen Fehler und Voreinge-
nommenheiten der Beamten mindestens zwei Drittel der Asylanten nicht im Sinne des Grundgesetzes politisch oder religiös
verfolgt sind und auch weiter in ihrem Herkunftsland bleiben
könnten. Der Bevölkerungswissenschaftler Josef Schmid weist
zu Recht darauf hin, daß Einwanderer-Quoten unter den deutschen Bedingungen *das Ende rationaler Politik* und *die Stunde
der Demagogen* bedeuten würden, wenn man nicht gleichzeitig akzeptiere, daß die Quoten möglichst niedrig angesetzt werden, sich nur an den nationalen Interessen unseres Landes orientieren und gleichzeitig die deutsche Asylpraxis den internationalen Flüchtlingskonventionen angepaßt wird (vgl. *Die Welt*,
11. 5. 1997).

*»Multikulturelle Gesellschaft meint ein Leben kultureller Unter-
schiede. Multikultur ist der Gegenbegriff zu ethnischer und kultureller Homogenität.«* Soweit und so fragwürdig Rita Süssmuth in
einem Interview mit dem *Focus* (Nr. 47/1994). Es gibt in jedem
Land bei aller Homogenität eine gewisse Bandbreite ethnischer
und kultureller Spielarten – ohne diese wäre der für jedes Sich-
Entwickeln unerläßliche Prozeß der Differenzierung, Auseinandersetzung, Einigung und erneuter Differenzierung undenkbar.
Eine lebendige und fruchtbare Homogenität ist nicht die sterile
Übereinstimmung aller mit allen, sondern ganz im Gegenteil ein
bewegter und bewegender Prozeß, auf einer allen gemeinsamen
Grundlage viele Besonderheiten aufblühen zu lassen, was unver-
meidlicherweise etliche Absonderlichkeiten einschließt. Das
Deutschland Kants und Goethes war ebensowenig wie das
Deutschland Gerhart Hauptmanns und Friedrich Nietzsches

ein uniformes Gebilde einer monochromen Einheitskultur. Aber so wenig ein Musikstück dadurch überzeugender wird, daß ich noch mehr verschiedene Instrumente ertönen lasse, so wenig ein Gericht schmackhafter wird durch möglichst viele verschiedene Zutaten, so wenig verhilft es unserem Land zu einem kulturellen Aufschwung, wenn noch ein paar noch fremdere Kulturelemente hinzukommen. Es ist ein Verbrechen, wie es für den Kolonialismus charakteristisch war und für den Neokolonialismus immer noch ist, Menschen zu drängen oder sogar zu zwingen, in ihrem Heimatland ihre im wahrsten Sinne des Wortes angestammte Kultur aufzugeben. Wer aus freiem Entschluß für länger oder für immer in ein anderes Land geht, der muß sich im klaren sein, daß er – wenn überhaupt – seine eigene Kultur nur unter großen Opfern bewahren kann und selbst dann diese nicht unbeeinflußt und unversehrt zu verteidigen ist. Wer das nicht will, wer das fürchtet, der sollte zu Hause bleiben.

Wenn sich Rita Süssmuth gegen die »*Aufgabe der jeweils eigenen Kultur*« wendet und gegen die »*Verwischung aller kulturellen Unterschiede*«, dann kann man ihr erstens darin nur zustimmen und sie zweitens auffordern, aus diesem berechtigten Postulat die unvermeidlichen Konsequenzen zu ziehen. Es sind gerade die Propagandisten der unbegrenzten Offenheit und des multikulturellen Durcheinanders, die einen Einheitsbrei anrühren, in dem das Spezifische der einzelnen Kulturen verlorengeht. Die große historische Aufgabe, in aller Welt die schöpferische Kultur gegen die spaß-, konsum- und profitsüchtige Globalbarbarei zu verteidigen, setzt voraus, daß möglichst viele Einzelkulturen ihre Integrität und ihr ursprüngliches Einflußgebiet verteidigen können. Auch wenn gelegentlich eine Kultur den Verlust ihrer territorialen Ausgangsbasis überlebt und sich im Exil zu behaupten vermag wie das Judentum, so ist dies doch die seltene Ausnahme einer allgemeinen Regel. Daher erfordert eine Verteidigung der deutschen Kultur auch, bei aller im Detail erforderlichen Offenheit für Austausch und Vermischung, in der großen Linie das eigene Sosein und Anderssein zu verteidigen und damit auch ein kulturelles Territorium, das zwar nicht identisch ist mit dem politischen, aber keineswegs diesem gegenüber völlig unabhängig. Man denke nur daran, wie sehr all das, was aus der ostdeutschen Kultur überlebt hat, durch den Raub, die Besetzung und Fremdbesiedelung der deutschen Ostgebiete gefährdet ist.

Die Rückkehr zum Humanismus, die Neubegründung des Humanismus sowohl aus dem Geist der Aufklärung wie aus der Erkenntnis des Janus-Charakters der Moderne ist unerläßlich und vordringlich. Aber dieser Humanismus darf, wenn er nicht Selbstbetrug und Wortgeklingel sein soll, nicht stehenbleiben bei abstrakten Begrifflichkeiten und dem schönen Gefühl der eigenen Edelmütigkeit. Der neue Humanismus hat von den Menschen auszugehen, wie sie sind, wenn er – mit ihnen und nicht gegen sie! – das erreichen will, was menschenmöglich ist. Er muß den schwierigen Verzicht auf die Wahnträume eines neuen Menschen und eines irdischen Paradieses wagen und sich den Realitäten stellen. Die Welt ist und muß bleiben eine Welt der vielen Kulturen – in diesem Sinn ist Multikulturalismus richtig und notwendig. Irenäus Eibl-Eibesfeldt betont, daß »*die Pflege unserer eigenen abendländischen und nationalen Identität als Beitrag Europas zur multikulturellen Weltgemeinschaft*« von größter Bedeutung ist, denn den »*egalisierten Weltstaat mit einer homogenisierten Weltbevölkerung*« werde es erstens wohl nie geben, und zweitens müßte er extrem repressiv sein. Eibl-Eibesfeldt orientiert daher auf »*das verpflichtende Bewußtsein, daß wir den ungezählten Generationen unserer Vorfahren das kulturelle Erbe verdanken, auf dem wir weiter aufbauen, ein Bewußtsein, das uns eine moralische Verpflichtung auferlegt, so zu handeln, daß auch künftige Generationen Lebensglück erfahren*« (*Süddeutsche Zeitung*, 30. 11. 1996).

Die Rechts- und Chancengleichheit aller Menschen ist eine unerläßliche Voraussetzung jeder Aufklärung und jeden gesellschaftlichen Fortschritts. Die absurde Idee dagegen, alle Menschen seien gleich in ihrem Denken und Handeln, ist eine in ihren Konsequenzen im wahrsten Sinne des Wortes mörderische Perversion des Gleichheitsgedankens, die zu Gleichmacherei und zwanghafter Nivellierung, zu Unterdrückung und Konfrontation führt. Läßt man sich nämlich von dieser abstrakten und chimärischen »Gleichheit« aller Menschen leiten, so scheint es völlig gleichgültig, ob beispielsweise die deutsche Regierung aus Türken oder die türkische aus deutschen Politikern gebildet wird, ob in Deutschland sechs oder 60 Prozent der Einwohner Türken sind, ob der Kanzler Moslem oder Mormone ist – immer sind es doch Menschen, und sind wir nicht alle Menschen? Wir sind es, aber jeder, der über ein Mindestmaß an Realismus und an Denkfähigkeit verfügt, weiß, daß es nicht egal ist, wo jemand herkommt, wozu er sich rechnet und wo er hingehört. Ein Deutscher jüdischer Konfession, der sich weder mit dem militanten Zionismus, mit der israelischen Staatsraison noch mit dem orthodoxen Rigorismus identifiziert, könnte angesichts der langen Geschichte christlich-jüdischer Gemeinschaft durchaus deutscher Kanzler oder Präsident werden. Daß ein Moslem dies erreichen könnte, erscheint auf absehbare Zeit weder vorstellbar noch wünschbar.

Wenn heute in einem Großbetrieb eine Jugendvertretung aus sieben Deutschen und sechs Ausländern (vier Türken, eine Griechin, ein Italiener) zusammengesetzt ist, wenn zunehmend Ausländer mehr Einfluß haben, als ihrem Anteil an der Bevölkerung entspricht, dann muß diese Abweichung vom nationalen Proporz solange nicht problematisch sein, wie die Ausländer ihr Mandat nicht dazu mißbrauchen, nur ihre eigenen Belange durchzusetzen. Wer nicht die Unsinnigkeiten eines Proporzsystems, wie es seit Jahren Belgien stranguliert, will, der muß akzeptieren, daß manche Vertretungsorgane alles andere als repräsentativ zusammengesetzt sind. Allerdings ist es legitim, daß die Mehrheitsbevölkerung in der großen Linie jenes Übergewicht erhält, das ihrer Zahl entspricht, und daß die Minderheiten bei allem Ehrgeiz und aller Fürsorge für sich selbst Rücksicht auf die Mehrheit nehmen. Von größter Bedeutung ist, daß Menschen verschiedener Nationalität gemeinsam für das Wohl des Landes arbeiten, in dem sie leben, und das ihnen auf Dauer oder zumindest zeitweilig Heimat ist. Eine solche Zusammenarbeit sollte man nicht ideologisch überfrachten, wie das etwa die Zeitschrift *Capital* (Nr. 5/1997) tut, wenn sie den führenden Kohlenstoff- und Graphithersteller SGL Carbon zum »*Musterbeispiel einer multikulturellen Firma*« ernennt, nur weil dort unter einem vierköpfigen Vorstand aus einem Amerikaner, einem Holländer und zwei Deutschen die Hälfte der Manager der zweiten Ebene Ausländer sind.

Heinz Kühn, der ehemalige Ministerpräsident von NRW und spätere Ausländerbeauftragte der Bundesregierung (einer der wenigen in dieser Funktion, der sich nicht vereinnahmen und als Lobbyist mißbrauchen ließ), erklärte 1980:»*Wenn die Zahl der Ausländer, die als Minderheit in einer Nation leben, eine bestimmte Grenze überschreitet, gibt es überall in der Welt Strömun-*

gen des Fremdheitsgefühls und der Ablehnung, die sich dann bis zur
Feindseligkeit steigern ... *Allzuviel Humanität ermordet die Hu-*
manität« (vgl. *Neue Osnabrücker Zeitung* vom 13. 9. 1980). Jeder
Angehörige einer Minderheit, der nicht durch provokative
Selbstüberschätzung sich selbst unmöglich macht, weiß, daß es
kritisch wird für ihn selbst, wenn eine Minderheit zur Mehrheit
zu werden versucht, die Mehrheit unterdrückt oder auch nur
kurzsichtig ihre eigenen speziellen Interessen demonstrativ in
den Vordergrund stellt. Auf die Dauer ist es allemal klüger, die
Belange der Mehrheit zu respektieren und, wo immer vertretbar,
sich zu eigen zu machen. Ob eine festgefügte, abgeschlossene
türkische Minderheit in Deutschland auf die Dauer lebensfähig
ist und sich halten kann, ist eine offene Frage, die niemand heute
beantworten kann. Spricht man über Wahrscheinlichkeiten, so
ist es am ehesten wahrscheinlich, daß dies möglich ist, wenn
diese Minderheit bei aller verständlichen Selbstbehauptung mit
den Deutschen lebt und nicht gegen sie, bestimmte Grenzen der
Einflußnahme beachtet und die Weisheit der Selbstbeschränkung entwickelt. Sollte diese Minderheit in einigen Jahrzehnten
versuchen, die Macht im Staate an sich zu reißen, dann kann
man ihr nur viel Glück wünschen. Um es ganz deutlich zu sagen:
Jede Vorstellung, das deutsche Volk sei besser, kultivierter, moralischer usw. als das türkische, ist ebenso ein reaktionärer
Schwachsinn wie die spiegelbildliche Verherrlichung der türkischen Rasse. Aber man kann nur jeden warnen, leichtfertig den
Kampf gegen die Eingeborenen und ihre erdrückende Überzahl
zu eröffnen, an dessen Ende in aller Regel entweder ein (selte-
nes) alles oder ein (sehr viel häufigeres) nichts steht. Die Alge-
rienfranzosen oder die Baltendeutschen können hier Auskunft
geben. Selbst die weißen angelsächsischen protestantischen
Amerikaner haben angesichts des Vordringens der Latinos und
des generellen Zuwachses des farbigen Bevölkerungsanteils
keine Garantie, auf Dauer die Herren in ihrem (ihrem?) Land zu
bleiben. Man kann daher für Deutschland nur hoffen, daß die
düstere Prognose der Journalistin Gudrun Stämpfli nicht zutreffen wird: »*Das System ist so verkrustet, daß es eigentlich nur*
mit Gewalt aufzulösen ist. Ich glaube, daß es hier bald zu bürger-
kriegsähnlichen Zuständen kommen wird: Inländer gegen Auslän-
der, Arm gegen Reich« (*K. St.-A.*, 29. 1. 1997).
Die Art und Weise, wie die Große Koalition der Multi-Kulti-

Fanatiker ihre Ziele gegen das deutsche Volk und hinter dessen
Rücken durchzusetzen versucht, ist alles andere als hilfreich für
einen gerechten Interessenausgleich und ein auf Respekt, Solidarität und Sympathie gegründetes Verhältnis zwischen den bisherigen Deutschen und ihren potentiellen Mitbürgern. Die aggressive, jedes nachdenkliche Nachfragen abschneidende
Arroganz, mit der der grüne Bundestagsabgeordnete Cem Özdemir, seit einigen Jahren im Besitz eines deutschen Passes, sich
zum *»Inländer«* proklamiert, der seine *»Existenz der Tatsache,
daß die Bundesrepublik ein Einwanderungsland ist«* verdankt, erleichtert den Dialog darüber nicht gerade, wieviel Einwanderung
welcher Menschen das deutsche Volk objektiv benötigt und sub-
jektiv will. Bei der Vorstellung seines von dem »Ghost-Writer«
Hans Engels »aufgezeichneten« Buches *Ich bin Inländer – ein
anatolischer Schwabe im Bundestag* (München 1997) betonte
Özdemir im Juli 1997 in Köln, er sitze als deutscher Türke und
türkischer Deutscher *»nicht zwischen den Stühlen, sondern auf
beiden«.* Nun, das dazu benötigte breite Körperteil ist weniger
nützlich als ein kühler und klarer Kopf. Allzuviel Vielseitigkeit
führt im übrigen schnell in Schizophrenie und Schauspielerei,
bei der sich der »Volksvertreter« mal den schwäbischen, mal den
deutschen, mal den türkischen, mal den laizistischen, mal den
strikt islamischen Hut aufsetzt, und immer gleich unglaubwürdig bleibt. Bei der Kölner Vorstellung trat Özdemir im Duett mit
Heiner Geißler auf, der ganz offen seine Zielsetzung verdeut-
lichte, sich per Koalition mit Fischer, Özdemir & Co. *»den nötigen Aufbruch und eine Perspektive in den alten Gleisen zu sichern«*
(*K. St.-A.*, 5. 7. 1997). Die Lobbyisten des alten Denkens und des
Westextremismus Hand in Hand mit den Lobbyisten der Türki-
sierung und Islamisierung Deutschlands – welch Einheitsfront
des neuen Nicht-mehr-Deutschland! In diese Volksfront für
Volksverdummung gehören natürlich auch solche liberalisti-
schen Ultras wie Burkhard Hirsch und Herta Däubler-Gmelin,
die sich beispielsweise weigerten, einer Änderung des Auslän-
derrechts zuzustimmen, die zwar den Ausländern noch mehr
Rechte einräumt, aber immerhin vorsieht, daß bei Sozialhilfebe-
zug die Aufenthaltsgenehmigung verweigert werden kann, was
angeblich *»unerhörte Folgen«* für die Betroffenen habe. Es sind
diese Leute, denen es gar nicht genug Einwanderer sein können
und die ein Einwanderungsgesetz nur deshalb fordern, um die

Zahl derer, die hierher kommen, noch weiter zu erhöhen, statt angesichts der Lage auf dem Arbeitsmarkt endlich Zuzugsbegrenzungen zu beschließen. So verlangt der Entwurf der Bündnisgrünen für ein Einwanderungsgesetz, daß der Familiennachzug unbeschränkt garantiert wird.

Für manchen mögen meine Befürchtungen allzu hypothetisch und spekulativ erscheinen, wo doch die Türken in Deutschland ständig betonen, daß sie die unschuldigen schwachen Opfer deutscher Übergriffe sind. Aber mehr und mehr mischen sich in diese theatralischen Leidensbekundungen aggressiv-überhebliche Untertöne. So schrieb Ozan Ceyhun, damals auf Bundesebene Sprecher der Bündnisgrünen für Immigrationsfragen und im hessischen Umweltministerium mit einer gut dotierten Leitungsfunktion für Einwanderer und Flüchtlinge versehen, in seinem 1995 in Istanbul erschienenen Buch *Almanya da bir Türk (Ein Türke in Deutschland)*, Deutschland könne eine *»Hölle«* für Ausländer sein, die oft in Unterkünften lebten, die an den *»Komfort der Nazi-Konzentrationslager«* erinnerten; *»Millionen Deutsche«* sähen *»dem barbarischen Morden der extremen Rechten und Rassisten tatenlos zu«*; Politiker der *»extremen Rechten«* hätten sich in FDP und CDU/CSU eingerichtet; der 3. Oktober 1990 sei der *»Gründungstag eines neuen Großdeutschland«* usw. usw. (vgl. *Focus*, Nr. 27/1996). Obwohl Ceyhun nicht bereit war, diese Haßphantasien zu widerrufen, sondern lediglich erklärte, *»einiges würde ich heute milder formulieren«*, kam es zu keiner eindeutigen Distanzierung der Bündnisgrünen von ihm und seinen Positionen. Deutschland eine Hölle für die Türken und Muslime – so sah auch der verstorbene Chef der »Grauen Wölfe«, Alparslan Türkes, die Welt. Gleichzeitig aber forderte er 1996 seine Anhänger in unserem Land auf, den deutschen Parteien beizutreten, sozusagen als Geburtshelfer jenes türkisch-islamischen Traumlandes, das dort entstehen soll, wo Deutschland einmal war – gleich neben einem Panoptikum mit ausgestopften Deutschen im Kostüm des KZ-Wächters oder des Ausländerfressers mit Skinhead-Glatze.

5. Die deutsche Misere als Zuspitzung der europäischen Probleme

Das Vakuum zieht an – und Deutschland ist allzulange schon in vielen Bereichen ein kulturelles, moralisches und religiöses Vakuum. Für sich genommen ist der Vormarsch des Islams und des Islamismus in Deutschland zwar keine quantité négligeable, aber noch keine bedrohliche Gefahr. Gefährlich, lebensgefährlich für die Integrität Europas und den kontinentalen Frieden wird diese Angelegenheit erst durch die wechselseitige Verstärkung in einem Problemkonglomerat. Man muß dieses als Ganzes betrachten, um sich mit Aussicht auf Erfolg wehren zu können; man muß das Gestrüpp entwirren und von Verdrängungen, Mythen, Beschönigungen befreien. Und auch die Gegenwehr hat die Dinge in ihrem großen Zusammenhang zu betrachten, muß sich mit mehr munitionieren als nur mit Argumenten in Islam- und Ausländerangelegenheiten. Gegen die Bedrohung Deutschlands und Europas, seiner Kultur, seiner politischen und wirtschaftlichen Ordnung (mit einer limitierten Demokratie und einer krisengeschüttelten Ökonomie), gegen die Angriffe an vielen Fronten vermag nur eine umfassende, universelle Analyse, Strategie, Diskussion und Politik etwas auszurichten.

Die negative Bevölkerungsentwicklung, die in Deutschland in besonders ausgeprägter Form auftritt (noch bedrohlicher als im Westen in Mitteldeutschland), hat nahezu alle Länder Europas erfaßt. Sie hat ihre Ursache vor allem im individuellen und individualistischen Ersetzen der vom Kollektiv benötigten Nachkommenschaft durch private Präferenzen im Konsum- und Karrierebereich. Wie der Bamberger Bevölkerungswissenschaftler Josef Schmid aufgezeigt hat, müßten, wenn Deutschland bei gleichbleibenden oder sogar noch weiter absinkenden Geburtenraten den Bevölkerungsstand von 80 Millionen halten wollte, Jahr für Jahr 300 000 bis 600 000 Ausländer einwandern. Und diese Menschen müßten auch noch nach Geschlecht, Alter, Ausbildung

und Integrationsfähigkeit den Anforderungen der deutschen Gesellschaft entsprechen – eine unmöglich zu realisierende Vorstellung. Ganz abgesehen davon, daß niemand weiß, wie es um den
inneren Frieden und die Akzeptanz in der Bevölkerungsmehrheit
bestellt sein wird, wenn diese sich einer Ausländerbevölkerung
gegenübersieht, deren Zahl ständig anwächst.

Es gibt daher nur einen Ausweg aus dem Dilemma: Die Umkehr zu einer Bevölkerungs- und Familienpolitik, die Kinderreichtum ökonomisch fördert und Kinderlosigkeit negativ sanktioniert. Den Single-Egoisten und den Zwei-Einkommen-kein-
Kind-Paaren darf ihre Zukunft nicht länger zum Nulltarif
finanziert werden – sie sind es, die die steuerliche Entlastung der
Familien bezahlen müssen, damit nicht länger von denen, die
Kinder wollen, zusätzlich zu den immateriellen Opfern materieller Verzicht verlangt wird. Zusätzlich müssen weitere soziale
und politische Maßnahmen ergriffen werden (Familienstimmrecht; Vollversorgung mit kostenlosen Kinderkrippen und Kindergärten usw.). Es ist eine Kulturschande, daß der gestiegene
Anteil der Armen in Westdeutschland (von 3,9% 1990 auf 6,1%
1995) im wesentlichen kinderreiche Familien umfaßt.

Schon heute strömen in aller Regel nicht mehr einzelne Ausländer nach Deutschland – Arbeitssuchende, Abenteuerlustige,
Flüchtlinge, sondern wohlorganisierte Gruppen, die mit aller
Macht Einfluß auf die deutsche Politik nehmen wollen. Die Unverschämtheit, mit der die »Türkische Gemeinde in Deutschland« unter Mißachtung des Gast-Status versuchte, mit publizistischem Tam-Tam und einem Schulboykott die deutschen
Entscheidungen zur Visapflicht ausländischer Kinder zu unterlaufen, läßt für die Zukunft nichts Gutes ahnen. Hier versuchen
Lobbyisten von Partikularinteressen sich über die Entscheidungen demokratisch gewählter Instanzen und den erklärten mehrheitlichen Willen des deutschen Volkes hinwegzusetzen. Es ist
ein Spiel mit dem Feuer, das Gäste spielen, die allzuoft uneingeladen kamen und sich nun als Herren im Haus aufführen. Mit
dem Feuer spielen aber auch jene Parteien, die wie die SPD und
die Bündnisgrünen das Projekt »doppelte Staatsangehörigkeit«
weiterverfolgen (z. B. in der Koalitionsvereinbarung für die
nordrhein-westfälische Landesregierung), obwohl drei Viertel
der Deutschen mit guten Gründen dagegen votieren.

Welche historischen Trends kommen dem Islamismus entge

gen, fördern und verstärken ihn? An erster Stelle muß hier die Globalisierung der Wirtschafts-, Einstellungsbildungs- und Entscheidungsprozesse genannt werden. Je mehr die Menschen ihren Konsum aus Waren bestreiten, die aus über die ganze Welt verteilten Quellen stammen, je mehr gleichzeitig dieser bunte internationale Produktstrauß zu einem weltweit standardisierten, von Zeit zu Zeit modisch neu aufgemischten Einheitsbrei von Fertiggerichten (»Fast food«), Fabrikmobiliar und Plastikschrott wird, um so stärker wird der Sog, auch die Ideen, Glaubensinhalte und Riten von allen lokalen und nationalen Traditionen zu lösen und in Verhalten, Gedanken und Gefühlen nur noch das »Weltniveau« der »One world« zum Maßstab zu nehmen. Andererseits erzeugt der von allen offiziellen Institutionen, den weltlichen Idolen und den ökonomischen Prozessen erzeugte Globalisierungsdruck eine massive spontane Abwehrreaktion, eine instinktive Regression zu den alten Wahrheiten, den verlorenen Heimaten, den überschaubaren und handhabbaren kleinen Einheiten – zur Familie, zu den Stämmen und Regionen, zur Nation. Das Fatale ist hierbei, daß der moderne Islamismus beides bedient, zugleich Hase und Igel in diesem Rennen ist und an jedem der beiden gegensätzlichen Zielpunkte ruft »Ich bin schon hier«. Benjamin R. Barber hat in seinem verdienstvollen Buch *Jihad vs. McWorld* (deutsch als *Coca-Cola und Heiliger Krieg. Wie Kapitalismus und Fundamentalismus Demokratie und Freiheit abschaffen*, München/Wien 1996) aufgezeigt, daß die Demokratie weltweit bedroht ist, sowohl durch die »*blutige Volkstumspolitik*« der Islamisten als auch durch die »*unblutige Profitwirtschaft*« eines unkontrollierten und immer unkontrollierbarer werdenden Kapitalismus, der mündige Staatsbürger zu entmündigten Opfern ihrer Konsumsucht mutieren läßt. Barber betont, wie diese beiden gegensätzlichen Machtsysteme sich bekriegen und doch in vielem kooperieren – schon weil sie gemeinsame Feinde haben. Der Kapitalismus will mit den Fundamentalisten Geschäfte machen und sie als Drohpotential und als Verbündete für schmutzige verdeckte Operationen einsetzen – die Gotteskrieger wiederum nutzen die multinationalen Companies für ihre eigenen Geschäfte und zum Aufbau unabhängiger islamischer Wirtschaftsstrukturen.

Es gibt in Europa keinen generellen gesellschaftlichen Bedarf für Einwanderung, sondern erstens ein partielles gesellschaftli-

ches Interesse (an hochqualifizierten und innovativen Spezialisten) und zweitens ein von Profitsucht (zum Teil zusätzlich von
ideologisiertem Haß auf die Einheimischen) gesteuertes privates Interesse an billigen und willfährigen Arbeitskräften bzw.
Konsumenten. Für den realen gesellschaftlichen Bedarf müssen
flexible Lösungen gefunden werden – ein ausländischer Forscher
sollte nicht länger auf Arbeitserlaubnis oder Einbürgerung warten müssen als ein ausländischer Sportler. Für das Privatinter-
esse einzelner an Ausbeutungsobjekten und an Großfamilien,
die die Aldi-Läden leerkaufen, darf es im Interesse aller nur ein
unzweideutiges Nein geben. Wo Arbeitskräfte fehlen, da muß
mit geeigneten Maßnahmen (Umschulung, Kürzung öffentlicher Leistungen usw.) dafür gesorgt werden, daß dementspre-
chend viele Deutsche gezwungen sind, vom hohen Roß abzusat-
teln und sich die Finger schmutzig zu machen, oder aber es
müssen – angesichts der Notwendigkeit, dauerhaft im Weltmaßstab konkurrenzfähig zu bleiben – endlich jene Rationalisie-
rungsschübe umgesetzt werden, die wegen der allzu billigen
Ausländer seit 30 Jahren aufgeschoben oder nur halbherzig
realisiert werden. Darin liegt eine wesentliche Ursache für das
ökonomische und technologische Zurückbleiben Deutschlands
gegenüber den Pazifikanrainern, das inzwischen nicht allein den
erarbeiteten Lebensstandard, sondern darüber hinaus die Zukunft Deutschlands als eine der führenden Industrienationen
gefährdet. Nicht noch mehr Einwanderung (mit noch mehr Folgekosten: von der Sozialhilfe bis zur Verbrechensbekämpfung)
ist daher das Gebot der Stunde, sondern neben konsequenter Integration der Eingewanderten und vorsichtiger Neueinwande-
rung (ausschließlich nach dem nüchtern-egoistischen Interesse
des deutschen Volkes an Menschen, die dieses Land wirtschaftlich und/oder kulturell reicher machen) vor allem eine radikal
andere Bevölkerungspolitik, die Kinderreichtum rigoros belohnt und ebenso rigoros gewollte Kinderlosigkeit ökonomisch
bestraft. Diesen längst fälligen Kulturwandel beschreibt Professor Josef Schmid mit den Worten: »*Wir brauchen also keine Einwanderung, sondern eine Lösung dafür, wie das deutsche Volk –
und mit ihm die europäischen Völker – überleben. Denn Völker
überleben nur in eigenen Kindern, nicht in den Kindern anderer.
Diese Frage geht weit über das rein Wirtschaftliche und Verwal-
tungstechnische hinaus. Bisher wagte es keine offizielle Einrichtung*

unserer Demokratie, diese Frage aufzugreifen« (vgl. *Die Welt,*
1. 9. 1996, und *Europäische Sicherheit,* Nr. 9/96).

Wer eine Wende in der Bevölkerungspolitik nicht will, wer die
damit verbundenen Konflikte und Kosten scheut (z. B. für ein
Kindergeld, das alle unvermeidlichen Sachkosten für den Unter-
halt eines Kindes deckt), der muß wissen, worauf er sich einläßt:
– ständig steigende Kosten für die Sozialsysteme und deren
ständig zunehmender Mißbrauch,
– Ghettobildung und Normabweichung bis hin zu einer zum
Teil auch politisch motivierten Bandenkriminalität,
– gewaltsame Konflikte zwischen sozial schwachen Deutschen
und Ausländern um Arbeit, Wohnungen, Bildungs- und Auf-
stiegschancen,
– Bildung militanter ethnischer Minderheiten, die mit nationalen Parteien den Ausstieg aus der Sachdemokratie und den
Einstieg in die völkisch geprägte Pöbeldemagogie, die Despotie
der Volksverführer und der schlagkräftigen Straßenkämpfer-
Bataillone, vorbereiten könnten,
– eine oft sogar noch von staatlicher Seite finanzierte Islamisierung und Nichtintegration, die dann, wenn erst die Ghettos
erobert sind, sich ausweiten wird auf die ganze Gesellschaft und
sich zuspitzen wird zum Kampf um die Staatsmacht.

Als die konservative Regierung in Frankreich 1996/97 einige
halbherzige Schritte gegen die Auswüchse der illegalen Einwanderung riskierte, schrien die professionellen Oppositionsmacher
und Betroffenheitsparanoiker sofort Zeter und Mordio. Mit
einer Unverschämtheit, die Bewunderung abnötigt, wurden
abenteuerliche Mythen gesponnen: Arabische Drogenhändler
und afrikanische Taschendiebe wurden flugs zu verfolgten Juden
verwandelt, und ein Innenminister, der zumindest gelegentlich
sich verantwortlich fühlte für die innere Sicherheit, wurde als
Nazi verunglimpft. Mit der üblichen antidemokratischen Arroganz der Intelligenzler, die angeblich alles besser wissen als das
dumme Volk, proklamierte man, man gedenke sich nicht an die
Gesetze zu halten, und man werde dafür sorgen, daß einwandern
dürfe, wer immer es wolle. Was dies materiell und kulturell die
Gesellschaft kostet, darf dann nicht einmal mehr gefragt werden,
denn schon diese Frage verstößt gegen die neototalitäre politische Korrektheit. In der Vergangenheit wurde unter einer sozia-

listischen Regierung zur Beruhigung der Öffentlichkeit bereits
ein ähnliches Gesetz erlassen, nach dem jeder Gastgeber eines
Ausländers für dessen ordnungsgemäße Anmeldung zu sorgen
hatte, ohne daß auch nur im entferntesten dafür gesorgt worden
war, dies auch durchzusetzen. Die zur Bewahrung des Rechts
völlig unfähigen »Konservativen« wichen vor dem Druck
zurück: Die Meldepflicht wurde dem Besucher, nicht dem Gastgeber auferlegt; illegal Eingereiste, die 15 Jahre sich in Frankreich
durchgemogelt hatten, erhielten eine Aufenthaltsgenehmigung
zugesichert. Etwas Vergleichbares erreichten im Februar 1997
die Einwanderungslobbyisten in Deutschland, als einige 1000
Protestierer mit Schulboykotten, Menschenketten und Demon-
strationen den Regierungsbeschluß zur Visumspflicht für einen
Teil der ausländischen Kinder verwässern konnten. Angestiftet
wurde dieser faule Zauber u. a. von dem Hamburger Bürger-
schaftsabgeordneten Hakki Keskin, der sehr deutlich offenbarte,
daß er in seinen gesamten Aktivitäten stets als Türke und nur als
Türke agiert – auch wenn dies die Konfrontation mit dem erklärten Mehrheitswillen der Deutschen bedeutet. Wie üblich
wurde bei den Aktionen von einer »*neuen Form der Diskrimini-
rung*« und von »*Ausgrenzung*« gefaselt, wo doch in Wirklichkeit
der deutsche Staat zögerlich und vorsichtig sein natürliches
Recht in Anspruch nehmen wollte, diejenigen nicht ins Land zu
lassen, die man hier nicht braucht und nicht will, z. B. jugendliche Drogenkuriere.

Zu dem bevölkerungsmäßigen Vakuum kommt ein moralisches und rechtspolitisches. Gerade das Urteil des Bundesverfas-
sungsgerichtes über die Unzulässigkeit von Kruzifixen in öffentlichen Schulen zeigt, wie sehr staatstragende Strukturen heute
das geistige Fundament dieses Staates untergraben. Deutschland
als Staat des deutschen Volkes, als über 1000 Jahre christlich geprägte Nation, soll nach dem Willen einer großen Koalition aus
Selbsthassern, Unzurechnungsfähigen und Landesverrätern
ersetzt werden durch ein Kunstprodukt – eine gelenkte Zu-
schauerdemokratie mit einem aus der Retorte gezauberten multikulturellen Plastik-Volk, dessen Maßstäbe zwischen postmoderner Beliebigkeit und vormoderner islamischer Rigidität
oszillieren. Deutschland, diese »*Canossa-Republik*« (so der est-
nische Staatspräsident Lennart Meri), wird, zumindest, was die
veröffentlichte Meinung und die Gestimmtheit der Intelligent-

sia anbelangt, immer noch beherrscht von einem Selbsthaß, den der englische Politiker Lord Marsh 1995 vor dem Oberhaus folgendermaßen kennzeichnete: »*Es ist eine Tatsache, daß die deutsche Paranoia, d. h. Geistesgestörtheit, und das Schuldgefühl über die zwölf fürchterlichen Jahre zwischen 1933 und 1945 bereits übertrieben sind und einen unheilvollen Einfluß auf eine bestimmte Generation gehabt haben. Die Art und Weise, wie manche Deutsche diese Bürde tragen, ja – ich möchte dies nicht als beleidigend aufgefaßt wissen – sich in ihr suhlen, ist nicht gut für Deutschland und somit nicht gut für Europa.*«

So viele Export-Rekorde Deutschland auch erreicht – die deutsche Kultur ist längst schon kein nennenswertes Exportgut mehr, und dies nicht, weil sie dazu gänzlich ungeeignet wäre, sondern weil eine von Banausen, Feiglingen und Anbetern alles Fremden dominierte Politik sich weigert, mit der nötigen Entschlossenheit und Opferbereitschaft alles dafür zu tun, daß unsere Sprache und unsere Kultur in der Welt den ihr gebührenden Rang einnimmt. Da fehlt es bei überbordendem privaten Reichtum und beträchtlicher Lehrerarbeitslosigkeit in Deutschland an Geld und an Lehrern, um z. B. in Osteuropa preisgünstige Deutschkurse all denen anzubieten, die Interesse daran haben. Da liegt der Anteil an Übersetzungen aus dem Deutschen in den meisten Sprachen bei einem Prozent, während bereits jedes siebte Buch in Deutschland eine Übersetzung ist, wobei drei Viertel aus dem englischen Sprachraum stammen. Bei den meisten großen Verlagen ist das Übergewicht von Ware aus den amerikanischen Buchfabriken noch erdrückender. Eine besonders unrühmliche Rolle in diesen Entwicklungen spielen die organisierten Arbeitgeber, die sich einen Herrn Hundt als Präsident leisten, der durch solche großartigen Vorschläge wie die Verwandlung von Heiligabend und Silvester in normale Arbeitstage von sich reden machte, was die CDU-Sozialausschüsse nicht ganz unzutreffend als »*Anschlag gegen die christlich-abendländische Kultur*« bezeichneten. Typisch für die Kulturfeindlichkeit und Ignoranz des herrschenden Blocks ist, daß (mit langfristig auch wirtschaftlich verheerenden Folgen) rund um die Welt Goethe-Institute geschlossen werden (1997 die in Coimbra, Katmandu, Khartum und Mendoza), während gleichzeitig die Bundeswehr für Millionen Mark Ausrüstung erhält, die (noch) gar nicht benötigt wird oder die Zuschüsse an die Parteien in 20 Jahren verzehnfacht wurden. Es ist eine Groteske, daß die deutsche Regierung noch immer nicht durchgesetzt hat, daß das Deutsche als gleichberechtigte dritte Grundsprache der EU anerkannt ist und daß sich die Bonner Aussitzer und Abwarter damit zufriedengeben, daß das Deutsche lediglich in Holland und Dänemark eine häufige Fremdsprache ist, während es in Frankreich nur 28 Prozent der Schüler lernen und in Italien sogar nur vier Prozent. Dafür begünstigt man lieber daheim den Ecstasy-Konsum sowie die Produktion musikalischen und sonstigen Mülls, indem man der Berliner »Love Parade« mit ihrer fast einer Million Techno-Marschierern den Status einer politischen Demonstration und eines öffentlichen Kulturereignisses verleiht.

Gibt es keine Gegenkräfte, gibt es keine Hoffnung? Mitten in der deutschen Misere regen sich, nicht zuletzt angestoßen durch das überparteiliche Projekt einer »Deutschland-Bewegung von unten« einige schüchterne Anzeichen von gesunder Gegenwehr. Sie zeigen, daß es nicht nur bei den eigenen Finanzen, wo jeder zweite es ablehnt, sein Geld einer ausländischen Bank zu geben, patriotische Gesinnung gibt. Auf dem Weg, ein »geistig-politisches Gegengewicht zur verantwortungslosen etablierten Politik« zu schaffen, hat Alfred Mechtersheimer 1997 in einem kurzen Text »Einladung zur Deutschland-Bewegung« die gegebene Ausgangslage und die Notwendigkeit einer Alternative beschrieben:

– »Immer mehr Menschen finden keine Arbeit. Gleichzeitig hält die Zuwanderung an. Aus Deutschland wird ein multikulturelles Siedlungsgebiet, in dem Humanität, Demokratie und Frieden bedroht sind.

– Die Bonner Politiker ... ergehen sich in Schuldbekenntnissen und hören mehr auf fremde Mächte als auf das eigene Volk, das seine Identität und seine Sprache verliert.

– Während sich die meisten Länder reformieren, blüht in der Bundesrepublik der Egoismus. Reformversuche scheitern, weil diejenigen Politiker die Wende versuchen, die für die Demontage Deutschlands verantwortlich sind. Es fehlt die politische Kraft für einen Neubeginn. ...

– Notwendig ist eine nationale Erneuerung von unten. Weil die Politik versagt, muß das Volk Druck machen. Es gilt die Demokratie zu demokratisieren und die Freiheit wiederherzustellen.«

6. Die Mission Europas in der Welt

Gegenwehr gegen den Vormarsch des Islamismus ist notwendig und möglich. Der Islamismus verschwindet weder durch Ignorieren noch durch Wegdiskutieren. Weil die Islamisten sich rationalen Argumenten und gewaltfreiem politischem Wettbewerb verweigern, weil sie nicht bereit sind, freiwillig auf Indoktrination und Verhetzung ihrer Anhänger und auf Terror gegen Andersdenkende zu verzichten, wird der Kampf gegen sie auch mit staatlichen Maßnahmen geführt werden müssen, die sie zum Gewaltverzicht zwingen. Wir müssen entschlossen für unsere demokratischen und humanistischen Überzeugungen eintreten – und damit dafür, daß der Islamismus eingedämmt, zurückgedrängt und überwunden wird und daß im islamischen Raum jene Kräfte sich durchsetzen, die endlich die lange überfällige und unterdrückte Reform des Islams an Haupt und Gliedern verwirklichen. Der Jesuitenpater Henri Boulad, 1931 in Ägypten geboren und aufgewachsen und nach Studien in Frankreich, im Libanon und den USA längere Zeit Leiter von »Caritas Ägypten« und Vizepräsident des »Caritas«-Weltverbandes, inzwischen Leiter eines christlichen Kulturzentrums in Alexandria, wies in einem Gespräch mit der Schweizer Zeitung Le Courrier (3. 11. 1996) darauf hin, wie sehr die Christen in der arabischen Welt diskriminiert werden und wie der Islam aus Angst vor dem Christentum diesem alle Rechte verweigert, die er für sich in den christlichen Ländern in Anspruch nimmt. Er betonte, daß man nicht ernsthaft von Koexistenz zwischen Islam und Christentum sprechen könne:

»Diese Denker eines toleranten Islams sind für mich diejenigen, die von ihrem Glauben nichts bewahren als den persönlichen religiösen Aspekt. Außerdem sind sie eine ganz kleine Minderheit und unterliegen selbst der Verfluchung durch die Islamisten. Hassan II. hat es kürzlich wiederholt: Die Laizität ist unvereinbar mit dem Islam. ... Ein Muslim, der in einem laizistischen System lebt, verliert seine Identität oder er wird marginalisiert. Meine Überlegun-

gen sind vielleicht sehr radikal, aber ich setze völlig den Islamismus mit dem Islam gleich. Es bleibt nichts übrig, als die Situation in den muslimischen Ländern zu konstatieren. Und Europa ist dabei, sich völlig mißbrauchen zu lassen im Namen der Toleranz und des Dialoges. Man erlebt eine langsame Infiltrierung der Strukturen, wie es sich auch in Afrika abspielt. ... Ich bin ebenso für eine Öffnung zum Fremden wie ich die Integration von Strömungen zurückweise, die die Demokratie ins Wanken bringen und universelle Werte in Frage stellen, um ein regressives und obskurantistisches Weltbild durchzusetzen, das vierzehn Jahrhunderte hinter der Zeit ist.«

Bemerkenswert ist, daß dieser mutige Geistliche die mittelalterliche katholische Kirche als »*das totalitärste Regime in der Geschichte*« charakterisiert, das heute einfach nicht mehr über die Mittel verfüge, um eine solche Macht auszuüben. In der Tat resultieren aus solchen prinzipiellen Gemeinsamkeiten zwischen katholischen Kirchenfürsten und islamischen Glaubensmachthabern die Gründe, warum die römische Amtskirche Islam-Kritiker wie mich mit solcher Erbitterung verfolgt, daß am 13. 8. 1996 im wöchentlich erscheinenden kirchenoffiziellen Pressedienst *KNA-ÖKI (Katholische Nachrichten-Agentur / Ökumenische Information)* ein Dr. Heinz Werner Weßler einen viereinhalb Seiten langen Grundsatzartikel gegen mein Buch »*Die Mullahs am Rhein*« verfassen mußte, um mit haarsträubender Rabulistik mir meine »*ganze Haltlosigkeit des antiislamischen Impulses*« nachzuweisen. Da tut es gut, zu wissen, daß es auch im Katholizismus Menschen wie Pater Boulad gibt. Er gibt die Hoffnung nicht auf auf einen neuen »*Aufschwung des Geistes*« und auf eine »*Wahrheit, die über uns hinausgeht und die man niemals in ein Dogma oder eine Formel wird einschließen können*«. Sein Appell an die Europäer, zu verhindern, daß in Städten wie Genf in 100 Jahren in Fortsetzung der gegenwärtigen Entwicklungen »*15 buddhistische Tempel, 20 scientologische Kirchen, 30 Moscheen, 3 oder 4 katholische und 2 oder 3 protestantische Kirchen*« stehen, hat auch für uns höchste Aktualität.

Für uns als Europäer ist es schwierig bis unmöglich, Wege anzugeben, die aus den algerischen, ägyptischen, afghanischen usw. Dilemma herausführen. Auch für den, der einige Gegenden der islamischen Welt gesehen hat, der sich mit ihr, ihren Menschen, ihrer Geschichte aus innerer Verbundenheit beschäftigt hat, bleibt ein Gefühl der Fremdheit und des Nichtverstehens gegenüber diesem großen Kulturraum und seinen großen Problemen. Was würde es auch helfen, aus der sicheren Distanz eines fernen Zuschauers den Akteuren und Opfern Ratschläge und Patentrezepte zu übermitteln? Allerdings bedeutet dies nicht, daß wir gleichgültig werden oder uns in eine billige Neutralität flüchten sollten. Die islamischen Länder sind ein Teil der Welt, unserer Welt, der Welt aller Menschen. Kein Mensch darf ungerührt zusehen, wenn ein Teil der Welt in Gefahr gerät, der Zerstörung und Unterdrückung anheimzufallen. Auch wenn ich nicht weiß, wie im einzelnen die Völker sich gegen ihre Feinde wehren können, so weiß ich doch, daß sie sich wehren müssen, wenn sie nicht aus der jetzigen halben Unfreiheit in die totale Unfreiheit der islamistischen Terrordiktaturen geraten wollen. Unter diesem Vorzeichen hat es seinen Sinn und seine Bedeutung, sich als Mitteleuropäer in den islamischen Ländern ein eigenes Bild zu machen und zumindest symbolisch unsere Solidarität auszudrücken, was beispielsweise auf Einladung der alevitischen Gemeinschaft deutsche Autoren wie Günter Wallraff im Januar 1994 als Prozeßbeobachter bei dem Prozeß in Ankara gegen Verantwortliche des Sivas-Massakers taten. Für mich waren diese Tage, in denen ich den türkischen Polizeistaat ebenso hautnah erleben konnte wie den unerschütterlichen Widerstandswillen der Aleviten, unvergeßlich – und eine Mahnung, hier bei uns das zu tun, was für alle Demokraten in diesem Land Pflicht und Aufgabe sein muß: Dem religiösen Faschismus den Weg zur Macht zu versperren.

Wird eine Volksbewegung akut in ihrer Freiheit und ihrer Existenz bedroht, dann muß sie sich mit allen verbünden, die ihren Hauptfeind bekämpfen. Ohne jeden Zweifel ist der Islamismus seit Jahren und für die absehbare Zukunft der Hauptfeind der islamischen Völker und in ihren Ländern die Hauptbedrohung der Demokratie bzw. das Haupthindernis auf dem Weg dorthin. Der Islamismus ist nur zu besiegen und nur dann in eine bedeutungslose Randerscheinung zu verwandeln, wenn die Demokraten mit all denen kooperieren, die aus ihren eigenen, oft ausgesprochen egoistischen und borniertem Gründen heraus und mit nicht immer angemessenen und selten rechtsstaatlichen Mitteln die Islamisten bekämpfen. Natürlich sollten die Demokraten für bessere Regierungen als die jetzigen, für einen Staat des Volkes

und für eine Armee des Volkes eintreten. Andererseits darf man
darüber aber nicht vergessen, daß es in Ländern wie Algerien
und Ägypten zunächst darum geht,
 – die gegebene Regierung und die gegebene Armee zu unterstützen in ihrem Abwehrkampf,
 – jene politischen und militärischen Führer zu entlarven und
zu entmachten, die heimlich kapitulieren und das Land den
Mullahs ausliefern wollen.
Man muß ganz nüchtern sehen: Die Machtergreifung der Islamisten wird weniger durch die Artikel mutiger Journalisten
und durch die Gedichte mutiger Schriftsteller verhindert, sondern zuallererst durch die Opferbereitschaft und Entschlossenheit jener vielen Polizisten und Soldaten, die mit Leib und Leben
die Republik verteidigen. Zu diesen Menschen muß man stehen
 – gerade dann, wenn einige europäische Superdemokraten vom
bequemen Kaminsessel aus die harte Behandlung der bedau-
ernswerten Islam-Terroristen beklagen. Eine ernsthafte Opposition darf weder über ihren Zukunftsutopien die Notwendigkeiten der Gegenwart aus den Augen verlieren, noch ihre eigene
Zukunft verraten. In diesem Sinn habe ich bei einem Interview,
das in der linksunabhängigen algerischen Zeitung *Le Matin*
am 10. 9. 1995 unter dem Titel »Warum Europa die FIS ermu-
tigte ...« erschien, gesagt: »*Wenn die demokratische Bewegung
Algeriens trotz ihrer Allianz mit den Militärs und dem Regie-
rungsblock ihre Identität, ihre Integrität und ihre Autonomie bewahrt, wenn sie vorbildlich an der Spitze der Kämpfe vorangeht,
wird sie den Weg freimachen zu einem neuen Algerien, zu einer Regierung aus dem Volk, die die Interessen des Volkes vertritt.*«

Niemand kann einen Menschen retten, der unbedingt sterben
will und der sich auf keinen Fall helfen lassen will. Niemand
kann ein Volk retten, das sich nicht selbst rettet. So notwendig
internationale Solidarität ist, sie kann niemals jene innergesellschaftliche Solidarität ersetzen, ohne die kein Volk mit seinen
inneren und äußeren Feinden fertig wird. Mehr noch, nur der
findet Hilfsbereitschaft bei den anderen, der glaubwürdig vermittelt, daß er unverschuldet in Not geraten ist und daß er alles
tut, um aus seinem Elend herauszukommen. Gerade hier scheinen mir die Defizite der demokratischen Bewegungen in vielen
islamischen Ländern zu liegen. Wenn diese Demokraten einig

und entschlossen kämpfen würden, erhielten sie erstens mehr Hilfe aus dem Ausland und hätten zweitens diese Hilfe weniger nötig. Unerläßlich für den Sieg der Demokratie in den islamischen Ländern wird sein:

– das unzweideutige und konsequente Eintreten für die Gleichberechtigung der Frauen und für die Rechte aller ethnischen und religiösen Minderheiten,

– die Verweigerung jedes faulen Kompromisses mit den Islamisten,

– die Verteidigung und Weiterentwicklung der laizistischen und pluralistischen Staatsordnung mit allen gebotenen Mitteln.

Was Europa betrifft, so ist die wichtigste Voraussetzung für den Sieg über den Islamismus eine eigenständige, selbstbewußte Alternative, die unsere besten Traditionen verteidigt und schöpferisch weiterentwickelt: den Geist des ursprünglichen und reformatorischen Christentums, des Humanismus und der Aufklärung. Ein solches selbstbewußtes und selbstkritisches, friedfertiges und kämpferisches, solidarisches und machtvolles Europa wird im Widerstand gegen die islamistische Expansion mächtige Verbündete finden – die Christen und Animisten Afrikas, nationale und religiöse Minderheiten wie die Berber oder die Baha'i, in Asien die Hinduisten, Buddhisten, Konfuzianer, Sikhs und Shintoisten. Nicht zuletzt wird die entschlossene Gegenwehr einer antiislamistischen Weltkoalition reformatorisch-aufklärerische Gegenkräfte innerhalb des Islams ermutigen und stärken. Nur sie können den Islam so verändern, daß er auf Expansionismus und Gängelung der Gesellschaft verzichtet, um in Zukunft nichts anderes zu sein als die persönliche Überzeugung seiner Gläubigen und ein Bekenntnis unter anderen Bekenntnissen.

Weder theologisch noch politisch ist es zu rechtfertigen, daß Kirchenfunktionäre, die sich abhängig machen von ihrer eigenen Feigheit und Rücksichten auf politische Machtkonstellationen, die Mission unter den Muslimen verweigern und jenen großen Gedanken Tertullians, daß das Blut der Märtyrer der Samen der Kirche ist, vergessen und verleugnen. Hier in Europa, in Schwarzafrika, aber auch in den Kernländern des Islams, muß dessen Bekehrungs- und Gewaltoffensive eine rationale und spirituelle Alternative entgegengesetzt werden – gewaltfrei und liebevoll, aber zugleich mutig und unbeirrbar. Diese Alternative wird ein Angebot sein, sich aus selbstverschuldeter Unmündigkeit und den Fängen reaktionärer Schriftverdreher zu befreien, und dieses Angebot wird sowohl atheistisch-agnostische wie auch christliche Elemente einschließen. Im grundsätzlichen Interesse, den Vormarsch des Islam und des Islamismus zu brechen, einem Reformislam Raum zu geben und die politische wie die religiöse Freiheit voranzubringen, gibt es zwischen den gläubigen Christen, den Zweiflern und den Gottesleugnern unendlich mehr gemeinsames als trennendes. Bei allen Gegensätzen ist daher ein offener Dialog ebenso notwendig wie ein festes Bündnis und eine ständige Kooperation. Dies ist auch das Vermächtnis derjenigen, die in den islamischen Ländern von muslimischen Staatsterroristen oder von muslimischen Oppositionsterroristen hingemordet wurden. Ob sie Laizisten waren oder Gläubige – sie starben als Märtyrer. Für sie gelten jene bewegenden Sätze aus dem Testament des Bruders Christian de Tibhirine, der gemeinsam mit sechs anderen Mönchen am 21. Mai 1996 von algerischen Islamisten umgebracht wurde:

»Falls es mir eines Tages zustieße – und das könnte am heutigen Tage sein – ein Opfer des Terrorismus zu werden, der jetzt anscheinend alle in Algerien lebenden Ausländer verschlingen will, möchte ich, daß meine Gemeinschaft, meine Kirche, meine Familie sich erinnern, daß mein Leben Gott und diesem Land gegeben wurde. Und auch du, Freund der letzten Minute, der nicht gewußt haben wird, was du tatest, ja, auch dir wünsche ich es, dieses DANKE und dieses dir bestimmte A-DIEU. Und daß es uns gegeben sei, uns wiederzufinden als glückliche Schächer im Paradies, wenn es Gott gefällt, der uns allen Vater ist.«

Notwendig ist, daß ganz unterschiedliche Lager, die doch durch gemeinsame Grundwerte, gemeinsame fundamentale Traditionen und durch eine akute Interessenidentität miteinander verbunden sind, miteinander ins Gespräch kommen, um im gemeinsamen Handeln und im gemeinsamen Gedankenstreit sich selbst und die anderen besser verstehen zu lernen, sich zugleich anzunähern und sich bewußter abzugrenzen und in einen allseitigen Prozeß der Wandlung, Selbstfindung und Neubestimmung einzutreten. Mit diesen Lagern meine ich all diejenigen, die sich auf ihr abendländisches Erbe beziehen, die bei allem patriotischen Aktivismus und aller kosmopolitischen Offenheit doch zunächst einmal selbstbewußte Europäer sind. Es ist unerläßlich und von erstrangiger Bedeutung, sich auf allen Ebenen mit Menschen in aller Welt über Wege zur Erhaltung des Weltfriedens und zur ökologischen Rettung der Erde zu verständigen. Es gibt daneben einen begrenzten Bedarf für einen religiös-interkulturellen Dialog mit außereuropäischen Kulturen und Religionen wie dem Islam, aber dies ist eine zweit- bis drittrangige Angelegenheit. Vorrangig ist, daß wir Europäer geistig und moralisch zu uns selbst gelangen, uns selbst kennen und schätzen und lieben lernen, um dann den Fremden diesseits und jenseits des Limes freundlich und friedlich, aber weder sorglos noch wehrlos gegenüberzutreten. (Wobei immer mitzudenken ist, daß ein Teil der in Europa lebenden Menschen sich nicht als Europäer begreift, während es außerhalb unseres Kontinents – gerade im Nahen Osten, im nördlichen und südlichen Afrika, in Nordamerika – Menschen, auch solche mit dunklem Teint, gibt, die sich zu Europa rechnen und bessere Europäer sind als mancher Inhaber europäischer Ausweispapiere. Schon in den geistigen Wurzeln Europas – der griechisch-römischen Antike, der germanischen und der keltischen Kultur, dem Christentum und einem sich unorthodox öffnenden und reformierenden Judentum – sind die unterschiedlichen Fraktionierungen und Verästelungen angelegt: die verschiedenen christlichen und jüdischen Bekenntnisse, die verschiedenen Schattierungen agnostisch-skeptischer Freigeisterei, die unterschiedlichen Schulen des Atheismus.

All diese Grüppchen und Gruppierungen gehören durch die Jahrhunderte hindurch zu einer einzigen Familie – auch wenn die innerfamiliären Zwistigkeiten zeitweise so zugespitzt waren, daß viele darüber den Kopf verloren, sich in einen heillosen innereuropäischen Bürgerkrieg oder in exotische Absonderlichkeiten flüchteten. So, wie wir im persönlichen Leben die Erfahrung machen, daß bei aller Bedeutung von Blutsbanden und gemeinsamer Abstammung letztlich das tatsächliche Leben zeigt, wer zu uns gehört und wer nicht, und daß dies am sichersten in der Stunde der Gefahr erkannt wird, so wird auch die existentielle Bedrohung Deutschlands und Europas zeigen, wer auf welcher Seite der Barrikade steht, wer sich und die eigenen Leute verrät, wer von außen dazustößt und sozusagen adoptiert werden kann. Die Not wird eine neue Einheit erzwingen – einen politischen Burgfrieden, die Formierung der Abwehrkräfte, die deutliche Trennung zwischen Freund und Feind, zwischen festen Bundesgenossen und unsicheren Kantonisten. Aus der Not geboren, aus dem gemeinsamen Kampf erwachsen, wird sich eine provisorische Einigung herausbilden darüber, wie die Zukunft Europas aussehen sollte, wenn es sie denn geben wird.

Worterklärungen

Adept = Schüler, Jünger
ad fontes (lat.) = zu den Quellen
ad infinitum (lat.) = bis zum Unend-
lichen
affiziert = krankhaft verändert
Agnostizismus = Überzeugung, daß alles
Wissen (auch das der Existenz oder
Nichtexistenz Gottes) begrenzt und
relativ ist
ambivalent = doppelwertig
Amplifikation = Vergrößerung
anachronistisch = unzeitgemäß
ancien régime (frz.) = »alte Regierungs-
form«, d. h. eine überholte und über-
lebte Herrschaft
Animismus = Glaube an Naturkräfte
Annexion = Angliederung
Anthropomorphismus = Bild der Welt,
das nur vom Menschen her gestaltet
wird
Anthropozentrismus = Sichtweise, die
den Menschen als absoluten Mittelpunkt sieht
apersonal = unpersönlich
Apostat = Gottesleugner (im Islam für
alle ehemaligen Muslime gebraucht)
Arabeske = Verzierung
archaisch = urtümlich
art brut (frz.) = wild-primitive Kunst-
form
artifiziell = künstlich
Assimilation = Angleichung
Atavismus = Rückfall in Altertümliches
Atheismus = Gottlosigkeit, Gottes-
leugnung
autistisch = in sich kreisend, unfähig
zum Austausch

beamen = strahlen, schießen
Blasphemie = Gotteslästerung
bourgeois = bürgerlich

Caudillo = politischer Führer
Chauvinismus = Vergottung der eigenen
Nation und Verachtung anderer Na-
tionen
Chimäre = unwirkliches Wesen
Credo = Glaubensbekenntnis

Curriculum = Lehr-, Ausbildungs-
plan

Dealer = Händler (von Drogen)
de facto (lat.) = tatsächlich
Defätist = Miesmacher, Verräter
de iure (lat.) = dem (geschriebenen)
Recht nach
Dekadenz = Niedergang
Demagogie = Volksverführung
Demographie = Beschreibung der Bevölkerungsentwicklung
desaströs = zum Zusammenbruch
führend
Despotie = Alleinherrschaft
determiniert = bestimmt
diametral = entgegengesetzt
diskreditieren = unglaubwürdig machen
Diskurs = Erörterung
Dispens = Befreiung, Ausnahmebewilli-
gung
distinguiert = vornehm
Djihad = innere Glaubensanstrengung;
religiös motivierter Kampf bzw. Krieg
Dogmatismus = starres Festhalten an
unveränderlichen Glaubenssätzen
dualistisch = zweigeteilt, in Gegensatz-
paaren angeordnet

egalitär = auf Gleichheit ausgerichtet
Eliminierung = Beseitigung
Emanation = Ausfluß
Embargo = Handelssperre
enzyklopädisch = umfassend gebildet
Erosion = Auflösung
eruptiv = plötzlich hervorbrechend
eschatologisch = auf Endzeiterwartungen
gerichtet
Esoterik = Geheimlehren, Geheimwis-
senschaften
Ethik = Lehre vom Guten
Ethnie = Volksgruppe
ethnisch, Ethno ... = volklich
Ethos = Werterhaltung
Exegese = Auslegung
Exodus = Auszug
exzessiv = äußerst stark, das Maß über-
schreitend

Fatwa = religiöses Gutachten
Fellachen = die Bauern Ägyptens; im übertragenen Sinn: kulturloser bzw. nicht kulturell schöpferischer Teil der Bevölkerung
fellow traveller (engl.) = Reisebegleiter, heimlicher Komplize
Fiktion = Einbildung
fiktiv = erfunden
finis Germaniae (lat.) = Ende Deutschlands
fragil = zerbrechlich
Freak = Anhänger, begeisterter Liebhaber
Fünfte Kolonne = heimlicher Stoßtrupp des Gegners

Genozid = Volksmord, Völkermord
Gnosis = »Wissen«, »Erkenntnis« (spätantike religiös-philosophische Glaubensrichtung)
goutieren = genießen

Hedschra (arab.: hidjra) = Auswanderung (bei Mohammed 622 von Mekka ins spätere Medina)
Hegemonie = Vorherrschaft
Hodscha = religiöser Lehrer
Homogenität = Einheitlichkeit
homo ludens (lat.) = der spielende und spielerische Mensch
Hybris = Überhebung

Integrismus = Fundamentalismus
Integrität = Unversehrtheit
Intransigenz = Unerbittlichkeit, Unversöhnlichkeit
imperial = herrscherlich
irrational = unvernünftig

Kalif = Herrscher
Kalkül = Berechnung
Kanon = Sammlung vorbildlicher Werke
Kamarilla = Günstlingsclique
Katechet = religiöser Lehrer
Katharsis = Läuterung
Kemalismus = die Lehre Kemal Atatürks
Kleriker = Geistlicher
Kollision = Zusammenstoß
Kommunitarismus = Anschauung, die die Orientierung an überschaubaren Gemeinschaften betont
Kompetenz = Befähigung
Konföderation = Staatenbund
Konquistadoren = die spanischen Eroberer in Lateinamerika
Konsens = Übereinstimmung

Konstellation = Anordnung
konstitutionell = verfassungsmäßig, anlagebedingt, von vornherein als unverzichtbar gegeben
Konvention = Vereinbarung
Konversion = Glaubenswechsel
Konvertit = Glaubenswechsler
Kosmologie = Welt-, Naturbild
Kosmopolit = Weltbürger

Laisser-faire = Laufenlassen
Laizismus = Betonung des Laientums und der Freiheit von kirchlichem Einfluß
latent = verborgen
Latinos = aus Lateinamerika stammende bzw. von Lateinamerikanern abstammende Bevölkerungsgruppe
Lethargie = Trägheit
Liquidierung = Beseitigung

Maghreb = Nordafrika westlich Ägyptens, d. h. Marokko, Algerien und Tunesien (kleiner M.), im weiteren Sinne einschließlich Libyen, der Republik Sahara und Mauretanien (großer M.)
Manie = krankhaft übertriebene Neigung, Besessenheit
Marodeur = Plünderer
Masochismus = Lustgewinn aus Leiden und Unterwerfung
matrilinear = in der mütterlichen Linie
medioker = erbärmlich
Menetekel = warnendes Vorzeichen
mental = verstandesmäßig
Metapher = sprachliches Bild
Metropolit = Erzbischof
Migration = (Aus)Wanderung
Militanz = kriegerisches Denken bzw. Verhalten
Mimikry = Tarnung
Minarett = Turm der Moschee
monastisch = mönchisch
monolithisch = strikt in sich geschlossen
monophysitisch = entsprechend der Lehre, daß Christus lediglich eine Natur gehabt habe (nicht eine göttliche und eine menschliche)
Monotheismus = Glaube an einen einzigen Gott
Movens = bewegender Faktor
Muezzin = Rufer zum Gebet
Mufti = islamischer Gesetzeskundiger
Mullah = Religionsgelehrter
Mysterium = Geheimnis
Mystifikation = Vorspiegelung

Mystizismus = Schwärmerei,
Geheimkult

narzißtisch = selbstverliebt
Nihilismus = Verneinung aller Werte,
Philosophie des Nichts bzw. des Sinn-
losen
Nivellierung = Angleichung,
Einebnung
nominell = (nur) dem Namen nach
normativ = maßstabsetzend

Obsession = Besessenheit
Obskurantismus = Dunkelmännertum,
Volksverdummung
one world (engl.) = eine (einzige) Welt
opportun = angebracht
orthodox = rechtgläubig

Pantheismus = Lehre, daß Gott im All
bzw. daß er das All ist
Pantheon = Heiligtum, Tempel
Panturkismus = Einheitsbewegung aller
Turk-Völker
Paradigma = grundlegendes Denk-
muster
paralysieren = lähmen
Paranoia = Verfolgungswahn
Partikularinteressen = Teil-, Sonder-
interessen
paternalistisch = väterlich bevormun-
dend
patriarchalisch = vaterrechtlich; männ-
lich dominiert
pax islamica (lat.) = der islamische
Frieden
Pendant = Gegenstück
persona (lat.) = Maske im antiken
Theater
Phalanx = geschlossene Schlachtreihe
Pogrom = gewaltsamer Übergriff
(aus religiösen, rassistischen usw.
Gründen)
Polarität = Gegensatz
political correctness (engl.) = politische
Korrektheit
Polygamie = Ehe mit mehreren Frauen
Polytheismus = Vielgötterei
populistisch = an der Volksmeinung orientiert
Postulat = Forderung
Präferenz = Bevorzugung
präsent = anwesend, gegenwärtig
pragmatisch = an der Alltagsvernunft
orientiert
primär = grundlegend, erstrangig
Primat = Vorrangstellung
progressistisch = fortschrittsorientiert

Projektion = Übertragung von sich selbst
auf andere
prometheisch = nach dem Vorbild des
Prometheus (z. B. in Goethes Sicht:
im Sinne eines revolutionären Humanismus)
Promotor = Förderer
Proporz-System = Verteilung
von Ämtern usw. nach festen
Anteilen
Protagonist = Hauptdarsteller,
Vorkämpfer
prosperieren = gedeihen

quantité négliable (frz.) = zu vernach-
lässigende Größe
Quisling = Landesverräter, gekaufter
Politiker

rabulistisch = trickreich, haarspal-
terisch
Raffinesse = Gerissenheit
rational = vernünftig
Referendum = Volksbefragung
Refugium = Zuflucht
Regression = Rückbildung, Zurück-
bewegung
Renegat = Ableugner, Verräter
Ressourcen = Schätze
retardierend = verzögernd, hemmend
rigid = starr
Rigorosität = Strenge, Rücksichtslosig-
keit
Rigorosum = mündliche Abschluß-
prüfung

säkular = weltlich
Saharauis = Einwohner der von
Marokko besetzten Demokratischen
Arabischen Republik Sahara (DARS,
früher Westsahara)
sakralisieren = heiligen
saturiert = gesättigt
Schamane = Priester, Heiler, Medizin-
mann in Naturreligionen
Scharia = islamische Rechtslehre
semi = halb
Sophisterei = spitzfindige Scheinweisheit
special relationship (engl.) = besondere
Beziehung
spirituell = geistig-geistlich
statisch = unbewegt, gleichbleibend
stoisch = entsprechend der Stoa, der
antiken Philosophie der Stoiker
subsumieren = zusammenfassen unter
etwas, ein- bzw. unterordnen
subversiv = unterwandernd
Suprematie = Vorherrschaft

supreme minister (engl.) = oberster
  Prediger, oberster Gesandter
Suspendierung = Aufschub, Aufhebung
Syllabus = Sammlung, Zusammen-
  fassung
Synkretismus = Vermischung verschiede-
  ner Lehren

Tableau = Bild
Taekwondo = fernöstlicher Kampfsport
Tariqa(h) = religiöser Orden (bei den
  Sufis)
Tautologie = Sinngleichheit
Theokratie = Gottesherrschaft
Transfer = Übertragung
Tribalismus = Stammesdenken

Tribut = Abgabenzahlung
Trinität = Dreifaltigkeit
Tschetnik = serbischer Freischärler

ultra (lat.) = jenseits, über etwas hinaus
Umma(h) = Gemeinschaft der Gläubigen
unisono = mit einem Ton
usque ad finem (lat.) = bis zum Ende

Verdikt = Urteilsspruch; negative
  Kennzeichnung

warrior (engl.) = Krieger

Zion = Jerusalem

Personenregister